Erziehungswissenschaftliche Grenzgänge

Schriften der
Deutschen Gesellschaft für
Erziehungswissenschaft (DGfE)

Hans-Rüdiger Müller
Sabine Bohne
Werner Thole (Hrsg.)

Erziehungswissenschaftliche Grenzgänge

Markierungen und Vermessungen

Beiträge zum 23. Kongress der Deutschen Gesellschaft
für Erziehungswissenschaft

Verlag Barbara Budrich
Opladen, Berlin & Toronto 2013

Bibliografische Informationen der Deutschen Nationalbibliothek
Die Deutsche Nationalbibliothek verzeichnet diese Publikation in der Deutschen
Nationalbibliografie; detaillierte bibliografische Daten sind im Internet über
http://dnb.d-nb.de abrufbar.

Gedruckt auf säurefreiem und alterungsbeständigem Papier.

© 2013 Verlag Barbara Budrich, Opladen, Berlin & Toronto
www.budrich-verlag.de

ISBN   **978-3-8474-0084-4 (Paperback)**
eISBN   978-3-8474-0347-0 (eBook)

Umschlaggestaltung: Bettina Lehfeldt, Kleinmachnow – www.lehfeldtgraphic.de
Typografisches Lektorat: Ulrike Weingärtner, Gründau
Druck: Paper & Tinta, Warschau
Printed in Europe

Inhaltsverzeichnis

Grußwort

Einleitung und theoretische Rahmung

I   Blick von »Außen«

II   Grenzgänge als erziehungswissenschaftliche Herausforderung

III Teildisziplinäre Grenzgänge

IV Interdisziplinäre Grenzgänge

V Grenzgänge zwischen differenten »Welten« und »Lebenspraxen«

Grußwort

Zukunftsfähige Bildung durch die Zusammenarbeit von Bildungsforschung und Politik

Annette Schavan

Das Bildungsniveau in Deutschland steigt: Immer mehr junge Menschen erreichen die allgemeine Hochschulreife und immer weniger brechen die Schule ohne einen Abschluss ab. Die Studienanfängerzahl erreichte im Studienjahr 2011 einen neuen Höchststand. Mehr als 50 Prozent eines Altersjahrgangs begannen ein Studium. Auch die Situation in der beruflichen Bildung ist erfreulich gut. In keinem Land der EU gibt es so wenige arbeitslose junge Menschen unter 25 Jahren wie in Deutschland.

Der zunehmende globale Wettbewerb, die Finanzkrise und der wachsende Informationsfluss stellen die Menschen vor besondere Herausforderungen. Um sie zu meistern, braucht es besondere Kompetenzen und Fertigkeiten, aber auch Neugier, Selbstbewusstsein und Eigensinn. Bildung hat deshalb immer die Bildung der Persönlichkeit zum Ziel. Wir leben in Zeiten, in denen der Stellenwert von Bildung und Erziehung für das Wohlergehen jedes Einzelnen und damit auch für die Gemeinschaft stetig zunimmt. Bildung ist der Schlüssel für die Emanzipation des Menschen und für die individuelle Selbstverwirklichung, Bildung ist der Schlüssel für eine gute gesellschaftliche Entwicklung. Schließlich legt Bildung die Grundlagen für die Innovationen, die wettbewerbsfähiges Handeln erfolgreich möglich machen. Unser Bildungssystem muss deshalb notwendigerweise einem stetigen Wandel unterliegen.

Das Bundesministerium für Bildung und Forschung hat für die Bildungsforschung in der Deutschen Gesellschaft für Erziehungswissenschaft eine wichtige und verlässliche Partnerin. Wir brauchen die enge Verzahnung von Theorie und Praxis. Die Erziehungswissenschaften geben der Politik wichtige Handlungsempfehlungen zur Intervention und ermöglichen empirisch gestütztes Handeln. Dabei kann es nicht um eine Politikberatung im engeren Sinn gehen. Aber die Erziehungswissenschaft sprechen Empfehlungen aus, wie die individuelle Förderung gelingen kann oder wie sie eben nicht gelingt. Viele gute Entwicklungen konnten auf Grundlage dieser engen Zusammenarbeit schon auf den Weg gebracht werden.

Entscheidend ist, dass die Ergebnisse der wissenschaftlichen Forschung – seien sie nun primär empirisch oder reflexiv – in der Praxis wirksam werden. Hier liegt eine besondere Herausforderung für Grenzgänge und Grenzüberschreitungen. Nur wenn es gelingt, einen fruchtbaren Dialog zwischen Wissenschaft, Bildungspraxis und Bildungspolitik anzustoßen, gelingt auch der Transfer von Ergebnissen der Forschung in die Bildungspraxis.

Das Jahr 1997 war sicherlich ein Schlüsseljahr für die engere Zusammenarbeit von Wissenschaft und Politik in Fragen der Bildung: Damals beschloss die Kultusministerkonferenz in Konstanz, dass Deutschland sich künftig regelmäßig an internationalen Schulleistungsvergleichen beteiligen solle (»Konstanzer Beschluss«). Dieser Beschluss bezog sich insbesondere auf die Teilnahme an den PISA-Untersuchungen. Im Jahr 2000 nahm Deutschland zusammen mit 30 weiteren Ländern an der ersten PISA-Studie teil, deren Ergebnisse 2001 veröffentlicht wurden.

Die Ergebnisse der Studie, die deutschen Schülern im OECD-Vergleich nur unterdurchschnittliche Leistungen in zentralen Feldern wie Lesen, Mathematik oder Naturwissenschaften bescheinigten, wurden breit diskutiert. Das leitete einen bildungspolitischen Wandel ein. Die neueren Befunde deuten darauf hin, dass die internationalen Bildungsvergleiche und die hohe Aufmerksamkeit, die sie in Deutschland erfahren, zu einer Verbesserung des deutschen Bildungssystems beigetragen haben.

Herausforderungen für das Bildungswesen

Die Globalisierung der Wirtschaft und die Internationalisierung der Lebensverhältnisse verlangen auch im Blick auf unser Bildungssystem unsere volle Aufmerksamkeit. Hinzu kommt der demographische Wandel, der unsere Gesellschaft grundlegend verändern wird: Die Gruppe der unter 30-Jährigen wird von 25,5 Millionen auf 21,3 Millionen im Jahr 2025 zurückgehen. Die Zahl der Erwerbstätigen sinkt im gleichen Zeitraum um 10 Prozent auf 48,8 Millionen, die Gruppe der Menschen, die 65 Jahre und älter sind, wächst um mehr als 20 Prozent. Junge Menschen werden zu einer Minderheit werden. Wir müssen diesen Schülerrückgang für eine qualitative Entwicklung unseres Bildungssystems nutzen. Doch wie soll diese Entwicklung aussehen? Um die Weichen richtig stellen zu können, braucht die Politik dazu Hinweise der Wissenschaft.

Der Wandel zeigt sich auch in einer zunehmend heterogenen Zusammensetzung der Bevölkerung. Ein wachsender Anteil von Menschen mit Migrationshintergrund hat verschiedene kulturelle Hintergründe und vielfältige Bildungsbiografien. Die Stichworte Integration und Chancengerechtigkeit umreißen unsere gemeinsame Aufgabe. Jede und jeder soll seine individuellen Fähigkeiten und Talente entfalten können. Niemand soll hinter seinen Möglichkeiten zurückbleiben. Die soziale und kulturelle Herkunft eines Menschen darf nicht über seine Bildungschancen entscheiden. Wir brauchen deshalb auch verstärkt Lehrerinnen und Lehrer, Erzieherinnen und Erzieher mit Migrationshintergrund, die kulturell bedingte Denkmuster kennen und in ihrer Arbeit berücksichtigen. Das muss sich auch in der Ausbildung der Pädagogen widerspiegeln.

Wir leben in einer Welt, die stärker denn je international vernetzt ist. Insbesondere die Möglichkeiten der neuen Informations- und Kommunikationstechnologien beeinflussen unser Leben und die Arbeitswelt tiefgreifend. Wir stehen in einem ständigen Wettbewerb: um die besten Wissenschaftlerinnen und Wissenschaftler, um Zugang zu rasant wachsendem weltweiten Wissen und um einen erfolgreichen Umgang mit anderen Kulturen und Sprachen.

Auch bei der Bildung hinterlässt die Internationalisierung tiefe Spuren. In unserer zunehmend globalisierten Welt ist der Wettbewerb um die Zukunftschancen längst auch ein internationaler Wettbewerb um die Qualität von Bildungssystemen geworden. Wir müssen die Stärken des deutschen Bildungssystems erkennen und international zur Geltung bringen und eigene Schwächen offen benennen und beheben. Bildungsforschung muss bewusst nationale Grenzen überschreiten. Wichtig ist, die Wirksamkeit der ergriffenen Maßnahmen zu evaluieren.

Demographischer Wandel und Globalisierung verändern unsere Gesellschaft grundlegend. Werte wie persönliche Autonomie und Mitbestimmung, gesellschaftliche Partizipation, individuelle Freiheit sowie Selbstverwirklichung des Einzelnen gewinnen an Bedeutung. Die Gleichberechtigung zwischen den Geschlechtern wird nicht mehr in Frage gestellt, genauso wie die Notwendigkeit, ökologisch und ökonomisch nachhaltig zu handeln.

Ein modernes Bildungssystem muss sich mit diesem Wandel auseinandersetzen. Es gilt, die Voraussetzungen für Chancengerechtigkeit zu schaffen und individuelle Teilhabe zu ermöglichen. Wir müssen den vielfältigen unterschiedlichen Lebenskonzepten der Lernenden durch Angebote wie beispielsweise das individualisierte Lernen gerecht werden.

Sicherung der Leistungsfähigkeit des Bildungswesens

Bildung muss Lebenschancen eröffnen. Deshalb muss das Bildungssystem es jeder und jedem ermöglichen, das Leben selbstverantwortlich zu gestalten. Der Bildungsauftrag schließt aus diesem Grund die Orientierung an gemeinsam geteilten Werten, die Entfaltung von individuellen Talenten und Interessen ein. Geschichte und Religion, Musik und Kunst sind deshalb genauso Bestandteile von Bildung wie eine lebendige Gemeinschaft innerhalb und außerhalb der Schule als Erfahrungsraum für ein demokratisches Miteinander. Dazu gehört auch eine Debatte um die Inhalte von Bildung. Denn nicht nur die Kompetenzen verdienen Aufmerksamkeit. Wir müssen auch den offenen Dialog darüber führen, was Kinder und Jugendliche lernen sollen. Und auch hier ist wieder die Erziehungswissenschaft gefragt.

Am Ende dieses Entwicklungsprozesses muss ein Bildungssystem stehen, das die Menschen befähigt, auf dem internationalen Arbeitsmarkt erfolgreich zu sein. Ein in sich abgeschottetes Bildungssystem kann den Anforderungen einer modernen, mobilen und chancengerechten Gesellschaft nicht ausreichend genügen. Grenzen müssen hinterfragt und überschritten werden. Bildung muss den gesamten individuellen Lebensverlauf – von der Kindheit bis ins fortgeschrittene Erwachsenenalter – ebenso in den Blick nehmen wie die Entwicklung der jeweiligen Institutionen und der Rahmenbedingungen im Bildungssystem.

Zentrale Bedeutung kommt der frühkindlichen Bildung zu. Neben der individuellen Betreuung und Förderung sind dabei insbesondere die Rahmenbedingungen wie die Ausstattung sowie die Professionalität und Qualifizierung des pädagogischen Personals entscheidend für spätere Entwicklungs-, Teilhabe- und Aufstiegschancen. Das Bundesministerium für Bildung und Forschung fördert seit vielen Jahren Initiativen wie das »Haus der kleinen Forscher«, das mittlerweile Kinder in mehr als 20.000 Kitas erreicht. Diese umfassende frühkindliche Bildungsinitiative in Deutschland hat zum Ziel, Kinder schon früh für Naturwissenschaften, Mathematik und Technik zu begeistern. Fortbildungen und eigens erarbeitete Materialien unterstützen die pädagogischen Fachkräfte darin, gemeinsam mit den Mädchen und Jungen die Welt und die Phänomene des Alltags zu entdecken und zu erforschen.

Eines der größten Reformprojekte der vergangenen Jahre ist das Ganztagsschulprogramm. Gut jede zweite Schule des Primar- und Sekundarbereichs I ist heute eine Ganztagsschule. Mehr als ein Viertel aller Schülerinnen und Schüler dieser Altersstufe nutzt die besonderen Angebote der Ganztagsschulen. Sie haben vielfältige Möglichkeiten, Kinder und Jugendliche individuell zu fördern – unabhängig von ihrem sozialen Hintergrund. Eltern ermöglicht sie eine bessere Vereinbarkeit von Familie und Beruf. Ganztagsschule kann das Sozialverhalten, die Motivation und die Schulleistungen von Schülern verbessern. Ganztagsschulen sind in mehrfacher Hinsicht ein gutes Beispiel für die Verbindung erziehungswissenschaftlicher und bildungspolitischer Grenzgänge. Ganztagsschulen ermöglichen eine Lernkultur jenseits des Unterrichts. Sie eröffnen mehr Bildungschancen für alle, sie sind lokale Bildungszentren in einer Stadt oder Region. Kooperationen mit kirchlichen Institutionen und mit Vereinen sind eine Option, die langfristig für beide Seiten bereichernd sein kann.

Ein weiteres wichtiges Handlungsfeld ist die Aus- und Weiterbildung. Der steigende Bedarf an gut qualifizierten Fachkräften erfordert ein anpassungsfähiges Berufsbildungssystem, das die berufliche Bildung als Einheit von Aus- und Weiterbildung begreift. Das Ziel ist, die berufliche Bildung eng mit den anderen Bildungsbereichen zu verzahnen und die Durchlässigkeit auch in den Hochschulbereich zu verbessern. Die jüngst getroffene Vereinbarung von Bund, Ländern und Sozialpartnern über den Deutschen Qualifikationsrahmen ist ein entscheidender Reformschritt hin zu einem integrierten Bildungssystem in Deutschland.

Die Durchlässigkeit im Bildungssystem wird dabei an Bedeutung gewinnen. Durchlässigkeit zwischen den Bildungsbereichen bedeutet, dass Leistungen und Lernergebnisse anerkannt und angerechnet werden können. Es bedeutet aber auch, dass die in informellen Lernprozessen erworbenen Kompetenzen mit einbezogen werden. Das Bildungssystem – von frühkindlicher Bildung bis zum tertiären Sektor – muss sich dafür als Gesamtsystem begreifen, es muss transparent sein und eng miteinander verzahnte Entwicklungspfade bieten.

Anreize gibt das BMBF durch die Programme »Bildungsprämie« und »Lernen vor Ort«. Mit der Bildungsprämie werden individuelle Bildungsmaßnahmen in der beruflichen Weiterbildung gefördert. Die Nachfrage nach den Prämiengutscheinen ist groß. Deshalb haben wir das Programm 2011 um zwei Jahre verlängert. Das zeigt das wachsende Interesse an Weiterbildung. Mit dem Förderprogramm »Lernen vor Ort«, das in Zusammenarbeit mit deutschen Stiftungen durchgeführt wird, stärken wir regionale Bildungsstrukturen. Ziel ist ein kommunales Bildungsmanagement. Denn die Bedeutung der Kommunen für die Weiterentwicklung von Lernen und Bildung in Deutschland wird in den kommenden Jahren weiter wachsen.

Politische Entscheidungen zum Bildungssystem sind Zukunftsentscheidungen. Sie betreffen die Lebens- und Bildungswelten aller Menschen. Für die gute Entwicklung unseres Bildungssystems ist deshalb eine wissensbasierte Grundlage unerlässlich. Bildung ist der Schlüssel zu gesellschaftlicher und kultureller Teilhabe, zu wirtschaftlichem und sozialem Aufstieg. Bildung stellt die Grundlage für ein gelingendes Leben jedes Einzelnen dar. Sie ermöglicht es, die Welt zu verstehen und sich miteinander zu verständigen. Sie befähigt zu einer anspruchsvollen Berufstätigkeit und trägt in erheblichem Maße zum Wohlstand des Einzelnen wie der Gesellschaft bei. Bildung ist damit ein Schlüssel zu sozialer Gerechtigkeit. Sie ermöglicht sozialen Aufstieg und Integration. Alle gesellschaftlichen Kräfte müssen deshalb zusammenwirken, um allen Kindern Zugang zu Bildungsräumen zu eröffnen, Chancen für Bildungserfahrungen zu ermöglichen und Freiheit zu Bildungsentscheidungen zu geben.

Einleitung und
Theoretische Rahmung

Einführung

Aktuelle Grenzgänge in der Erziehungswissenschaft

Hans-Rüdiger Müller, Sabine Bohne & Werner Thole

»Erziehungswissenschaftliche Grenzgänge« war das Thema des 23. Kongress der Deutschen Gesellschaft für Erziehungswissenschaft, der vom 12. bis zum 14. März 2013 in Osnabrück stattfand. Warum das Thema »Grenzgänge«? Die wachsende Bedeutung von Bildung und Erziehung in unserer Gesellschaft hat zur Folge, dass mit ihrem Gegenstandsfeld sich die Pädagogik auch als Wissenschaftsdisziplin und als Profession in ihren Konturen verändert. Dieser Wandel betrifft sie sowohl in ihrer inneren Gestalt, in ihren Teildisziplinen und Forschungsfeldern, wie auch in ihrem Verhältnis nach außen, ihrem Bezug zur Erziehungspraxis, zur Bildungspolitik und zu ihren Nachbardisziplinen. Drei Aspekte dieses Wandels seien an dieser Stelle besonders hervorgehoben und in ihren Ambivalenzen markiert.

Erstens konstatieren wir eine zeitliche und räumliche Expansion des Pädagogischen, die sich etwa in der späten Entdeckung der frühen Kindheit als Bildungsphase, aber auch in der Erweiterung der pädagogischen Aufmerksamkeit auf informelle Bildungsorte sowie in der gesellschaftlichen Herausforderung zum lebenslangen Lernen, sogar bis über die aktive Berufsphase hinaus, konkretisieren lässt. Diese Entwicklung ist von dem notwendigen Bemühen getragen, gesellschaftliche Beteiligungschancen, insbesondere auch für bildungsbenachteiligte Gruppen, zu erhöhen und allen den Zugang zu Bildungsangeboten und gesellschaftlicher Teilhabe zu ermöglichen. Im Schatten dieser Bemühungen aber liegt auch ein problematischer Trend, ein Trend zur allumfassenden Pädagogisierung des Lebens, zur Konkurrenz um individuelle Bildungsvorteile und zur Entwicklung neuer sozialer Distinktionsstrategien im Medium der Bildung. In vielen Veranstaltungen des Kongresses widmeten sich die Referentinnen und Referenten politischen, gesellschaftlichen und fachlichen Grenzgängen in diesem spannungsreichen Feld.

Zweitens hat der Ausbau der empirischen Bildungsforschung zu erheblichen Konturveränderungen in den pädagogischen Diskursen beigetragen. Die Erziehungswissenschaft hat sich in den letzten Jahren in keinem Bereich so sehr entwickelt, wie in der empirischen Bildungsforschung, insbesondere dort, wo Forschungsthemen und Forschungsstrategien dem praktisch-politischem Interesse an evidenzbasiertem Steuerungswissen entgegen kamen. Das ist gewiss ein Erfolg in der Disziplingeschichte. Aber es ist auch eine Akzentverschiebung in der Vielfalt erziehungswissenschaftlicher Themen, Erkenntniswege und Forschungskulturen und in der Verteilung von Ressourcen.

Im Zentrum dieses Kongresses stand daher unter anderem der Beitrag der empirischen Bildungsforschung zur Fortentwicklung der Erziehungswissenschaft wie auch das Bedürfnis über Möglichkeiten nachzudenken, die Disziplin über diesen empirisch ausgerichteten Trend hinaus als Ganze in ihren pluralen Ausprägungen und inneren Differenzierungen weiterzuentwickeln.

Drittens steht in diesem Zusammenhang immer wieder die Frage im Raum, wie die Grenzen zwischen der Erziehungswissenschaft und ihren Nachbardisziplinen auszuloten sind, einerseits um die Interdisziplinarität in der Forschung zu fördern, andererseits aber auch in der Auseinandersetzung mit Bedenken, die sich auf das Verschwimmen von disziplinären Grenzen richten. Die Erziehungswissenschaft hat schon lange im Zuge ihrer Öffnung zu anderen Disziplinen (zur Psychologie, zur Soziologie, zu den Kulturwissenschaften und zu vielen anderen Nachbardisziplinen) und den damit verbundenen Importen von Wissen und Terminologien eine Art innere Interdisziplinarität ausgebildet. Dadurch konnte und kann auch weiterhin der pädagogische Blick geschärft und geweitet werden. Aber immer wieder ist auch darüber zu diskutieren, was die Spezifität der eigenen erziehungswissenschaftlichen Fragestellungen und Forschungsperspektiven im Unterschied zu denen ihrer Nachbardisziplinen ausmacht, beispielsweise den besonderen Beitrag der Erziehungswissenschaft in Differenz zur Bildungssoziologie und zur psychologischen Lehr-Lern-Forschung in der Analyse des Bildungswesens oder der Unterrichtsinteraktion und ihrer adäquaten Gestaltung.

Grenzgänge dieser Art zu versuchen, dabei eingefahrene Wege zu verlassen, um neues Terrain zu erkunden, war die Intention des Kongresses, der im Rahmen dieses Bandes in ausgewählten Beiträgen dokumentiert wird.

Zunächst entwirft *Werner Thole* in der bearbeiteten Fassung seines Eröffnungsvortrags eine Skizze der unterschiedlichen Facetten, in denen die Thematik der »Erziehungswissenschaftlichen Grenzgänge« gegenwärtig für die Selbstverständigung der Disziplin und für ihre produktive Fortentwicklung ausgelegt werden kann. Damit konturiert Thole einen weiten Horizont aktueller fachwissenschaftlicher und fachpolitischer wie auch praktischer und gesellschaftlicher Problemstellungen, die in den anschließenden Beiträgen unter spezifischen Gesichtspunkten wieder aufgegriffen werden.

Mit einem »Blick von außen« wendet sich *Axel Honneth* in seinem Beitrag »Erziehung und demokratische Öffentlichkeit – Ein vernachlässigtes Kapitel der politischen Philosophie« dem Verhältnis von Pädagogik und Politik unter demokratietheoretischer Perspektive zu. Honneth konstatiert ein heute offenbar »falsch verstandenes Neutralitätsgebot des Staates«, welches dazu führe, dass die Pädagogik, vormals in den Schriften Kants, Schleiermachers, Durkheims und Deweys noch als »Zwillingsschwester der Demokratietheorie« angesehen, sich immer weiter aus ihrem politischen und demokratietheoretischen Zusammenhang löse. Konsequent plädiert er für eine erneute

Zusammenführung von Erziehungslehre und Demokratietheorie und benennt die Herausforderungen, die eine solche Annäherung mit sich bringen würde.

Mit dem zweiten Kapitel, »Grenzgänge als erziehungswissenschaftliche Herausforderungen«, werden Problemstellungen aufgenommen, denen die Erziehungswissenschaft sich heute als Ganze in einem ihre Spezialisierungen übergreifenden Sinne gegenübersieht. Zunächst wendet sich *Meike Sophia Baader* unter dem Titel »Erziehungswissenschaft zwischen disziplinären Grenzen, Grenzüberschreitungen und Entgrenzungen« den Konturverschiebungen zu, die die Erziehungswissenschaft teils in der Bestimmung ihrer zentralen Themen (Bildung, Bildungsforschung, Bildungspolitik), teils in ihrer Tendenz zur interdisziplinären und transdisziplinären Ausrichtung gegenwärtig zeigt. Dabei betont sie die Notwendigkeit, diese disziplinbezogenen Prozesse in ihrem gesellschaftlichen und historischen, auch disziplingeschichtlichen Zusammenhang zu sehen, um hieraus Perspektiven für die selbstbewusste Profilierung der Erziehungswissenschaft einerseits und die produktive Nutzung interdisziplinärer Diskussionsstände andererseits zu gewinnen.

»Territorialität als pädagogische Denkform« ist das Thema des anschließenden Beitrags von *Johannes Bilstein.* Ausgehend von einer aufschlussreichen, begriffsgeschichtlichen Rekonstruktion verfolgt er in seinem Beitrag das Moment der »Territorialität« sowohl über die Vorstellungen von Kindheit und Entwicklung hinweg, als auch im Durchgang durch die pädagogischen Diskurse zum räumlichen Arrangement von Bildungs- und Erziehungswelten, insbesondere im Hinblick auf den pädagogischen Gebrauch der Nest-Metapher. Abschließend betont Bilstein die grundsätzliche Unumgänglichkeit territorialer Bestimmungen in der Pädagogik, die damit verbundenen Risiken und die Notwendigkeit einer immer wieder zu erneuernden Legitimation pädagogischer Territorien.

Gleichsam in Komplementarität zu den Argumentationen Honneths beschäftigt sich *Dominik Krinninger* in seinem Aufsatz »Pädagogische Transformationen von Anerkennung und Demokratie« mit den Potentialen anerkennungs- und demokratietheoretischer Diskurse für die Erziehungswissenschaft, die allerdings nur dann auszuschöpfen seien, wenn es gelänge, sie in »eigene, pädagogische Perspektiven (zu) integrieren«. Krinninger sondiert verschiedene sozialphilosophische Konzepte hinsichtlich ihrer Resonanz im pädagischen Diskurs, zeigt am Beispiel der Erziehungsphilosophie John Deweys diesbezügliche Desiderata der anerkennungstheoretischen Erziehungs- und Bildungstheorie auf und thematisiert die weiterführenden Perspektiven, die sich aus dem Verständnis von Anerkennung und Demokratie als pädagogische Figuren heraus ergeben.

Dass eine ständige Herausforderung der Erziehungswissenschaft gerade auch im Umgang mit den Grenzen der eigenen Möglichkeiten liegt, ist das Thema eines entsprechenden Symposiums gewesen, dessen Ergebnisse hier unter dem Titel »Grenzen pädagogischen Wissens und der Umgang mit Nicht-Wissen« dokumentiert sind. *Peter Gansen, Jochen Kade, Edwin Keiner, Peter Wehling* und *Michael Wimmer* skizzieren pointiert Probleme, die sich der Disziplin in der Konfrontation mit dem »Nicht-Wissen«, mit der grundsätzlichen Vorläufigkeit und Revidierbarkeit des wissenschaftlichen Wissens wie auch mit den Grenzen szientifischer Wissensformen im Unterschied zu anderen Wissensformen stellen.

»Wohin geht die empirische Bildungsforschung« ist eine diesen Abschnitt des Bandes abschließende Frage, die sich nicht nur angesichts der Gründung der »Gesellschaft für empirische Bildungsforschung« im Frühjahr 2012 stellt, sondern vor allem auch systematisch: im Hinblick auf das Verhältnis von Bildungstheorie und Empirie innerhalb der Erziehungswissenschaft wie auch im Hinblick auf den speziellen Beitrag, den unsere Disziplin im Rahmen einer interdisziplinären empirischen Bildungsforschung leisten kann. Die in dem gleichnamigen Streitgespräch während des Kongresses vertretenen Positionen sind in den Beiträgen von *Detlev Leutner, Dietrich Benner* und *Sabine Reh* dokumentiert.

Um Neujustierungen in der Binnenstruktur der Erziehungswissenschaft und ihrer Gegenstandsbereiche geht es im dritten Abschnitt »Teildisziplinäre Grenzgänge« des vorliegenden Bandes. Unter dem Titel »Pädagogische Praktiken im Ganztag. Praxistheoretische Überlegungen zur Verschiebung der Grenzen von Schule« geht *Till-Sebastian Idel* Verschiebungen innerhalb der schulischen Lernkulturen wie auch im Verhältnis zwischen Schule und privaten Räumen nach. Anhand von Befunden aus dem vom BMBF geförderten Schulforschungsprojekt LUGS zeichnet Idel die im Kontext der Ganztagsschule forcierten Tendenzen zur Familiarisierung und Individualisierung schulischer Praktiken nach und diskutiert deren Auswirkungen auf schulische Sozialbeziehungen und Subjektivierungsprozesse.

Die Allgemeine Didaktik und ihre Stellung in den Diskussionen um eine »Vermittlungswissenschaft« stehen im Zentrum der Suchbewegungen *Gabi Reinmann*s, angeleitet von der Frage, ob die Vermittlungswissenschaft »(eine) brauchbare Perspektive für die Didaktik« bieten könne. Reimann vollzieht eine argumentative Gratwanderung zwischen einerseits den originären Basisfiguren einer theoretisch, empirisch und praktisch ausgerichteten Allgemeinen Didaktik als erziehungswissenschaftlicher Teildisziplin und andererseits dem – faktische Veränderungen im Gegenstandsbereich von Lehren, Lernen und Vermitteln aufnehmenden – Versuch, eine interdisziplinäre Vermittlungswissenschaft unter Einschluss der Allgemeinen Didaktik mit ihren spezifischen Problemsichten und Praxismodellen perspektivisch zu entwickeln.

Die Überschreitung vertrauter Grenzen in der Gegenstandsbestimmung und theoretischen Modellierung institutionalisierter Früherziehung fordert auch *Michael-Sebastian Honig* in seinem Beitrag »Frühpädagogik als institutionalisierte Praxis – Auf dem Weg zu einer Theorie betreuter Kindheit«. Sein Ansatz schließt an das Konzept der Rekontextualisierung von Helmut Fend und das Konzept der interpretativen Reproduktion von William A. Corsaro an, sucht nach Schnittstellen zwischen einer Theorie pädagogischer Organisationen und einer wissenssoziologischen Kindheitsforschung und versucht Anschlüsse herzustellen an die Traditionen einer interdisziplinären empirischen Bildungsforschung in der Erziehungswissenschaft, ohne deren Engführungen im Bereich der Frühpädagogik fortzuschreiben.

Einen Umriss der gegenwärtigen Lage der Sozialen Arbeit als wissenschaftlich-praktischer Disziplin liefert *Karin Böllert* in ihrem Beitrag »Grenzenlose Soziale Arbeit – Soziale Arbeit als Grenzgängerin?«. Demnach gilt es, Soziale Arbeit als erziehungswissenschaftliche Teildisziplin im Verhältnis zu ihren Nachbardisziplinen neu zu bestimmen. Grenzgänge seien dabei in drei Richtungen erforderlich: hinsichtlich der »Eingrenzung« Sozialer Arbeit als »Terrain der Wohlfahrtsproduktion«, hinsichtlich der praktischen Ambivalenz Sozialer Arbeit als »Begrenzung« und »Entgrenzung« ihrer präventiven Strategien und schließlich im Hinblick auf ihre unvermeidbare »grenzüberschreitende Normativität«, die in den praktischen und theoretischen Reflexionshintergrund Sozialer Arbeit eingebunden werden müsse.

Erkundungen an den Grenzen zu Nachbardisziplinen der Erziehungswissenschaft werden in den beiden Beiträgen angestellt, die dem vierten Abschnitt zugeordnet sind. *Jürgen Oelkers* setzt sich anhand historischer Dokumente mit der Entwicklung des Verhältnisses von Allgemeiner Pädagogik, Medizin und Sonderpädagogik seit Beginn des 19. Jahrhunderts auseinander und rekonstruiert so die Exklusion des Lernens mit körperlichen bzw. geistigen Behinderungen aus dem allgmeinpädagogischen Diskurs. Dabei sei diese bis weit in die zweite Hälfte des 20. Jahrhunderts kaum problematisierte Spaltung der Disziplin in eine Allgemeine Pädagogik für »normale« und eine Sonderpädagogik für »behinderte« Kinder primär nicht auf innerwissenschaftliche Prozesse zurückzuführen, sondern wesentlich von der staatlichen Durchsetzung einer allgemeinen Volksschulerziehung beeinflusst, die von vornherein, selbst in ihren reformpädagogischen Erneuerungen, die Exklusion von Kindern mit Behinderungen bewirkt habe. Der Beitrag endet mit der Forderung nach einer Pädagogik für alle Kinder unter Berücksichtigung der Gesichtspunkte von Differenz und Heterogenität.

Einen Grenzgang zwischen Erziehungswissenschaft und Ökonomie beschreitet *Susanne Weber* in ihrem Beitrag »Entrepreneurship Education«. Ausgehend von der besonderen politischen Bedeutung unternehmerischer Kompetenzen sowohl für die ökonomische Innovation als auch für die Beschäftigungssicherung und geleitet von der Einsicht, dass diese allein mit ökonomischen Instrumenten nicht zu erzeugen sind, zeige sich, so Weber, innerhalb der Ökonomie ein gegenwärtiger Trend, auf »relevante pädagogische Perspektiven und Wissensbestände« zurückzugreifen. Dabei würden sowohl die Vermittlung von Fachwissen, als auch der Aufbau von Verantwortungsbewusstsein und moralischer Urteilsfähigkeit ins Auge gefasst und nach Konzepten auf verschiedenen Ebenen des Bildungssystems gefragt.

Der fünfte und letzte Abschnitt des vorliegenden Bandes ist mit dem Titel »Grenzgänge zwischen differenten ‚Welten‘ und ‚Lebenspraxen‘« überschrieben und richtet die Aufmerksamkeit auf Phänomene der Differenz und Vielfalt im Gegenstandsbereich der Erziehungswissenschaft. Als erstes wenden sich *Manuela Pietraß* und *Christina Schachtner* in ihrem Beitrag den Grenzüberschreitungen zwischen Virtualität und Realität im Umgang mit dem Internet zu, um diese als ein Feld informeller Bildungsprozesse interpretierbar zu machen. In der mit dem Foucaultschen Konzept der »Heterotopie« begründeten Überwindung des bipolaren Modells von »Realität« und »Virtualität« plädieren die Autorinnen für eine dynamische und relationale Analyse der Übergänge und Vermischungen des Differenten, in der auch medienpädagogische und bildungstheoretische Perspektiven zu verorten seien.

Auf Grundlage einer qualitativen Studie gehen *Rolf-Torsten Kramer* und *Susann Busse* in ihrem Beitrag »Jugend zwischen Familie und Schule – Grenzgänge der Bildung zwischen Unterstützung und Blockierung der Individuation« der Frage nach, ob und unter welchen Bedingungen Entwicklungs- und Bildungsprozesse von Jugendlichen im Spannungsfeld von Schule und familiärer Sozialisation zu – schwer prognostizierbaren – »Grenzgängen« werden können. Nach einer kurzen Darstellung der theoretischen Perspektiven auf die interaktiven Zusammenhänge und Auswirkungen zwischen Schule und Familie diskutieren sie das Zusammenspiel beider Lernfelder an einem exemplarischen Fall. Vor dem Hintergrund der Ergebnisse der Studie wird abschließend nach den Folgerungen für eine gelingende pädagogische Praxis gefragt.

Grenzverläufe im Mikrobereich der Familie bilden den Fokus des Beitrags von *Kim-Patrick Sabla*, der mit dem Titel »Innerfamiliale Grenzziehungen. Alte und neue Grenzen der Elternrollen als Herausforderung Sozialer Arbeit« überschrieben ist. Vor dem Hintergrund des Wandels von Familie, Geschlecht und Elternschaft nimmt er die innerfamilialen Prozesse des »doing family« im Sinne einer aktiven Hervorbringung und Gestaltung des Familienalltags in den Blick, wobei sowohl die Aushandlungsspielräume der AkteurInnen als auch die strukturellen Begrenzungen dieses Spielraums Beachtung finden. Mit einem Ausblick auf die Rolle der Sozialen Arbeit im Prozess des Wandels von familialen Geschlechterverhältnissen und Elternrollen endet der Beitrag.

Margrit Stamm fokussiert in ihrem Artikel »Frühe Kindheit in Mittelschichtfamilien« auf die bislang noch wenig erforschte Fragestellung, welche Betreuungsformen und Förderaktivitäten bildungsnahe Familie für ihre Kinder wählen, wie diese organisiert werden und welche Rolle dabei Müttern und Vätern zukommen. Auf Grundlage vorliegender Forschungsbefunde versucht sie die These zu begründen, dass Eltern bildungsnaher Familien der Mittelschicht die Betreuung und Förderung so arrangieren, dass sie der eigenen Statuserhaltung dienen. Dabei spielten die Mütter, auch wenn sie Vollzeit berufstätig sind, die größere Rolle. Abschließend formuliert sie bildungs- und sozialpolitische Forderungen, welche sich aus den Erkenntnissen der Forschung ableiten lassen.

Es liegt in der Logik von Publikationen dieser Art, dass aus dem breiten und inhaltsreichen Spektrum der vielen Kongressbeiträge nur eine kleine Auswahl in diesen Band aufgenommen werden konnte. Die Herausgeberin und die Herausgeber haben sich dabei an der Absicht orientiert, einen strukturierten Querschnitt durch aktuelle »Grenzgänge« innerhalb und am Rande unserer Disziplin zu liefern, die Anlass für eine selbstreflexive Aufmerksamkeit auf Entwicklungen (in) der Erziehungswissenschaft geben. Unser Dank gebührt zunächst den Autorinnen und Autoren, die ihre Kongressvorträge für den Abdruck in diesem Band zur Verfügung gestellt und überarbeitet haben. Thomas Grunau war bei der redaktionellen Betreuung der Beiträge und bei der Erstellung der Druckvorlage ebenso wie in der Endphase Gesa Rüttgers eine unentbehrliche Hilfe. Ihnen beiden gilt der Dank des Herausgeberteams.

Wir hoffen, dass die Beiträge in diesem Band das Nachdenken über Grenzgänge wie auch über notwendige erziehungswissenschaftiche Grenzziehungen beleben und Forschungen zum Themenfeld anregen.

Erziehungswissenschaftliche Grenzgänge
Ein Plädoyer für den souveränen Umgang mit Grenzen[1]

Werner Thole

Wie Reisen in die Zukunft ohne räumliche und zeitliche Grenzgänge möglich sind, war Ende 2011 zu registrieren. Am 29. Dezember 2011 veränderte die kleine Inselgruppe Samoa ihre Zugehörigkeit zur Zeitzone und übersprang einen kompletten Tag. Anstatt weiterhin zu jener Region zu zählen, wo die Sonne zuletzt untergeht, gehört die Inselgruppe jetzt zu den Ländern, wo sie zuerst aufgeht. Während die BewohnerInnen der samoanischen Staatengruppe im Dezember einen Tag ihres Lebens verloren, gewannen sie über die gesamte Lebenszeit einen Tag hinzu. Vor dem Altern Flüchtende können nun mittels einer kleinen Reise von West-Samoa auf die »Inseln des vorherigen Tages« Ost-Samoas den Beginn des neuen Lebensjahres zumindest um einen Tag verschieben. Der kommende Tag kann so zugleich der gleiche wie der gestrige sein und der gestrige zugleich der heutige.

Dass das Verschieben von Grenzen und Grenzgängen mehr ist als ein vergnügliches Spiel mit Raum, Zeit und Sichtweisen zeigt ein Blick auf den augenblicklichen Zustand der weltweiten Wirtschafts- und Finanzmärkte. Mehr als deutlich illustriert uns dieser, welche gefährlichen, komplexen und unkalkulierbaren Grenzgänge das Einstürzen bisheriger Grenzmarkierungen hervorrufen kann. Nationalstaatliche, an alten Grenzen sich orientierende politische Konzeptionen scheinen keine erfolgreichen Wege mehr darzustellen, Länder wie Griechenland, aber auch Italien, Spanien, Portugal und Irland aus den staatlichen Verschuldungsmiseren zu führen. Selbst in den Feuilletons und auf den Wirtschaftsseiten von eher als konservativ eingestuften Zeitungen wird das »Leiden am Kapitalismus« beklagt (vgl. FAZ 30. 01. 2012). Sogar auf dem Weltwirtschaftsgipfel in den Schweizer Bergen sprachen sich zu Beginn des Jahres 2012 gestandene ManagerInnen und FinanztechnologInnen nur noch in Ermangelung an Alternativen für das bestehende, neoliberale Wirtschaftssystem aus. In der Hoffnung, neue Ideen und Lösungen entdecken zu können, blickten sie nach Porto Alegre zum dort zeitgleich stattfindenden Weltsozialforum, wo VertreterInnen von sozialen Bewegungen und SozialpolitikerInnen gegen die weltweiten sozialen, kulturellen und ökonomischen Ungleichheitsstrukturen demonstrierten und für mehr soziale und ökologische Gerechtigkeit votierten. Ein gesellschaftlich zunehmend entfesselter Kasino-Kapitalismus hat längst alle nationalstaatlichen Grenzen

---

1 Für diesen Band leicht veränderte Fassung des Eröffnungsvortrages des 23. Kongresses der Deutschen Gesellschaft für Erziehungswissenschaft.

überwunden und überdeutlich gezeigt, wie sehr der weltweite Globalisierungsprozess zur Wirklichkeit geworden ist. Das bittere, existentielle »Leiden am Kapitalismus« der einen wird für andere zum Motiv, um über das Ziehen neuer Grenzen zu räsonieren.

Das Thema des 23. Kongresses der Deutschen Gesellschaft für Erziehungswissenschaft »Erziehungswissenschaftliche Grenzgänge« hätte angesichts der aktuellen Ereignisse wohl kaum treffender gewählt werden können. Die Verfasstheit der Gesellschaft erinnert an die These des amerikanischen Soziologen Richard Sennett (1998) von der effizienzgesteuerten Durchökonomisierung der Gesellschaft. Auch wenn Richard Sennetts These von der schleichenden, aber kontinuierlich fortschreitenden Ökonomisierung auch des Bildungs- und Sozialsystems nicht zugestimmt werden kann, wird die Beobachtung kaum Einsprüche hervorrufen, dass die aus erziehungswissenschaftlicher Perspektive gegenwärtig interessierenden Fragen und Herausforderungen nicht unabhängig von den ökonomischen Neuformatierungen moderner Gesellschaften zu reflektieren sind.

Spätestens wenn aus erziehungswissenschaftlicher Sicht nach den Rahmungen und Bedingungen der öffentlichen Bildungs-, Erziehungs-, Betreuungs- und Hilfeangebote gefragt wird, erfordern die zuvor aufgerufen Kontexte Beachtung. Die schlichte, empirisch hinreichend belegte Tatsache, dass die Herkunftsfamilie trotz sich historisch verändernder Bildungschancen und -barrieren eine zentrale Variable für Bildungs- und Qualifizierungskarrieren darstellt und das schulische und berufliche Übergangsentscheidungen über das soziale Herkunftsmilieu gesteuert werden, stellt für die Erziehungswissenschaft und die Pädagogik weiterhin eine bislang weder theoretisch noch praktisch bewältigte Herausforderung dar. Helmut Fend und seinen MitarbeiterInnen (Fend/Berger/Grob 2009) kommt das Verdienst zu, auf die prägende Bedeutung des sozialen und familialen Milieus für die Gestaltung der Biographie unlängst nochmals nachdrücklich und im Längsschnitt hingewiesen zu haben. Die Chancen eines Heranwachsenden in der Bundesrepublik Deutschland aus einem Milieu mit einer wenig entwickelten Tradition der Bildungsaspiration einen akademischen Abschluss zu erreichen, stehen im Vergleich zu einem Kind aus den höheren Bildungsschichten weiterhin ungleich schlechter. Diese ebenso schlichte wie zugleich weiterhin dramatische Erkenntnis findet sich auch in Studien hervorgehoben, die die institutionellen, pädagogischen Angebote für unter sechsjährige Kinder in den Blick nehmen. Im April 2012 wurden die ersten zentralen Ergebnisse der nationalen Untersuchung zur »Bildung, Betreuung und Erziehung in der frühen Kindheit« (NUBBEK) (Tietze u. a. 2012) vorgelegt. Darin ist zu lesen, dass der »Bildungs- und Entwicklungsstand der Kinder (…) stärker mit Merkmalen der Familie als mit Merkmalen der außerfamiliären Betreuung zusammen« (Tietze u. a. 2012, S. 11) hängt. Ohne diese Befunde zu dramatisieren, stimmen die Botschaften, die sie kommunizieren, doch nachdenklich. Vertrauen wir den vorgetragenen Befunden, dann erhalten in über 97% der bildungsorientierten Angebote für Kinder im vorschulischen Alter Kinder nicht unter Bedingungen einer guten Prozessqualität die Möglichkeit, ihre sprachlichen, mathematischen und naturwissenschaftlichen Fähigkeiten altersentsprechend zu qualifizieren und somit möglicherweise die herkunfts- und milieugebundene Nichtbeteiligungen an Bildungserfahrungen auszugleichen. Sicherlich können auf der Basis dieser Befunde keine Aussagen bezüglich der Professionalität und der Professionalisierung der institutionalisierten Pädagogik formuliert werden. Und auch die 2012 veröffentlichten Ergebnisse der Studien zu den Kompetenzen von Grundschulkindern liefern erneut deutliche Hinweise für die Annahme, dass Kinder mit mindestens einem Elternteil, das einem akademischen oder technologischen Beruf nachgeht, größere Chancen besitzen, eine hohe Kompetenzstufe zu erreichen, als Kinder aus armutsgefährdeten Milieus, und über mehrfach bessere Bedingungen verfügen, eine Empfehlung für den Besuch eines Gymnasiums zu erhalten (vgl. Bos u. a. 2012). Ernüchternd ist also weiterhin zu registrieren, dass die Möglichkeiten der Bildungs- und Sozialsysteme, die Durchschlagskraft und nachhaltige Wirkung der familialen, intergenerationalen Transmissionsleistungen zu brechen, trotz der durchaus auch zu registrierenden Reformbemühungen der schulischen wie nicht-schulischen Institutionen, immer noch sehr überschaubar und begrenzt zu sein scheinen.

Nach wie vor sind nicht nur die Formen der materiellen Lebensgestaltung, sondern auch die Teilhabemöglichkeiten an den sozialen und kulturellen Angeboten der Gesellschaft äußerst different. Insbesondere vor dem Hintergrund der Beobachtung, dass sich gegenwärtig am »unteren Rand« der Gesellschaft dynamisch neue Spaltungen herausbilden und die Kontur der »klassischen« Problem- und Ungleichheitslagen verschärfen (vgl. Groh-Samberg 2005; Rieger/Leibfried 2001), gewinnt dieser Aspekt Bedeutung. Marginalisierungen, soziale und kulturelle Exklusionsdynamiken und Formen der Desintegration zeigen immer deutlicher auch Formen von ausgewiesenen Ausgrenzungen, von Ausschließungen, die sich zwar auch noch, aber nicht mehr nur und ausschließlich über die Verfügbarkeit über geringe materielle Ressourcen erklären lassen. Gefühle der Ausgrenzung und der Desintegration entstehen auch aufgrund mangelnder gesellschaftlicher Teilhabe am Arbeitsmarkt, in den sozialen Milieus, aber auch an den gesellschaftlich vorgehaltenen Angeboten der Bildung und des Sozialen. Ausschluss von Teilhabe, gebrochene oder gebremste Partizipationsmöglichkeiten minimieren die Chancen, gesellschaftliche Anerkennung zu erfahren und Zugehörigkeit in einer umfassenden Form zu erleben. Spätestens wenn reflektiert wird, dass etwa ein Drittel der jugendlichen wie erwachsenen bundesrepublikanischen Bevölkerung xenophobischen, rassistischen, antisemitischen und auf Unwertigkeit beruhenden Denkfiguren zustimmen, diese Deutungsschablonen also nicht nur das Handeln des postnationalsozialistischen Untergrunds bestimmen, ist die Erziehungswissenschaft und die Pädagogik gefordert.

I

Die bundesrepublikanische Gesellschaft des doch noch relativ jungen 21. Jahrhunderts ist »anders« als die des 20. Jahrhunderts – wenn auch nicht so »anders«, wie in postmodern gefärbten Debatten zuweilen angenommen wird. Diese schlichte Erkenntnis trifft auch auf die Bildungs- und Sozialsysteme und auf die erziehungswissenschaftlichen, empirischen wie theoretischen Reflexionen zu. Die Erziehungswissenschaft bleibt gefordert und ist aufgefordert, über das von ihr produzierte empirische Wissen die Politik wie auch die Systeme und Orte der schulischen und nichtschulischen Bildung, der sozialen Unterstützung und Hilfe dazu anzuregen, sowohl über strukturelle Veränderungen wie aber auch über die favorisierten pädagogischen Handlungspraxen kritisch nachzudenken. Dies auch, um die Grenzmarkierungen, die Teilhabe behindern, zu benennen. Empirisch gut fundierte Argumente plädieren dafür, bisherige Grenzen zwischen den unterschiedlichen Bereichen des Bildungssystems wie auch zwischen den Angeboten des Bildungs- und denen des Sozialsystems in Frage zu stellen. In seiner inzwischen auch auf Deutsch zugänglichen Studie »Das Unbehagen in der Gesellschaft« reflektiert der französische Soziologe und Sozialphilosoph Alain Ehrenberg (2012) den umfassenden Wandel des Verhältnisses von Individuum und Gesellschaft sowie der mentalen Verfassung der Subjekte und deren Beziehung zu den Institutionen. Ausgehend von seinen Analysen plädiert er für eine stärkere Verknüpfung der regierenden, erziehenden und psychotherapeutischen Arrangements. Nachdrücklich votiert er für eine andere, neue Verknüpfung der institutionellen Angebote der Gesundheits- und Sozialsysteme in den hochentwickelten Industrienationen. Psychische Formen des Leidens sind, so führt er aus, von sozialen Exklusions- und Missachtungserfahrungen kaum noch zu trennen, und dementsprechend sind die gesellschaftlichen Hilfsangebote aufgefordert, sich neu zu strukturieren, sollen sie auch weiterhin beanspruchen, auf die – jetzt multikomplexen – Leidenserfahrungen der Individuen adäquat reagieren zu wollen. Offener und flexibler zu modellieren sind etwa auch die Markierungen und die Übergänge von der frühen familialen Betreuung, Erziehung und Bildung von jüngeren Kindern in der Familie und den frühpädagogischen öffentlichen Angeboten der Kindertageseinrichtungen. Ebenso sprechen viele, auch empirische Erfahrungen dafür, den Übergang von den pädagogischen Elementar- in den schulischen Primarbereich nicht als plötzlichen Grenzübergang, sondern als einen Grenzüberschreitungsprozess zu konzipieren. Bezüglich der Übergänge von der Grundschule in die weiterführenden Schulformen und den hier zu erkennenden strukturellen, schulformstabilen Grenzmarkierungen scheinen gute, wenn auch empirisch nicht durchgängig belegte Argumente dafür zu votieren, Übergänge zu vereinfachen und fließender zu gestalten.

Die Ermöglichung von einfacheren Grenzgängen und -übertritten sollte jedoch nicht dazu beitragen, die jeweils unterschiedlichen Logiken und konzeptionellen Profile, Aufgaben und Ansprüche der unterschiedlichen Bildungsformen und -angebote zu negieren. Die familiale Sozialisation folgt anderen Modalitäten und Praxen als die institutionellen Angebote der frühen Pädagogik. Grenzmarkierungen zu entschärfen, ohne strukturell bedingte Unterschiede zu ignorieren, lautet hier die Herausforderung, die auf kluge Antworten wartet.

Wenn dafür plädiert wird, Übergänge zwischen den Bildungssystemen und den Angeboten des Sozialsystems, zwischen Schule und der Sozialen Arbeit, zwischen Fort- und Weiterbildungsangeboten und hochschulischen Qualifizierungen oder beispielsweise zwischen dem beruflichen Ausbildungssystem und nachqualifizierenden Maßnahmen zu erleichtern und Schnittstellen zu markieren, dann scheint auf der disziplinären Ebene auch die Überprüfung von Grenzmarkierungen und eine Suche nach Gemeinsamkeit angebracht. Hierzu sind die Schulpädagogik ebenso aufgefordert wie die Berufs- und Erwachsenenpädagogik, die Sonder- wie die Sozialpädagogik, die Pädagogik der Kindheit wie die zunehmend deutlicher auf ihre Eigenständigkeit verweisende Grundschulpädagogik. Über die Neugestaltung von Übergängen zu sprechen heißt auch teildisziplinäre Grenzen innerhalb der Erziehungswissenschaft zu überprüfen, heißt vielleicht nicht, teildisziplinäre Grenzen einzureißen, aber Grenzgänge zwischen ihnen zu initiieren und Synergien zu lokalisieren.

Pädagogisches und erziehungswissenschaftliches Wissen gewinnt gegenwärtig zum Verstehen von Welt an Bedeutung. Soziale Kommunikation und kulturelle Praxen sind ohne pädagogische Erkenntnisse kaum noch zu verstehen. Die Veralltäglichung des pädagogischen Wissens erinnert aber nachdrücklich auch daran, dass der Transfer oder die Transformationen von Wissen in Können, von Theorie in Praxis keineswegs – zumindest nicht unproblematisch – über einen Trichterprozess realisierbar sind. Pädagogisches Wissen schafft ebenso wenig eine besser modulierte pädagogische Praxis wie das Verstehen dieser Praxis automatisch eine Veränderung von Praxis hervorbringt. Ein Transfer von der Theorie in die Praxis ist weder alltagspraktisch noch technologisch zu operationalisieren. Der immer wieder eingeklagte Transferprozess, daran erinnern jüngere Studien ebenso wie die Befunde der Verwendungsforschung, ist komplexer und komplizierter als zuweilen angenommen und keineswegs eindimensional und linear (vgl. u. a. Beck/Bonß 1989; Thole/Cloos 2000). Das kann die erziehungswissenschaftliche Forschung und Theoriebildung nicht von der Aufgabe entlasten, Grenzgänge zu initiieren und das gewonnene Wissen verständlich zu kommunizieren. Aber auch empirisch noch so belastbare Befunde über klügere und gelungene Praktiken und Praxen der Unterrichtsgestaltung, über erfolgreiche Wege der beruflichen Qualifizierung, klügere und adressatInnen-freundlichere, partizipative Modulationen von Hilfe, Betreuung und Prävention führen nicht unvermeidlich auch zu anderen pädagogischen Praxen.

Die Ansprüche an die Pädagogik und die Herausforderungen an die Erziehungswissenschaft nehmen zu und zugleich verschieben sich die Grenzen bezüglich der Themen und Gegenstände, die Pädagogik und Erziehungswissenschaft ausmachen, kontinuierlich. Beobachten können wir einerseits eine stärkere Aufmerksamkeit gegenüber dem und Inanspruchnahme des Bildungs-, Erziehungs- und Sozialsystems. Erziehungswissenschaftliches Wissen findet zunehmend Beachtung, beispielsweise bezüglich der Gestaltung von Generationenbeziehungen in und außerhalb der Familie, des lebenslangen Lernens, des Ausbaus der frühkindlichen Bildung und der Moderation von Übergängen zwischen unterschiedlichen Systemen und Institutionen des Bildungs- und Sozialsystems, wenn auch vielleicht nicht in dem Umfang, der erwünscht und erforderlich wäre. Dass die Markierungen zwischen pädagogisch und nicht-pädagogisch undeutlicher werden, stellt hier eine zusätzliche Herausforderung dar. Andererseits ist jedoch auch wahrzunehmen, dass pädagogische Angebote verstärkt kritisch begutachtet werden und die Markierungen zwischen pädagogisch und nicht-pädagogisch undeutlicher werden. Die Entstrukturierung pädagogischen Wissens in den Alltag und die Entterritorialisierung des Pädagogischen im Zuge gesellschaftlicher Modernisierungen ist nicht zu übersehen und fordert auch von der Erziehungswissenschaft, die hier zu erkennenden neuen Grenzverschiebungen und -aufweichungen zu beobachten.

Erst die Identifizierung von Differenz macht Grenzgänge und Grenzüberschreitung möglich. Der Erfolg wird zudem auch darüber gesteuert, ob und wie es gelingt, teildisziplinäre Grenzen zu beleuchten. Teildisziplinäre Zuständigkeiten zu reflektieren impliziert auch, methodologische Paradigmen und darüber fundierte Abgrenzungen zu überdenken, um einerseits Berührungspunkte mit anderen Disziplinen zu lokalisieren, aber auch um Differenzen und Gemeinsamkeiten zwischen teildisziplinären erziehungswissenschaftlichen Kulturen zu identifizieren. Konkreter: Wie schon die »empirische Wende« die Pädagogik zur Neubestimmung animierte, so fordert gegenwärtig »die empirische Bildungsforschung« die Erziehungswissenschaft heraus. Der generalisierende Sprechakt »die empirische Bildungsforschung« trifft bei näherer Betrachtung jedoch nicht einmal zu, geht er doch von einer Einheitlichkeit der empirischen Bildungsforschung aus, die so nicht anzutreffen ist. Dass eine empirische Bildungsforschung sich auf alle informellen, non-formalen und formalen pädagogischen Handlungsfelder beziehen kann, sie strukturell interdisziplinär ausgerichtet ist und sich forschungsmethodologisch sowohl auf quantitative, statistische, historische wie auf qualitativ-rekonstruktive Verfahren stützen kann, scheint bislang keineswegs eine allseits geteilte Erkenntnis darzustellen. Die Erziehungswissenschaft hat sich in den zurückliegenden Jahren verändert. Dokumentiert finden sich die Veränderungen in der empirischen Ausrichtung der Erziehungswissenschaft. Methodologisch ist sie heute breiter und vielfältiger aufgestellt als noch vor einem Jahrzehnt und ihr Forschungsvolumen und die Qualität des empirisch gewonnenen Wissens haben deutlich zugenommen.

Im Kern, so die Vermutung, die der Argumentation hier zugrunde liegt, verbirgt sich in den neuerlichen, partiell sehr zugespitzt geführten Auseinandersetzungen keine Renaissance der Kontroversen zwischen einer normativ ausgerichteten, philosophisch konnotierten Bildungstheorie und einer wie auch immer empirisch ausgerichteten Bildungsforschung, sondern die Suche nach den Standards und Grundprämissen von Forschung, die sich auf das Bildungs- und Sozialsystem bezieht.

In seinem noch heute inserierenden Beitrag »Die Bedeutung der empirischen Forschung für die Pädagogik« stellte Heinrich Roth Ende der 1950er Jahre heraus, dass »wer forschen will – und gerade auch wer empirisch forschen will –, (...) theoretisch auf der Höhe« (Heinrich Roth 1958, S. 34) der erziehungswissenschaftlichen Diskurse sich bewegen sollte. Aus seiner Perspektive war es »gerade die philosophisch betriebene Pädagogik (...) – und das gilt es heute zu erkennen –, die uns das denkbare Rüstzeug zur Verfügung gestellt hat, damit wir in ganz anderem Umfang und weit sinnvollerem Maße als seither in die pädagogische Forschung, auch in die empirische Forschung, eintreten können« (Roth 1958, S. 20). Und doch musste er – noch – feststellen, dass die »pädagogische Forschung« »ohne Zweifel den empirischen Forschungsansätzen in den anderen Geisteswissenschaften, z. B. der Psychologie, Soziologie, Wirtschaftswissenschaften« (Roth 1958, S. 26) nachhängt. Diese Beschreibung hat sicherlich an Gültigkeit eingebüßt, denn gemessen an der absoluten Höhe des Drittmittelaufkommens platziert sich die Erziehungswissenschaft heute deutlich vor der Politikwissenschaft und den Sozialwissenschaften auf einem mit der Psychologie inzwischen ungefähr gleichstehenden Niveau. Durch die Ausweitung der Drittmittel erhöhte sich die Zahl der aus diesen Mitteln finanzierten MitarbeiterInnen in der Erziehungswissenschaft und den Bildungswissenschaften zwischen 2005 und 2010 auf 1026 Personen und hat sich damit mehr als verdoppelt (vgl. Thole u. a. 2012).

Die Ausdehnung der empirischen Forschung und die darüber initiierte Auseinandersetzung zwischen – verkürzt formuliert – Bildungstheorie und empirischer Bildungsforschung konfrontiert die Erziehungswissenschaft im engeren Sinn aktuell mit der Frage, ob und wo sich in der erweiterten empirischen Ausrichtung genuin erziehungswissenschaftliche Perspektiven noch erkennen lassen. Wird den einschlägigen Reflexionen vertraut, dann hat die

Erziehungswissenschaft ihre in den letzten Jahren gewachsene Bedeutung und Anerkennung auch deshalb erlangt, weil sie seit einigen Jahrzehnten und gegenwärtig verstärkt sich auch von sozialwissenschaftlichen und psychologischen, partiell auch juristischen, politikwissenschaftlichen, philosophischen oder ökonomischen Argumenten und Theorien inspirieren lässt. Die inzwischen sehr hybride Identität der Erziehungswissenschaft ruft offenkundig auch Irritationen und vielleicht auch Identitätskrisen hervor, macht aber im Kern die Stärke der Erziehungswissenschaft aus. Die Konzentration der Erziehungswissenschaft auf das Pädagogische unter Beachtung des interdisziplinär vorliegenden Wissens macht die Exklusivität wie Stärke der modernen Erziehungswissenschaft aus.

II

Die Erziehungswissenschaft gehört inzwischen nicht nur bezüglich ihrer Forschungsleistungen zu den größten, stabilsten und sicherlich auch bedeutendsten Fächern an den Universitäten und Hochschulen für angewandte Wissenschaften in der Bundesrepublik Deutschland. An über 75% der 112 bundesrepublikanischen Universitäten und Pädagogischen Hochschulen werden gegenwärtig erziehungswissenschaftliche Hauptfachstudiengänge angeboten. Insgesamt sind zurzeit etwa 48.000 Studierende in einem erziehungswissenschaftlichen Hauptfachstudiengang eingeschrieben. Wenn die ebenfalls deutlich gestiegene Zahl der Lehramtsstudierenden hinzugerechnet wird, dann zählt das Fach Erziehungswissenschaft neben den Wirtschaftswissenschaften und der Humanmedizin zu den großen universitären Studiengebieten in der Bundesrepublik Deutschland. Und: weibliche Studierende machen einem Anteil von ca. 80% an der ersten Stufe der akademischen Berufsqualifikation und von 60% bei den Promotionen aus. Neben Studiengängen, die sich am erziehungswissenschaftlichen Kerncurriculum orientieren (vgl. Deutsche Gesellschaft für Erziehungswissenschaft 2010) sind Zwei-Fach- und Drei-Fach-Bachelor- und Masterstudiengänge zu erkennen, in denen der erziehungswissenschaftliche Anteil stark variiert, aber weniger deutlich teildisziplinäre Anteile ausgewiesen werden. Darüber hinaus hat sich gegenüber den alten Studienstrukturen der Anteil an teildisziplinären, erziehungswissenschaftlich gerahmten Studienprogrammen deutlich erweitert. Die entsprechenden Studiengänge zeigen insbesondere ein erwachsenen-, sonder-, sozial- oder kindheitspädagogisches Profil. Zu registrieren ist aber auch eine Expansion der themen- und problembezogenen Labels der von erziehungswissenschaftlichen Fakultäten, Fachbereichen und Instituten angebotenen Studiengänge. Die bekannten Bezeichnungen, Erziehungswissenschaft, Pädagogik oder auch Bildungswissenschaft, kennzeichnen nur noch etwa die

Hälfte der angebotenen Studiengänge. Die Sichtbarkeit der Erziehungswissenschaft in diesen Studienprogrammen schwindet und in den konzeptionellen Arrangements wird ihr an vielen Orten nur noch eine marginale Bedeutung zuerkannt. Das Verschwinden der Erziehungswissenschaft in vielen Studiengängen fördert keineswegs ihre universitäre Präsenz und Sichtbarkeit (vgl. Grunert 2012). Zudem wird über diese Ausdifferenzierung die angestrebte Polyvalenz nicht an allen Standorten realisiert.

Im Kontrast zu dieser Entwicklung steht die Personalentwicklung. Als erfreulich anzusehen ist, dass die Zahl der in den Fakultäten und Fachbereichen beschäftigten erziehungswissenschaftlichen WissenschaftlerInnen insgesamt in den zurückliegenden Jahren zugenommen hat. Mit über 4.400 Personen waren noch nie so viele WissenschaftlerInnen im Fach Erziehungswissenschaft an den bundesrepublikanischen Hochschulen beschäftigt. Erfreulich ist insbesondere der kontinuierliche Anstieg des Frauenanteils an den Professuren auf mittlerweile 43%. Getrübt wird diese positive Lagebeschreibung jedoch, wenn die Entwicklung bei den Professuren in den zurückliegenden anderthalb Jahrzehnten betrachtet wird. Allein von 1995 bis 2010 verlor die Erziehungswissenschaft gut 15% ihrer Professuren. Im Kernbereich der Erziehungswissenschaft zeigt sich sogar eine noch dramatischere Entwicklung. In den vergangenen fünfzehn Jahren büßte die Erziehungswissenschaft knapp 20% ihrer Stellen ein und nur noch 698 erziehungswissenschaftliche Professuren werden ausgewiesen.

III

Insgesamt zu registrieren ist somit eine überaus verunsichernde, ambivalente Situation. Wenn der große gesellschaftliche Forschungs-, Bildungs- und Kompetenzbedarf im schulischen und im außerschulischen Bereich – von der frühkindlichen Erziehung und Bildung bis hin zur beruflichen und hochschulischen Bildung, von dem sozialpädagogischen Unterstützungs- und Hilfebedarf bis hin zur Erwachsenen- und Weiterbildung – in Erinnerung gerufen wird, dann ist die personale Entwicklung an den Universitäten und die dort zu beobachtende Ausdifferenzierung der Studiengangsprofile sogar als besorgniserregend anzusehen.

Erfreulicherweise war 2012 zu vernehmen, dass das 2009 vereinbarte Kooperationsverbot, in dem sich der Bund verpflichtet nur ausnahmsweise hochschulpolitisch und auf Länderebene finanziell aktiv zu werden, wieder zur Disposition steht. Nachdrücklich votiert die Deutsche Gesellschaft für Erziehungswissenschaft dafür, hier Grenzüberschreitung zu wagen und ein stärkeres finanzielles Engagement des Bundes im Feld der Hochschulfinanzierung zu ermöglichen, auch um die strukturelle und chronische Unterfinanzierung der Universitäten zumindest partiell zu verbessern. Und, wie könnte es anders sein, ebenso nachdrücklich möchte die Deutsche Gesellschaft für Erziehungswissenschaft empfehlen, bei diesem bundespolitischen Grenzgang in die Sphären der Bundesländer die Personalausstattung der erziehungswissenschaftlichen Studiengänge nicht aus dem Blick zu verlieren. Eine Verbesserung der Qualität von Schule, aber auch von anderen, vorschulischen und nicht-schulischen pädagogischen Institutionen erfordert gut qualifizierte und engagierte Pädagoginnen und Pädagogen. Wenn das gesellschaftliche Projekt »Zukunft durch und mit Bildung« ernsthaft und nachhaltig mit Erfolgsaussichten verfolgt werden soll und wenn die mit dem gestiegenen Forschungsbedarf und mit der quantitativen Entwicklung der Studiengänge und der Studierendenzahlen verbundenen Herausforderungen professionell und klug bewältigt werden sollen, bedarf es eines Ausbaus des professoralen Stellenvolumens um mindestens 30%, also der Neueinrichtung von gut 200 erziehungswissenschaftlichen Professuren.

Die bundesrepublikanische Erziehungswissenschaft ist »gut aufgestellt«, trotz der disziplinären und professionspolitischen Irritationen, der Diversifizierung und disziplinären Ausdünnung der erziehungswissenschaftlichen Studienprogramme und ihrer deutlichen personellen, professoralen Unterbesetzung in der Lehre und Forschung. Der Osnabrücker Kongress bot Raum, die damit verbundenen Herausforderungen zu reflektieren und Gelegenheit, die zuweilen doch unüberwindbar scheinenden teildisziplinären Grenzen, aber auch die Grenzen zwischen Diskurs und Kultur, Ernst und Freude, Pflicht und Kür zu überwinden.

Die Erziehungswissenschaft bleibt aufgefordert, ihre disziplinäre Kontur, Zuständigkeit und Verantwortung auch zukünftig markant und präzise zu formulieren, ohne dabei zu ignorieren oder zu missachten, dass das Überschreiten und »Begehen« von disziplinären Grenzen mehr und verstärkt nicht nur eine fiktionale Herausforderung, sondern eine Bewältigungsaufgabe des wissenschaftlichen Alltags ist.

Literatur

Beck, U./Bonß, W. (1989): Verwissenschaftlichung ohne Aufklärung. In: Beck, U./Bonß, W. (Hrsg.): Weder Sozialtechnologie noch Aufklärung, Frankfurt a. M., S. 7-45.

Bos, W./Tarelli, I./Bremerich-Vos, A./Schwippert, K. (Hrsg.) (2012): IGLU 2011. Lesekompetenzen von Grundschulkindern in Deutschland im internationalen Vergleich. Münster u. a.

Deutsche Gesellschaft für Erziehungswissenschaft (DGFE) (2010): Kerncurriculum Erziehungswissenschaft. Opladen u. a.

Ehrenberg, A. (2012): Das Unbehagen der Gesellschaft. Frankfurt a. M.

Fend, H./Berger, F./Grob, U. (2009): Lebensverläufe, Lebensbewältigung, Lebens-
glück. Ergebnisse der LifE-Studie. Wiesbaden.

Frankfurter Allgemeine Zeitung (FAZ) (30. 01. 2012): Leiden am Kapitalismus.
Verfügbar unter: http://www.faz.net/aktuell/wirtschaft/wirtschaftsanalyse-leiden-
am-kapitalismus-11630155.html [29.01.2013].

Groh-Samberg, O. (2005): Zur Aktualität der sozialen Frage. Trendanalysen sozialer
Ausgrenzung 1984-2004. In: WSI-Mitteilungen, Jg. 58, Heft 11, S. 616-623.

Grunert, C. (2012): Erziehungswissenschaft auf dem Rückzug? In: Zeitschrift für
Erziehungswissenschaft, Heft 45, S. 40-45.

Rieger, E./Leibfried, S. (2001): Grundlagen der Globalisierung. Perspektiven des
Wohlfahrtsstaates. Frankfurt a. M.

Roth, H. (1958): Die Bedeutung der empirischen Forschung für die Pädagogik. In:
Heckel, H. u. a. (1958): Pädagogische Forschung und pädagogische Praxis. Heidelberg.

Sennett, R. (1998): Der flexible Mensch. Die Kultur des neuen Kapitalismus. Berlin.

Thole, W./Cloos, P. (2000): Nimbus und Habitus. Überlegungen zum sozialpädagogischen Professionalisierungsprojekt. In: Homfeldt, H.-G./Schulze-Krüdener, J.
(Hrsg.): Wissen und Nichtwissen. Herausforderungen für die Soziale Arbeit in
der Wissensgesellschaft. Weinheim u. a., S. 277-297.

Thole, W./Faulstich-Wieland, H./Horn, K.-P./Weishaupt, H./Züchner, I. (Hrsg.)
(2012): Datenreport Erziehungswissenschaft 2012. Opladen u. a.

Tietze, W./Becker-Stoll, F./Bensel, J./Eckhardt, A./Haug-Schnabel, G./Kalicki,
B./Keller, H./Leyendecker, B. (Hrsg.) (2012): NUBBEK. Nationale Untersuchung zur Bildung, Betreuung und Erziehung in der frühen Kindheit. Fragestellungen und Ergebnisse im Überblick, Berlin. Online verfügbar unter:
http://www.nubbek.de/media/pdf/NUBBEK%20Broschuere.pdf [07.01.2013].

I
Blick von »Außen«

Erziehung und demokratische Öffentlichkeit
Ein vernachlässigtes Kapitel der politischen Philosophie

Axel Honneth

Die Geschichte des öffentlichen Erziehungssystems in den demokratischen Verfassungsstaaten ist seit seinen Anfängen im 19. Jahrhundert eine ununterbrochene Kette von Konflikten um die Untergliederung, die Form und den Gehalt des schulischen Unterrichts gewesen; von den erbittert geführten Auseinandersetzungen, die entweder zwischen den Interessenvertretern sozialer Klassen oder einer organisierten Elternschaft und den staatlichen Behörden geführt wurden, blieben weder die Schichtung des Schulsystems noch die Lehrmethoden oder das Curriculum unberührt. Den Zündstoff, der in dem staatlichen Versprechen eines allgemeinen Bürgerrechts auf Bildung und Erziehung steckte, mag Immanuel Kant schon vorausgeahnt haben, als er in seinen Vorlesungen zur »Pädagogik« den berühmten Satz formulierte: »Zwei Erfindungen der Menschen kann man wohl als die schwersten ansehen: die der Regierungs- und die der Erziehungskunst nämlich, und doch ist man selbst in ihrer Idee noch streitig« (Kant 1964, Bd. XII, S. 703). Für Kant ergab sich die Parallele zwischen Regierungs- und Erziehungskunst aus der Überlegung, dass es sich bei beiden um gesellschaftlich geschaffene Einrichtungen handelt, die in den unterschiedlichen Dimensionen der Gattungs- und der Individualgeschichte, der Phylo- und der Ontogenese dieselbe Aufgabe zu leisten haben; sie müssen uns durch geschickte Wahl der Mittel und Methoden, eben durch eine Art von »Kunst«, darin unterrichten können, wie das eine Mal ein Volk von Untertanen, das andere Mal ein seiner Natur noch unterworfenes Kind aus dem Zustand der Unmündigkeit in den der Freiheit zu versetzen sei. Was aber zunächst nur nach einer bloßen Analogiebildung klingt, wird von Kant dann selbst im weiteren Verlauf seiner Vorlesungen noch viel stärker ausgedeutet, indem er auf ein Verhältnis der wechselseitigen Bedingung von republikanischer Staatsordnung und Erziehung verweist: Der kleine, naturgetriebene Mensch muss erst einen Prozess der auf Freiheit zielenden Erziehung durchlaufen haben, bevor er Mitglied eines sich selbst regierenden Staatsvolks werden kann, so wie umgekehrt nur autonome Bürgerinnen und Bürger eine öffentliche Erziehung institutionalisieren können, die ihren Kindern den Weg in die politische Mündigkeit ermöglicht. Eine gute Erziehung und eine republikanische Staatsordnung sind deswegen komplementär aufeinander angewiesen, weil jene in Form eines allgemeinen und öffentlichen Unterrichts im Einzelnen erst die kulturellen und moralischen Befähigungen hervorbringt, mit deren Hilfe diese dann derart existieren und gedeihen kann, dass die Bürgerschaft an der politischen Emanzipation auch des niederen Volkes noch Anteil nimmt. Wie schon im »Émile« von Rousseau bildet daher in der »Pädagogik« von Kant die Idee des »guten Bürgers« (Kant 1964, Bd. XII, S. 760) das Verbindungsglied zwischen Erziehungstheorie und Regierungslehre, zwischen Bildungskonzeption und politischer Philosophie: Ohne die eine wäre die andere nicht möglich, weil beide Voraussetzungen eines demokratischen Gemeinwesens erläutern, die unabhängig voneinander nicht existieren könnten.

Es ist diese äußerst enge, interne Verknüpfung gewesen, die im politisch-philosophischen Diskurs der Moderne dafür gesorgt hat, dass kaum ein Demokratietheoretiker von Rang und Namen nicht einen systematischen Beitrag zur Erziehungslehre verfasst hat; angefangen mit Rousseau und Kant über Schleiermacher bis hin zu Émile Durkheim und John Dewey haben sich immer wieder große und bedeutende Denker gefunden, denen es ganz selbstverständlich war, dem Thema der öffentlichen Erziehung eigenständige Monographien zu widmen (Schleiermacher 2000, Bd. 1, S. 272-290; Durkheim 1973; Dewey 1993). Die Pädagogik, verstanden als die Lehre von den Maßstäben und Methoden einer angemessenen Unterrichtung des Nachwuchses, wurde als Zwillingsschwester der Demokratietheorie begriffen, weil ohne ausgewogene Anleitungen dazu, wie im Kind Kooperationsfähigkeit und moralische Eigeninitiative zugleich zu wecken seien, gar nicht erläuterbar schien, was es heißen sollte, vom gemeinsamen Zusammenwirken in der demokratischen Selbstbestimmung zu sprechen; die Idee des »guten Bürgers« war nicht Leerformel oder Zierde politischer Festreden, sondern praktische Herausforderung, der man sich durch den theoretischen Entwurf, ja die experimentelle Erprobung geeigneter Schulformen und Unterrichtsmethoden gewachsen zeigen musste. Als es daher nach der Zerschlagung des Nationalsozialismus darum ging, ein ganzes Volk wieder an die systematisch verlernten Praktiken der demokratischen Willensbildung zu gewöhnen, konnten etwa die amerikanischen Besatzungsmächte ganz selbstverständlich auf die pädagogischen Schriften ihres Landsmannes John Dewey zurückgreifen, um die vor ihnen stehende Aufgabe zu bewältigen (zur »Reeducation« vgl. Gagel 2005, Kap. 2); zwischen demokratischer Theorie und pädagogischer Praxis war das Band noch so eng, schien der interne Zusammenhang weiterhin so evident gegeben, dass es nichts von Paternalismus und Bevormundung an sich hatte, den demoralisierten Mitgliedern eines in Schutt und Asche versunkenen Unrechtsstaates demokratische Gepflogenheiten wieder beibringen zu wollen. Seither aber ist die Verknüpfung von Demokratie- und Erziehungskonzept, von politischer Philosophie und Pädagogik zerrissen; gewiss, es gibt immer wieder Vorstöße, über das Erfordernis einer demokratischen Erziehung nachzudenken, aber diese kommen meistens von einer alleingelassenen Erziehungswissenschaft und nicht mehr aus der Mitte der politischen Philosophie selbst. Die Demokratietheorie in der Vielzahl ihrer Gestaltungen und Stimmen schweigt sich über die erzieherische Seite ihres Geschäftes heute weitgehend aus, weder Überlegungen zu schulischen Methoden noch zum Lehrplan sind in ihr noch aufzufinden; jede Vorstellung davon, dass eine vitale Demokratie durch allgemeine Bildungsprozesse ihre eigenen kulturellen und moralischen Bestandsvoraussetzungen stets wieder erst erzeugen muss, ist der politischen Philosophie mittlerweile abhandengekommen. Bevor ich im zweiten Schritt meines Vortrags daran gehe, im Anschluss an die eben nur angedeutete Tradition den Zusammenhang von Erziehung und politischer Freiheit, von Bildung und Demokratie noch einmal zu erläutern (II), will ich in einem ersten Schritt zunächst versuchen, die Gründe für die inzwischen eingetretene Entkoppelung von Pädagogik und politischer Philosophie zu benennen; sie liegen, wie sich zeigen wird, in einem fatalen, »wahlverwandtschaftlich« zu nennenden Zusammenschluss von problematischen Auffassungen über die kulturellen Voraussetzungen der Demokratie und einem falsch verstandenen Neutralitätsgebot des Staates (I). Nachdem ich auf diese Weise sowohl negativ als auch positiv für eine Wiederannäherung von Erziehungslehre und Demokratietheorie plädiert habe, will ich in einem dritten Schritt schließlich die Herausforderungen skizzieren, mit denen ein erneuertes Programm der demokratischen Erziehung heute vor allem konfrontiert ist; dabei muss ich es bei wenigen Stichworten bewenden lassen, weil jede ausführlichere Behandlung den zeitlichen Rahmen meines Vortrags sprengen würde (III).

I

Während Kant, Durkheim oder Dewey das Thema der demokratischen Erziehung noch als intrinsischen Bestandteil ihrer eigenen politisch-philosophischen Unternehmungen betrachteten, spielt es heute innerhalb der normativ orientierten Demokratietheorie nur noch eine randständige Rolle; zwar findet es hier gelegentlich noch einmal Erwähnung und wird in den entsprechenden Einführungen auch immer einmal wieder als Aufgabenfeld benannt, aber als solches wird dessen Erschließung, Bestimmung und Ausführung doch der wissenschaftlichen Pädagogik überantwortet.[1] Die Demokratietheorie hat sich von ihrer Zwillingsschwester, der Lehre von der angemessenen Organisation und Methode einer demokratischen Bildung, verabschiedet und sich damit der Möglichkeit begeben, selbst etwas zur normativen Funktion von Vorschule, Schule und Erwachsenenbildung beisteuern zu können. Man könnte sich angesichts dieser Entwicklung mit der Feststellung beruhigen, dass sich darin nur das Ergebnis einer weiteren Differenzierung der einzelnen Wissen-

---

1 Eine große Ausnahme bildet die politische Philosophin Amy Gutmann, für die allerdings die hier benannte Tradition nur eine sehr untergeordnete Rolle spielt (Gutmann 1999).

schaftsdisziplinen spiegelt, wie wir sie seit rund zweihundert Jahren beobachten können; so, wie sich die Philosophie in der zweiten Hälfte des 19.
Jahrhunderts von der Gesellschaftslehre hat trennen müssen, die sich später
dann im Fach der Soziologie hat etablieren können, musste sie sich im Laufe
ihrer voranschreitenden Spezialisierung dann auch von der Aufgabe lösen,
aus eigenen Mitteln die zur Herausbildung von demokratischer Mündigkeit
erforderlichen Erziehungsprozesse zu bestimmen. Dass die Dinge nicht so
einfach liegen und vielmehr auf ein schwerwiegenderes Problem verweisen,
wird schon an dem Umstand ersichtlich, dass die politische Philosophie an
jeder erdenklichen Stelle erneut auf das Problem der Erziehung stößt, ohne
dafür heute auch nur den Ansatz einer Lösung bereitzuhalten. Mit der staatlichen Durchsetzung einer allgemeinen Schulpflicht ist der behördlich verwal-
tete Unterricht nämlich zu einem entscheidenden Hebel der Formung von
Verhaltensweisen und Fähigkeiten der nachfolgenden Generation geworden,
so dass er sowohl im Guten wie im Schlechten auf die Eigenschaften des
zukünftigen Bürgers und der zukünftigen Bürgerin Einfluss nimmt. Die Art
der schulischen Erziehung, ihre Methoden und Gehalte, kann sich entweder
in wünschenswerter Weise auf den Bestand einer Demokratie auswirken,
indem sie etwa Kooperationsvermögen und individuelle Selbstachtung fördert, oder aber in negativer Weise zu ihrer schleichenden Untergrabung beitragen, wo sie nämlich Autoritätshörigkeit und moralischen Konformismus
vermittelt.[2] Insofern bildete die Frage nach der angemessenen Form der staatlich organisierten Erziehung von Anfang an – man denke nur an Platons
»Politeia« (Platon 1990; Dewey 1993, S. 122-126) – ein Herzstück jeder
politischen Philosophie; wer sich damit beschäftigte, wie ein Staat oder ein
politisches Gemeinwesen angesichts der menschlichen Natur beschaffen sein
sollte, konnte und durfte nicht das damit zusammenhängende Problem aus-
sparen, nach welcher Methode die schulische Erziehung welchen Schülern
welche Gehalte beizubringen habe. Wenn diese Frage daher heute aus der
politischen Philosophie weitgehend ausgeblendet und hier weder in ihrer
positiven noch in ihrer negativen Gestalt weiterverfolgt wird, so kann das
nicht einfach an der rational nachvollziehbaren Ausgliederung eines woan-
ders viel besser und adäquater zu behandelnden Themas liegen; das Problem
der staatlich organisierten Erziehung steht viel zu sehr im Zentrum allen
politischen Handelns, berührt viel zu umfassend die Bestandsvoraussetzungen des demokratischen Rechtsstaats, als dass es sich heute so ohne weiteres
aus dem Korpus einer Wissenschaft oder Philosophie der Politik heraustren-
nen ließe. Die Gründe, die helfen können, die wachsende Abkoppelung der
Demokratietheorie von der Erziehungslehre zu erklären, müssen mithin auf
einer anderen Ebene angesiedelt sein als die der voranschreitenden Differenzierung einzelner Fächer; ich vermute sie statt dessen auf einer weit tieferlie-

---

2   In dieser »negativen« Rolle taucht die Schule etwa in der politischen Philosophie von Louis
    Althusser auf (Althusser 1973, bes. S. 140ff.).

genden, begrifflichen Ebene, dort, wo es um die Bestimmung und Auslotung des Umfangs geht, in dem die Demokratie auf sich selbst einwirken kann. Als theoretische Faustregel mag hier gelten, dass dieser Umfang als umso geringer angesehen werden muss, je mehr an eigenen Bestandsvoraussetzungen dem demokratischen Rechtsstaat – sei es aufgrund von normativen Beschränkungen oder aufgrund von sachlichen Unverfügbarkeiten – entzogen zu sein scheinen; und wird schließlich, so ließe sich sagen, dieser Spielraum für selbstgenerative Aktivitäten für nur noch äußerst schmal gehalten, so wird folgerichtig auch der schulischen Erziehung kaum mehr ein politischer Stellenwert eingeräumt werden können, weil sich selbst mit ihrer Hilfe die Lebensbedingungen der Demokratie nicht verändern lassen. Es sind theoretische Wandlungen solcher Art, also Ernüchterungen über die selbstgenerativen Kräfte demokratischer Gemeinwesen, die meines Erachtens im Wesentlichen dafür verantwortlich sind, dass heute der Schule und der staatlich organisierten Erziehung eine nur noch geringe Aufmerksamkeit von Seiten der politischen Philosophie zukommt. Ich will zwei der theoretischen Quellen benennen, die im Laufe der letzten Jahrzehnte dafür gesorgt haben mögen, warum die Demokratietheorie beinah unmerklich und hinter ihrem Rücken den Glauben an den Wert der staatlich organisierten Erziehung für die Demokratie verloren hat; es ließen sich gewiss noch Einflussgrößen anderer Art benennen, etwa die Vorverlagerung der charakterlichen Prägung in die dem Staat entzogene Phase der frühkindlichen Sozialisation, aber ich will mich auf die beiden folgenden Aspekte beschränken, weil sie in das Hoheitsgebiet der politischen Philosophie selbst fallen.

Auf der einen Seite mag zur Verbreitung der Vorstellung, dass dem demokratischen Rechtsstaat ein nur sehr geringer Spielraum bei der Regenerierung seiner eigenen moralisch-kulturellen Bedingungen bleibt, die nach ihrem Autor als Böckenförde-These benannte Auffassung beigetragen haben, wonach die Demokratie in ihrer Reproduktion von der Zufuhr einiger ihr selbst vorausliegender Traditionsbestände abhängig ist. Obwohl der Staatsrechtler Böckenförde seine Einsicht ursprünglich wohl viel enger verstanden hat, nämlich als Hinweis auf die sittlichen Bestandsvoraussetzungen allein des modernen Rechts (vgl. etwa Böckenförde 2006, S. 42-57), wird sie inzwischen doch viel weiter gedeutet und als Beleg für eine kulturelle Unselbstständigkeit aller demokratischen Rechtsstaaten genommen: Solche politischen Systeme sind, folgt man dieser generalisierten Lesart, beständig darauf angewiesen, dass sie durch moralische Gewohnheiten und Verhaltensweisen kulturelle Unterstützung finden, für deren Wachstum und Pflege sie selbst nicht die geeigneten Instrumentarien besitzen. Auf der höchsten Stufe der Verallgemeinerung lautet die sogenannte Böckenförde-These heute dann sogar, dass Demokratien ihren sozialen Erhalt moralischen Einstellungen verdanken, die nur in gewachsenen Gemeinschaften mit ethisch-substantiellen, ja religiösen Orientierungen gedeihen können. Wird aber von einer derartigen Vorstellung ausgegangen, dann liegt die Schlussfolgerung nahe, den staatlich organisierten Erziehungsprozessen, also der schulischen und vorschulischen Bildung, allen Wert für die Vermittlung von demokratiefördernden Verhaltensweisen abzusprechen; denn was an moralischen Einstellungen der kooperativen Willensbildung entgegenkommt – Toleranzfähigkeit, das Sich-in-den-Anderen-Hineinversetzen-Können, Gemeinwohlorientierung –, wird nicht in wie gut auch immer durchgeführten Unterrichtsprozessen erlernt, sondern nur im ethischen Sozialisationsmilieu vorpolitischer Gemeinschaften. Wo sich bei Böckenförde zumindest noch Hinweise darauf finden, dass auch »Bildung und Erziehung« dieses Werk verrichten können (Böckenförde 2006, S. 48), bleibt in der allgemeinen Rezeption seiner These nur die Überzeugung vom Erfordernis demokratischer Gesellschaften übrig, auf das Überleben traditionaler Gesinnungsgemeinschaften zu vertrauen: Alle staatlichen Anstrengungen der Organisation einer demokratischen Erziehung sind vergeblich, weil sie nicht das an sittlichen Tugenden erzeugen können, was für den Fortbestand von Demokratien lebensnotwendig ist.

Mit dem Eindringen dieser Auffassung in den Theoriebestand der politischen Philosophie ist wohl eine der Voraussetzungen benannt, die in der jüngeren Demokratietheorie dazu geführt hat, Fragen nach der öffentlichen Erziehung weitgehend von sich fernzuhalten; derartige Problemstellungen müssen sich in dem Maße als überflüssig erweisen, in dem festzustehen scheint, dass demokratische Gesinnungen nicht in staatlich vermittelten Erziehungsprozessen, sondern in den vorpolitischen Milieus traditioneller Gemeinschaften erworben werden. Die populäre Version der Böckenförde-These stellt aber nicht den einzigen Grund dar, der heute die Demokratietheorie dazu bewegt, zur einstigen Zwillingsschwester, der Erziehungslehre, zunehmend auf Distanz zu gehen; solchen Tendenzen der Entkoppelung kommt vielmehr von einer anderen, stärker normativen Seite noch die Neigung entgegen, das staatliche Neutralitätsgebot derart restriktiv auszulegen, dass selbst noch die Prinzipien der demokratischen Willensbildung keinerlei Niederschlag im öffentlichen Schulunterricht mehr finden dürfen.

Wie schon die kulturkonservative Neudeutung der Demokratie, nach der diese nur unter permanenter Zufuhr von ihr vorausliegenden Traditionsbeständen lebensfähig bleibt, so hat sich auch die Verschärfung des Gebots staatlicher Neutralität eher im Rücken der politischen Philosophie vollzogen als zielgerichtet und bei vollem Bewusstsein; ja, es kann sogar sein, dass es sich bei dieser zweiten theoretischen Verschiebung um die unbeabsichtigte Konsequenz der insgesamt gutgemeinten Absicht handelt, den in unseren Gesellschaften wachsenden Pluralismus der ethnischen und religiösen Kulturen durch eine Unterstreichung der strikten Unparteilichkeit des staatlich organisierten Unterrichts Rechnung zu tragen. Natürlich unterliegt die politische Bestimmung des Tiefengrades staatlicher Neutralität seit jeher einem ständigen Fluss, in dem sich auf kaum durchsichtige Weise die ethischen

Überzeugungen einer Mehrheit und damit auch sozialer Kräfteverhältnisse spiegeln; die Legitimität solcher Wertbindungen bemisst sich letztlich nur daran, ob sie dem Kriterium genügen, die universalistischen Grundsätze demokratischer Verfassungen nicht zu verletzen. Im immerwährenden Streit um die unvermeidbare Parteilichkeit staatlichen Handelns stand es für die von mir zuvor benannte Tradition von Kant bis Durkheim und Dewey stets außer Frage, dass der staatlich betriebene Unterricht genau die Werte zu verkörpern habe, die sich in der Entscheidung niedergeschlagen hatten, ihn für alle zukünftigen Staatsbürger verpflichtend zu machen: Das Recht der Eltern, ihren Kindern die je eigenen, partikularen Wertüberzeugungen zu vermitteln, musste an der Pforte der Schule gebrochen werden, damit den Zöglingen durch Einübung von reflexiven Verhaltensweisen der Weg zur Teilnahme an der öffentlichen Willensbildung geebnet werden konnte. Die Selbstverständlichkeit, die in einer solchen Ausrichtung des Schulunterrichts auf dieselben demokratischen Prozeduren zum Ausdruck gelangt, durch die er selbst erst als allgemein verpflichtend ins Leben gerufen worden war, wird aber heute zunehmend wieder in Zweifel gezogen; entweder besinnt man sich dabei auf das staatliche Neutralitätsgebot, um vor einer Überfrachtung der schulischen Erziehung mit ihr fremden, politischen Werten zu warnen, oder beklagt von interessierter Elternseite, dass bei zu starker Orientierung an demokratischen Zielen die Vermittlung von karrierefördernden Leistungen zu kurz kommen könne. Finden solche altgedienten Vorbehalte dann noch un-gewollt öffentliche Unterstützung dadurch, dass angesichts des gewachsenen Multikulturalismus tatsächlich vieles für eine Befreiung unserer Schulen von weltanschaulichen Relikten spricht, so entsteht unmerklich jene diffuse Ge-mengelage von Falschem und Richtigem, aus der heraus plötzlich jede Art von Parteilichkeit des schulischen Unterrichts als gleichermaßen problema-tisch oder verwerflich gelten muss; das Gebot staatlicher Neutralität wird folgerichtig nun bis zu dem Punkt ausgedehnt, an dem selbst die Idee der demokratischen Erziehung ihre normative Selbstverständlichkeit verliert.

Gewiss ist die politische Philosophie der Gegenwart noch nicht im Gan-zen von derart radikalisierten Interpretationen des Neutralitätsgebots staatli-chen Handelns durchdrungen; in ihr wird vielmehr weiterhin heftig darüber gestritten, wie sich dieses Erbstück des liberalen Staatsdenkens angesichts der zunehmenden Heterogenität von kulturellen Wertvorstellungen angemes-sen reformulieren ließe (vgl. dazu etwa Rawls 1992; Forst 1994, S. 78-83). Aber im Verbund mit den kulturkonservativen Neudeutungen der Lebensfä-higkeit von Demokratien zeichnet sich gegenwärtig doch eine theoretische Entwicklung ab, an deren Ende die Überzeugung stehen mag, dass die Me-thoden und Gehalte des staatlich verwalteten Unterrichts auch von allen de-mokratischen Zielsetzungen befreit werden müssen. Auf der Linie eines sol-chen denkbaren Fluchtpunkts liegen heute schon Erwägungen, die Schule nur noch mit der Aufgabe der Anerziehung eines »zivilen Minimums« zu beauftragen (Gutmann 1999, S. 292-303), Eltern durch Ausbildungsgutscheine die Wahl bei dem weltanschaulichen Charakter des Schulunterrichts zu überlassen (Gutmann 1999, S. 65; Walzer 1992, S. 314-318) und die Lehrerinnen und Lehrer insgesamt nicht mehr als Beauftragte des Rechtsstaats, sondern nur noch als die der vereinigten Elternschaft zu verstehen.[3] Je weiter diese zunächst nur tentativen Überlegungen aber vorangetrieben werden, je entschiedener also die öffentliche Schule als ethisch neutral gedacht würde, um an ihre Stelle eine Vielzahl von weltanschaulich gebundenen Privatschulen treten zu lassen, desto stärker ginge die demokratische Gesellschaft des beinah einzigen Instruments verlustig, über welches sie zur Regenerierung ihrer eigenen moralischen Grundlagen verfügt; insofern ist der Konflikt um das staatliche Schulsystem, gleichgültig, ob er nun dessen Gliederung, die Curricula oder die verwendeten Methoden betrifft, immer auch ein Kampf um die Zukunftsfähigkeit von Demokratien. In keiner Tradition war das Wissen um diesen Zusammenhang deutlicher präsent als in derjenigen, die zunächst durch Kant angestoßen wurde und schließlich in Durkheim und Dewey ihren Höhepunkt fand.

II

Die bislang vorgetragenen Überlegungen haben in der bloß negativen Gestalt einer Kritik an Tendenzen der zeitgenössischen Demokratietheorie bereits indirekt zu erkennen gegeben, welche Prämissen vorausgesetzt werden müssen, wenn das öffentliche Schulsystem als eine notwendige Ergänzung, ja als die andere, ihr vorgelagerte Hälfte der demokratischen Willensbildung verstanden werden soll; weder darf dann, so haben wir gesehen, die praxisleitende Hypothese preisgegeben werden, dass auch jenseits der frühkindlichen Sozialisation und abseits von traditionsgestützten Sittlichkeiten die Fähigkeiten zur öffentlichen Deliberation erzieherisch geweckt werden können, noch darf leichtfertig das Recht des Verfassungsstaates aufs Spiel gesetzt werden, die von ihm organisierten Erziehungsprozesse mit demokratischen Bildungszielen zu versehen. Werden diese beiden negativen Prämissen ins Positive gewendet, so lässt sich auch sagen, dass unter den Aufgaben des demokratischen Rechtsstaates jene an vorderster Stelle zu stehen hat, jedem seiner zukünftigen Mitglieder durch angemessene Bildungseinrichtungen

---

3   Zu solchen Tendenzen vgl. sehr gut: François Dubet (2002, bes. S. 101-104). Die Idee, dass
      die Lehrerinnen und Lehrer sich als Beauftragte des demokratischen Rechtsstaates verste-
      hen müssen, und gerade nicht als Agenten der Eltern in einer fortgeschrittenen Lebensphase
      ihrer Kinder, stammt von Émile Durkheim (1973, S. 187-198). Zu dieser Problematik vgl.
      auch Amy Gutmann (1999, S. 292-303).

gleichermaßen die Möglichkeit an die Hand zu geben, an der öffentlichen Legitimierung seiner eigenen Entscheidungen »ohne Angst und Scham« mitzuwirken. In Kants Erziehungsschrift, die stark unter dem Einfluss von Rousseaus »Émile« steht, ohne ihm freilich in allem zu folgen, nimmt die damit umrissene Idee vorläufig nur die Gestalt an, gegen die »häusliche« die allgemein zugängliche, »öffentliche« Erziehung zu verteidigen, deren Vorteil es sei, ohne die Gefahr der Fortsetzung von »Familienfehlern« in jedem Zögling die Tugenden und Fähigkeiten des »künftigen Bürgers« hervorzubringen (Kant 1964, Bd. XII, S. 710-712);[4] alles, was in solchen Erziehungsprozessen pädagogisch vermittelt werden soll – erstens mechanische Geschicklichkeiten, zweitens pragmatische Klugheiten und drittens moralische Selbstbestimmung –, untersteht daher für Kant interessanterweise dem primären Ziel, im Einzelnen ebenso viele Schichten der Selbstachtung und des Selbstwerts entstehen zu lassen, die ihm zusammengenommen dann ein selbstbewusstes Auftreten als Bürger einer Republik erlauben (Kant 1964, Bd. XII, S. 713). Die Frage danach, welchen Beitrag die drei Klassen von anerziehbaren Fähigkeiten dann später zur Berufsausübung leisten sollen, stellt sich in diesem Zusammenhang noch gar nicht, weil sie alle gleichermaßen unter dem alleinigen Gesichtspunkt des Erwerbs von verschiedenen Formen des Selbstwertgefühls betrachtet werden; der zukünftige Staatsbürger muss, so heißt es bei Kant wie in einer Vorwegnahme eines berühmten Gedankens von John Rawls, zunächst über das zentrale Gut der »Selbstachtung« verfügen können, bevor er sich als Gleicher unter Gleichen an der republikanischen Selbstgesetzgebung beteiligen kann (vgl. Rawls 1979, S. 479-486). Berufliche Geschicklichkeiten, zivilgesellschaftliches Orientierungswissen und moralische Prinzipien werden daher gerade nicht primär als erlernbare Mittel zu späterer Einkommenssicherung, sondern als gesellschaftlich verallgemeinerte Medien der sozialen Anerkennung begriffen, über deren pädagogisch vermittelte Aneignung der Heranwachsende schrittweise zu dem Bewusstsein gelangen soll, in den Augen seiner Mitmenschen einen »Wert« zu besitzen: Das Erlangen von Geschicklichkeiten gewährt ihm, wie es Kant nahezu in den Worten Hegels formuliert, Respekt »in Ansehung seiner selbst als Individuum«, der Erwerb von zivilgesellschaftlichem Wissen den »öffentlichen Wert« eines Bürgers, und die Aneignung der moralischen Prinzipien schließlich die Achtung »in Ansehung des ganzen menschlichen Geschlechts« (Kant 1964, Bd. XII, S. 713).

---

4 Beinahe gleichlautend heißt es bei Friedrich Schleiermacher: »Wir finden Zeiten in der Geschichte unserer neuen Welt, wo Völker nur dadurch aus einer langen Dumpfheit und Rohheit zu erwachen scheinen, daß ihre Regierung die Zügel dieses wichtigen Geschäftes in die Hand nimmt und durch andere Mittel die jüngeren Geschlecht die gewünschten höheren Kräfte aufzuregen sucht, welche das ältere auf dem gewöhnlichen Wege der häuslichen Erziehung deshalb nicht zu erwecken vermag, weil sie in ihm selbst nicht vorhanden oder erstorben sind.« (Schleiermacher 2000, Bd. 1, S. 272)

Bei aller Hellsichtigkeit in Bezug auf den Zusammenhang von allgemeiner Schulbildung und reziproker Anerkennung im republikanischen Gemeinwesen ist Kant allerdings noch weit davon entfernt, daraus auch schon Rückschlüsse zu ziehen in Hinblick auf die Methode und die Organisationsform des schulischen Unterrichts; ihm steht der einzelne, männliche Zögling vor Augen, der je für sich durch erzieherisch aufgenötigten Wissenserwerb zur Selbstachtung gelangen soll, nicht aber die kooperative Gemeinschaft, in der jeder als anerkanntes Mitglied mit allen anderen zum Zweck der gemeinsamen Willensbildung zusammenwirken können muss. Zwar ahnt er in seiner »Pädagogik« gelegentlich bereits, dass die Republik viel stärker noch als auf eine einseitige Wissensvermittlung auf die Schulung der kommunikativen Tugenden angewiesen wäre, gleichwohl schreckt er noch vor der Konsequenz zurück, in der öffentlichen Schule zunächst und vor allem eine Bildungsstätte demokratischer Fähigkeiten auszumachen.[5] Diesen Schritt vollziehen erst rund einhundert Jahre später Émile Durkheim und John Dewey, als sie jeweils in ihrem eigenen Werk darangehen, den inneren Zusammenhang von Erziehung und Demokratie, von schulischen Lernprozessen und zukünftiger Staatsbürgerrolle zu umreißen (Durkheim 1973; Dewey 1993).

Obwohl die Grundannahmen der beiden Denker einander nahezu auszuschließen scheinen – hier der szientistisch gesinnte Soziologe, dort der pragmatisch verfahrende Philosoph –, weisen ihre Überlegungen zur demokratischen Erziehung doch eine Reihe von überraschenden Gemeinsamkeiten auf. Unter den drei Funktionen, die die Schule aus heutiger Sicht in sich zu bündeln hat, die der Berufsqualifikation, die des Ausgleichs familien- oder milieubedingter Bildungsdefizite und die der allgemeinen Vorbereitung auf die Staatsbürgerrolle, heben Durkheim und Dewey einzig und allein auf die dritte, die zuletzt genannte ab; wie schon Kant verstehen sie das Erlernen von beruflich verwertbarem Wissen eher als ein beiläufiges Resultat der Einübung von demokratischen Gewohnheiten; und alles, was an kompensatorischer Erziehung zu leisten ist, wird als selbstverständliche Aufgabe der jeweiligen Schulgemeinschaft begriffen. Auch das Recht des demokratischen Staates, das von ihm durch Steuereinnahmen finanzierte Erziehungssystem an die Auflage zu binden, staatsbürgerliche Fähigkeiten zu regenerieren, wird von beiden Denkern, wo sie es überhaupt für nötig halten, mit ähnlichen Argumenten begründet. Weil sich die staatliche Einführung der allgemeinen Schulpflicht nur unter der Bedingung als ein demokratisch legitimationsfähiger Akt deuten lässt, dass sie als eine gemeinsame, gleichsam zivilgesellschaftliche Anstrengung gewertet wird, allen Bürgerinnen und Bürgern gleichermaßen zur faktischen Ausübung ihrer politischen Rechte zu verhelfen, darf diesem Staat nun nicht nachträglich das Recht abgesprochen wer-

---

5   Bei Immanuel Kant heißen diese demokratischen Fähigkeiten »weltbürgerliche Gesinnungen« und tauchen nur gelegentlich in seiner »Pädagogik« auf (vgl. etwa Kant 1964, Bd. XII, S. 761).

den, den schulischen Unterricht auch tatsächlich zur Einübung der entsprechenden Kenntnisse und Praktiken zu nutzen (Gutmann 1999, Kap. 2).

Aber solche demokratietheoretischen Überlegungen bilden nur den allgemeinen Rahmen, in dem Durkheim und Dewey nun die Untersuchungen
ansiedeln, die sie dem Gehalt und der Struktur des schulischen Unterrichts
widmen. Den Ausgangspunkt ihrer wiederum stark übereinstimmenden Argumentationen stellt die These dar, dass die Vorbereitung auf die zukünftige
Staatsbürgerrolle weniger eine Sache der angemessenen Wissensvermittlung
ist als vielmehr der praktischen Gewohnheitsbildung; was die Schülerinnen
und Schüler im schulischen Unterricht erlernen sollen, um später effektiv an
der demokratischen Willensbildung teilnehmen zu können, sind nicht primär
überprüfbare Kenntnisse über politische oder geschichtliche Zusammenhänge, sondern Verhaltensweisen, welche das moralisch selbstbewusste Auftreten in einer kooperierenden Gemeinschaft erlauben. Dass John Dewey als
Pragmatist seine Überlegungen in eine derartige Richtung lenkt und also die
Schule zuvorderst als eine Bildungsstätte des Zusammenwirkens in der for-
schenden Öffentlichkeit begreift, mag nicht sonderlich überraschen;[6] aber
dass Émile Durkheim ähnlich argumentiert und die Schule ebenfalls unter
dem Blickwinkel betrachtet, welchen Beitrag sie zur Einübung demokratischer Kooperationsfähigkeiten leistet, bedarf wohl einer kurzen Erläuterung.

Durkheim lässt sich zwar zunächst im Unterschied zu Dewey, der hier
weitaus optimistischer dachte, von der an Kant orientierten Vorstellung leiten, dass in jedem Kind die egoistischen Neigungen erst durch moralische
Disziplinierungen gebrochen werden müssen, bevor es sich autonom an die
sozialen Regeln der demokratischen Gemeinschaft zu halten lernt; aber er
weicht doch darin erheblich von seinem philosophischen Lehrmeister ab,
dass er diesen vorausliegenden Erziehungsprozess umso geschmeidiger und
vor allem umso erfolgversprechender vonstattengehen sieht, je stärker dabei
durch praxisnahe Vorbilder und spielerische Aktivitäten auch die Leiden-
schaften und Begehrlichkeiten, kurz die sinnliche Natur des Kindes, angesprochen werden (Durkheim 1973, S. 158f.). Im Grunde genommen stellt
daher für Durkheim das Aufbrechen des kindlichen Egoismus gerade nicht,
obwohl er immer wieder davon spricht, einen Prozess der moralischen Disziplinierung dar, sondern einen Vorgang der affektvermittelten Gewohnheitsbildung: Das Kind lernt durch Teilnahme an ihm gemäßen, seine Neigungen
also affizierenden Praktiken zunächst einmal nur, jene Regeln des demokratischen Zusammenlebens habituell zu beherrschen, die es sich dann später mit
wachsendem Alter auch in ihrem rationalen Geltungsanspruch klarzumachen
hat. Für die Schule und ihre Erziehungsstile kann Durkheim dann aber aus
diesen Korrekturen Kants beinahe dieselben Konsequenzen ziehen, zu denen
Dewey im Ausgang von seinen ganz anderen, nämlich hegelianischen Prä-

---

6   Vgl. zur Pädagogik Deweys insgesamt Jürgen Oelkers (2009).

missen, gelangt war: Im schulischen Unterricht müssen die Heranwachsenden durch möglichst kooperative Lernmethoden, durch Mitbestimmung an allen die Schule betreffenden Angelegenheiten und schließlich durch eher gemeinschaftsbezogene als individuelle Formen des Tadels und der Ermutigung daran gewöhnt werden, sich schon früh jenen Geist des demokratischen Zusammenwirkens anzueignen, der ihnen im Erwachsenenalter dann zu einem selbstbewussten Auftreten in der politischen Öffentlichkeit verhelfen kann. Insofern sind beide Denker auch nicht der heute häufig vertretenen Meinung, dass die Schule primär der Ausbildung von individueller Autonomie zu dienen hat; ihr Erziehungsbild ist vielmehr übereinstimmend von der Idee geprägt, den Schülern ein sicheres Gespür dafür beizubringen, was es heißt, den Mitschüler als einen gleichberechtigten Partner in einem gemeinsamen Lern- und Untersuchungsprozess zu verstehen. Soll die öffentliche Schule in jeder nachwachsenden Generation erneut diejenigen Verhaltensweisen erzeugen, die für die demokratische Willensbildung lebensnotwendig sind, so muss sie statt auf die einseitige Vermittlung von moralischen Prinzipien viel stärker auf die Eingewöhnung in eine Kultur der Assoziation setzen;[7] nicht das Erlernen von individuellen Grundsätzen richtigen Handelns, sondern das kommunikative Einüben von Perspektivübernahme und moralischer Initiative bilden für Durkheim und Dewey den Königsweg, auf dem der schulische Unterricht zur Regenerierung der Demokratie beitragen kann.

Nun ist allerdings nicht nur zwischen Kants Pädagogik und diesen Formulierungen bereits ein Jahrhundert vergangen, sondern zwischen ihnen und unserer Gegenwart noch einmal dieselbe Anzahl an Jahren. Angesichts des großen Zeitabstands mag daher so mancher den Kopf schütteln und mit triumphalistischer Geste darauf verweisen, dass sich inzwischen doch mit der sozialen und ökonomischen Umwelt auch die Anforderungen an die Schule radikal verändert haben: Die enorm gewachsenen Schülerzahlen, der wirtschaftliche Ruf nach Flexibilität und Leistungsbereitschaft, die trotz aller sozialpolitischen Anstrengungen unverändert fortwirkenden Bildungsdefizite der unteren Schichten, all das scheint in den kapitalistisch hochentwickelten Ländern keine andere Wahl zu lassen, als im Schulunterricht verstärkt auf Selektionsdruck, individuelle Leistungskontrolle und Anreiz zum Konkurrenzverhalten zu setzen (vgl. exemplarisch Dubet 2000 u. 2002, Kap. 3). Schon gehen in den USA Politiker, Wirtschaftsfachleute und Manager daran, eine Reform des gesamten Schulsystems vorzuschlagen, die in der Summe der angekündigten Maßnahmen auf nichts anderes hinausliefe als eine Aktivierung des Unterrichts zugunsten des Erwerbs von rein ökonomisch verwertbaren Fähigkeiten: Die Effektivität aller amerikanischen Schulen soll nach diesen Plänen vergleichend anhand von quantitativen Daten kontrolliert werden, die den Erfolg der einzelnen Lehrer daran messen, zu welchem Ab-

---

7   Zur Verteidigung dieser Idee einer »Assoziationsmoral« als richtungsweisend für die Schule vgl. auch Amy Gutmann (1999, S. 59-64).

schneiden sie ihren Schülern bei den landesweit standardisierten Tests zu verhelfen vermochten (Ravitch 2012). Kontrollverfahren solcher Art, die über kurz oder lang die Marginalisierung aller nicht statistisch überprüfbaren Fächer zur Folge hätten, werden mittlerweile aber nicht nur in den USA, sondern auch auf dem Kontinent diskutiert, so als gälte es auch hier, die Schulen mit Hilfe finanzwirtschaftlicher Methoden einseitig dem Diktat der ökonomischen Entwicklung zu unterwerfen. Für die Erinnerung an Zeiten, in denen der öffentliche Schulunterricht einmal als Dreh- und Angelpunkt der Selbsterneuerung von Demokratien betrachtet wurde, scheint unter derartigen Umständen kein Bedarf zu bestehen; nicht nur die Demokratietheorie selbst, sondern auch die staatliche Politik hat offenbar das Interesse an dem einzigen Organ verloren, mit dem sich wenigstens versuchsweise und bei steter Anstrengung die fragilen Voraussetzungen einer demokratischen Willensbildung des Volkes immer wieder regenerieren ließen.

Diesen Tendenzen zu einer Abkehr von der Idee der demokratischen Erziehung widersprechen freilich alle empirischen Befunde, die die vergleichende Bildungsforschung und die verschiedenen Pisa-Studien in den letzten Jahren zu Tage gefördert haben; denn darin findet auf eine geradezu wundersame Weise Bestätigung, was Durkheim und Dewey vor einem Jahrhundert vorausgedacht hatten, als sie zwischen kooperativen, demokratiefördernden Lehrmethoden und schulischen Leistungen eine ganz enge Beziehung herstellen wollten. Das Schulsystem, das bei allen internationalen Leistungsvergleichen stets die besten Ergebnisse erzielt, ist nämlich zugleich dasjenige, in welchem die demokratischen Ideale der beiden Denker noch am ehesten zur Verwirklichung gelangt sind: In den finnischen Schulen bleiben die Schüler unterschiedlicher Bildungsherkünfte so lange wie nur möglich in einer einzigen Schulgemeinschaft zusammen, werden Test- und Prüfungsverfahren auf das nur eben erforderliche Minimum reduziert, wird kommunikativer Verantwortung und wechselseitigem Vertrauen weit mehr Gewicht beigemessen als individueller Zurechenbarkeit und gehört schließlich die Hoheit über die Gestaltung des Unterrichts allein einer professionell ausgebildeten, mit den Schülervertretern eng kooperierenden Lehrerschaft (Sahlberg 2012). Gewiss, in den Beschreibungen des Schulsystems in Finnland wird nicht das Vokabularium Durkheims und Deweys verwendet, da ist weder die Rede von Gewohnheitsbildung noch von Gemeinschaftsmoral oder kooperativen Erziehungsmethoden; aber solche Rückübersetzungen in eine Sprache der demokratischen Bildung scheinen doch leicht möglich und gäben dann den seltenen, historisch unwahrscheinlichen Glücksfall zu erkennen, dass das politisch und normativ Richtige mit dem pragmatisch Zweckmäßigen einmal zusammenfiele: Jene Schulformen sind für die kognitiven Leistungen und Fähigkeiten der Schüler die besten, die zugleich auch der Regenerierung demokratischer Verhaltensweisen am stärksten entgegenkommen. Es gibt daher in Zeiten, in denen allerorten von wachsender politischer Apathie gesprochen und sogar die Gefahr einer »Postdemokratie« an die Wand gemalt wird (Crouch 2008), keinen, aber auch keinen Grund, nicht die von Kant, Durkheim und Dewey begründete Tradition noch einmal wiederzubeleben und die öffentliche Erziehung als zentrales Organ der Selbstreproduktion von Demokratien zu begreifen.

III

Nach dem bislang Gesagten könnte leicht der Eindruck entstehen, als seien zugleich mit den angemessenen Methoden eines demokratischen Unterrichts auch dessen Stoffe ein für alle Mal gegeben und damit jedem historischen Wandel auf Dauer entzogen; vor allem Kant hat dieser Vorstellung starken Auftrieb gegeben, bindet er doch den Erwerb der für den Bürger erforderlichen Formen der Selbstachtung an das stufenweise Erlernen zeitlos gültiger Wissensgehalte, aber auch bei Durkheim lässt sich die Neigung ausmachen, bestimmte Materien allen Prozessen der kooperativen Erziehung als fixe Bestandteile vorzuschreiben (Durkheim 1973, 17. und 18. Vorlesung). Nur John Dewey widerspricht in seinen pädagogischen Schriften der damit umrissenen Tendenz, indem er immer wieder mit großer Nüchternheit hervorhebt, dass sich mit den jeweiligen Herausforderungen der öffentlichen Problemlösung auch die stofflichen Gehalte des Unterrichts wandeln müssen; zwar geht auch er wie sein Mitstreiter Durkheim von einer unverzichtbaren Hierarchisierung der zu vermittelnden Wissensdisziplinen aus – in seinem Fall nimmt erstaunlicherweise die Geographie den obersten Rang ein (Dewey 1993, S. 274-288 [16. Kap.]) –, was jedoch in diesen Disziplinen durch kooperatives Zusammenwirken jeweils erlernt werden muss, bemisst sich für ihn einzig und allein an den sich historisch verändernden Aufgaben der demokratischen Willensbildung (Dewey 1993, S. 254ff.). Ich will meinen Vortrag nicht beenden, ohne im Geiste Deweys nicht wenigstens die zwei geschichtlichen Herausforderungen stichwortartig benannt zu haben, die sich heute aufgrund ihrer Folgewirkungen für das demokratische Zusammenleben vor allem im Unterrichtsstoff niederzuschlagen hätten; von beiden Problematiken dürfte sich bei ausführlicherer Betrachtung zeigen, dass sie nicht durch Abschiebung in ein einzelnes Fach angemessen behandelt werden können, sondern eine stoffliche Mitthematisierung in fast dem gesamten Fächerkanon unserer Schulen erforderlich machen.

Für jeden aufmerksamen Zeitgenossen dürfte gegenwärtig außer Frage stehen, dass die digitale Revolution der Kommunikationsverhältnisse nicht nur die Formen der Anbahnung und Aufrechterhaltung privater Beziehungen, sondern auch die Wege der politischen Meinungsbildung nachhaltig verändern wird; mit dem Internet, das den Einzelnen in die Lage zugleich einer

Enträumlichung und Beschleunigung seiner Interaktionen versetzt, entstehen heute mit wachsendem Tempo eine Vielzahl von Netzöffentlichkeiten, deren Außengrenzen und Themen im ständigem Fluss begriffen sind (vgl. Honneth 2011, S. 560-567). Es ist gewiss die Aufgabe des schulischen Unterrichts, die Schüler auf den Gebrauch dieses neuen Mediums technisch und sozial vorzubereiten, aber darin dürfte sich die gemeinsame Bewältigung seiner historischen Folgen bei weitem nicht erschöpfen; vielmehr schiene es mir darüber hinaus vonnöten, in der experimentellen Überprüfung des Zustandekommens digital verbreiteter Themen und Wissensbestände gemeinsam zu erkunden, wo neben den Potentialen auch die Grenzen und Gefährdungen des neuen Mediums liegen.[8] Bei solchen exemplarischen Rekonstruktionen, in denen etwa die Genese und die Qualität bestimmter Lexikoneinträge bei Wikipedia unter die Lupe genommen werden könnten, müssten die verschiedenen Schulfächer eng zusammenarbeiten, weil neben dem rein technischen und ökonomischen Sachverstand auch Kenntnisse in den entsprechenden Themengebieten gefragt wären. Aber dieses eine Beispiel soll hier nur für die viel allgemeinere Idee stehen, dass es heute in unseren Schulen darauf ankäme, zugleich mit der Handhabung des Internets auch dessen Produktionsgesetze und Wirkungsweisen zu erlernen; die Schülerinnen und Schüler müssten durch die kooperative Nutzung des Computers, also ganz im Sinne Deweys, darauf vorbereitet werden, sich später einmal mündig der neuen Instrumente der politischen Willensbildung zu bedienen.

Stellt die digitale Revolution die erste der beiden geschichtlichen Herausforderungen dar, vor welche die demokratische Öffentlichkeit heute gestellt ist, so bildet die wachsende Heterogenität der Bevölkerung in den westlichen Ländern deren zweite (Honneth 2011, S. 535-539). Wie in Bezug auf das neue Medium des Internets, so dürfte auch mit Blick auf den Multikulturalismus inzwischen kaum ein Dissens darüber bestehen, dass in den Schulen alles unternommen werden muss, um auf diese veränderten Bedingungen der öffentlichen Meinungsbildung vorzubereiten; aber auch hier stellt sich wieder die Frage, wie die methodischen Mittel und materialen Gehalte beschaffen sein sollten, die die geforderte Aufgabe am besten zu lösen vermögen. Die Idee der demokratischen Erziehung, an die ich mit meinem Vortrag erinnern wollte, hält für den ersten, methodischen Teil dieser Frage bereits die Antwort bereit: Je weniger der Schüler oder die Schülerin im Unterricht als ein isoliertes, leistungserbringendes Subjekt adressiert, je stärker er oder sie mithin als Mitglied einer lernenden Kooperationsgemeinschaft behandelt wird, desto eher dürften sich unter ihnen Kommunikationsformen einstellen, in denen kulturelle Differenzen nicht nur spielerisch akzeptiert, sondern als

---

8 Überlegungen in diese Richtung entwickelt im Anschluss an John Dewey: Richard S. Croft (1993/94).

Chancen der wechselseitigen Bereicherung begriffen werden können.[9] Allerdings ist mit diesem Verweis auf die anerkennungsstiftende Kraft der demokratischen Erziehung noch nicht die zweite, materiale Teilfrage beantwortet, in der es darum geht, welche Konsequenzen aus dem wachsenden Multikulturalismus unserer Gesellschaften für den Unterrichtsstoff selbst gezogen werden müssen. Lassen Sie mich mit der Vermutung schließen, dass wir uns alle noch gar nicht angemessen ausmalen können, wie bei einer fairen Berücksichtigung der ethnischen und kulturellen Zusammensetzung der Schulklassen jene zu erlernenden Gehalte in fünfzehn oder zwanzig Jahren beschaffen sein müssen; sollen diese künftigen Schülerinnen und Schüler einmal zu mündigen Teilnehmern einer dann äußerst heterogenen, bunt zusammengewürfelten Öffentlichkeit werden, so müssen sie sich die Geschichte, die Literatur, die Geographie und die meisten anderen Fächer aus derselben dezentrierten Perspektive anzueignen lernen, die wir uns heute an den Universitäten in den entsprechenden Disziplinen erst allmählich und mühsam beizubringen versuchen.

Literatur:

Althusser, L. (1973): Ideologie und ideologische Staatsapparate. In: ders. (1973): Marxismus und Ideologie. Westberlin, S. 111-172.

Böckenförde, E.-W. (2006): Freiheit und Recht, Freiheit und Staat. In: ders. (2006): Recht, Staat, Freiheit. Frankfurt a. M.

Croft, R. S. (1993/94): What is a Computer in the Classroom? A Deweyan Philosophy for Technology in Education. In: Journal of Educational Technology Systems, 22. Jg. (1993/94), Heft 4, S. 301-308.

Crouch, C. (2008): Postdemokratie. Frankfurt a. M.

Dewey, J. (1993): Demokratie und Erziehung. Eine Einleitung in die philosophische Pädagogik. Weinheim u. Basel.

Dubet, F. (2000): L'égalité et le mérite dans l'école démocratique de masse. In: L'Année sociologique, vol. 50 (2000), No. 2, S. 383-408.

Dubet, F. (2002): Le Déclin de l'Institution. Paris.

Durkheim, E. (1973): Erziehung, Moral und Gesellschaft. Neuwied a. Rhein u. Darmstadt.

Forst, R. (1994): Kontexte der Gerechtigkeit, Frankfurt a. M.

Gagel, W. (2005): Geschichte der politischen Bildung in der Bundesrepublik Deutschland 1945-1989/90. Wiesbaden.

---

9   Vgl. dazu: Krassimir Stojanov (2006, v. a. Kap. 4). Zur Bedeutung von schulischen Anerkennungsprozessen für die Idee einer Demokratisierung der Schule vgl. auch: Annedore Prengel (2011).

Gutmann, A. (1999): Democratic Education. Princeton u. N. J.

Honneth, A. (2011): Das Recht der Freiheit. Grundriß einer demokratischen Sittlichkeit. Frankfurt a. M.

Kant, I. (1964): Über Pädagogik. In: Werke in zwölf Bänden. Frankfurt a. M. 1964, Bd. XII.

Oelkers, J. (2009): John Dewey und die Pädagogik. Weinheim u. Basel.

Platon, Politeia: Werke in acht Bänden (hg. v. Gunther Eigler). Darmstadt 1990, IV. Bd., v. a. Buch V.

Prengel, A. (2011): Zwischen Heterogenität und Hierarchie in der Bildung – Studien zur Unvollendbarkeit der Demokratie. In: Ludwig, L. u. a. (Hrsg.) (2011): Bildung in der Demokratie II (Schriftenreihe der Deutschen Gesellschaft für Erziehungswissenschaft). Opladen u. Farmington Hills, S. 83-94.

Ravitch, D. (2012): Schools We Can Envy. In: New York Review of Books, Vol. LIX (2012), No.4, S. 19f.

Rawls, J. (1979): Eine Theorie der Gerechtigkeit. Frankfurt a. M.

Rawls, J. (1992): Der Vorrang des Rechten und die Ideen des Guten. In: ders. (1992): Die Idee des politischen Liberalismus. Aufsätze 1978-1989. Frankfurt a. M., S. 364-397.

Sahlberg, P. (2012): Finnish Lessons: What Can the World Learn from Educational Change in Finland? New York u. N.Y.

Schleiermacher, F. (2000): Über den Beruf des Staates zur Erziehung. In: ders. (2000): Texte zur Pädagogik. Kommentierte Studienausgabe (hg. v. Winkler, M./Brachmann, J.). Frankfurt a. M., 2 Bde., 1. Bd.

Stojanov, K. (2006): Bildung und Anerkennung. Soziale Voraussetzungen von Selbstentwicklung und Welt-Erschließung. Wiesbaden.

Walzer, M. (1992): Sphären der Gerechtigkeit. Frankfurt a. M. u. New York.

II
Grenzgänge als erziehungswissenschaftliche Herausforderung

Erziehungswissenschaft zwischen disziplinären Grenzen, Grenzüberschreitungen und Entgrenzungen

Meike Sophia Baader

Einleitung

Das Thema des Beitrages bildet das Verhältnis der Erziehungswissenschaft zu ihren angrenzenden Nachbardisziplinen. Ausgangspunkt des Nachdenkens ist zum einen die aktuelle Diskussion um die neu gegründete »Gesellschaft für empirische Bildungsforschung« sowie die gleichfalls aktuelle Debatte um die »Bildungswissenschaften«. Zum anderen sind es Fragen, die sich als Erziehungswissenschaftlerin in zunehmend trans- und interdisziplinären Arbeits- und Forschungszusammenhängen stellen. In inter- und transdisziplinären Kontexten ist – aus der Sicht der Erziehungswissenschaft – die Frage nach den genuin erziehungswissenschaftliche Zugängen und Perspektiven latent oder manifest stets präsent. Nicht zuletzt stellt sie sich auch immer wieder neu angesichts sich ausdifferenzierender BA-, MA- und PhD-Studiengänge in der universitären Lehre, auch hier noch einmal verstärkter in interdisziplinär zusammengesetzten. Neue hybride Studiengänge, wie »Diversity Studies« – um nur ein Beispiel für viele zu nennen – werfen die Frage nach Zuordnungen zu Disziplinen und Fachrichtungen auf. Dies gilt auch für die wachsende Zahl interdisziplinärer Graduiertenkollegs, die u. U. ein breites Spektrum von Disziplinen umfassen. Da solche inter- bzw. transdisziplinären Zusammenhänge in der Lehre, der Nachwuchsförderung und in der Forschung weiter zunehmen werden, wird uns auch aus diesen Gründen die Frage nach der Konturierung der Erziehungswissenschaft in der Zukunft begleiten. Inter- und transdisziplinäre Forschungskooperationen lassen sich, dort wo es noch eindeutige Rückbindungen an Disziplinen gibt, grundsätzlich als »Grenzgänge« beschreiben. Wer sich in ihnen bewegt, betreibt immer zugleich Grenzbearbeitung. Dort aber, wo sich die oben genannten Hybriden bereits verselbständigt haben, handelt es sich eher um Entgrenzungsprozesse.

Beginnen möchte ich mit einer kurzen gesellschaftsdiagnostischen Zustandsbeschreibung, was die öffentliche und politische Thematisierung von Erziehung und Bildung betrifft. Es folgt ein Blick auf aktuelle Transformationsprozesse der Universität und des Wissenschaftssystems, vor deren Hintergrund disziplinäre Konturen, insbesondere aber auch Konturierungen und Neukonturierungen von Fachgesellschaften und die Neuformierungen von Wissensordnungen m. E. auch diskutiert werden müssen. In einem dritten Schritt wird eine historische Perspektive eingenommen, die nach der historischen Ausgangsposition der Debatten um die Disziplin fragt, diese in ihren Grundzügen charakterisiert und dabei auch den Wandel einschlägiger Referenz- und Bezugsdisziplinen für die Erziehungswissenschaft in den Fokus nimmt. Viertens wird eine genderreflektierende und nationalstaatliche Perspektivierung vorgenommen. Fünftens wird ein Blick auf die 70er Jahre des 20. Jahrhunderts als diejenige Phase geworfen, in der sich die Erziehungswissenschaft als Sozial- bzw. Gesellschaftswissenschaft neu formierte. In einem abschließenden Ausblick wird dafür votiert, dass die Erziehungswissenschaft ihre Perspektiven, Fragestellungen und Forschungsthemen im Konzert der Disziplinen deutlich selbstbewusster profilieren und zugleich den Diskussionsstand in relevanten Nachbardisziplinen zur Kenntnis nehmen sollte. In der Abschlussreflektion werden zudem die diskursiven Verschiebungen, die sich hinter den begrifflichen Verschiebungen von »Erziehung« zu »Bildung« abbilden und die sich seit einigen Jahren beobachten lassen, analytisch noch einmal ernst genommen. In gewisser Weise ist auch die Bearbeitung dieses Themas selbst ein Grenzgang und ist durchaus mit Forschungsfragen verbunden, die – etwa in disziplin- und wissenschaftsgeschichtlicher Perspektive – vertiefter und breiter untersucht werden müssten. Hier sollen zunächst Anstöße gegeben und Thesen formuliert werden, die als Diskussionsbeitrag zu verstehen sind. Vorweg geschickt sei auch, wozu ich nichts sagen werde: Ich werde weder über Lehrerbildung, noch über das Verhältnis von Theorie und Empirie[1] sprechen und auch nicht das Verhältnis von quantitativer und qualitativer Forschung thematisieren.

1   Erziehung und Bildung als »Mega-Thema« im Fokus öffentlicher Aufmerksamkeit

Dass Erziehung und Bildung seit einigen Jahren verstärkt im Fokus öffentlicher und politischer Aufmerksamkeit stehen, ist unübersehbar und auch im Vorfeld des Kongresses bereits mehrfach betont worden (etwa in der Presseerklärung der DGfE zum Kongress). Wer sich die Titelthemen von Printmedien etwa der letzten zwei Jahre wie »Die Zeit« und »Der Spiegel« anschaut, kann den Eindruck der Omnipräsenz der Themen »Erziehung und Bildung« schnell bestätigen. Und dies hat nicht nur etwas mit der »wachsenden Bedeutung von Erziehung und Bildung für die soziale Integration und kulturelle Partizipation« zu tun, wie Christina Allemann-Ghionda und Hans-Rüdiger Müller im Themenheft der »Zeitschrift für Pädagogik« zum Kongress formulieren (Allemann-Ghionda/Müller 2012) oder – wie Heike Solga es beschreibt – damit, dass schulische Bildungsbeteiligung und Schul-

---

1   Siehe dazu etwa Koller 2012.

erfolg zur wesentlichen Bestimmungsgröße für die Verteilung gesellschaftlicher Chancen und Risiken wird (Solga 2005). In der erhöhten Aufmerksamkeit für Fragen von Bildung und Erziehung bilden sich darüber hinaus komplexe Prozesse des internationalen Wettbewerbs um die Ressource »Wissen«, aber auch der Verschiebungen von Sozial- zu Bildungspolitik ab. Bildung – und hier liegt in der öffentlichen und politischen Thematisierung seit 2000 häufig auch ein besonderer Fokus auf der Bildung der Frühen Kindheit – wird verstärkt damit beauftragt, soziale Unterschiede auszugleichen (vgl. Baader 2012).[2] Mit der gesteigerten Aufmerksamkeit für Prozesse von Bildung und Erziehung erhöht sich zugleich die Anzahl von gesellschaftlichen Akteurinnen und Akteuren, die Mitspracherechte beanspruchen. Exemplarisch dafür kann etwa das Positionspapier des Arbeitgeberverbandes zur frühkindlichen Bildung aus dem Jahre 2006 genannt werden, das sich bekanntlich ausführlich zum »Bildungsbegriff« äußerte (Bundesvereinigung der deutschen Arbeitgeberverbände 2006). Diesen Umstand, dass das verstärkte Interesse an der Bildungsthematik zu einer Erhöhung der Anzahl der beteiligten Akteure führt, die jeweils Mitsprache, Beteiligung und Deutungsmacht einklagen, teilt die Erziehungswissenschaft als universitäre Disziplin – dort zuständig für »Erziehung und Bildung« – mit der Universität als ganzer. Auch Universitäten als Bildungsinstitutionen stehen seit einigen Jahren deutlich verstärkt im Fokus politischer und öffentlicher Aufmerksamkeit, da sie als diejenigen Institutionen identifiziert werden, die maßgeblich verantwortlich für die Reproduktion und Produktion der Ressource Wissen in der sogenannten »Wissensgesellschaft« sind. Auch hier erhöht sich die Zahl der Akteure und Akteurinnen, die Beteiligungen oder mindestens Rechenschaft einfordern (vgl. Kimmich/Tumfahrt 2004). Damit ist die Erziehungswissenschaft als Disziplin gewissermaßen mit einer doppelten (Zugriffs-)Struktur konfrontiert. Sie repräsentiert diejenige Disziplin, die an den Universitäten »als Ganze« Fragen des Erziehungs- und Bildungssystems abdeckt. Dies wird auch in der Debatte um die »Bildungswissenschaften« unterstrichen. »Als Besonderheit ist anzumerken, dass lediglich eine etablierte Disziplin mehr oder wenig vollständig zu den so verstandenen ‚Bildungswissenschaften' zu rechnen ist: die Erziehungswissenschaft. Insofern befindet sie sich in einer anderen Rolle als die bildungsbezogenen Teilbereiche aus anderen Disziplinen, mit denen zusammen sie die Bildungswissenschaften« bildet (Terhart

---

2   Ob dies durch verstärkte Bildungsbemühungen in der Frühen Kindheit gelingt, ist bereits eine ältere Diskussion, die zu Beginn des 20. Jahrhunderts schon bei Siegfried Bernfeld und dann in den 1970er Jahren in der kompensatorischen Erziehung diskutiert wurde. Bernfeld beginnt seinen »Sisyphos oder die Grenzen der Erziehung« von 1925 mit einem Streitgespräch zwischen Bertha v. Mahrenholz-Bülow als Agentin für die Fröbelschen Kindergärten und dem Weimarischen Kultusminister, der sich skeptisch gegenüber den Veränderungsmöglichkeiten durch Pädagogik zeigt (Bernfeld 1997, S. 7ff.). Die Frage, was und wie viel sich durch Pädagogik verändern lasse, könne, so Bernfeld, nur die Wissenschaft entscheiden, nur sie sei es, die fundiert über die »Grenzen der Erziehung« entscheiden könne.

2012, S. 31). Aber gerade der Umstand, dass »Erziehung und Bildung« im Fokus der Aufmerksamkeit stehen, weckt Begehrlichkeiten seitens anderer Disziplinen sowie seitens wissenschaftspolitischer Akteure. Dies findet – wie bereits angedeutet – im Rahmen einer Institution statt, die in den letzten Jahren ihrerseits einen immensen Transformationsprozess durchlaufen hat und die, als Teil der obersten Stufe des Bildungssystems, selbst in bis dahin kaum gekannter Weise in den öffentlichen und politischen Fokus geraten ist. Deshalb – so noch einmal die These – sieht sich die Erziehungswissenschaft derzeit einer doppelten Zugriffs- oder Begehrlichkeitsstruktur ausgesetzt. Beides hängt mit dem erhöhten gesellschaftlichen und politischen Interesse an »Bildung und Erziehung« – als neuem »Megathema« (Kimmich/Tumfahrt 2004, S. 13) – zusammen. Vor diesem Hintergrund profilieren sich Universitäten mit dem Thema »Bildung«, »Bildungsforschung« und »Bildungswissenschaft« – eine in der deutschen Universitätsgeschichte durchaus neue Entwicklung. Um nur einige Beispiele von Universitäten zu nennen, die sich auf der ersten Seite ihrer Homepage-Darstellungen mit dem Thema »Bildung« und »Bildungsforschung« profilieren: Die Leuphana Universität Lüneburg mit den Bildungswissenschaften,[3] die TU München sowie die Bergische Universität Wuppertal – beide mit ihren Schools of Education – mit dem obligatorischen Satz »Bildung ist die Hauptressource Deutschlands«[4]. »Bildung«, »Bildungswissenschaft« und »Bildungsforschung« sind in den Fokus der Profilierung von Universitäten im nationalen Wettbewerb geraten. Dies wirkt auf diejenige Disziplin, die bislang das Thema »Bildung und Erziehung« maßgeblich – als Ganze – abgedeckt hat, zurück. Vor diesem Hintergrund soll nun ein Blick auf die universitären Transformationsprozesse der letzten Jahre gerichtet werden.

2   Transformationen des Universitäts- und Wissenschaftssystems

Der Umstand, dass Universitäten sich im Wettbewerb untereinander profilieren, ist ein Element der grundlegenden und komplexen Transformationsprozesse, die sie in den letzten Jahren durchlaufen hat. Diese kommen nicht nur einem Wandel gleich, sondern, wie der Experte für deutsche Universitätsgeschichte, Dieter Langewiesche, betont, einem Neubau (Langewiesche 2007, S. 17). Bekannte Stich- und Schlagworte sind: die Bologna-Reform mit ihren

---

3   Lüneburg wirbt mit dem Slogan »Kultur, Bildung, Wirtschaft, Nachhaltigkeit« und mit der »Wissenschaftsinitiative Bildungsforschung«.
4   Kritisch gegenüber den Schools of Education, siehe Casale/Röhner/Scharschuch/Sünker 2010.

BA- und MA-Studiengängen, die strukturierte Promotionsförderung, die W-Besoldung und die Einführung der Juniorprofessur, die Exzellenzinitiative, die Hochschulautonomie mit ihren starken Präsidialstrukturen, sogenannte Deregulierungsprozesse sowie die sogenannte »unternehmerische Universität« – durchaus auch als affirmative Selbstbezeichnung – mit ihren neuen Steuerungsinstrumenten.[5]

Wenn wir diesen Gesamtumbau nicht additiv, sondern systematisch und strukturell beschreiben wollen, so fordert die Politik eine einheitliche Struktur für die europäische Hochschule, um sich im internationalen Wettbewerb um das leistungsfähigste Bildungssystem zu behaupten. Die neuen Wettbewerbsformen folgen dabei einer doppelten Struktur. Sie sind einerseits nach innen – das heißt national – ausgerichtet – und andererseits international, das heißt nach außen orientiert. Langewiesche beschreibt dies so: Die Formen des Wettbewerbs »verändern sich radikal. Der Einzelne steht nicht mehr im Zentrum, weder als Forscher noch als Lehrer, es konkurriert vielmehr die Hochschule als Ganze. Wissenschaft und ihre Vermittlung wird zu einem Mannschaftssport. Er verlangt (…) individuelle Höchstleistungen, aber eingefügt in ein Team, das sich als Ganzes und in seinen Teilen unter ständiger Kontrolle zu behaupten hat« (Langewiesche 2007, S. 17). Diese neuen Strukturen wirken sich auf vielen Ebenen der Hochschule als Organisation aus. So sind beispielsweise teamförmige Arbeitsformen einerseits auf der Ebene der Betreuung und andererseits auf der Ebene der Peers sowie die wachsende Bedeutung von Internationalisierung wesentliche Elemente der neuen strukturierten Promotionsförderung, wie wir sie in einem bundesweit und disziplinübergreifend angelegten, vom BMBF geförderten Projekt zur »Chancengleichheit in der strukturierten Promotionsförderung« am Institut für Sozial- und Organisationspädagogik und am Institut für Erziehungswissenschaft der Universität Hildesheim identifiziert haben.[6] Nicht nur der Historiker Dieter Langewiesche, sondern auch der Soziologe Richard Münch charakterisiert in seiner Studie zur »Politischen Ökonomie der Hochschulreform« (2011) den Wettbewerb als Steuerungsinstrument als das zentrale Paradigma des Wandels (Münch 2011, S. 17). Dies aber wirke sich fundamental auf die wissenschaftliche Gemeinschaft, auf die akademische Gemeinschaft von Lehrenden und Lernenden sowie auf die Fachgesellschaften aus (ebd.). »Die Wissenschaft«, so Münch, »erfährt in der Gegenwart einen tiefgreifenden Wandel.

---

5 Zum New Public Management und der Universität, siehe Münch 2011, S. 11-36.
6 Dabei handelt es sich um das Forschungsprojekt Chancengleichheit in der strukturierten Promotionsförderung an deutschen Hochschulen – Gender und Diversity (2008-2012) der Stiftung Universität Hildesheim. Dieses Vorhaben wurde aus Mitteln des Bundesministeriums für Bildung und Forschung (BMBF) und aus dem Europäischen Sozialfonds der Europäischen Union im Rahmen der Bekanntmachung Frauen an die Spitze gefördert. Projektleiterin und Projektleiter sind Prof. Dr. Meike Baader und Prof. Dr. Wolfgang Schröer (FKZ 01FP083/01FP0837). Die Ergebnisse werden zusammenfassend publiziert in Korff/Roman 2013.

Unternehmerisch geführte Universitäten entmachten die wissenschaftliche
Gemeinschaft der Forscher, die akademische Gemeinschaft von Lehrenden
und Lernenden in der Universität und die Fachgesellschaften in der Bestimmung von guter wissenschaftlicher Forschung und akademischer Lehre«
(ebd., S. 35). Über den Wettbewerb werde zudem in der Außendarstellung
Beruhigung (comforting) erzeugt. Der interessierten Öffentlichkeit werde der
Eindruck vermittelt, dass die Politik im Bildungsbereich etwas tut (ebd., S.
19). Aus dem Zusammenwirken von Veränderungs- und Beharrungskräften
würden sich Hybride ergeben, deren Bedeutung Münch hervorhebt (ebd., S.
35). Auch dies wird in der erwähnten Untersuchung zur »Strukturierten Promotionsförderung« in mehrfacher Hinsicht sichtbar (Korff/Roman 2013).
Unterstrichen werden sollte mit diesen Ausführungen, dass die aktuell zu
diskutierenden Veränderungen fachgesellschaftlicher Strukturen auch in
einem größeren Rahmen der Transformationen des Hochschulwesens betrachtet werden müssen und dabei dem Umstand Rechnung getragen werden
muss, dass Universitäten als miteinander konkurrierende Institutionen sich
auch über die »Bildungswissenschaften« und die »Bildungsforschung« profilieren.

3   Pädagogik und Erziehungswissenschaft: Historische Vergewisserungen, Grenzgänge und Pfadabhängigkeiten

In historischer Perspektive wird in Deutschland über die Frage: Was ist »Erziehungswissenschaft«? seit Ende des 18. Jahrhunderts diskutiert. Die frühen
Versuche, wie diese zu begründen sei, sind unmittelbar mit der Aufklärung
verbunden. Tenorth identifiziert die erste Verwendung des Begriffes »Erziehungswissenschaft« für das Jahr 1766 (Tenorth 2004, S. 341). Analoge Debatten seien zu diesem Zeitraum im gesamten mitteleuropäischen Raum auf-
gekommen, seit dem ausgehenden 19. Jahrhundert dann weltweit (ebd.).
Damit ist die Frage nach einer »Erziehungswissenschaft« in Deutschland eng
mit der Herausbildung der Moderne und der europäischen Aufklärung, mit
dem Aufstieg des Bürgertums und dem Stellenwert von Erziehung und Bildung für dessen Selbstverständnis sowie mit der Herausbildung von Natio-
nalstaaten verbunden. In diesem Zeitraum lässt sich auch ein verstärktes
Interesse an der grundsätzlichen Frage: »Wem gehört das Kind?« – der Familie, dem Staat oder der Kirche – feststellen.[7] Verzeichnet wird zudem die
erste Berufung auf eine Professur für Pädagogik 1779 an der Universität
Halle, die bekanntlich von Ernst Christian Trapp eingenommen wurde, wenn
auch nur für eine kurze Zeit (Weimer/Jacobi 1991, S. 112f.). Das Problem,

---

7   Dies lässt sich etwa anhand von Geburtsratgebern zeigen, siehe Baader 2008.

ob der reflexiven, theoretischen und empirischen Bearbeitung der Handlungsfelder von Erziehung und Bildung der Status einer Wissenschaft zukomme,
wie diese zu begründen sei, ob sie dabei über eigene Methoden verfüge und
welches ihre Bezugs- und Referenzdisziplinen seien, wird seit dem 18. Jahrhundert beständig erörtert und begleitet die Geschichte der Disziplin. Als
Bezugsdisziplinen werden im 18. und 19. Jahrhundert – Tenorth bezeichnet
diese als die Eröffnungs- und »prädisziplinäre Phase« – vornehmlich die Theologie und die Philosophie, aber auch die Anthropologie, die Medizin sowie
die Psychologie erwogen. Die jeweiligen Positionen der einzelnen Meister-
denker, die Tenorth rekonstruiert, können hier nicht im Einzelnen genannt
werden. Festgehalten werden kann jedoch, dass die Erziehungswissenschaft
zunächst als »Teil von Philosophie und Theologie« (Tenorth 2004, S. 348)
diskutiert wird.

Die starke Bezugnahme auf die Philosophie bzw. der Versuch, ein ein-
heitliches System der Erziehungswissenschaft aus der Philosophie heraus zu
begründen, ist nach Tenorth ein Charakteristikum des deutschen Diskurses,
der sich durch den »Gedanken einer theoretischen Eigenständigkeit« und
durch eine »prinzipientheoretische Klärung der Grundlagen der Erziehungs-
reflexion« auszeichne (ebd., S. 346, 347). Bei dieser spezifischen Konstellation ist zudem zu berücksichtigen, dass sich die deutschsprachige Philosophie
des 18. und 19. Jahrhunderts selbst stark an der Idee eines Systems der Philosophie orientiert. Im 19. Jahrhundert begründet Schleiermacher die Wissenschaft der Pädagogik als in einem engen Zusammenhang mit der Ethik ste-
hend und – für den Diskurs eher ungewöhnlich – »der Politik koordiniert«
(Tenorth 2004, S. 349). Herbart hingegen situiert sie »in Relation zur praktischen Philosophie und zur Psychologie« und fordert sie 1835 als Wissenschaft dazu auf, »ihre einheimischen Begriffe« stärker zu definieren.[8] Zusammenfassen lässt sich, dass die verschiedenen Versuche der Begründungen
durch die Vorgaben der dominanten Referenztheorien – Theologie und Philosophie – gerahmt sind (ebd., S. 356). Der Anschluss an empirische Forschung
und an die Psychologie hingegen ist in der deutschen Tradition, wie Tenorth
unterstreicht, insgesamt deutlich weniger vertreten (ebd., S. 356). Ein Beispiel hierfür ist etwa Otto Willmann, der die Erziehungswissenschaft 1882 in
enge Nähe zur Sozialforschung und zur Geschichte der Bildung rückt (ebd.).
Um 1840 taucht dann bei Karl Mager und Alfred Diesterweg der Begriff der
Sozialpädagogik mit seinen Referenzen auf politisch-soziale Gesichtspunkte
auf. An der Wende zum 20. Jahrhundert – nach Tenorth der Beginn der disziplinären Phase – kritisiert Dilthey 1888 die Pädagogik als Wissenschaft
wegen ihrer mangelnden »geschichtlichen Auffassung« und begründet bekanntlich die »geisteswissenschaftliche Pädagogik«, während Ernst
Meumann 1901 der philosophischen Pädagogik die »experimentelle Pädago-

---

8 Zur Debatte, warum eine moderne Erziehungswissenschaft sich nicht mehr über die »einheimischen Begriffe« konturieren lässt, siehe König 1999.

gik« und damit die Empirie entgegenhält (ebd., S. 358). In der internationalen
Diskussion verortet der Franzose Émile Durkheim die Erziehung dann zwischen Soziologie und Psychologie, wobei er betont, dass die Pädagogik
»stärker von der Soziologie abhängt als jede andere Wissenschaft« (Durkheim 1984, S. 37).

In der ersten Hälfte des 20. Jahrhunderts wird die Debatte über die diver-
sen Bezugsdisziplinen weiter »nicht einheitlich« fortgesetzt (Tenorth 2004, S.
359). Philosophie und Psychologie, Theologie, Soziologie, aber auch Recht
und Medizin fungierten als wichtige Referenzen. Hinzu kommen seit der
Jahrhundertwende die Eugenik und – als zentrale Bezugslehre für die NS-
Ideologie und die NS-Pädagogik – die Rassenhygiene (ebd., S. 372). Fragen
der internen Differenzierung innerhalb der Disziplin werden seit der frühen
Phase des 20. Jahrhunderts wichtiger. »Dabei werden Relationen unscharf.
Die ‚pädagogische Psychologie' entsteht ebenso an der Grenze zwischen den
Disziplinen wie die ‚soziologische Pädagogik' und eine ‚pädagogische Sozio-
logie'« (Tenorth 2004, S. 372). Obwohl sich die Pädagogik in Deutschland
bis 1933 als eigenständige Disziplin an den Universitäten etabliert hat, geht
die Debatte um ihre Legitimität als Wissenschaft weiter (ebd.). Zudem bleibe
weiter typisch, dass mit dem Begriff der Pädagogik sowohl die Praxis der
Forschung, als auch die Praxis der pädagogischen Handlungsfelder beschrieben wird (ebd., S. 367). Dies spiegelt sich auch in einer Auseinandersetzung
Mitte der 1920er Jahre über die »Grenzen der Erziehung« bei Bernfeld
(1925) und die »Grenzen der Pädagogik« (1926) bei Theodor Litt. Bernfeld
unterscheidet jedoch genau zwischen den Handlungsfeldern der Erziehung
einerseits und der Erziehungswissenschaft andererseits (die er teilweise auch
als Pädagogik bezeichnet, damit jedoch stets die Wissenschaft meint, während er die Praxisfelder als »Erziehung« bezeichnet). »Der Entwicklung einer
Erziehungswissenschaft stehen starke Kräfte entgegen. Es fehlt noch beinah
ihr Begriff, gewiss die allgemeine Bereitschaft in Erziehungsdingen wissenschaftlich zu denken« (Bernfeld 1994, S. 13). Die Frage nach den Grenzen
der Erziehung sei eine wissenschaftliche. Diese erläutert er an der Pädagogik
der frühen Kindheit. Wo etwa die Grenzen der Fröbelschen Kindergärten
liegen, so Bernfelds Beispiel, müsse wissenschaftlich entschieden werden.
Bernfelds berühmtes Diktum von der mangelnden »Tatbestands-Gesinnung«
der Pädagogik bezieht sich unmittelbar auf deren Wissenschaftlichkeit. Die
Pädagogik entbehrt der »Tatbestands-Gesinnung« weil sie der Wissenschaft-
lichkeit entbehrt (ebd.). Er vergleicht den Zustand der Pädagogik, also der
Erziehungswissenschaft, mit der Phase der animistischen Heilkunst in der
Medizin. Von Rationalisierungsprozessen, wie sie von einer entwickelten
Wissenschaft zu erwarten seien, sei die Erziehung noch meilenweit entfernt.
Sinn und Funktion einer wissenschaftlichen Pädagogik sei schließlich die
»Rationalisierung der Erziehung« (ebd., S. 15). Seine eigenen Überlegungen
ordnet Bernfeld »der Soziologie der Erziehung« zu. Dabei sieht er sich aller-

dings in Gefahr, zu »allgemein am breiten Ufer der Soziologie der Erziehung zu landen, von Forschern noch kaum berührter Boden, von dem man nicht weiß, wie lange ein Entdeckungsstreifzug dauert« (ebd., S. 17).

Trotz solcher Einwürfe lässt sich für die deutsche Erziehungswissenschaft bis 1945 insgesamt resümieren: Sie ist durch ihre starke Herkunft aus der Philosophie geprägt und versucht damit, Anschluss an die Königsdisziplin der deutschen Universität des frühen 19. Jahrhunderts zu finden. Deren Status als Masterdisziplin wird etwa in Schleiermachers »Gelegentliche Gedanken über Universitäten« aus dem Jahre 1808 deutlich. Dort begründet er, warum die philosophische Fakultät über allen anderen steht und »alles zusammenfasst« (Schleiermacher 1998, S. 56ff.), die Philosophie also die alle Disziplinen integrierende Wissenschaft ist. Die Erziehungswissenschaft zeichnet sich sowohl durch Versuche aus, sich als Disziplin systematisch als Einheit zu begründen, als auch durch die immer neuen und intensiven Debatten über ihre Identität und schließlich durch die kritische Perspektive anderer Disziplinen auf die Erziehungswissenschaft (Tenorth 2004, S. 282). Dabei erweisen diese Momente sich als spezifisch für deutsche Traditionen und Pfadabhängigkeiten. Allerdings mangelt es bislang grundlegend an einschlägigen wissenschafts- und disziplingeschichtlichen Untersuchungen, betont Tenorth, und auch Terhart unterstreicht, dass größere Untersuchungen zur institutionellen Gestalt der Erziehungswissenschaft fehlen würden (Terhart 2011).

4 Machtvolle genderpolitische und nationalstaatliche Rahmungen

Bei der quellenreichen disziplingeschichtlichen Rekonstruktion von Tenorth, die bis an die Jahrtausendwende reicht, fällt allerdings auf, dass unter denjenigen, die in ihren Positionen zu Fragen der Disziplin aufgeführt werden, die also über deren Definition, Legitimität und Legitimation sowie über ihre Grenzen streiten, keine Frau vorkommt. Dies hängt zum einen mit der Universität als »homosozialer Raum« zusammen (vgl. Jacobi 2012). Diese Praxis der Universität als »homosozialer Raum« ist zugleich – wie eine kritische genderreflektierte Wissenschaftsgeschichte wiederholt gezeigt hat – eng mit einem Selbstverständnis von Wissenschaft und Forschung in »Einsamkeit und Freiheit« verwoben.[9] Aber auch der von Tenorth gewählte Fokus auf die

---

9   In seinen Ausführungen zur Universitätsgeschichte 2012 verweist Tenorth auf das Prinzip von »Einsamkeit und Freiheit« als weiter hochzuhaltendes und zu verfolgendes Ideal (Tenorth 2012, S. 64). Der Umstand, dass dieses auf Humboldt zurückgehende Diktum ein Ideal darstellt, das Frauen den Zugang zum Wissenschaftssystem erschwert hat und auch weiter-

Begründung des Systems einer wissenschaftlichen Allgemeinen Pädagogik
aus dem Geiste der Philosophie und in Auseinandersetzung mit dieser führt
zu einer Ausblendung des Beitrages von Frauen.[10] Schließlich hat die bil-
dungshistorische Genderforschung schon früh gezeigt, wie in der Allgemeinen Pädagogik das Allgemeine mit dem Männlichen gleichgesetzt wurde
(vgl. Jacobi 1991). Bezieht man hingegen etwa die Sozialpädagogik stärker
in die disziplingeschichtliche Rekonstruktion mit ein, dann sind mit Alice
Salomon oder Gertrud Bäumer durchaus Frauen an der Definition dessen,
was die Disziplin ausmacht, beteiligt. So hat bekanntlich Gertrud Bäumer
eine eigene Definition der Sozialpädagogik vorgelegt. Ihre Positionen zu
Fragen der Disziplin wären eigens zu rekonstruieren,[11] genauso wie die Frage, ob und wie sich Mathilde Vaerting als erste Erziehungswissenschaftlerin,
die 1923 auf einen Lehrstuhl an die Universität Jena berufen wurde, an Fragen der disziplinären Konturierung beteiligt hat. In ihrer Dissertation jedenfalls befasst sie sich mit einem Vergleich des erwähnten Willman mit Herbart
(1911) und der Titel einer ihrer Schriften aus dem Jahre 1929 lautet »Macht-
soziologische Entwicklungsgesetze der Pädagogik« (Kraul 1990). Die erste
und einzige Frau auf einem Lehrstuhl für Pädagogik nach 1945 blieb lange
Zeit Elisabeth Blochmann, die 1952 aus England, wohin sie 1934 emigrierte,
auf einen Lehrstuhl nach Marburg berufen wurde. Den Niederschlag einer
sich stark als homosoziale Königsdisziplin gerierenden Philosophie sollte sie
dort erfahren. »Das wissenschaftliche Prüfungsamt erkannte Scheine aus
ihrer Platon-Veranstaltung nicht an, weil Platons »Staat« dort auf Deutsch
gelesen wurde und sie keine Befugnis habe, über diesen Gegenstand überhaupt ein Seminar abzuhalten« (Jacobi 1990, S. 260). Disziplinäre Konturen
sind – dies machen diese Beispiele deutlich – nicht nur ein Ergebnis von
Prozessen innerdisziplinärer, identitärer Selbstvergewisserung. Als solche
werden sie jedoch von Tenorth und auch von Terhart im letzten Heft der
»Zeitschrift für Pädagogik« (Terhart 2012) primär rekonstruiert. Sie sind vor
allem auch Ergebnis von machtvollen Diskurspraktiken, von Kämpfen um
Definitionen, um Deutungsansprüche, Grenzmarkierungen und Ausgrenzungen. Die Konstruktion wissenschaftlicher Disziplinen ist – darin der Kon-
struktion ethnischer Gruppen vergleichbar – »ein Ergebnis (strategischer)
Praktiken der Grenzziehung, die ihrerseits von spezifischen makrosozialen
Rahmenbedingungen abhängig sind« (Beer/Koenig 2009, S. 29, zitiert nach

---

hin erschwert, da es den Mythos von der Unvereinbarkeit generiert und bedient, findet bei
Tenorth keine Erwähnung, obgleich sich die Forschung zu »Wissenschaft und Geschlecht«
mit dieser Thematik seit vielen Jahren intensiv auseinandersetzt. Siehe dazu etwa Nowotny
1986 oder mit aktuellen Daten hinsichtlich des Problems der Vereinbarkeit Metz-
Göckel/Möller-Heusgen 2012 sowie Lind 2012. Aber auch aus wissenssoziologischer Perspektive sind Zweifel an der Konstruktion von »Einsamkeit und Freiheit« formuliert worden, siehe Meuser/Nagel 2009.

10   Zur »Geschlechtsblindheit« der Wissenschaftsforschung, siehe Krais 2000, S. 33.
11   In internationaler Perspektive hat dies Birgit Althans 2007 vorgenommen.

Terhart 2012). Zu den spezifischen Rahmenbedingungen, vor deren Hintergrund die Auseinandersetzungen um Disziplinen und ihre Grenzziehungen im 18., 19. und 20. Jahrhundert wesentlich stattfanden, gehört ein primär nationalstaatlich gerahmtes Universitäts- und Wissenschaftssystem. Die Wissenschaftshistorikerin Helga Nowotny hat in ihren Arbeiten wiederholt auf die enge Verzahnung von Nationalstaat und Universität hingewiesen (Nowotny 1993). Dies heißt nicht, dass es keinen transnationalen Wissenschaftstransfer gab, aber der Rahmen, innerhalb dessen Universitäten agierten und deren Umfeld wiederum der primäre Ort der Aushandlung von Disziplinen und Grenzen war, blieb ein nationalstaatlicher. Entsprechend stark waren die Disziplinen – wie der Raumsoziologe Berking für die Soziologie zeigt – mit einer machtvollen »Epistemologie« der Territorialisierung verbunden (Berking 2008, S. 50). Auch soziologische Analyseeinheiten – wie etwa »die Sozialstruktur« – waren wesentlich nationalstaatlich gerahmt, so Berking. Diese Situation nationalstaatlicher Rahmung hat sich jedoch seit einigen Jahren im Zuge nationalstaatlicher Entgrenzungen des Bildungs-, Hochschul- und Wissenschaftssystems und unter Bedingungen von Europäisierung, Internationalisierung und Globalisierung fundamental geändert.

5 Die 1960er und 1970er Jahre: Expansionsphase der Erziehungswissenschaft

Die 1960er und 1970er Jahre der Bundesrepublik zeichneten sich für die Erziehungswissenschaft dadurch aus, dass sich der Begriff »Erziehungswissenschaft« – anders als in der DDR – gegenüber dem der »Pädagogik« zunehmend durchgesetzt hat und dass die Erziehungswissenschaft sich zunehmend als Sozialwissenschaft verstand. Dies hängt bekanntlich unter anderem mit der sogenannten »realistischen Wendung« zusammen, die 1962 durch Heinrich Roth ausgerufen wurde. Auch die Begriffe »Bildungsforschung« und »Bildungswissenschaft« stammen aus dieser Zeit und können mit verstärkten Anstrengungen einer Modernisierung des bundesrepublikanischen Bildungswesens – gewissermaßen einer take-off Phase der Modernisierung – in Verbindung gebracht werden. Georg Pichts »Bildungskatastrophe« aus dem Jahre 1964 verweist bereits auf OECD-Vergleichsdaten zu Bildungsinvestitionen, Pflichtschuljahren und Abiturientenanteil, bei denen Deutschland schlecht abschneidet (Picht 1964, S. 16). In sich darauf beziehenden Bundestagsdebatten wird eingefordert, dass das Bildungswesen »auf einen europäischen Maßstab« ausgerichtet werden müsse. Bereits in diesen Debatten wird der Zusammenhang von Bildung, Wissenschaft und Forschung als entscheidender internationaler Wettbewerbsfaktor formuliert (ebd., S. 11-13). Unmittelbar mit Pichts Diagnose ist der »Plan eines Institutes für Bildungsforschung« (Becker 1961) aus dem Jahre 1961 verbunden, das dann 1963 als »Max-Planck-Institut für Bildungsforschung« firmiert. Das Institut wird als interdisziplinäres gegründet und hervorgehoben wird auch hier die »mangelnde Verwissenschaftlichung der Pädagogik als Disziplin«, aufgrund ihrer geisteswissenschaftlichen Tradition (Picht 1964, S. 5). Die Einbindung von internationalen Wissenschaftlern ist Teil der Gründungsprinzipien. Die im Entwurf von 1961 avisierten Themen und Forschungsprojekte sind dabei von erstaunlicher Aktualität. Vorgeschlagene Themen sind etwa die Ganztagsschule, der Beginn der Schulpflicht und der Übergang vom Kindergarten in die Grundschule sowie »Frauen als Lehrerinnen« (Becker 1961). Auffällig ist auch, dass in der Konzeptionalisierung des Institutes, das schließlich aufs engste mit der Herausbildung der »Bildungsforschung« in der Bundesrepublik verbunden ist, der historischen Analyse des Bildungssystems eine herausragende Stellung zugewiesen wurde. So umfasst der Gründungsplan ein umfangreiches Projekt »Sozialgeschichte des Bildungswesens«, das mit dem Jahre 1800 einsetzen sollte und in der Gesamtkonzeption des Institutes eine gewichtige Stellung einnahm. Eine »Sozialgeschichte des Bildungswesens« sollte einen bedeutsamen Schwerpunkt darstellen, der zugleich institutsübergreifend angelegt war. »Das hier entwickelte Programm einer Sozialgeschichte des Bildungswesens kann unter keinen Umständen vom Institut allein durchgeführt werden. Dagegen braucht dieses Programm ein Zentrum. Das Fehlen eines solchen Zentrums hat bisher trotz einzelner Ein-Mann-Vorstöße in die Sozialgeschichte des Bildungswesens eine Gesamtkonzeption für diesen Forschungszweig verhindert« (Becker 1961, S. 61).

Terhart vergleicht die aktuellen Debatten um die »Bildungswissenschaft« mit denjenigen, die es bei der Ablösung der Disziplinbezeichnung »Pädagogik« durch die Bezeichnung »Erziehungswissenschaft« in den 1970er Jahren gab (Terhart 2012, S. 31). Allerdings ist dabei m. E. zu berücksichtigen, dass sich die Situation der 1960er und 1970er Jahre durch eine Expansion pädagogischer Handlungsfelder und Berufe sowie der Erziehungswissenschaft an den Universitäten auszeichnete. Damit handelte es sich um eine fundamental andere Situation als wir sie heute vorfinden.[12] Die 1960er und 1970er Jahre sind charakterisiert durch ein Zusammenspiel von Bildungsreform, Bildungsforschung und pädagogischen Aufbrüchen im Kontext Neuer Sozialer Bewegungen, deren spezifische Dynamiken wir in einem aktuellen DFG-Projekt für den Zeitraum von 1965-1977 untersuchen.[13] In einem Vergleich von vier pädagogischen Fachzeitschriften und einer eher bildungspolitisch orientierten

---

12 Dass erziehungswissenschaftliche Professuren in den letzten Jahren um rund 20% abgesenkt wurden, lässt sich im aktuellen Datenreport Erziehungswissenschaft nachlesen, siehe Thole u. a. 2012.

13 Es handelt sich um das DFG-Projekt »Die Kinderladenbewegung als case study der antiautoritären Erziehungsbewegung. 68 und die Pädagogik in kultur-, modernitäts- und professionsgeschichtlicher Perspektive« (BA 1678/4-1, Laufzeit: Oktober 2010-2013) an der Stiftung Universität Hildesheim.

Fachzeitschrift können wir feststellen, dass etwa das Thema »Chancengleichheit« in der Zeitschrift, die am stärksten die Disziplin repräsentiert, nämlich in der 1955 gegründeten »Zeitschrift für Pädagogik«, einerseits verspätet und andererseits höchst marginal aufgegriffen wird (erstmals 1970). Auch das in jenem Zeitraum intensiv diskutierte Thema »Vorschulerziehung« taucht dort – im Vergleich zu anderen pädagogischen Zeitschriften – eher spät, 1970 und 1971, als Themenschwerpunkt auf und bleibt dann eher randständig. Das Thema »Familie« kommt in der »Zeitschrift für Pädagogik« in diesem Zeitraum gar nicht vor, genauso wenig wie »Geschlechtergerechtigkeit« oder »Koedukation«.[14] Das erste Beiheft der »Zeitschrift für Pädagogik«, das von einer Frau herausgegeben wurde, war 1959 ein Heft, das unter der Federführung von Elisabeth Blochmann zum achtzigsten Geburtstag von Herman Nohl erschien. Das nächste von einer Frau herausgegebene Beiheft ließ dann 45 Jahre auf sich warten und erschien im Jahre 2004.[15]

In neuen pädagogische Handlungsfeldern hingegen fanden die Impulse Neuer Sozialer Bewegungen Eingang und schließlich auch – in länger währenden Prozessen – in die Konturen der Disziplin in ihren organisatorischen Binnendifferenzierungen. Damit nahmen Neue Soziale Bewegungen wie etwa die »Friedensbewegung« oder der akademische Teil der »Neuen Frauenbewegung« Teil an der Konturierung der Disziplin der Erziehungswissenschaft – was mit Auseinandersetzungen und Konflikten verbunden war.[16] Grundsätzlich lässt sich dabei ein Spannungsverhältnis zwischen der Dynamik pädagogischer Handlungsfelder und den Beharrungskräften der Disziplin beobachten. In der »Kleinen Geschichte der Erziehungswissenschaft« (Berg 2004) lässt sich nachlesen, wie schwer sich die 1964 gegründete DGfE mit zwei im Jahre 1982 eingereichten Anträgen auf die Gründung einer »Kommission für Friedenspädagogik« und einer »Kommission für Frauenfragen in der Erziehungswissenschaft« getan hat. Diese wurden vom damaligen Vorstand als Bedrohung für die »Identität der Disziplin« bezeichnet (Berg 2004, S. 48). 1985 haben die beantragenden Frauen dann das Plazet des Vorstandes für eine »AG auf Zeit« erhalten und erst 1991 – neun Jahre nach dem Erstantrag – wurde schließlich dem Antrag auf Einrichtung einer Kommission

---

14 Es handelt sich dabei um »Westermanns pädagogische Beiträge«, »Betrifft Erziehung«, »Pädagogik Extra«, die »Zeitschrift für Pädagogik« sowie Vorgänge. Zur Zeitschriftenanalyse siehe Baader/Ronneburger/Sager 2012. Im gesamten Zeitraum von 1965-1977 ist keine Frau in der Redaktion der »Zeitschrift für Pädagogik«.

15 Es handelt sich dabei um das von Sonja Häder 2004 herausgegebene Heft: »Der Bildungsgang des Subjekts«. Zur Frauen- und Geschlechterforschung in der »Zeitschrift für Pädagogik« im Zeitraum von 1987-1998.

16 Jener enge diszplin- und wissenschaftsgeschichtliche Zusammenhang zwischen Neuen Sozialen Bewegungen und Konturen der Disziplin lassen sich an der Geschichte einzelner erziehungswissenschaftlicher Institute gut nachzeichnen. Exemplarisch ist hier etwa die Geschichte der Arbeitsstelle Inter-Päd. an der Leibniz Universität Hannover, die 1985 gegründet wurde und in die Impulse aus der Dritten-Welt-Pädagogik und der Umweltpädagogik eingegangen sind.

»Frauenforschung in der Erziehungswissenschaft« stattgegeben (ebd., S. 49).
Das spezifische Verhältnis der Erziehungswissenschaft als Disziplin zu Gen-
derfragen wäre ohnehin eine eigene Untersuchung wert.[17] Es spricht einiges
dafür, dass vor dem Hintergrund einer handlungsorientierten Wissenschaft,
die pädagogische und soziale Handlungsfelder bearbeitet, die durch einen
hohen Frauenanteil charakterisiert sind, sich die Disziplin in ihren Selbstthe-
matisierungen zur Bestätigung ihrer eigenen Wissenschaftlichkeit und ihres
akademischen Status verstärkt als geschlechtsneutral-männlich präsentiert –
jedenfalls zum Zeitpunkt ihrer Herausbildung und Stabilisierung. Darauf,
dass die (Geschlechts-) Neutralität zur »illusio«, das heißt zum »Glauben« an
das Feld der »Wissenschaft« gehört, haben Arbeiten zur Konstitution von
Wissenschaft im Anschluss an Pierre Bourdieu hingewiesen (Beaufays
2003). Juliane Jacobi hat in einer Analyse der Themen der »Zeitschrift für
Pädagogik«, aber auch der Bildungsberichterstattung des Max-Planck-
Institutes sehr überzeugend analysiert, dass die Genderforschung in der Erziehungswissenschaft, aber auch in der empirischen Bildungsforschung, nur
höchst marginal angekommen sei. Bei der Bildungsberichterstattung sei dies
als Selbstverständlichkeit noch nicht einmal auf der deskriptiven Ebene der
Fall.[18]

6   Ausblick

Die Gründung einer »Gesellschaft für empirische Bildungsforschung« ist
m. E. kein Grund für wirklich größere Beunruhigung. Sie ist eher das Ergebnis eines Ausdifferenzierungsprozesses, der, auf der Ebene einer Fachgesellschaft, eine neue interdisziplinäre Querstruktur hervorbringt. Vergleichbare
Prozesse spiegeln sich auch in der Gründung einer neuen interdisziplinären
Fachgesellschaft für Genderstudies, die in den einzelnen Disziplinen gleichfalls kontrovers diskutiert wird. Wachsam sollten Erziehungswissenschaftlerinnen und Erziehungswissenschaftler allerdings bei der Debatte um die
»Bildungswissenschaften« sein. Reflektiert werden müssten hier auch die
eigene Verführbarkeit sowie die Hoffnungen auf Anerkennung, die scheinbar
damit verbunden sind, verstärkt unter der Flagge des »Bildungsbegriffes« zu
segeln und damit ein symbolisches »up grading« zu erfahren. Vor dem Hintergrund einer Disziplin, die – was ihr Selbstverständnis betrifft – durch vielfältige Suchbewegungen und Selbstvergewisserungen gekennzeichnet ist,
verspricht der Bildungsbegriff nicht nur eine Aufwertung, die an das kulturelle Deutungsmuster »Bildung« und seine Semantiken anknüpft, sondern vor

---

17   Zu Überlegungen, an die weitere Recherchen anschließen könnten, siehe Jacobi 2007.
18   Jacobi 2008, S. 94ff.

allem prestigehaltigere Forschungsformen. Den Kuchen »Bildungswissenschaften« müssen sich Erziehungswissenschaftlerinnen und Erziehungswissenschaftler jedoch mit anderen Disziplinen teilen. Dessen sollten sie sich mindestens bewusst sein. Zudem verschwinden hinter dem Bildungsbegriff Erziehungs-, wie Sorgeverhältnisse – in der internationalen Diskussion werden diese bekanntlich mit dem Carebegriff gefasst – und von der soziologischen Geschlechterforschung seit knapp zehn Jahren unter Globalisierungsperspektive erforscht.

Ein Vorschlag, wie der, den Jürgen Zinnecker Ende der 1990er Jahre gemacht hat, den Care- bzw. Sorgebegriff als grundlegenden erziehungswissenschaftlichen Begriff einzuführen, stößt derzeit auf wenig Resonanz, hat sich doch der Bildungsbegriff seit den 1990er Jahren zunehmend breit durchgesetzt. Die aktuelle Reserviertheit gegenüber dem Sorgebegriff reflektiert die Entwicklung der letzten Jahre.[19] Zinnecker sah im Sorgebegriff eine Chance, tief in der deutschen erziehungswissenschaftlichen Tradition eingefahrene Sichtweisen zu überwinden und den Sorgebegriff als Alternative zu dem gleichermaßen individualistisch wie binär verengten Begriff des »pädagogischen Bezuges« bei H. Nohl zu fundieren und mit dem Sorgebegriff zugleich eine »konzeptionelle Modernisierung« der erziehungswissenschaftlichen Reflexion vorzunehmen (Zinnecker 1997, S. 200). Der Sorgebegriff könne die überkommenen Leitbegriffe von »Bildung und/oder Erziehung« ersetzen, denn diese würden der »Diffundierung« des pädagogischen Feldes nicht mehr gerecht. »Pädagogik«, so Zinnecker, »bezeichnet alle sorgenden Verhältnisse zwischen allen zu einer Zeit lebenden Generationen, seien diese nun dominant auf Bildung/Unterrichtung, Erziehung oder soziale Hilfe fokussiert« (ebd., S. 201). Damit ist Pädagogik über den Begriff der Sorge – der in Beziehungskonstellationen eingebettet ist – definiert. »Sorgende Verhältnisse« sind für Zinnecker der »übergeordnete Schlüssel«, mit dem sich das heterogene Feld der Pädagogik erschließen ließe (Zinnecker 1997, S. 202). Aber der Sorgebegriff passt nicht in die Rhetorik von der »Bildung als wichtigster Ressource« und scheint derzeit für das Spiel disziplinärer Konturierungen eher ungeeignet.

Wenn also Erziehungswissenschaftlerinnen und -wissenschaftler verstärkt unter der Flagge »Bildung« firmieren, so sollten sie sich mindestens der Gefahr bewusst sein, dass damit etwa die Erforschung von Erziehungs- und Care-Verhältnissen weniger im Fokus steht. Ausschließlich über den »Bildungsbegriff« ist auch ein erziehungswissenschaftlicher Beitrag zur Erforschung tiefgreifender gesellschaftlicher Transformationsprozesse, die sich derzeit im Feld des Sozialen ereignen, nicht zu leisten.

---

19 Einen Versuch, den Sorgebegriff – im Rückgriff auf Zinnecker und unter Einbeziehung der Genderdebatte und der feministischen Diskussion um Care – für die Erziehungswissenschaft fruchtbar zu machen, nahm auch Böhnisch 2009 noch einmal vor.

Ich fasse noch einmal zusammen:

Erstens: Zu den gesellschaftlichen Rahmenbedingungen, in die die aktuellen Diskussionen um »Bildungswissenschaft« und »Bildungsforschung« eingelassen sind, gehört m. E. der Neubau des Universitätswesens und die Transformationsprozesse des Wissenschaftssystems, die vor der Folie sich globalisierender und miteinander im Wettbewerb stehender Wissenssysteme stattfinden. »Bildung« ist darin tief eingelassen. Die Erziehungswissenschaft ist angesichts des »Megathemas« Bildung und der Profilierung von Universitäten über das Bildungsthema mit einer doppelten Zugriffsstruktur konfrontiert. Der Bildungsbegriff erfährt dabei eine gewisse Entleerung,[20] auch wenn zugleich durch die Unterscheidung zwischen formaler, nonformaler und informeller Bildung eine Ausdifferenzierung des Begriffes erfolgt.[21]

Zweitens: Die Erziehungswissenschaft zeichnet sich – historisch wie aktuell – dadurch aus, dass sie stets viele Nachbardisziplinen hat. Damit bewegt sie sich zugleich an vielen Grenzen. Dies könnte durchaus eine Stärke sein. Vorausgesetzt allerdings, sie nimmt den jeweils gesicherteren Forschungs- und Diskussionsstand der jeweiligen Nachbardisziplin, an deren Grenze sich das eigene Forschungsgebiet befindet, zur Kenntnis. Dies ist selbsterklärend voraussetzungsvoll, aber unabdingbar. Für den Bereich, den ich am besten überschaue, die Historische Bildungsforschung, entspricht dies nicht unbedingt dem Standard, hinter den es kein Zurück mehr gibt.

Drittens: Profilieren kann sich die Disziplin nur über ihre Forschungsfragen und -ergebnisse. Dies jedoch sollte sie selbstbewusst und nicht als stets verunsicherte Disziplin auf der Suche nach »ihrer Identität« tun. Im Rückblick könnte man versucht sein, die Erziehungswissenschaft als »verspätete Disziplin« zu beschreiben. Dies ist jedoch historisch nicht zutreffend, wenn man sie etwa mit der Geschichte der Soziologie vergleicht. Treffender scheint, sie als latent »verunsicherte Disziplin« zu beschreiben. Dies resultiert historisch auch aus dem höchst spezifischen Spannungsverhältnis, einerseits Anschluss an die Masterdisziplin des 18. und 19. Jahrhunderts – die Philosophie – zu suchen und andererseits aus dem engen, lange wenig geklärten Verhältnis zu den Professionen und Berufen.

Heute ergeben sich jedoch für eine primär handlungsorientierte Wissenschaft, wie es die Erziehungswissenschaft ist, die Forschungsfragen stark aus

---

20 Zur Konfundierung von Bildung, Wissen und Information in aktuellen Debatten, siehe Liessmann 2009. Zur Kritik an einem Bildungsideal, das auf dem Kompetenzbegriff basiert, siehe Kühl 2012.

21 Auf diese Entleerung des Bildungsbegriffes könnte erstens mit Versuchen der Wiederaneignung und zweitens mit Versuchen der Neukonturierungen reagiert werden. Drittens könnte eine kritische Revision der Begriffe »Erziehung« und »Sorge« vorgenommen werden, aber auch der Sozialisationsbegriff wieder gestärkt werden. Hier müsste auch eine historische Perspektive einbezogen werden, bei Bernfeld (1925/1994) etwa spielt der Bildungsbegriff keine Rolle.

den Anforderungen, Veränderungen und Dynamisierungen der Handlungsfelder. Ihr Profil gewinnt die Erziehungswissenschaft nicht über *Identitätsdebatten*, sondern über ihre Fragen und die daraus resultierenden Beiträge zur Forschung. Jenseits der Debatte um die »Empirische Bildungsforschung« werden wachsende Interdisziplinarität und Internationalisierung die Disziplin in Zukunft vermutlich sowieso gleichermaßen zu Entgrenzungen wie zu Profilierungen zwingen.

Literatur:

Allemann-Ghionda, C./Müller, H.-R. (2012): Erziehungswissenschaftliche Grenzgänge. Einführung in den Thementeil. In: Zeitschrift für Pädagogik 58. Jg. (2012), Heft 1, S. 1-5.

Althans, B. (2007): Das maskierte Begehren. Frauen zwischen Sozialarbeit und Management. Frankfurt a. M.

Baader, M. (2008): Geburtsratgeber zwischen Risiko- und Beruhigungsrhetorik in kulturgeschichtlicher Perspektive. In: Wulf. Ch./Hänsch, A./Brumlik, M. (Hrsg.) (2008): München, S. 122-135.

Baader, M. S. u. a. (2012): Soziale Ungleichheit in der frühkindliche Bildung, Betreuung und Erziehung. In: Kuhnhenne, M./Miethe, I./Sünker, H./Venzke, O. (Hrsg.) (2012): K(eine) Bildung für Alle – Deutschlands blinder Fleck. Stand der Forschung und politische Konsequenzen. Opladen, S. 17-50.

Baader, M. S. (2012): Zwischenbericht zum DFG-Projekt »Die Kinderladenbewegung als case-Study der anti-autoritären Erziehungsbewegung. 1968 und die Pädagogik in kultur-, modernitäts- und professionsgeschichtlicher Perspektive«. (BA 1678/4-1). Manuskript Hildesheim.

Beaufays; S. (2003): Wie werden Wissenschaftler gemacht? Beobachtungen zur wechselseitigen Konstitution von Geschlecht und Wissenschaft. Bielefeld.

Becker, H. (1961): Plan eines Instituts für Bildungsforschung. Manuskript Kressbronn.

Beer, B./Koenig, M. (2009): Grenzziehungen im System wissenschaftlicher Disziplinen – der Fall der Kulturwissenschaft(en): In: socioligica internationalis 1, S. 3-38.

Berg, C. u. a. (Hrsg.) (2004): Kleine Geschichte der Deutschen Gesellschaft für Erziehungswissenschaft. Eine Fachgesellschaft zwischen Wissenschaft und Politik. Wiesbaden.

Berking, Helmuth (2008): Territorialität: Grenzgänge zwischen Soziologie und Ethnologie. In: Faber, R. (Hrsg.) (2008): Rückkehr der Religion oder säkulare Kultur? Würzburg, S. 45-53.

Bernfeld, S. (1994): Sisyphos oder die Grenzen der Erziehung. Frankfurt a. M.

Böhnisch. L. (2009): Die neue Kultur der Sorge und die soziale Verlegenheit der Pädagogik. In: Melzer, W./Tippelt, R. (Hrsg.) (2009): Kulturen der Bildung. Beiträge zum 21. Kongress der Deutschen Gesellschaft für Erziehungswissenschaft, S. 45-52.

Bundesvereinigung der deutschen Arbeitgeberverbände (2006): Bildung schafft Zukunft. Bessere Bildungschancen durch frühe Förderung. Positionspapier zur Frühkindlichen Bildung. Berlin.

Casale, R. u. a. (2010): Entkoppelung von Lehrerbildung und Erziehungswissenschaft: Von der Erziehungswissenschaft zur Bildungswissenschaft. In: Erziehungswissenschaft. Mitteilungen der Deutschen Gesellschaft für Erziehungswissenschaft, Heft 41 (2010), S. 43-66.

Durkheim, É. (1984): Erziehung, Moral und Gesellschaft. Frankfurt a. M.

Jacobi, J. (1990): Elisabeth Blochmann: First-Lady der akademischen Pädagogik. In: Brehmer, I. (Hrsg.): Mütterlichkeit als Profession? Pfaffenweiler, S. 256-264.

Jacobi, J. (1991): Wie allgemein ist die Allgemeine Pädagogik? Zum Geschlechterverhältnis in der wissenschaftlichen Pädagogik. In: Herzog, W. (Hrsg.) (1991): Unbeschreiblich weiblich. Aspekte feministischer Wissenschaftskritik. Zürich, S. 193-206.

Jacobi, J. (2008): Die Erziehungswissenschaft im Jahr 2007: Potential und Grenzen feministischer Wissenschaftskritik in einer »handlungsorientierten« Wissenschaft. In: Casale, R./Rendtorff, B. (Hrsg.) (2008): Was kommt nach der Genderforschung? Zur Zukunft der feministischen Theoriebildung. Bielefeld, S. 83-100.

Jacobi, J. (2012): Wie männlich ist die Universität? In: Baader, M. S./Bilstein, J./Tholen, T. (Hrsg.) (2012): Erziehung, Bildung und Geschlecht. Männlichkeiten im Fokus der Gender-Studies. Wiesbaden, S. 271-286.

Kimmich, D./Thumfahrt, A. (2004) : Universität und Wissensgesellschaft. Was heißt Autonomie für die moderne Hochschule? In: Diess. (Hrsg.) (2004): Universität ohne Zukunft. Frankfurt, S. 7-35.

König, E. (1999): Gibt es einheimische Begriffe in der Erziehungswissenschaft? In: Pädagogische Rundschau, (1999), Heft 53, S. 29-42.

Koller, Ch. (2012): Grenzsicherung oder Wandel durch Annäherung. Zum Spannungsverhältnis zwischen Bildungstheorie und empirischer Bildungsforschung. In: Zeitschrift für Pädagogik, 58. Jg. (2012), Heft 1, S. 6-21.

Korff, S. u. a. (Hrsg.) (2013): Promovieren nach Plan? Chancengleichheit in der strukturierten Promotionsförderung. Wiesbaden (im Druck).

Krais, B. (2000): Wissenschaftskultur und Geschlechterforschung. Über die verborgenen Mechanismen männlicher Dominanz in der akademischen Welt. Frankfurt a. M.

Kraul, M. (1990): Mathilde Vaerting. Geschlechtscharakter und Pädagogik. In: Brehmer, I. (Hrsg.) (1990): Mütterlichkeit als Profession? Pfaffenweiler, S. 241-255.

Kühl, S. (2012): Der Sudoku-Effekt. Hochschulen im Teufelskreis der Bürokratie. Bielefeld.

Langewiesche, D. (2007): Ende einer Lebensform. Welche Folgen hat der Umbau der europäischen Hochschullandschaft. In: Süddeutsche Zeitung 29./30. 12. 2007, S. 17.

Liessmann, K. P. (2006): Theorie der Unbildung. Die Irrtümer der Wissensgesellschaft. Wien.

Lind, I. (2012): Mit Kindern auf den Karriereweg – Wie kann Vereinbarkeit von Elternschaft und Wissenschaft gelingen? In: Beaufays, S./Engels, A./Kahlert, H. (Hrsg.) (2012): Einfach Spitze? Neue Geschlechterperspektiven auf Karrieren in der Wissenschaft. Frankfurt a. M., S. 280-311.

Metz-Göckel, S./Müller, Ch./Heusgen, K. (2012): Kollisionen – Wissenschaftler/innen zwischen Qualifizierung, Prekarisierung und Generativität. In: Beaufays, S./Engels, A./Kahlert, H. (Hrsg.) (2012): Einfach Spitze? Neue Geschlechterperspektiven auf Karrieren in der Wissenschaft. Frankfurt a. M., S. 233-256.

Meuser, M./Nagel, U. (2009[3]): Experteninterview und der Wandel der Wissensproduktion. In: Bogner, A./Littig, B./Menz, W. (Hrsg.) (2009[3]): Experteninterviews. Theorien, Methoden, Anwendungsfelder. Wiesbaden, S. 35-60.

Münch, R.: (2011) Akademischer Kapitalismus. Über die politische Ökonomie der Hochschulreform. Frankfurt a. M.

Nowotny, H. (1986): Gemischte Gefühle. Über die Schwierigkeiten des Umgangs von Frauen mit der Institution Wissenschaft. In: Hausen, K./Nowotny, H. (Hrsg.) (1986): Wie männlich ist die Wissenschaft. Frankfurt a. M., S. 17-30.

Nowotny, H. (1993): Internationalisierung, Denationalisierung und die Folgen: das Universitätssystem im Umbruch. In: Forster, R/Richter, R. (Hrsg.) (1993): Uni im Aufbruch? Sozialwissenschaftliche Beiträge zur Diskussion um die Universitätsreform. Wien, S. 107-130.

Picht, G. (1964): Bildungskatastrophe. Analyse und Dokumentation. Olten.

Priem, K. (1999) Frauen- und Geschlechterforschung in der Zeitschrift für Pädagogik. In: Feministische Studien 17. Jg. (1999), Heft 2, S. 79-88.

Schleiermacher, F. (1998): Gelegentliche Gedanken über Universitäten in deutschem Sinn (Berlin 1808). In: Ders.: Kritische Gesamtausgabe. 1. Abt. Band. 6, Berlin u. New York 1998, S. 19-100.

Solga, H. (2005): Meritokratie – die moderne Legitimation ungleicher Bildungschancen. In: Berger, P./Kahlert, H. (Hrsg.) (2008): Institutionalisierte Ungleichheiten. Wie das Bildungswesen Chancen blockiert. Weinheim, S. 19-38.

Tenorth, H-E. (2004): Erziehungswissenschaft. In: Benner, D./Oelkers, J.(Hrsg.) (2004): Historisches Wörterbuch der Pädagogik. Weinheim, S. 341-382.

Tenorth, H-E. (2012): Brauchen wir die Universität noch? In: Die Zeit 19. 07. 2012, S. 63-64.

Terhart, E. (2012): »Bildungswissenschaften«: Verlegenheitslösung, Sammelkategorie, Kampfbegriff. In: Zeitschrift für Pädagogik, 58. Jg. (2012), Heft 1, S. 22-39.

Thole, W. u. a. (Hrsg.) (2012): Datenreport Erziehungswissenschaft 2012. Opladen u. a.

Weimer, H./Jacobi, J: (1991): Geschichte der Pädagogik. Berlin.
Zinnecker, J. (1997): Sorgende Beziehungen zwischen den Generationen im Lebenslauf. In: Lenzen, D./Luhmann, N. (Hrsg.) (1997): Frankfurt a. M., S. 195-210.

Territorialität als pädagogische Denkform

Johannes Bilstein

1 »granica« – zum imaginativen Hintergrund von »Grenze«

Bei »Grenze« handelt es sich um eines der wenigen deutschen Lehnwörter aus dem Slawischen. Es hat seinen Ursprung im russischen bzw. polnischen »granica« mit der Ausgangsbedeutung von »Grenzmarke« oder »Grenzzeichen« – das ist dann meist ein Baum, an dem Kerben o. ä. angebracht sind. Das Wort wird »seit der Mitte des 13. Jahrhunderts in der Geschäftssprache des Deutschordenlandes (...) wie auch benachbarter Gebiete der ostdeutschen Kolonisation gebraucht« (Kolb 1989, S. 344), entstammt also einem historischen Kontext, der durch aggressive Expansion, Kolonisierung und massive Verschiebungen in den Grund-Besitz-Verhältnissen gekennzeichnet ist. In diesem Zusammenhang, insbesondere in der polnisch-deutschen Kontaktzone (Müller 1976, bes. S. 23-24) übernehmen auch lateinischen Rechts-Dokumente schon seit dem 12. Jahrhundert immer häufiger diesen slawischen statt der konkurrierenden lateinischen Begriffe (»fines«, »terminus«), und die Gründe dafür liegen wohl auf der Hand: Es war notwendig, »einen Terminus zu finden, der den Vorzug hatte, für die Beteiligten auf beiden Seiten eindeutig zu sein« (Kolb 1989, S. 355).

Es dauert dann eine Weile, bis das Wort von einer eher technischen zu allgemeinerer Bedeutung übergeht; seit dem 15. Jahrhundert taucht es – nicht mehr nur geographisch und nicht mehr nur rechtlich gemeint – auch außerhalb der östlichen Neusiedelgebiete in hochdeutscher bzw. niederdeutscher Umgebung auf (Kolb 1989, S. 345). »Erst im laufe des 16. jhs. hat sich grenze allgemeine litterarische geltung errungen, nicht zuletzt durch den einflusz Luthers, der geradezu eine vorliebe für das wort hat« (Grimm 1935, Sp. 125). Der Begriff der Grenze ist also von seiner Herkunft her mit den Imaginationsgehalten von Konkurrenz und Rivalität, Eroberung und Kolonialisierung verbunden. »Grenze« – das ist wohl von Anfang an etwas, was man – und sei es mit Gewalt – allen auf jede nur denkbare Weise klarmachen muss.

Dementsprechend ist eine Grenzüberschreitung eine komplizierte, genau geregelte und exakt definierte Handlung – alles nicht regelhafte Verhalten im Umgang mit Grenzen ist mit heftigen Sanktionen belegt. An einer solchen Grenze, an der nicht nur etwas zu Ende ist (»terminus«), die auch nicht nur einen Rand bezeichnet (»limes«) (Müller 1976), stoßen verschiedene Rechtsansprüche, Besitze und Gebiete aneinander, die je eigenen Logiken und Gesetzen gehorchen und deren Zusammentreffen problembelastet ist. So nehmen die Sprachregelungen des Deutschordens mit »Grenze« die Existenz anderer sozialer Einheiten, anderer Besitz- und Besiedelungsformen durchaus zur Kenntnis, betonen aber zugleich den aggressiv-imperialen Gestus sozialer, politischer, sprachlicher und ethnischer Wahrnehmung. Der Begriff bewahrt insofern eine Erinnerung auf an die lange und überaus blutige Geschichte territorialer Berührungen, die teils kritisch rekonstruiert wird, die aber auch mit völkisch-nationalistischem Gestus immer wieder neu weitererzählt wird (vgl. Brunner 1939).

2   Cluster der Welt-Interpretation

Sowohl dem planmäßigen Umgang mit der jüngeren Generation (Dilthey 1875 S. 44-45; vgl. Groothoff 1981, S. 162-169), als auch aller Erziehungstheorie liegen Muster der Weltwahrnehmung und Weltdeutung zugrunde, die sich in sprachlich-diskursiven Konventionen ausdrücken und niederschlagen: interpretative Cluster, mit deren Hilfe wir versuchen, uns selbst, unser Handeln und die Welt um uns herum zu verstehen und zu benennen (Bilstein 2008).

Diese begrifflich kondensierten Interpretationscluster sind dabei doppelt historisch gebunden: in Bezug auf die anthropologisch fundierten Phänomene – z. B. »Raum«, »Geburt«, »Sinnlichkeit« »Erfahrung« (Liebau u. a. 1999; Wulf u. a. 2008; Bilstein 2011a; Bilstein/Peskoller 2013) – einerseits und in Bezug auf die Diskurs-Muster und Deutungskonventionen andererseits. Diese doppelte Historizität (Wulf/Zirfas 1994, S. 7-27) gilt auch und besonders für das pädagogische Handeln (Bilstein 2012). Bei allen erziehungswissenschaftlichen Diskurs-Analysen geht es insofern nicht nur um die explizit und definiert sprachlich-begrifflichen Diskurse, sondern auch um die Bilder und Imaginationen, um Basis-Metaphern, die allen sprachlichen Definitionen vorausgehen und zugrunde liegen (Bilstein 2007a, 2008, 2009, 2011b)

Wenn hier also von Territorialität als pädagogischer Denkform die Rede ist, so sind damit pädagogischem Handeln und erziehungswissenschaftlicher Reflexion unterliegende Weltdeutungsmuster angesprochen, die auf imaginativen, mit den Mitteln der Diskursanalyse, der Begriffsgeschichte und der Imaginationsgeschichte rekonstruierbaren Grundlagen beruhen.

3 Territorium statt Revier

Etabliert wird der Terminus »Territorialität« von der Verhaltensforschung, vor allem von der Tier-Verhaltensforschung. Revier- bzw. Territorialverhalten von Tieren wird in der Verhaltensbiologie seit Darwin erforscht und diskutiert, und zwar unter der Perspektive der Durchsetzung individueller bzw. kollektiver Raumansprüche, die sich dann auch auf die weitere Evolution der jeweiligen Arten auswirkt (vgl. Korb 2008). Dass hiervon dann Übertragungen auch auf die Entwicklung und Realisierung menschlichen Verhaltens vorgenommen werden, ist bekannt, vielfach diskutiert und kritisiert worden; die Arbeiten von Konrad Lorenz, Karl von Frisch und Nikolaas Tinbergen haben ja gerade dort, wo sie von Tier-Beobachtungen auf menschliche Verhaltensformen schließen, zum Teil heftige Auseinandersetzungen ausgelöst – nicht zuletzt auch in der Erziehungswissenschaft (Liedtke 1972; Dietrich/Sanides-Kohlrausch 1994; Miller-Kipp 1996;Treml 2002).

Dennoch ist von »Territorialität« zunehmend auch in humanwissenschaftlichen Disziplinen die Rede, weil sich so auch in internationalen Diskursen Raum-Ansprüche und Raum-Konkurrenzen in einem umfassenden Sinne thematisieren lassen und weil man dabei die dann doch sehr eindeutig biologistisch-naturalen Konnotationen des »Revier«-Begriffes vermeiden kann. In diesem Sinne wird »Territorialität« dann nicht nur in der Biologie und der Verhaltensforschung zum Thema, sondern auch in der Architekturtheorie (Richter 2009), in der Psychologie (Mühlen-Achs 2003) und in der Geographie – mit dem interessanten Überschneidungsbereich Psychogeographie (Jüngst/Meder 1992; Jüngst 1997; Jüngst 2000; Jüngst/Meder 2002). In England hat Robert David Sack mit seinem Buch »Human territoriality« bereits 1986 eine historisch-geographische Standard-Übersicht vorgelegt (Sack 1986).

Inzwischen finden sich Untersuchungen unter der Kategorie »Territorialität« auch in der Soziologie, der Ethnologie und der Geschichtswissenschaft – hier vor allem im Bereich der psychohistorisch argumentierenden Ansätze. Immer geht es dabei darum, genauer zu rekonstruieren, wie Menschen sich ein Territorium, einen vertrauten und sicheren Raumbereich für ihr Leben einrichten, wie dieses Territorium wahrgenommen, etabliert, erworben, erobert, verteidigt wird. Und da es ein Territorium immer nur neben anderen gibt, da per definitionem Territorialität sich über die Unterscheidung von eigenem und fremdem Raum bestimmt, geht es immer um Grenzen. Die Grenzüberschreitung markiert insofern einen hoch problematischen, theoretisch hoch interessanten Sonderfall von Territorialität. Was freilich die Erziehungswissenschaften angeht, so haben wir da zwar eine lange Tradition von Reflexionen und Diskussionen zum Thema »Raum« (Becker/Bilstein/Liebau

1997), die spezifischen Perspektiven von Territorialität werden dabei aber nicht explizit thematisiert.

4 Objekt und Raum: Territorien des Selbst

Menschliche Raumwahrnehmung und menschlicher Raumgebrauch beginnen bei den Erfahrungen des eigenen Leibes (Merleau-Ponty 1945, S. 284-346). Ontogenetisch liefern die frühesten sinnlichen Erfahrungen des neugeborenen Kindes erste Grundlagen für den Umgang mit dem umgebenden Raum. Ohne diese Leistung der menschlichen Sinne gäbe es keine Erfahrung von hier und dort, von drinnen und draußen, von den durch vielerlei Grenzen definierten ineinandergeschachtelten Räumen, in denen menschliches Leben sich ereignet (Bilstein/Peskoller 2013). Es ist dieser Erfahrungsbereich, den Otto Friedrich Bollnow in seinem immer noch fundierenden Buch über »Mensch und Raum« aus phänomenologischer Perspektive mit unerreichter Genauigkeit rekonstruiert hat (Bollnow 1963, S. 18-22; S. 229-243). Und die Entfaltung dieser Erfahrung im Laufe des Lebens ist in den unterschiedlichen entwicklungspsychologischen Modellen sehr differenziert beschrieben worden (Balint 1959, S. 23-27; Bittner 1979).

Beispiele bieten die Untersuchungen Jean Piagets zum Aufbau von Raum-Konstanz: Der Berg, den das kleine Kind vor Augen hat, mag zwar von der anderen Seite einen ganz anderen Anblick bieten – er bleibt aber der gleiche Berg; genauso mag auch ein Raum durchaus verschieden wirken – er bleibt dennoch der gleiche Raum. So berechtigt die Kritik an Piagets latentem, oft manifestem Kognitivismus auch sein mag (Meyer-Drawe 1986; Meyer-Drawe 2008), so bleibt es doch sein Verdienst, dass er eine sehr genaue und analytisch fruchtbare Aufmerksamkeit auf die Bedingungen und Abfolgen menschlicher Weltdeutung gelenkt hat: Ein Kind braucht dafür eine ganze Reihe an Voraussetzungen und Fähigkeiten, die bei der Organisation der Sinnlichkeit beginnen und sich in der Fähigkeit zu symbolischer Repräsentation fortsetzen (Bilstein 1982). Eine dieser Voraussetzungen, eine Grund-Bedingung aller Territorialität, ist die Unterscheidung zwischen Ich und Welt, zwischen Subjekt und Objekt, zwischen eigenem Handeln und äußeren Ereignissen. Auch die Fähigkeit zu solchen Unterscheidungen wird erworben, und hier ist es vor allem die psychoanalytische Entwicklungspsychologie, die seit den 1940er Jahren Beobachtungen und Interpretationsmodelle zum Aufbau der Objektbeziehungen geliefert hat. In den Untersuchungen von René Spitz, Melanie Klein, Donald Winnicott oder Margaret Mahler finden sich differenzierte Verständnismodelle für den komplexen Prozess, in dem ein kleines Kind langsam und Schritt für Schritt die Grenzen des eigenen Körpers erfährt, die Integrität dieses Leibes erwirbt und schließlich irgendwie weiß, wo es selbst: seine eigenleibliche Welt, aufhört und die äußere Objekt-welt beginnt (Spitz 1965, S. 104-120; Klein 1972; Mahler 1975; Winnicott 1979).

Besonders Winnicott hat herausgearbeitet, wie wichtig intermediäre Räume, also Zwischen-Räume sind, räumliche Übergangs-Strukturen, die sich zwischen dem Kind und seiner Umwelt aufbauen: das Übergangs-Objekt – die berühmte Schmusedecke – bietet, dem kleinen Kind einen Gegenstand, der einerseits wie ein Teil des eigenen Leibes wahrgenommen und behandelt wird, der sich andererseits mit Gefühls- und Erlebnisqualitäten von mütterli-chen Bindungen verbindet und der schließlich auch eigene und unabhängige Qualitäten entwickelt: es ist ein Ding außerhalb des eigenen Körpers. Lang-sam baut sich so eine räumlich gestaffelte Welt auf, die beim eigenen Leibe beginnt und sich bis in weite Fernen, bis in nur noch symbolisch repräsen-tierte Außen-Räume erstreckt.

Mit diesem Übergangsobjekt sensu Winnicott ist so die Entwicklung spe-zifischer und differenzierter Grenzerfahrungen verbunden. Es hilft bei der Etablierung fester Körper-Grenzen, mildert die Enttäuschungen, die mit der Erfahrung von Nicht-Ich einhergehen und bietet lustvolle Anreize für Entfer-nungs- und Überschreitungs-Unternehmungen (Winnicott 1979, S. 10-36). Das zugleich angsterregende und lustvolle Spiel von Entfernung und Wieder-Annäherung, schon von Sigmund Freud detailliert beschrieben (Bilstein 2005), befähigt das kleine Kind dazu, sich in approachment und re-ap-proachment (Mahler 1975, S. 101-141) an Grenzen zu üben und sie zu über-schreiten. Gerade weil es Grenz-Überschreitungen ermöglicht, hilft das Übergangsobjekt dabei, Territorien des selbst aufzubauen.

Im Blick auf die Ontogenese (vgl. Eliot 1999, S. 279-325) erscheint Ter-ritorialität so als ein Deutungs- und Gliederungsmuster im Welt- und Selbst-verhältnis, als die räumliche Dimension jenes doppelten Bezuges auf ein als konsistent und abgegrenzt erlebtes Ich und auf eine als außen erlebte Welt, der uns als reflexive und selbst-reflexive Lebewesen ausmacht. Nicht zuletzt aus den phänomenologisch inspirierten Beschreibungen des Verhaltens und Kooperationsverhaltens kleiner Kinder wissen wir im Übrigen, dass diese Prozesse mit vielfältigen Konflikten und Auseinandersetzungen verbunden sind, die sich nicht zuletzt räumlich: als Territorialkonflikte also, konkretisie-ren (Schäfer 1986).

5   Räume bilden

Einerseits kann man mit räumlichen Arrangements direkt auf die Hand-lungsmöglichkeiten der Kinder einwirken, kann man ihnen sozusagen ge-baute Vorgaben für ihr Verhalten machen, die sie – im Idealfalle – gar nicht

groß bemerken, sondern als selbstverständlich gegeben hinnehmen. Rousseaus kunstvoll arrangierte Natur-Welt außerhalb der Stadt, die dem jungen
Émile eine ganze Weltdeutung präsentiert, ohne dass er das bemerkt, bietet
da das neuzeitliche Standard-Beispiel. Rousseaus Erzieher ordnet, strukturiert
und manipuliert den Raum, in dem Émile sich bewegt und schafft so ein
dezidiert pädagogisches Territorium, das sich deutlich und explizit und kri-
tisch-aggressiv gegen andere Territorien: z. B. die zivilisatorisch-verdorbene
Stadt – abgrenzt. Der Erfolg des Rousseau'schen Erziehers definiert sich
dann geradezu darin, dass der erwachsen gewordene Zögling in der Lage ist,
sich – z. B. auf Reisen – in den verschiedenen Territorien zu bewegen, ohne
Schaden an seiner Seele zu nehmen und ohne die normative Priorität seines
ländlichen Ausgangs-Territoriums in Frage zu stellen (Schäfer 2002).

Andererseits jedoch bieten Raum-Arrangements vielfältige Möglichkeiten, symbolische Botschaften zu formulieren und zu vermitteln. Sei es bei
Überlegungen zum Schulbau (Bilstein 2007b), sei es bei Konzepten für Kindergärten, Heime etc., die Gestaltung der pädagogischen Umgebung sendet
weit reichende Signale aus, die sich letztlich zu ganzen Welt-Anschauungen
verbinden. Ob man es den Kleinen von Anfang an warm und gemütlich ein-
richtet oder sachlich und funktional, ob man ihre Aufregungen durch räumliche Arrangements eher dämpft und beruhigt oder sie eher auf- und anregt:
solche Entscheidungen wirken sich nicht nur auf ihr Befinden aus, sondern
senden ihnen auch ganz frühe Signale darüber, wie wir uns die Welt – ihre
künftige Welt – vorstellen.

Als Beispiel sei hier nur auf die hübschen Konflikte verwiesen, die es
immer wieder um die Fenster-Luken in Kinderwägen gibt: Sollen die Kleinen
eher zum Blick nach draußen ermuntert werden oder soll man ihnen eher
abschirmende Ruhe bereiten. Im Streit darüber landen die Streitenden – Eltern aber auch Forscher – sehr schnell in hoch normativen Auseinandersetzungen darüber, wie sie die Welt sehen und gesehen haben wollen und wie
sie die Rolle der Menschen in dieser Welt verstehen und haben wollen (Bilstein 2013a).

Man kann denn auch die Geschichte der Pädagogik schreiben als eine
Geschichte der pädagogischen Räume (Westphal 1999; Döring/Thielmann
2008; Böhme/Herrmann 2011; Kemnitz 2008), man kann auch die Wissenschaftsgeschichte als Raum-Geschichte nacherzählen (Forgan 1986; Lazardzig 2003). Das alte Wissen, dass wir Räume bilden und dass Räume uns
bilden, gehört zu den zentralen Grundlagen erzieherischen Handelns und
pädagogischer Reflexion, und dabei muss gerade das Konflikt-Potential,
müssen die vielfältigen Möglichkeiten von Konkurrenz, Rivalität und Ab-
grenzungskämpfen, die mit dem Thema Raum verbunden sind, immer mitge-
dacht werden: Grenzen und Grenz-Überschreitungen gehören zur Raum-
Bildung wie zur Bildung durch Räume. Es genügt eben nicht, den Kleinen
ein gemütliches Nest einzurichten, sondern dieses Nest muss auch gegen

alles, was draußen ist, abgegrenzt, gesichert und verteidigt werden (Bilstein 2003).

6 Das Nest und sein Draußen

Die Polyvalenz territorialer Imaginationen lässt sich besonders klar am Beispiel des Nest-Bildes darstellen. Im Jahre 1925 erscheint Willy Steigers »S'blaue Nest«, ein Buch, in dem er seine Erlebnisse und Erfahrungen an der Volksschule Dresden-Hellerau beschreibt. Steiger ist reformpädagogisch, oder genauer: lebensreformerisch engagiert. Er kämpft für die Ernährungsreform, er ist Antialkoholiker, Anhänger der Nacktkultur, und leidenschaftlicher Erziehungsreformer.

Was Steiger 1925 im »Blauen Nest« beschreibt, das ist seine Arbeit mit einer Schulklasse, in der er neue Formen der Erziehung und des Lernens ausprobieren will, und diese Experimentalklasse hat er zusammen mit seinen Kindern »S'Blaue Nest« genannt. Sie malen eine Art Logo, das an die Klassentür gehängt wird, und welches dann auch den Umschlag des Buches ziert.

> Ein Nest und soviel Schnäbel aufsperrende Vögelchen drin, wie Kinder im Zimmer waren. Und ein großer Vogel, der Lehrer, brachte geistige Nahrung in Gestalt eines Regenwurms den hungernden Kleinen. (Steiger 1925, S. 59)

Das »Blaue Nest« in der Volksschule Hellerau besteht von 1921 bis 1924. Steiger will seinen Schülerinnen und Schülern eine neue und bekömmliche Art von Schule anbieten: ein Nest eben, das die Schule zur Heimat macht – und zwar als Ergebnis eigener und gemeinsamer Arbeit.

> Wir kauften blaue Vasen, schmückten den Tisch mit stets frischen Blumen, schafften Schreibzeuge, sogar eine Tischdecke, malten Bilder zum Wandschmuck, einige brachten sich Sitzkissen mit. Wie fein gemütlich war es, wenn erzählt oder gesungen oder vorgelesen wurde. Da kamen alle wie Küchlein um die Glucke in die Ecke und lauschten. Besonders abends, wenn wir alle Lichter löschten, nur eine Lampe oder gar nur zwei Kerzen brennen ließen. Da war Stimmung wie in einem trauten Heim. (Steiger 1925, S. 60)

Hier ist nun also aus der Schule ein Nest geworden, ein trautes Heim, das den Kindern Schutz und Sicherheit signalisiert, in dem sie sich auf die Freundlichkeit und Umsorgung durch die Glucke verlassen können. Dieser pädagogische Heimat-Raum ist den Menschen und ihren Bedürfnissen so weit wie möglich angepasst, und gerade durch diese Anpassung soll er seine erzieherische Wirkung entfalten.

So ein Zimmer wird natürlich gehütet. Der Hausmeister hat nie zu kehren brauchen. Wir sorgten selbst für Ordnung (...) Der alte Drill war tot! (...) Ein buntes Nest ist weder in der Kaserne noch im Kloster denkbar. Der Raum zwingt zu andrer Arbeitsart. (Steiger 1925, S. 60)

Es ist also das Raum-Arrangement, das die Kinder und ihren Lehrer in die Richtung des reformpädagogischen Zieles führt: hin zu Gruppenarbeit und selbstbestimmtem Üben, zu spontanem, direktem und situativem Lernen in der Praxis. Dieser heimatliche Raum bietet im Inneren gemütliche Verschmelzung, zwingt aber auch zu anderer Arbeitsart.

Das Draußen dieses Nestes freilich schimmert bei Steiger nur andeutungsweise auf – Kloster, Kaserne – es spielt aber in der langen Tradition der Nest-Metapher eigentlich eine deutlich härtere Rolle, ist mehr als nur irgendein Anderes, der Henne-Küchlein-Vergleich hat nämlich eine lange europäische Tradition. Das Bild nimmt seinen Ausgang im Markus-Evangelium und der dort formulierten Klage Jesu über das mangelnde Verständnis, das ihm entgegengebracht wird:

Jerusalem! Jerusalem! Du tötest die Propheten und steinigst die, die zu dir gesandt sind. Wie oft habe ich deine Kinder sammeln wollen, wie eine Henne ihre Küchlein unter ihre Flügel sammelt, und ihr habt nicht gewollt. (Mt 23,37; ähnlich Lk 13,34)

Schon diese Ausgangstextstelle stellt den Henne-Küchlein-Vergleich also vor den Hintergrund einer durchaus bedrohlichen Imagination, konfrontiert einen Bereich von Wehrlosigkeit und Verletzbarkeit mit düstersten Absichten, immerhin geht es um töten und steinigen. Von dort aus wandert das Bild dann durch die europäische Geschichte, spätestens bei Augustinus, zu Beginn des 5. Jahrhunderts, wird's dann noch einmal bedrohlicher, da kommt auch noch der Raubvogel hinzu: Mit der Henne wird der Lehrer da verglichen, der sich schützend vor die ihm Anvertrauten stellt.

Stellen wir uns also in jedem Augenblick jene Henne vor, die da mit ihrem geschmeidigen Gefieder ihre zarte Brut bedeckt und mit leiser Stimme ihre piependen Küchlein lockt und deren schützende Flügel die Jungen nicht verlassen können, ohne den Raubvögeln zum Opfer zu fallen. (Augustinus 400, S. 261-262)

Schützende Flügel einer mütterlichen Instanz – diese Augustin'sche Lehrer-Henne ist zugleich einigermaßen erfolgreich und mit ihren Kleinen ständig bedroht. Nur mit Mühe schafft sie es, dem Nachwuchs einen gesicherten Bereich unter ihrem Gefieder anzubieten.

Bei Alkuin, am Ende des 8. Jahrhunderts, verschieben sich dann die Akzente des Vergleiches noch einmal: nun geht es um die Ambivalenzen des Nestes. In einem der Lehrgespräche bittet der Schüler den Lehrer:

Führe und leite uns; erhebe uns aus dem unscheinbaren Nest der Unwissenheit auf die Zweige der dir von Gott verliehenen Weisheit, auf daß wir von dort aus einen Schimmer des Lichtes der Wahrheit zu schauen vermögen. (Alcuinus um 800, S. 67)

Ein Nest, nidus, bewahrt den Schülern also einen gesicherten Bereich, aber es bindet und beschränkt sie auch, es ist das unscheinbare Nest der Unwissenheit, aus dem die Schüler sich befreien wollen. Konzipiert wird hier ein pädagogisches Territorium, das als tendenziell hinderlich wahrgenommen wird und das bei den Schülern Emanzipations-Bemühungen in Gang setzt. Die weiblich-fürsorglichen Konnotationen der Henne-Küchlein-Metapher werden bei Alkuin geradezu robust abgewehrt und abgewertet, und das ist im Rahmen seines explizit akademisch-philosophischen Selbstverständnisses auch nicht weiter verwunderlich. Diese Knaben bitten geradezu darum, aus dem Nest-Bereich weiblicher Fürsorge befreit zu werden, damit sie dann das – heftig platonisch gefärbte – Licht der Wahrheit vor Augen bekommen. Die Territorialität pädagogischen Handelns wird hier tendenziell dementiert, und dabei spielen nicht zuletzt Geschlechter-Stereotypien eine entscheidende Rolle.

Wo es also bei Augustin um die Illustration von Schutz, Fürsorge und Intimität geht, da steht bei Alkuin die zwar krisenhafte doch notwendige Ablösung aus dem Nest im Vordergrund. Diese Schüler wollen und sollen hinaus in die ideengeleitete Freiheit jenseits aller territorialen Abhängigkeiten. Der Flug aus dem Nest (»de nido evolare«) wird zur Aufbruchsmetapher, die bei Alkuin in Briefen (Edelstein 1965, S. 116-118) aber auch in Lehrgesprächen immer wieder die Ungeduld der sich vorwärts, in die Welt der erwachsenen Männer hinaus bewegenden Knaben spüren lässt.

Historisch jedoch bleibt dieser Akzent auf der Nestflucht eher vereinzelt. In der Regel geht es in der Nest-Metaphorik um Gefahr und Rettung, um ein bedrohliches Draußen, dass in einem bergenden Drinnen irgendwie ferngehalten werden soll. Besonders im deutschen Sprachraum erlebt die Henne-Küchlein-Metapher eine Hochkonjunktur in der protestantischen, genauer: pietistischen Dichtung des 17. Jahrhunderts. Sie ist Ausdruck einer offenbar tiefen Sehnsucht nach nicht nur religiöser Geborgenheit (Wolfskehl 1934, S. 143-144; Langen 1968, S. 314-315) eines Führungs- und Schutzbedürfnisses, das sich nicht zuletzt auf die neu entstehende Profession der Lehrer richtet, Ausdruck auch für den Wunsch nach einem gesicherten Territorium, das Gefahren und Bedrohungen verlässlich draußen hält.

Ganz in den Mittelpunkt pädagogischer Selbstverständigung tritt die Nest-Metapher dann noch einmal bei Pestalozzi in seinem Stanser Brief von 1799. Dieses für die deutsche Pädagogik zentrale Selbstverständigungs-Dokument ist durchzogen von territorialen Imaginationen; was der Autor da berichtet, erscheint auf weite Strecken als eine Ansammlung von pädagogisch definierten Räumen.

Ich war von Morgen bis Abend so viel als allein in ihrer Mitte. Alles, was ihnen an Leib und Seele Gutes geschah, ging aus meiner Hand. Jede Hilfe, jede Handbietung in der Not, jede Lehre, die sie erhielten, ging unmittelbar von mir aus. Meine Hand lag in ihrer Hand, mein Aug' ruhte auf ihrem Aug'. Meine Tränen flossen mit den ihrigen, und mein Lächeln begleitete das ihrige. Sie waren außer der Welt, sie waren außer Stans, sie waren bei mir und ich war bei ihnen. (Pestalozzi 1799, S. 13)

Da ist also eine deutliche Grenze gezogen zwischen der Welt und dem pädagogischen Raum; wer in diesem, wer also beim Pädagogen ist, der ist außerhalb der Welt, und das ist gut so.

»Sie waren bei mir und ich war bei ihnen« – das ist eine leicht verschobene Variante der Abschiedsworte Jesu aus dem Johannes-Evangelium: »Ich bin in meinem Vater, ihr seid in mir, und ich bin in euch« (Joh. 14). Pestalozzi, das ist hier ein pädagogischer Messias, der mit den Kindern dyadisch verschmolzen ist – aber immerhin ist aus dem »in mir«, der restlosen Einverleibung, ein »bei mir« geworden: da klingt dann zumindest die Hoffnung auf eine Art Rest-Distanz durch.

Und diese Rest-Distanz realisiert sich im Nah- wie im Fernraum. Genau beschreibt Pestalozzi, wie er sich um die Kinder sorgt und wie eine feindliche Umwelt immer wieder sein Ansehen beschädigen und ihn an der Arbeit hindern will. Diese äußeren Anfeindungen, führen jedoch nur zu einem noch innigeren Verhältnis zwischen ihm und den Kindern, bieten ihm die Möglichkeit, sich selbst in heroisch-tragischer Kontinuität zu verstehen und zu stilisieren.

Sie fühlten, daß mir unrecht geschah, und ich möchte sagen, sie liebten mich doppelt dafür. Aber was hilfts, wenn die Küchlein in ihrem Nest ihre Mutter lieben, wenn der Raubvogel, der ihnen allen den Tod droht, täglich mit seiner Gewalt ob ihrem Neste schwebt. (Pestalozzi 1799, S. 14)

Da sind sie nun also ganz gemeinsam: Kinder und Erwachsene, alle im Nest, alle bedroht. Das Draußen des Nestes definiert sich geradezu über Gefahr und Angriff, alle internen Differenzen – immerhin lebt da ja ein erwachsener männlicher Erzieher mit lauter kleinen Kindern beiderlei Geschlechts – verschwinden angesichts der überwältigenden Außen-Drohung. Mit depressiver Färbung (Kraft 1996, S. 248-269) reklamiert da ein Erzieher mütterlich-symbiotische Ambitionen in Bezug auf seine Zöglinge und blendet dabei sowohl die real durchaus vorhandene weibliche Hilfe – seiner treuen Haushälterin – als auch alle internen Ambivalenzen und die Notwendigkeiten interner z. B. generationaler Differenzierungen aus. Bei Pestalozzi im Nest ist ein pädagogisches Territorium konturiert, das bei innerer Entgrenzung – Vermischung der Tränen – zugleich die äußeren Grenzen umso radikaler konturiert. Die Grenzen der Erziehung – wenn man denn Siegfried Bernfelds Fragerichtung ernst nimmt – ergeben sich aus dem bösen Willen der außerpädagogischen Welt, im Inneren des pädagogischen Bereiches gibt es sie nicht. Die Traditionen dieser Logik können wir – auch in ihren schrecklichen Folgen – bis in unsere Gegenwart herein nachzeichnen (Baader 2012).

7 Grenzen der Erziehung

Die Textstelle bei Pestalozzi führt Kernelemente und Kernprobleme erzieherischen Handelns räumlich metaphorisiert vor. Sie bietet ein Beispiel dafür, dass für sinnvolles erzieherisches Handeln eigene – pädagogisch definierte – Bereiche aus dem großen Ganzen der Welt ausgegliedert werden müssen, und dass die narzisstische Verschmelzung von Erziehern und Zöglingen einen eigenen Bereich, ein eigenes im eigentlichen Sinne »pädagogisches« Territorium schafft, das freilich mit eigenen Risiken verbunden ist. Zum einen nämlich bringt die enge Verbindung von Erziehern und Kindern allzu schnell eine Entstrukturierung im Inneren mit sich: wenn die Beteiligten immer zugleich »bei sich und bei ihnen« sind, wenn ihre Tränen ungehemmt ineinanderfließen, werden bei den Kindern eigene, unabhängige Fähigkeiten zum Handeln jedenfalls nicht gefördert. Stattdessen entstehen emotionale Überhitzungen, die bereits Herder an den Philantropinen (»Treibhaus« Herder 1776, S. 293.) kritisiert hat und die wir aus der späteren Literatur zur Psychopathologie der Kleinfamilie kennen: In der pädagogischen Provinz kann es heiß werden.

Zum anderen kann die territoriale Abgrenzung eine geradezu paranoide Abwehr des Draußen mit sich bringen. Der pädagogische Bereich schirmt sich gegen eine als tendenziell feindlich erlebte Außenwelt ab, wird sich im Zweifelsfall auch zu Verteidigungs- und Kampf-Handlungen gezwungen sehen. Das Terrain, mit größtmöglicher Binnen-Konsistenz arrangiert, wird zur einzig richtigen und allein wahren Welt. Die pädagogische Provinz kann zum befestigten Reich werden.

Und schließlich zieht die messianische Überhöhung des Pädagogen ein narzisstisch aufgeblähtes Ich-Konzept nach sich, das die erzieherisch Handelnden an reflektiertem oder gar kritischem Abstand zur eigenen Person und zum eigenen Handeln eher hindert. Der Erzieher als Retter verliert die Distanz zu sich selbst.

Nimmt man nun die Möglichkeiten und Folgen von Grenz-Überschreitungen in den Blick, so mag es im einen oder anderen Falle zu einer Verlagerung des Territoriums kommen: Durch die regelmäßige oder zumindest häufige Übertretung der Grenzen in einer Richtung verschiebt sich das umgrenzte Gebiet, weil Aufmerksamkeit, evtl. Wachsamkeit an anderer Stelle abgezogen wird. Vor allem jedoch führen konsequente und regelmäßige Grenzüberschreitungen zur Ausweitung von Territorien: das eine Territorium wird auf Kosten des anderen vergrößert.

Man kann das – auf die Disziplingeschichte der Pädagogik bezogen – bereits an dem berühmten Herbart-Zitat ablesen, das einer deutlich kolonialen Logik folgt, und zwar aus defensiver Position:

> Es dürfte wohl besser sein, wenn die Pädagogik sich so genau als möglich auf ihre einheimischen Begriffe besinnen und ein selbständiges Denken mehr kultivieren möchte, wodurch sie zum Mittelpunkt eines Forschungskreises würde und nicht Gefahr liefe, als entfernte, eroberte Provinz von einem Fremden aus regiert zu werden. (Herbart 1887, S. 8; König 1999, S. 29-42)

Mittelpunkt eines eigenen Kreises also wird die Disziplin Pädagogik nur, wenn sie sich gegen die imperial-kolonialen Zugriffe von außen – bei Herbart ist das die Philosophie – wehrt. Hier wird territoriale Ausdehnung und Grenzüberschreitung als Gefahr für disziplinäre Identität wahrgenommen – die Folgen für das Selbstverständnis der Pädagogik sind bekannt (vgl. Meike Baader in diesem Bande).

In der Regel jedoch sind Imaginationen von territorialer Ausweitung durchaus positiv gemeint und durchaus gewollt. Eine Art argumentativer Prototyp solch räumlicher Imaginationen findet sich bei Sigmund Freud: »Wo Es war, soll Ich werden«, so definiert er die Zielrichtung aller gesunden psychischen Entwicklung (Freud 1933, S. 516).

Diese Vorstellung von einem zunehmend Handlungsmacht erwerbenden Ich, das mit seinen Strukturen und Ordnungsmustern immer größere Teile des unstrukturiert-wabernden Es übernimmt, erobert, besetzt, entwickelt sich vor einem deutlich kolonialen, imperialen Imaginations-Hintergrund und formuliert die Notwendigkeit einer normativ gesetzten Hierarchie von Ordnungen und Bedeutungen. Solch koloniale Imaginarien, wie sie der durchaus konservative Mediziner Freud hier formuliert, plädieren letztlich für eine Grenzüberschreitung zugunsten neuer interner Grenzziehungen. Möglichst große Bereiche des Seelenlebens sollen den ordentlichen Verhältnissen des Ich unterworfen werden. Diesem Konzept folgt auch der Psychoanalytiker Bernfeld in seinem Buch über die Grenzen der Erziehung: Auch Bernfeld will ja die »Grenzen der Erziehung«, die er feststellt, durchaus überwinden – aber zugunsten neuer Territorialbildungen, neuer Provinzen des Seelischen und des Pädagogischen. Auch bei ihm soll da möglichst viel »Ich« werden (Bernfeld 1925).

Der imperial-koloniale Gestus des Freud'schen Aufklärungsunternehmens ist denn auch heftig und mit deutlichen Auswirkungen kritisiert worden – an intensivsten sicherlich von Gilles Deleuze und Félix Guattari. Mit ihrem Anti-Ödipus, mit ihrem Konzept der Tausend Plateaus versuchen sie, für ein Jenseits aller Strukturen und Grenzen zu plädieren, die Territorien menschlichen Zusammenspiels mit neuen, unhierarchischen, nomadisierenden Realisierungsformen zu denken (Deleuze/Guattari 1972, S. 185-212; Deleuze/Guattari 1980, S. 481-585).

Die Frage ist nur: Geht das? Können wir uns eine nicht territorial gegliederte Welt vorstellen? Können wir uns unser Handeln an der jüngeren Generation in einer Welt vorstellen, die nicht durch klare Grenzen definiert ist, deren Territorien als durchlässig und tendenziell fließend begriffen werden und in denen sich die Räume des Zusammenlebens nicht hierarchisch gliedern? Ein alter pädagogischer Traum ist das durchaus. Pestalozzi ganz unter den Seinen, mit vermischten Tränen im gleichen Gefühl sich bewegend: da scheinen ja tatsächlich fundamentale Grenzziehungen zwischen den Generationen, auch den Geschlechtern, zumindest vernachlässigt zu sein. Aus Meike Baaders Untersuchungen zur Pädagogik um 1968 kann man auch dies herauslesen: dass da – in Bezug auf Generationen; in Bezug auf Klassen; in Bezug auf Geschlechter –Imaginarien der Entgrenzung und Entstrukturierung wirksam wurden, während zugleich neue, oft nicht weniger hierarchische Binnenstrukturen entstanden (Baader 2008).

Auch vor diesem Hintergrund bleibt die Frage: Geht das? Ist – auch im Bereich des Pädagogischen, auch in der Erziehungswissenschaft – De-Territorialisierung denkbar (Willke 2001, S. 72-77)? Im Blick auf die Soziologie warnt Helmuth Berking vor allzu heftigen und oft schlicht modischen Fluidierungstheorien:

> Die Rede vom globalen Nomadentum (…) macht zu schnell vergessen, dass den hochgetriebenen Entterritorialisierungsdynamiken ebenso machtvolle Reterritorialisierungsprozesse gegenüberstehen. (Berking 2008, S. 52)

Und auch ein Blick auf die Anthropologie, auf die menschliche Ontogenese lässt uns da zweifeln, führt uns immer wieder zu der Vermutung, dass gerade Kinder genau dies brauchen: ein umgrenztes Territorium, damit sie sich dann im ausgeweiteten Gesamt der Welt bewegen können. Sie brauchen – Belege bietet die Bindungsforschung – eine sichere Plattform, von der aus sie sich nach draußen bewegen können, mit »Tausend Plateaus« im Sinne Deleuze/Guattaris können sie nichts anfangen (Stenger 2012; Bilstein 2013b).

8 Territorialität – Identität – Heimat

Der Begriff Heimat lässt sich in der deutschen Schriftsprache seit dem 15. Jahrhundert nachweisen, seine Geschichte erfährt mit der Romantik eine entscheidende Wendung. Am Beginn des 19. Jahrhunderts nämlich entwickeln Philosophen, Literaten, Künstler ein ausgeprägtes Interesse für affektive Bezüge zu allen möglichen Landschaften und machen damit »Heimat« zu einem emotional aufgeladenen Begriff, der sich auf Gegenden und Dörfer, auf eher kleine Städte und überschaubare Räume bezieht, und mit bestimmten Gefühlen und Stimmungen verbunden ist: Vertrautheit, Ruhe, Abgesichertheit, bruchlose Verschmelzung von Vergangenheit und Gegenwart, Identität (Huber 1999, S. 45). Heimat benennt erwünschte und ersehnte, erträumte und angestrebte, wehmütig erinnerte und liebevoll restaurierte Zustände des Gemüts, in denen Subjekte Übereinstimmung mit sich und ihrer Umgebung erleben können: Identität eben. Die Wehmut, die Sehnsucht also nach einer im früheren Leben imaginierten Heimat, bekommt dann schnell einen kulturkritischen und modernitätskritischen Charakter. Früher, in den Zeiten von Heimat, war alles sicher und war der eigene Ort im Leben unbestritten; heute dagegen, in rauen und wilden, sich wandelnden Zeiten geht all diese Sicherheit verloren. Heimat wird so zu einem »emotionsgeladenen Kunstprodukt« (Huber 1999, S. 43), das als Fixpunkt bei der Suche nach Identität und Sicherheit dient, ohne dabei die höchst realen Unsicherheiten und gesellschaftlich bedingten Verwirrungen auf irgendeine Weise zur Sprache zu bringen (Musolff 1999).

Das ist der Verdacht. Und doch gibt es die Vermutung, dass es gerade am Anfang unseres Lebens vielleicht ein solches Territorium geben könnte: etwas, das allen in die Kindheit scheint und worin noch niemand war: Heimat. Diese räumlich metaphorisierte Hoffnungs-Idee am Ende von Ernst Blochs »Prinzip Hoffnung« vermittelt uns bei unseren erziehungswissenschaftlichen Reflexionsversuchen gerade in ihrer vielfach gestaffelten Widersprüchlichkeit vor allem eine Aufforderung zur Vorsicht gegenüber allen allzu eindeutigen, allzu selbstgewissen und allzu unreflektierten Territorialisierungen (Müller 2009). Bloch umgeht freilich auf der Grundlage seines utopischen Kontextes die für alles Nachdenken und Reden über Erziehung unverzichtbar notwendige Notwendigkeit zur ständigen Legitimation. Auch alle Territorialansprüche, auch alle Versuche, sei es innere, sei es äußere Räume zu gliedern und zu ordnen, müssen sich immer wieder begründen und rechtfertigen, und sie müssen sich eher gerechtigkeitstheoretisch als machttheoretisch oder willenstheoretisch oder eigentumstheoretisch legitimieren (Schmücker 2006). Territorien müssen in ihrer Berechtigung überprüft und stets neu praktisch ausgehandelt werden, sonst mündet erzieherisches Handeln allzu leicht in rein machttheoretisch legitimierten Eroberungskriegen: »Solange Du Deine Füße unter meinen Tisch streckst, machst Du, was ich will.«

Territorialität ohne Legitimation wird sich bei einem reflexiv und metareflexiv begabten, praktisch handelnden Lebewesen nicht durchsetzen lassen.

Literatur

Alcuinus, Flaccus (um 800): Pädagogische Schriften. Paderborn 1906.

Augustinus, Aurelius (ca. 400): Vom ersten katechetischen Unterricht. In: Mitterer, S. (Hrsg.): Aurelius Augustinus ausgewählte Schriften. München 1925. S. 223-271.

Baader, M. S. (Hrsg.) (2008): »Seid realistisch, verlangt das Unmögliche«. Weinheim.

Baader, M. S. (2012): Blinde Flecken in der Debatte über sexualisierte Gewalt. In: Thole, W. u. a. (Hrsg.): Sexualisierte Gewalt, Macht und Pädagogik. Opladen. S. 84-99.

Balint, M. (1959): Angstlust und Regression. Reinbek 1972.

Becker, G./Bilstein, J./Liebau E. (Hrsg.) (1997): Räume bilden. Seelze.

Berking, H. (2008): Territorialität: Grenzgänge zwischen Soziologie und Ethnologie. In: Faber, R. (Hrsg.): Rückkehr der Religion oder säkulare Kultur? Würzburg. S. 45-53.

Bernfeld, S. (1925): Sisyphos oder die Grenzen der Erziehung. Frankfurt a. M. 1973.

Bilstein, J. (1982): Entwicklung, Erziehung, Sozialisation. Stuttgart.

Bilstein, J. (2003): Ästhetische und bildungsgeschichtliche Dimensionen des Raumbegriffes. In: Jelich, F. J. / Kemnitz, H. (Hrsg.): Die pädagogische Gestaltung des Raums. Bad Heilbrunn. S. 31-53.

Bilstein, J. (2005): Der Glückliche spielt nicht. In: Bilstein, J./Winzen, M./Wulf, C. (Hrsg.): Anthropologie und Pädagogik des Spiels. Weinheim. S. 139-153.

Bilstein, J. (2007a): Erziehung als Invasion oder: Von der Freiheit der Gefäße. In: Peskoller, H./Ralser, M./Wolf, M. (Hrsg.): Texturen von Freiheit. Innsbruck. S. 261-281.

Bilstein, J. (2007b): Hör-Räume – Seh-Räume. Zur Real- und Imaginationsgeschichte von Schulbauten. In: Westphal, K. (Hrsg.): Orte des Lernens. Weinheim. S. 95-120.

Bilstein, J. (2008): Implizite Anthropologeme in pädagogischer Metaphorik. In: Marotzki, W./Wigger, L. (Hrsg.): Erziehungsdiskurse. Bad Heilbrunn. S. 51-73.

Bilstein, J. (2009): Cultura – zum Bedeutungshof einer Metapher. In: Klepacki, L./Schröer, A./Zirfas, J. (Hrsg.): Der Alltag der Kultivierung. Münster. S. 101-119.

Bilstein, J. (Hrsg.) (2011a): Anthropologie und Pädagogik der Sinne. Opladen.

Bilstein, J. (2011b): Zur metaphorischen Potenz der Kunst. In: Bilstein, J. (Hrsg.): Die Künste als Metaphern. Oberhausen. S. 13-41.

Bilstein, J. (2012): Prototypen des Lebendigen. In: Kunsthalle Emden (Hrsg.): Künstlerkinder. Bielefeld. S. 43-47.

Bilstein, J./Peskoller, H. (Hrsg.) (2013a): Erfahrung – Erfahrungen. Wiesbaden.

Bilstein, J. (2013b): Die Vielfalt der Farben. In: Orgass, S. (Hrsg.): Inter- und Transdiszisiplinarität in der Hochschullehre und im schulischen musikbezogenen Unterricht. Hildesheim.

Bittner, G. (1979): Früheste Erschütterungen: Erschrecken und Fallengelassenwerden. In: Bittner, G.: Tiefenpsychologie und Kleinkinderziehung. Paderborn. S. 29-37.

Böhme, J./Herrmann, I. (2011): Schule als pädagogischer Machtraum. Typologie schulischer Raumentwürfe. Wiesbaden.

Bollnow, O. F. (1963): Mensch und Raum. Stuttgart, Berlin, Köln 1997.

Brunner, O. (1939): Land und Herrschaft. Darmstadt 1984.

Deleuze, G./Guattari, F. (1972): Anti-Ödipus. Frankfurt a. M. 1974.

Deleuze, G./Guattari, F. (1980): Tausend Plateaus. Berlin 2002.

Dietrich, C./Sanides-Kohlrausch, C. (1994): Erziehung und Evolution. Kritische Anmerkungen zur Verwendung bio-evolutionstheoretischer Ansätze in der Erziehungswissenschaft. In: Bildung und Erziehung, 47, S. 397-410.

Dilthey, W. (1875): Grundlinien eines Systems der Pädagogik. In: Dilthey, W.: Schriften zur Pädagogik. Paderborn 1971. S. 25-82.

Döring, J./Thielmann, T. (2008): Spatial turn. Das Raumparadigma in den Kultur- und Sozialwissenschaften. Bielefeld.

Edelstein, W. (1965): eruditio und sapientia. Weltbild und Erziehung in der Karolingerzeit. Freiburg i. Br.

Eliot, L (1999): Was geht da drinnen vor? Berlin 2001.

Forgan, S. (1986): Context, Image and Function: a Preliminary Enquiry into the Architecture of Scientific Societies. In: The British journal for the history of science, 19, S. 89-113.

Freud, S. (1933): Neue Folge der Vorlesungen zur Einführung in die Psychoanalyse. Studienausgabe Bd. 1. Frankfurt a. M. 1974.

Grimm, J. und W. (1935): Deutsches Wörterbuch. Bd. 4. Abt. 1. Teil 6, bearb. v. A. Hübner: Greander-Gymnastik. Leipzig u. Stuttgart.

Groothoff, H.-H. (1981): Wilhelm Dilthey. Hannover.

Herbart, J. G. (1887): Sämtliche Werke. Bd. II. Langensalza.

Herder, J. G. (1776): Brief an Hamann, 24. August 1776. In: Herder, J. G.: Briefe Bd. 3. Weimar 1978, S. 291-295.

Huber, A. (1999): Heimat in der Postmoderne. Zürich.

Jüngst, P. (Hrsg.) (1997): Identität, Aggressivität, Territorialität. Zur Psychogeographie und Psychohistorie des Verhältnisses von Subjekt, Kollektiv und räumlicher Umwelt. Kassel.

Jüngst, P. (2000): Territorialität und Psychodynamik. Gießen.Jüngst, P./Meder O. (1992): Territorialität und präsentative Symbolik der römischen Welten und die psychosoziale Kompromißfähigkeit ihrer Eliten. Kassel.

Jüngst, P./Meder, O. (2002): Psychodynamik, Machtverhältnisse und Territorialität in »einfachen« und frühen staatlichen Gesellschaften. Kassel.

Kemnitz, H. (2008): Denkmuster und Formensprache pädagogischer Architekturen im ersten Drittel des 20. Jahrhunderts. In: Crotti, C./Osterwalder, F. (Hrsg.): Das Jahrhundert der Schulreformen. Bern, S. 251-281

Klein M. (1972): Über das Seelenleben des Kleinkindes. In: Klein, M.: Das Seelenleben des Kleinkindes. Reinbek 1972, S. 144-173.

Kolb, H. (1989): Zur Frühgeschichte des Wortes »Grenze«. In: Archiv für das Studium der neueren Sprachen und Literaturen, 226, S. 344-356.

König, E. (1999): Gibt es einheimische Begriffe in der Erziehungswissenschaft? In: Pädagogische Rundschau, 53, S. 29-42.

Korb, J. (2008): The ecology of social evolution in termites. In: Korb, J./Heinze, J. (Hrsg.): Ecology of Social Evolution. Heidelberg, S. 151-174.

Kraft, V. (1996): Pestalozzi oder das pädagogische Selbst. Bad Heilbrunn.

Langen, A. (1968): Der Wortschatz des deutschen Pietismus. Tübingen 1968.

Lazardzig, J. (2003): Universalität und Territorialität. Zur Architektonik akademischer Geselligkeit am Beispiel der Brandenburgischen Universität der Völker, Wissenschaften und Künste (1666/67). In: Schramm, H./Schwarte, L./Lazardzig, J. (Hrsg.): Kunstkammer, Laboratorium, Bühne. Schauplätze des Wissens im 17. Jahrhundert. Berlin, S. 176-198.

Liebau, E./Miller-Kipp, G./Wulf, C. (Hrsg.) (1999): Metamorphosen des Raums. Weinheim.

Liedtke, M. (1972): Evolution und Erziehung. Ein Beitrag zur integrativen Pädagogischen Anthropologie. Göttingen.

Mahler, M./Pine, F./Bergmann, A. (1975): Die psychische Geburt des Menschen. Frankfurt a. M.

Merleau-Ponty, M (1945): Phänomenologie der Wahrnehmung. Berlin 1966.

Meyer-Drawe K. (1986): Zähmung eines wilden Denkens? Jean Piaget und Merleau-Ponty zur Entwicklung von Rationalität. In: Métraux, A./Waldenfels, B. (Hrsg.): Leibhaftige Vernunft. Spuren von Merleau-Pontys Denken. München, S. 258-275.

Meyer-Drawe, K. (2008): Diskurse des Lernens. München.

Miller-Kipp, G. (1996): What Pedagogues May Expect from Evolutionary Epistemology with Regard to Learning and Education. In: Evolution und Kognition, 2, S. 65-79.

Mühlen-Achs, G. (2003): Wer führt? Körpersprache und die Ordnung der Geschlechter. München.

Müller, J. (2009): Materielle Kultur, Territorialität und Bedeutungsinhalte von Identitäten: die Wirkung verdichteter Kommunikationsräume. In: Krause, D./Nakoinz, O.: Kulturraum und Territorialität. Rahden/Westfalen, S. 95-105.

Müller, K. (1976): Konkurrentengruppe »Grenze«. In: Müller, K.: Zur Ausbildung der Norm der deutschen Literatursprache auf der lexikalischen Ebene (1470-1730), Bd. 3. Berlin.

Musolff, H.-U. (1999): Über Fremdheit und Heimat in multikultureller Gesellschaft. In: Pädagogische Rundschau, 53. Jg., S. 327-341.

Pestalozzi J. H. (1799): Brief an einen Freund über seinen Aufenthalt in Stans. Weinheim u. Basel 1971.

Richter, P. G. (2009): Territorialität und Privatheit. Dresden.

Sack, R. D. (1986): Human territoriality. Cambridge.

Schäfer, A. (2003): Jean-Jacques Rousseau. Ein pädagogisches Porträt. Weinheim.

Schäfer, G (1986): Spiel, Spielraum und Verständigung. Weinheim, München.

Schäfer, G. (2002): Bildung beginnt mit der Geburt. Weinheim.

Schmücker, R. (2006): Gerechtigkeit und Territorialität. In: Deutsche Zeitschrift für Philosophie, 54, S. 597-621.

Spitz, R. A. (1965): Vom Säugling zum Kleinkind. Stuttgart 1975.

Steiger, W. (1925): S'Blaue Nest. Frankfurt a. M. 1978.

Stenger, U. (2012): Bildung der Gefühle in der frühen Kindheit. In: Frevert, U./Wulf, C. (Hrsg.): Die Bildung der Gefühle. Berlin, S. 25-39.

Treml, A. K. (2002). Evolutionäre Pädagogik – Umrisse eines Paradigmenwechsels. In: Zeitschrift für Pädagogik, Heft 48, S. 652-669.

Westphal, K. (1999): Wirklichkeiten von Räumen. In: Liebau, E. u. a. (Hrsg.): Metamorphosen des Raums. Weinheim, S. 22-36.

Willke, H. (2001): Atopia. Frankfurt a. M.

Winnicott, D. W. (1979): Vom Spiel zur Kreativität. Frankfurt a. M.

Wolfskehl, M. L. (1934): Die Jesusminne in der Lyrik des deutschen Barock. Gießen.

Wulf, C./Hänsch, A./Brumlik, M. (Hrsg.) (2008): Das Imaginäre der Geburt. München.

Wulf, C./Zirfas, J. (1994): Pädagogische Anthropologie in Deutschland: Rückblick und Ausblick. In: Wulf, C./Zirfas, J. (Hrsg.): Theorien und Konzepte der pädagogischen Anthropologie. Donauwörth, S. 7-27.

Pädagogische Transformationen von Anerkennung und Demokratie

Dominik Krinninger

Die Territorien, die dieser Beitrag durchquert, liegen in Sozialphilosophie und Erziehungswissenschaft. Eine Hauptrichtung weist dabei aus der Sozialphilosophie in die Erziehungs- und Bildungstheorie. In dieser Ausrichtung geht es allerdings nicht um einen bloßen Import von Argumentationen über interdisziplinäre Grenzen, sondern um eine Transformation sozialphilosophischer Konzepte in pädagogische Fragestellungen. Dass vor allem der Bildungsbegriff häufig vor dem Hintergrund sozialphilosophischer Konzepte erörtert wird, hat seine Gründe wohl nicht nur darin, dass sowohl Sozialphilosophie als auch pädagogische Bildungstheorie nach den Zusammenhängen zwischen personaler Verfasstheit und dem gesellschaftlichen Zusammenleben der Menschen fragen. Eine nicht zu unterschätzende Rolle dürfte auch die nicht immer bedachte bzw. offen gelegte Ambivalenz des Bildungsbegriffs spielen, mit dem theoretische und empirische Befunde erarbeitet werden und zugleich normative Ansprüche auf pädagogische Kontexte gerichtet werden; auch diese Ambivalenz legt es nahe, ihn mit Theorien in Verbindung zu bringen, die ihrerseits normative und analytisch-systematische Dimensionen mit einbeziehen. So mag die hohe Aufmerksamkeit, die anerkennungs- und demokratietheoretischen Konzepten in pädagogischen Debatten zuteil wird, auch daran liegen, dass Anerkennung und Demokratie als systematische wie zugleich normative Schlüsselbegriffe eine besondere diskursive Aura haben.

Ziel dieses Beitrags ist es zu zeigen, dass pädagogisches Denken, wenn es sich anerkennungs- und demokratietheoretisch orientieren will, eigene Routinen hinterfragen, aber auch die aus anderen Disziplinen eingeführten Denkfiguren in eigene, pädagogische Perspektiven integrieren muss. Der Beitrag ist in fünf Abschnitte gegliedert. Zunächst werden – ausschnitthaft – im Bezug auf den Begriff der Anerkennung sozialphilosophische Konzepte und ihre pädagogischen Resonanzen sondiert. Im Anschluss daran stellt der zweite Abschnitt Desiderata einer anerkennungstheoretisch orientierten Erziehungs- und Bildungstheorie heraus. Die Erziehungsphilosophie John Deweys, die auf einem originär pädagogischen Verständnis von Demokratie aufbaut, wird in einem dritten Schritt dann als Modell auch für die Integration anerkennungstheoretischer Konzeptionen herangezogen. In zwei kürzeren Abschnitten werden schließlich Anerkennung und Demokratie als pädagogische Figuren konkretisiert und weiterführende Perspektiven erziehungswissenschaftlicher Reflexion benannt.

1 Anerkennung: Sozialphilosophische Konzepte und ihre pädagogischen Resonanzen

Der Begriff der Anerkennung hat Konjunktur. Aufbauend auf die breit gefächerte sozialphilosophische Diskussion ist mittlerweile ein erziehungs- und bildungstheoretischer Diskurs[1] entstanden, bei dem als eine zentrale Referenz die prominente Konzeption einer Theorie der Anerkennung durch Axel Honneth (grundlegend 1992/2003; weiterführend u. a. 2010) dient – so etwa für Krassimir Stojanov (2006) oder Christiane Thompson und Alfred Schäfer (2010). Daneben werden zunehmend macht- und subjekttheoretische Ansätze von Judith Butler (u. a. 2001, 2003) und Michel Foucault (u. a. 1976, 1994), aber auch von Jessica Benjamin (2004) aufgegriffen. In deren erziehungs- und bildungstheoretischer Rezeption wird hervorgehoben, dass Anerkennung nicht nur als sozialintegratives, die Persönlichkeitsentwicklung und eine positive Selbstbeziehung stützendes Geschehen zu verstehen ist. Sie kann stets auch als Subjektivierung entlang sozialer Normierungen beschrieben werden. Diese Perspektive wird etwa durch Sabine Reh (2012 mit Norbert Ricken), Norbert Ricken (2006, 2009) und Nicole Balzer (2007) entfaltet.[2] Nun soll hier weder ein vielfältiger Diskurs in Lager geteilt werden, noch soll, wie das beispielsweise Henning Röhr macht, die »Hypertrophie eines Begriffs« (Röhr 2009, S. 93) beklagt werden, die die Potentiale anderer Terminologien verdeckt. Der Begriff der Anerkennung und die lebendigen Debatten um ihn können pädagogischem Denken und Forschen Anregungen geben und Problemstellungen sichtbar machen, die in pädagogischen Kontexten von besonderem Belang sind. Allerdings ergeben sich solche Anregungen nicht einfach dadurch, dass anerkennungstheoretische Ansätze pädagogischen Argumentationen additiv hinzugefügt werden, sondern erst durch ihre systematische Integration. Zu der in diesem Sinn notwendigen Transformationsarbeit gehört es, nach konvergenten, anschlussfähigen oder auch komplementären pädagogischen Begrifflichkeiten und Denkfiguren zu suchen. Es gilt darüber hinaus, Desiderata aufzuzeigen, die für die Verknüpfung sozialphilosophischer Referenzen mit pädagogischem Denken bestehen. Und schließlich ist auch den Rückwirkungen nachzugehen, die sich aus solchen Verknüpfungen für bildungs- und erziehungstheoretische Konzeptionen ergeben. Diese Perspektiven werden im Folgenden anhand von Stojanovs bildungstheoreti-

---

1   Weder die verzweigten und international geführten sozialphilosophischen Debatten um den Begriff der Anerkennung noch ihre zunehmende pädagogische Rezeption können hier mit Anspruch auf Vollständigkeit abgebildet werden. Im Folgenden werden daher sowohl die Positionen wichtiger philosophischer Referenzautoren als auch jene von Autoren aus dem Feld der pädagogischen Theorie anhand exemplarischer Beiträge dargestellt.

2   Besonders nachdrücklich ist in diesem Zusammenhang auf den von Ricken und Balzer herausgegebenen Band zu verweisen, der »Pädagogische Lektüren« zu Judith Butler versammelt (Ricken/Balzer 2012).

scher Auseinandersetzung mit Honneth und anhand der erziehungs- und bildungstheoretischen Rezeption von Foucault und Butler durch Ricken beleuchtet.

Axel Honneth hat eine Schlüsselstellung im deutschsprachigen Diskurs um Anerkennung. Die Kernfigur seiner Schrift »Kampf um Anerkennung«, die Honneth als »normativ gehaltvolle Gesellschaftstheorie« (Honneth 2003, S. 7) versteht, ist bekanntlich, dass sich Subjekte in intersubjektiven Beziehungen der wechselseitigen Anerkennung entwickeln. Für die Explikation dieser These greift Honneth auf Hegel, aber auch auf George Herbert Mead zurück, dessen Sozialpsychologie er um den grundlegenden Aspekt eines reziproken Anerkennungsverhältnisses zwischen Individuum und Gemeinschaft aufgebaut sieht. Dabei ist für ihn die Dynamisierung der sozialpsychologischen Statik durch das »I« von besonderer Bedeutung, also durch jene Instanz, der Mead Spontaneität und kreatives Reaktionspotential zuschreibt und die das Subjekt in eine psychische Aushandlungsdynamik zwischen Individuierung und internalisiertem verallgemeinerten Anderen bringt. Der Entfaltung dieser Dynamik geht Honneth in drei sozialen Sphären nach: In der Liebe, wobei er die frühe Mutter-Kind-Beziehung ins Zentrum stellt, in der Sphäre des Rechts und in der gesellschaftlichen Solidarität, mit der er die soziale Wertschätzung der individuellen Person erfasst. Für alle drei Sphären beschreibt Honneth in nuce die Figur eines durch soziale Anerkennung gerahmten positiven Selbstverhältnisses. Dieses ist jeweils auf unterschiedliche personale Ebenen bezogen. Im frühen Interaktionsgeschehen zwischen Kind und Mutter entwickelt sich, so Honneth, ein »kommunikativ geschütztes Alleinseinkönnen« (ebd., S. 169), auf der Grundlage dessen sich eine primäre Selbstbeziehung des Subjekts in der Form von »Selbstvertrauen« (ebd., S. 168) formieren kann. Auf die in rechtlicher Anerkennung erfahrene gesellschaftliche Achtung stützt sich die »Selbstachtung« (ebd., S. 192), in der »das erwachsene Subjekt durch die Erfahrung rechtlicher Anerkennung die Möglichkeit [gewinnt], sein Handeln als eine von allen anderen geachtete Äußerung der eigenen Autonomie begreifen zu können« (ebd.). Für die soziale Wertschätzung in der bürgerlichen Gesellschaft rekonstruiert Honneth eine »Individualisierung der Vorstellung darüber, wer zur Verwirklichung gesellschaftlicher Zielsetzungen beiträgt« (ebd., S. 203). Zugleich werden individuelle Eigenschaften und Leistungen aus der gesellschaftlichen Umwelt bewertet. Damit unterliegt die gesellschaftliche Rahmung des Selbstverhältnisses der »Selbstschätzung« (ebd., S. 209) einer Dynamik, die nicht zuletzt von den Verteilungsmustern des Kapitals und der öffentlichen Aufmerksamkeit beeinflusst wird.

Stojanov setzt sich in bildungstheoretischer Perspektive mit Honneths Ansatz auseinander, um die Interferenzen zwischen der sozialen Situiertheit von Bildung einerseits und den an Bildung geknüpften Ansprüchen »der individuellen Autonomie und der Humanität als universelles Ideal des

menschlichen Zusammenlebens« (Stojanov 2006, S. 54) andererseits zu untersuchen. Honneths Annerkennungstheorie ist für ihn in diesem Kontext
weiterführend, weil sie bildungstheoretische Usancen der Gegenüberstellung
von Ich und Welt überschreitet und eine Möglichkeit bietet, dem »Zusammenhang zwischen Intersubjektivitätsverhältnissen und Selbst- bzw. Identi-
tätsbildungsprozessen« (ebd., S.63) nachzugehen. Dabei verweist Stojanov
auf das Problem, dass die in anerkennungstheoretischen Debatten artikulierte
Kritik gesellschaftlicher Hierarchisierungen »nur solche Anerkennungsan-
sprüche und Missachtungserfahrungen auf[greift], die im politischen Raum
schon artikuliert sind« (ebd., S. 174). Die individuellen Akteure sind als
Mitproduzenten und Betroffene der entsprechenden Anerkennungsverhältnisse damit zwar nicht ausgespart, aber sie werden in dieser Perspektive, die vor
allem auf soziale Gruppen ausgerichtet ist, nur implizit thematisiert. Gerade
diese Ebene der individuellen Bearbeitung hat für Stojanov jedoch entscheidende bildungstheoretische Relevanz. Er bringt einen spezifischen Begriff
der »Selbstverwirklichung« (ebd., S. 170) in Anschlag und konturiert damit
die Kernfigur eines anerkennungstheoretischen Bildungsgedankens: Die
»kulturelle Dimension der Existenz des Einzelnen (…) ist zwar in der kollektiven Lebensform verwurzelt, in der das Individuum geboren und einso-
zialisiert ist, aber sie konstituiert sich als ‚Kultur' im Prozess der Überschreitung bzw. des Überformens der vorgegebenen und symbolisch konsti-
tuierten Wirklichkeitswahrnehmungsmuster eben dieser Lebensform« (ebd.,
S. 177). Es kann dahingestellt bleiben, ob ein individualisierender Umgang
mit den kulturellen Lebensformen zwingend die Form der Überschreitung annehmen muss oder ob nicht auch ein Zurechtkommen mit dieser Lebensform
Bildung genannt werden könnte. Im Anschluss an Stojanovs Hinweise auf
die Akteursperspektive und auf kulturelle Dimension des Anerkennungsgeschehens lassen sich jedenfalls bildungstheoretisch wichtige Fragen schärfen:
Wie geht man mit der Anerkennung um, die man erhält und welche Rolle
spielen die kulturellen Gehalte, auf die hin und mittels derer Anerkennung
gewährt wird?
    Macht- und subjekttheoretische Analysen stellen einen weiteren wichti-
gen Diskursstrang anerkennungstheoretischer Debatten dar. Foucault ist in
diesem Zusammenhang eine wichtige Referenz für Konzepte, die soziale
Anerkennung und Teilhabe nicht primär als förderliche Rahmenbedingungen
persönlicher Entfaltung verstehen, sondern die eine gesellschaftliche Präformierung als eigentliches Medium eines sozial induzierten Prozesses der Per-
sonwerdung erfassen. Foucault stellt die Frage, wie »in unserer Kultur Menschen zu Subjekten gemacht werden« (Foucault 1994, S. 243). Er beschreibt
den Menschen als sozial formiert und zugleich als Subjekt, das mit einem auf
sich selbst gerichteten Bewusstsein ausgestattet ist, welches so als hervorge-
rufen durch und als Antwort auf seine Genese in gesellschaftlichen Macht-
verhältnissen erscheint. Macht fungiert für Foucault als »Regierung«. »Re-

gieren heißt (…), das Feld eventuellen Handelns der anderen zu strukturieren« (ebd., S. 255). Die subjektive »Antwort« auf gesellschaftliche Macht
wird von Foucault in dieser Perspektive an die im Subjekt wirksame gesellschaftliche Macht selbst gebunden. Butler fragt in ihrer Auseinandersetzung
mit Foucault, wie Macht in der Psyche des Subjekts wirkt und auf welche
psychischen Grundlagen sich Widerstand gegen machtförmige Zuschreibungen stützen kann, wenn das Subjekt selbst durch die Macht geformt wird.
Auch bei Butler ist Macht zugleich unterwerfende und hervorbringende
Macht. Sie bietet Raum für eine »Figur der Wendung« (Butler 2002, S. 9), in
der das Subjekt – das zunächst Objekt der Macht ist – selbst zum Akteur
wird. So erscheint das Subjekt als »Wirkung eines Rückstoßes der Macht«
(ebd., S. 12). Für Butler »ist das vom Subjekt handelnd Bewirkte zwar durch
die vorgängige Wirksamkeit der Macht ermöglicht, aber durch sie nicht abschließend begrenzt. Die Handlungsfähigkeit übersteigt die sie ermöglichen-
de Macht« (ebd., S. 20). Im Rückgriff auf psychoanalytische Theorien erläutert Butler, dass bei der Verinnerlichung von sozialen Normen, das, was
durch diese Normierung ausgeschlossen wird, als mögliche Form der Existenz verworfen wird und dem Begehren versagt bleibt. Weil es dem Subjekt
nicht möglich ist, diese Schwelle zu überschreiten, und weil das, was jenseits
der Norm ist, latent bedrohlich bleibt, ergibt sich für das Subjekt eine Notwendigkeit, die internalisierten Normen als eigene Normen immer wieder zu
neuer Geltung zu bringen. Gerade aber in dieser subjektiven Reifizierung
sozialer Normen eröffnet sich ein Moment der Veränderbarkeit. Denn
dadurch, dass die Norm ihr Anderes verdrängt, wird es ihrem weiteren Zugriff und seiner weiteren Bändigung enthoben und behält eine sublime Produktivität, die die Subjekte zur Veränderung der auf sie gerichteten Zuschreibungen anstoßen kann. Darin liegt eine paradoxe Produktivität der Macht, die
den Subjekten eine »Bedeutungsverschiebung« (ebd., S. 100) der auf sie gerichteten Zuschreibungen möglich macht.

   Norbert Ricken führt vor, wie Foucault und Butler bildungstheoretisch
gelesen werden können. Er beschreibt Bildung als eine »Figuration der
Macht« (Ricken 2006a, S. 340), in der das Subjekt, »gezwungen [ist], sich
selbst qua (…) Selbstgestaltung als sich selbst hervorzubringen« (ebd., S.
339). Dabei korrespondiert diese spezifische Form der Subjektivierung mit
einem spezifischen Muster der Sozialität: »befragt man dabei diese Figuration der Verschiebung der Sozialitätsvorstellung vom ‚Gemeinsamen‘ zum
‚Allgemeinen‘ hinsichtlich ihrer Subjektivierungseffekte, so lässt sich diese
als Teilung und Trennung der Individuen voneinander und normalisierende
Neuzusammensetzung qua Verallgemeinerung lesen« (ebd., S. 340). Gegenüber der sich in der Chiffre »Bildung« verbergenden Macht hält Ricken zwei
Aspekte fest, von denen eine Kritik der »Macht der Bildung« (ebd., S. 342)
ausgehen kann. Diese sind das in der Geburtlichkeit und Sterblichkeit des
Menschen gegebene »Nicht-aus-sich-selbst-sein-können« (ebd., S. 344) und

das »Nicht-in-sich-selbst-bleiben-können« (ebd.) des Menschen als soziales
Wesen. Mit beiden Aspekten ist zudem eine originär pädagogische Perspektive markiert, durch die sich auch neue Sichtweisen auf die paradoxalen Verhältnisse zwischen den Ansprüchen individueller Autonomie und ihrer Verwirklichung »in den faktischen Asymmetrien pädagogischer Verhältnisse«
(Ricken 2006b, S. 220) ergeben. Allen voran ist das »die Möglichkeit, mit
den auch gegenwärtig noch dominanten individualtheoretischen Denk- und
Herzensgewohnheiten zu brechen und Subjektivität und Sozialität nicht kont-
rär, sondern ineinander« (ebd., S. 225) zu denken. Pädagogisches Handeln
wird so gegen verkürzende Auffassungen einer unilateralen Gerichtetheit auf
Heranwachsende und gegen romantisierende Vorstellungen einer Entwicklung von innen heraus als responsives Geschehen in der »Spannung von
Selbst- und Anderenbezogenheit« (ebd., S. 226) sichtbar.

2 Desiderata einer anerkennungstheoretisch orientierten Erziehungs- und Bildungstheorie

Die mit Ricken im Bezug auf die Verschränkungen von Sozialität und Subjektivität und mit Stojanov bezüglich der kulturellen Dimensionen des Anerkennungsgeschehens skizzierten bildungstheoretischen Perspektiven verweisen zusammen auf ein zentrales Desiderat: die Erfordernis, in Untersuchungen, die sich Erziehung und Bildung unter den Aspekten von Anerkennung
und Subjektivierung zuwenden, soziale und kulturelle Dimensionen zu verknüpfen. Insbesondere in sozialphilosophischen Konzeptionen werden gesellschaftliche Verhältnisse daraufhin in den Blick genommen, wie sie die
intersubjektive Formierung von Selbstverhältnissen bedingen und welche
Vorstellungsmuster von Sozialität sie modellieren. In diesem Kontext hält
Stojanov fest, dass die »bildungstheoretische Umsetzung des anerkennungstheoretischen Ansatzes erfordert, Weltreferenzen des Einzelnen nicht
nur als Korrelate seiner Selbstbeziehungsformen ausschließlich indirekt zu
thematisieren, sondern sie zu einem gleichberechtigten Objektbereich anerkennungstheoretischer Erkundungen zu machen« (Stojanov 2006, S. 162).
Komplementär dazu kritisiert Ricken an jüngeren Ansätzen einer Pädagogik
des Zeigens, dass sie stillschweigend übergehen, dass der Hinweis auf etwas
immer auch eine Adressierung darstellt, die auf die Person gerichtet ist, die
auf etwas hingewiesen wird, was ihr noch nicht zuhanden ist (vgl. Ricken
2006b, S. 87ff.). Hier werden in der Fokussierung auf den Gegenstandsbezug
pädagogischer Konstellationen deren soziale Strukturierungen überspielt.
Anders als in solchen tendenziell einseitigen Fokussierungen ginge es darum,
soziale Aspekte wie die Gestaltung sozialer Ordnungen, die Praxen der Ein-
schreibung dieser Ordnungen in die Individuen bzw. die Integration der Indi-

viduen in das soziale Beziehungsgeflecht und kulturelle Aspekte wie den Umgang mit Artefakten, symbolischen Gehalten und Gegenständen menschlicher Praxis und die sich daraus ergebenden Bedeutungsgeflechte explizit und systematisch miteinander zu verbinden. In der Verknüpfung dieser Dimensionen ergibt sich eine doppelte erziehungs- und bildungstheoretische Frage: Welche Rolle spielen kulturelle Gehalte in Prozessen der Subjektivierung? Und: In welchen Praxen und symbolischen Formen vollziehen sich Genese, Weitergabe und »Verschiebung« (Butler) von kulturellen Bedeutungen in sozialen Figurationen?

Das Desiderat der Verbindung kultureller und sozialer Dimensionen verweist auf einen weiteren Aspekt, der in erziehungswissenschaftlicher Perspektive bislang wenig thematisiert wird. Ricken plädiert in Bezug auf das Konzept der Bildung dafür, Sozialität grundlegend als Pluralität zu fassen. Das richtet sich gegen ein Verständnis von Freiheit, das die Individuen in ein indifferentes Nebeneinander stellt und gegen die Subsumtion der Individuen unter ein homogenisierendes »Gemeinsames«. Mit diesem Plädoyer für die Orientierung auf eine aktive Teilhabe am Zusammenleben in gegenseitiger Wertschätzung gewinnt die Frage, »wie wir denn gemeinsam leben wollen« (ebd., S. 226) zentrale Bedeutung. Im Hinblick darauf erscheint die im Diskurs über Anerkennung – auch in dessen pädagogischen Strängen – dominante Figur einer intersubjektiven Korrelation zwischen Individuen und sozialen Gebilden zu grob gerastert. Jenseits der Fragen nach dem Individuum in der Gemeinschaft und der Gemeinschaft im Individuum ist das Gegenstandsfeld einer anerkennungstheoretisch sensibilisierten Erziehungswissenschaft auch auf konkrete Gemeinschaften von Menschen in ihren Generationen zu erweitern. Dabei ist die Dialektik von Gemeinschaftlichkeit und Pluralität nicht nur im Bezug auf die Einzelnen, sondern vor allem auf die Gemeinschaft selbst als soziale Figuration sui generis in den Blick zu nehmen. Wie sich Gruppen als Gemeinschaften hervorbringen und wie sich die Gemeinschaft zu sich selbst verhält, wäre in diesem Sinn als »Selbst-Beziehung« einer Gruppe bzw. Gemeinschaft zu erfassen, die einer geteilten und gemeinschaftlichen Erfahrung Raum gibt. Konzepte, die diese spezifische Geschehensebene von Bildung und Erziehung erfassen helfen, finden sich im von Karl Mannheim konturierten Begriff des »Erfahrungsraums« (vgl. Mannheim 1980) und in der Verknüpfung von habits und experience bei John Dewey (vgl. Dewey 1916/2000). Sowohl mit Dewey als auch mit Mannheim lässt sich zudem ein aus pädagogischer Sicht wichtiger Aspekt markieren, der Gruppen zu Gemeinschaften macht. Beide heben das »Zusammenleben« (Mannheim 1980, S. 215; Dewey 2000, S. 121; vgl. auch Dewey 1996, S. 125ff.) des Menschen in sozialen Einheiten hervor, aus dem über eine gemeinsame Lebenspraxis und darin gegründete geteilte Erfahrungen ein gemeinsames Bedeutungsgeflecht und gemeinsame Handlungsformen erwachsen. Neben den damit angesprochenen Praxen der Kooperation und Kommu-

nikation sowie ihrer Habitualisierung spielt – in pädagogischem Zusammenhang – ein weiterer Aspekt eine wichtige Rolle, der Lebensgemeinschaften
von Menschen aus anerkennungstheoretischer Perspektive zu einem besonderen Gegenstand macht. Pädagogische Verhältnisse sind von einer strukturellen Asymmetrie geprägt, die zwar in der einen oder anderen Form bearbeitet
werden kann, die selbst aber unaufhebbar bleibt (vgl. dazu u. a. Ricken
2006b). Diese Asymmetrie ist zum einen machttheoretisch zu lesen, zum
andern ist sie ein konstitutives Moment pädagogischer Fürsorge. Macht und
Fürsorge mögen als Kraftfelder der Subjektivierung strukturell nur schwer
voneinander unterscheidbar sein.[3] Fragt man allerdings nach dem spezifischen Modus der Gegenseitigkeit, so lassen sich durchaus Momente einer
Anerkennung in der Form von Fürsorge bestimmen. Paul Ricoeur weist darauf hin, dass Anerkennung zwar vielfach im Modus der Äquivalenz, also
nach einem Muster von Gabe und Gegengabe fungiert, was sie zu einem oft
knappen Gut werden lässt, um das ein »Kampf« (Honneth) geführt wird.
Anerkennung kann sich indes auch entlang einer »Bewegung des Selbst zum
Anderen hin« (Ricoeur 2005, S. 230) entfalten. So sind »befriedete Erfahrungen wechselseitiger Anerkennung« (Ricoeur 2005, S. 274) möglich, die sich
in einer Gabe verwirklichen, die ohne Erwartung einer Gegengabe gegeben
wird.
   Die Beschreibung von Gemeinschaften als Akteurskonstellationen eines
spezifischen, von Kooperation und Fürsorge geprägten Anerkennungsgeschehens, in dem die Gemeinschaft als Figuration kulturelle Präskripte entwickelt (respektive aus ihrer gesellschaftlichen Umgebung übernimmt und
bearbeitet) und zugleich ihre Mitglieder ebenso wie sich selbst entlang dieser
Präskripte führt, macht einige analytische Fokussierungen notwendig. Erstens: Statt auf Einzelne gerichtete Aktionen und deren Reaktionen als Handlungen in den Blick zu nehmen, in denen sich Anerkennung nach dem Muster
von Appell und Antwort vollzieht, spielen für die Erfassung der Eigendyna-
mik gemeinschaftlicher Bedeutungsgeflechte soziale Praktiken eine zentrale
Rolle. Damit rücken interaktive Prozesse und intersubjektive Bezüge in ihrer
Emergenz aus Handlungsmustern ins Interesse, die aus dem Bedeutungs- und
Beziehungsgeflecht der Gemeinschaft hervorgehen und nicht aus der Perspektive der handelnden Individuen zu beschreiben sind. Praktiken entstehen
»im Dazwischen von Akteuren und ihrer jeweiligen materiell-symbolischen
Umgebung« (Alkemeyer 2006, S. 122). Eine zweite Fokussierung betrifft die
Ebene der Subjektivierung. Das, was Butler »Figur der Wendung« (Butler
2002, S. 9) nennt, lässt sich auch für eine Gemeinschaft wie zum Beispiel die
Familie zeigen, die kulturelle Erwartungen aus ihrer gesellschaftlichen Umgebung aufnimmt und in ihrem Binnenmilieu transformiert. Dass dabei gemeinschaftliche Vollzüge tragend sind, heißt indes nicht, dass aus der Ge-

---

3   Vgl. etwa Foucaults Ausführungen zur fürsorglichen »Pastoralmacht« (Foucault 1994, S.
    248).

meinschaft eine Art Über-Subjekt erwächst. Weil sich in vollem Sinn vom Subjekt nicht ohne Berücksichtigung seiner Leiblichkeit sprechen lässt, geht es im Hinblick auf Formen der gemeinschaftlichen Subjektivierung vielmehr um »Formationen von Subjektivität« (Meyer-Drawe 2000, S. 36). Damit erweitert sich die Aufmerksamkeit von der individuellen, personalen Gestalt, die als Frucht einer sozialen Konturierung erfasst wird, auf Prozesse gemeinschaftlicher Subjektivierung, die nicht primär die einzelne Person erfassen, sondern gemeinschaftliche Dispositionen formen, durch die die familiale Gemeinschaft zu einer relativ autonomen Entität wird. Schließlich bedarf es drittens auch einer erweiterten Aufmerksamkeit für die symbolischen Formen bzw. die Wissensformen, in denen sich kulturelle Gehalte und soziale Vollzüge zur Selbstbeziehung einer Gemeinschaft verknüpfen. Dabei wird der Bereich des Performativen relevant, der eingehend in der Forschergruppe um Christoph Wulf bearbeitet wurde (exemplarisch Wulf u. a. 2004). Auch die von Mannheim entwickelte Unterscheidung zwischen kommunikativem und konjunktivem Wissen ist hier instruktiv, in der die »Teilnahme am Lebenszusammenhang der Erfahrungsgemeinschaft« (Mannheim 1980, S. 227) als Voraussetzung für das Verstehen des gemeinschaftlichen Bedeutungsgeflechts sichtbar wird. Und aus symboltheoretischer Perspektive konturiert Dieter Claessens die im Zusammenleben der Familie fungierenden »Handlungsgestalten« (Claessens 1979, S. 125) als Elemente der von ihm sogenannten »‚sozio-kulturellen Geburt‘ des Menschen«. In dieser Ausrichtung lassen sich auch Raum-Körper-Ding-Konstellationen, soziale Interaktionsformen oder gemeinschaftsspezifische Ausprägungen kultureller Praxen als Symbolisierungen kultureller Gehalte in actu lesen.

Diese Aufmerksamkeitsverschiebungen, die sich aus der Verknüpfung sozialer und kultureller Aspekte in einer anerkennungstheoretisch sensibilisierten Erziehungs- und Bildungstheorie ergeben, machen deutlich, dass sich eine solche Verknüpfung nicht durch die nachgeschaltete Ergänzung eines ohnehin nicht von der Sphäre des Sozialen zu lösenden zweiten Phänomenbereichs des Kulturellen bewerkstelligen lässt. Anstatt diesen Bereich als Addendum zu subsumieren, ist die Integration kultureller Gehalte als Stoff (und eben nicht nur als Korrelat) in anerkennungstheoretische Konzepte theoretisch-systematisch zu fundieren. Mit Blick auf die benannten praxeologischen und prozessualen Momente, auf die Verschränkungen von Erfahrung und ihrer Symbolisierung sowie auf die eingangs angesprochenen normativen Aspekte zeigen sich in erziehungswissenschaftlicher Perspektive bislang noch kaum aufgenommene Konvergenzen anerkennungstheoretischen Denkens zur Erziehungsphilosophie John Deweys. In den darin essentiellen Komplexen von *habits* und *experience* sowie von Erziehung und Demokratie findet sich ein Vokabular, das einerseits – trotz des historischen Abstands – hochgradig anschlussfähig ist an anerkennungstheoretische Problemstellungen und das zugleich vermittels seiner originär pädagogischen Perspektive einen Beitrag leisten kann, die gefundenen sozialphilosophischen Einsichten in erziehungs- und bildungstheoretisches Denken zu integrieren.

3 »Experience« und »education« als Kern von Demokratie

Im Kern von Deweys Konzept der Demokratie steht die soziale Genese des Menschen als handlungsfähiges Subjekt. Diese Emergenz aus dem Zusammenleben der Menschen ist zugleich die Essenz seiner Erziehungsphilosophie. Insofern ist Demokratie bei Dewey auch ein originär pädagogisches Konzept und nicht nur eine politisch-institutionelle Organisationsform: »Die Demokratie ist mehr als eine Regierungsform; sie ist in erster Linie eine Form des Zusammenlebens, der gemeinsamen und miteinander geteilten Erfahrung« (Dewey 2000, S. 121). Zudem versteht Dewey Erfahrung als eigentlichen Modus der Erziehung, was ihr eine Schlüsselstellung in seiner Argumentation zuweist: »Since the process of experience is capable of being educative, faith in democracy is all in one with faith in experience and education" (Dewey 1988, S. 229). Im Dialog mit Deweys pragmatistischem Konzept von Demokratie und Erziehung können aktuelle anerkennungstheoretische Ansätze dazu beitragen, die intersubjektiven Dimensionen aufzuklären, die mit dem eher empathisch als differenziert gebrauchten Gemeinschaftsbegriff bei Dewey angesprochen sind. Und mit Deweys bildungstheoretischer Begründung der Demokratie steht ein Modell zur Verfügung, das einer pädagogischen Transformation anerkennungstheoretischen Denkens den Weg weisen kann. Von Dewey aus kann Anerkennung nicht nur als – wie im Anschluss an Honneth – Bedingung einer gelingenden Entwicklung oder – wie im Anschluss an Foucault/Butler – als Dialektik der Subjektivierung verstanden werden. Dewey ermöglicht auch ein Verständnis von Anerkennung als von einer konkreten Gruppe, in der Menschen in ihren Generationen zusammenleben, in sozialen Praxen hervorgebrachte Strukturierung ihrer Gemeinschaft.

Wenn Dewey hier in bildungstheoretischer Perspektive aufgegriffen wird, dann soll damit nicht die institutionelle Stoßrichtung seiner Argumentationen unterschlagen werden, die etwa im Bild von Schule als »embryonic society« zum Ausdruck kommt; diese Herangehensweise ist vielmehr darin gegründet, dass die Schule als »institutionelles Herzstück der Demokratie« (Hartmann 2003, S. 223) ihre Rolle bei Dewey auf dem Fundament einer Vorstellung von »education« zugeschrieben bekommt, für die Intersubjektivität als Sphäre gemeinsamer Erfahrung und die Ausrichtung auf eine stetige Anreicherung dieser Erfahrung maßgeblich sind. Der, wie Bittner feststellt, bis vor einigen Jahren schmale deutschsprachige bildungstheoretische Diskurs zu Dewey (vgl. Bittner 2001, S. 196), in dem auch bildungsphilosophische Rekonstruktionen aus dem anglo-amerikanischen Raum wie etwa durch Victor Kestenbaum (Kestenbaum 1977) lange nicht rezipiert wurden, ist erst in jüngerer Zeit ein wenig lebendiger geworden. Neben Roswitha Lehmann-Rommel (u. a. Lehmann-Rommel 2005) und Stefan Neubert (Neubert 1998) sind hier unter anderem auch Arndt-Michael Nohl (Nohl 2006) und Johannes Bellmann (Bellmann 2007) zu nennen. Diese späte Aufmerksamkeit ist erstaunlich, denn auch wenn Deweys umfangreiches Werk in begrifflich-systematischer Hinsicht von einer gewissen Hemdsärmeligkeit geprägt ist, so sind die bildungsphilosophischen Aspekte doch gar nicht so versteckt. Im wesentlichen entwickelt Dewey eine pädagogische Habitus-Theorie, in der – anders als etwa bei Bourdieu – die aus der sozialen Umgebung angeeigneten *habits* nicht als vom Individuum kaum mehr zu überschreitende Wahrnehmens-, Denkens- und Verhaltenskorridore fungieren, sondern primär Handlungsressourcen des Subjekts darstellen. Dazu entwickelt Dewey mit seinem Konzept des *experience* einen zweiten Kernbegriff. In der an vielen Stellen seines Werkes eingewobenen Theorie der Erfahrung beschreibt er, inwiefern die aktive Realisierung sozialer Dispositionen durch Subjekte, für die diese Dispositionen neu sind, einen Prozess darstellt, der für eine reflexive Bezugnahme der Lernenden auf die Gehalte ihrer Lernerfahrungen offen ist. Diese Reflexivität muss nicht dem Muster einer bewussten, rationalen Steuerung folgen, sondern umfasst ein breiteres Spektrum des Aufmerksamwerdens. Neben kognitiven Dimensionen zählt Dewey ausdrücklich Körperlichkeit, praktischen Vollzug und Emotionalität als konstitutive Anteile des Machens von Erfahrungen auf. Mit der Verknüpfung von *habits* und *experience* beschreibt Dewey eine soziale Genese des handlungsfähigen Individuums. Durch ihre Teilhabe am Leben einer Gemeinschaft nehmen die Individuen die dort immer schon angelegten *habits* an. Dewey formuliert das bildhaft so: »Through habits formed in intercourse with the world, we also in-habit the world. It becomes a home and the home is part of our every experience« (Dewey 1987, S. 109). Das ist nun aber nicht als bloße Reproduktion sozialer Dispositionen zu begreifen. Die Aneignung der *habits* im reflexiven Modus eines Lernens durch Erfahrung vollzieht sich nach einer Dialektik von Bestätigung und Erneuerung; Dewey umschreibt das auch als »mixture of a museum and a laboratory« (Dewey 1984, S. 142). Dieses bildungstheoretische Konzept ist eingebettet in eine sozialphilosophische Perspektive, in der Dewey die Bedingungen eines reflexiv-konstruktiven Umgangs mit den *habits* auslotet und die ihn zu der substantiellen Koppelung von Erziehung und Demokratie als Lebensform führt. Ein differenziertes Demokratiekonzept legt Dewey in »Die Öffentlichkeit und ihre Probleme« vor: Demokratie verwirklicht sich in einer Wechselseitigkeit zwischen Individuum und Gruppe in einer differenzierten und dynamischen Gesellschaft. Dieses reziproke Beziehungsgeschehen speist sich einerseits aus einer aktiven Teilhabe der Individuen am kulturellen und sozialen Leben der Gruppe, die ihrerseits zur Pflege

ihrer Interessen und Güter darauf angewiesen ist, die Potentiale ihrer Mitglieder zu wecken (vgl. Dewey 1996, S. 125ff.). Ausgehend von der differenzierten Entwicklung der Individuen in einer differenzierten Gesellschaft hält
Dewey in »Demokratie und Erziehung« als »Normen« der Demokratie fest:
»Wie zahlreich und mannigfaltig sind die bewusst geteilten Interessen? Wie
voll und frei ist das Wechselspiel mit anderen sozialen Gruppen?« (Dewey
2000, S. 115). Aus der solchermaßen gefassten »Demokratie als Theorienorm
in der Pädagogik des Pragmatismus« (Oelkers 2007) resultiert ein Konzept
von »education«, das die Teilhabe am sozialen und kulturellen Leben als
ihren Motor und ihr Medium sieht und fordert; und zwar im Modus der Erfahrung, als eine »active-passive affair« (Dewey 1980a, S. 140) und nicht
entlang unilateraler Einwirkungsvorstellungen. Die soziale Genese des
Selbst, aus der Dewey auch zu einer entschiedenen Ablehnung von Vorstellungen einer »innerlichen« Persönlichkeit (Dewey 2000, S. 166) kommt, und
die zugleich normative und funktionale Ausrichtung auf soziale Kooperation
verknüpfen sich in der Verpflichtung einer demokratisch verfassten Erziehung auf die Ermöglichung von »Wachstum« (orig.: »growth«). Wichtig ist
dabei, dass diese normative Bestimmung ateleologisch entworfen ist: »Vom
Wachstum wird angenommen, dass es ein Ziel haben müsse, während es in
Wirklichkeit eines ist« (ebd., S. 76). In dieser Verbindung von Erfahrung als
gemeinschaftlicher Praxis und der Forderung nach sozialer und kultureller
Teilhabe lassen sich, das hebt auch Hartmann hervor, unschwer anerkennungstheoretische Aspekte ausmachen. Darüber hinaus zeigt sich auch hier
ein Bild von Sozialität als Pluralität, sind es doch gerade differente Lebensformen, die zur Bereicherung der Erfahrung beitragen. Deweys Demokratietheorie steht dabei nicht nur in einer langen ideen- und sozialgeschichtli-
chen Kontinuität, wie Oelkers rekonstruiert (vgl. Oelkers 2009), sie verknüpft, darauf weist Honneth hin, bestehende Konzeptionen auch mit dem
Modell einer Sozialisation in der intersubjektiven Sphäre gemeinsamer *habits*
und hebt damit eine Dimension sozialer Kooperation hervor, auf die eine
demokratische Institutionalisierung dann aufbauen kann (vgl. Honneth 1998).

4   Am Beispiel der Familie: Anerkennung und Demokratie als pädagogische Figuren

Die hier skizzierte pädagogische Refigurierung von Anerkennung und Demokratie lässt sich auch in empirische Gegenstandsbestimmungen überführen. Die Familie war schon exemplarischer Bezug der Argumentation. Vor
dem Hintergrund eines Forschungsprojekts zur Familie soll diese Perspektive

hier kurz entfaltet werden.[4] Ein grundlegender Befund des Projekts, bei dem acht Familien ethnographisch untersucht wurden, ist, dass die Familien sich *zu* den habituierten und aktuellen sozialen Ordnungen verhalten, in denen sie situiert sind. Zwar zeigen sich stets Korrelationen zur jeweiligen sozialstrukturellen und kulturellen Lage, es wird aber auch sichtbar, dass die Familien über relative Spielräume der konkreten Bearbeitung ihrer Lage verfügen bzw. sich diese Spielräume schaffen. Das Zusammenleben der Familie fußt dabei auf einer konstitutiven Differenzstruktur, die sich durch die für Familie grundlegende Generationendifferenz ergibt, aber auch durch kulturelle Differenzen der nie deckungsgleichen Herkunft der Eltern, durch Geschlechterdifferenzen sowie durch entwicklungsbedingte Differenzen zwischen Geschwisterkindern (vgl. Müller 2007). Die spezifische familiale Ordnung entwickelt sich nun in je besonderen Praxisformen und Strategien einer gemeinschaftlichen Bearbeitung dieser Binnendifferenzen und der sozialen und kulturellen Lage der Familie. Diese Praxisformen werden im Projekt mit der Kategorie des *Familienstils* erfasst. Mit zwei anderen Kategorien, dem *Erziehungsgestus* und der *Bildungskonfiguration,* werden die Beziehungs- und Bedeutungsgeflechte in den Familien und ihre gemeinschaftliche Gestaltung in Bezug auf die generativen Prinzipien pädagogischer Handlungs- und Interaktionsformen sowie auf die Verflechtungen des familialen Binnenmilieus mit seinem gesellschaftlichen Kontext rekonstruiert.

Alle drei Kategorien sind auf intersubjektive Dimensionen der Entfaltung von Bildungs- und Erziehungsprozessen gerichtet und nehmen in verschiedenen Brennweiten die Dialektik zwischen Präformierung und Gestaltung in den Blick. Dabei wird die familiale Gemeinschaft als Akteursfigur einer dynamischen Selbstbeziehung sichtbar, in der sich ein kulturelles Bedeutungsgeflecht formiert, das in relativen Spielräumen zugleich beständig Gegenstand einer konstruktiven Bearbeitung ist. In dieser Verschränkung von Freiheitsräumen, kulturellen Ansprüchen und sozialstrukturellen Bedingungen treten – bezogen auf die Familie – Konturen spezifisch pädagogischer Begriffe von Anerkennung und Demokratie hervor, die wechselseitig aufeinander verweisen. Die Familie lässt sich als Raum der »gemeinsamen und miteinander geteilten Erfahrung« (Dewey) und damit als demokratisch insofern beschreiben, als sie ihr Zusammenleben gemeinschaftlich und konstruktiv gestaltet und die so gestaltete spezifische sozial-kulturelle Lebensform eine originäre Sphäre und ein originäres Medium der Erziehung und Bildung ist. Als pädagogische Figur einer Dialektik der Anerkennung tritt dabei die intersubjektive Formierung eines kulturellen Bedeutungsgeflechts hervor, das in der intergenerationalen Differenzstruktur der Familie als Gegenstand des Lernens und der Repräsentation immer wieder auch thematisch und damit

4   Dieses Projekt (»Familie als kulturelles Erziehungsmilieu«) unter gemeinsamer Leitung mit Hans-Rüdiger Müller wurde von der DFG 2009 bis 2012 gefördert (zu zentralen Ergebnissen vgl. u. a. Müller u. a. 2012; Krinninger/Müller 2012).

reflexiv wird und das deshalb nicht nur normierende Ordnung, sondern zugleich auch Gegenstand der Bearbeitung ist.

5   Perspektiven erziehungswissenschaftlicher Reflexion

Zum Schluss ist resümierend auf drei Reflexionsstränge hinzuweisen, für die
der Bedarf einer vertiefenden theoretischen wie empirischen Bearbeitung
besteht. Der erste betrifft die immer wieder neu zu stellende Frage nach der
Besonderheit des Pädagogischen. Diese Frage ist gerade im Kontext anerkennungstheoretischer Überlegungen von Bedeutung, zumal auch in erziehungswissenschaftlicher Perspektive Anerkennung als, wie Ricken formuliert, »durchgängiges Medium« (Ricken 2006b, S. 223) der Sozialität gefasst
wird. So wichtig die Thematisierung übergreifender Machtstrukturen und
Anerkennungsverhältnisse ist, in die pädagogische Phänomene eingelagert
sind, müssen doch auch spezifisch pädagogische Figuren und Probleme der
Anerkennung sichtbar gemacht werden, um eine begriffliche Entgrenzung
des Pädagogischen zu vermeiden. Dass entsprechende konzeptuelle Überlegungen auf breitere Beine gestellt werden müssen, stellt neben Ricken (2009)
etwa auch Balzer (2007) fest. In diesem Zusammenhang wäre es lohnend,
dem oben bereits angesprochenen Konzept Ricoeurs nachzugehen, der Anerkennung als Akt der Gabe, ihres Empfangens und ihrer Erwiderung im Modus der Ausnahme bzw. des Zeremoniellen begreift (vgl. Ricoeur 2006). Aus
dieser Beschreibung der Gabe als Geschenk jenseits ökonomischer Äquiva-
lenzstrukturen lassen sich weiterführende Perspektiven entwickeln. So könnte
etwa Ricoeurs Figur der zeitweisen Stillstellung eines konfliktuösen Anerkennungsgeschehens in »Friedenszuständen« (ebd., S. 274 ff) genutzt werden, um die paradoxalen Strukturen des Pädagogischen und ihre praktische
Überbrückung begrifflich neu zu erfassen. Von Elisabeth Sattler liegen hierzu
erste Arbeiten vor (vgl. Sattler 2009; auch Kubac/Sattler 2007).
      Zum zweiten gehört es zur Weiterarbeit an der pädagogischen Diskus-
sion von Demokratie und Anerkennung, nicht nur Machtstrukturen und normative Verstrickungen des Pädagogischen kritisch aufzudecken, sondern
auch, das Pädagogische selbst normativ zu legitimieren. Hier liegt nahe,
Deweys ateleologische Konzeption des »growth« bildungstheoretisch als eine
Pädagogik der Ermöglichung weiter zu entwickeln; verbinden damit ließe
sich ein Aspekt, den im Rekurs auf Jessica Benjamin wiederum Ricken und
auch Balzer zu bedenken geben. Sie verweisen auf ein dezentrisches »Bedürfnis nach dem Anderen« (Ricken 2006b, S. 224; Balzer 2007, S. 64) als
Komplementär eines zentrischen Selbstbezugs. Dieses Verlangen der Entäu-
ßerung wäre als Möglichkeitsbedingung eines pädagogisch eröffneten
Wachstums weiter zu ergründen.

Drittens schließlich geht es darum, Bildung als soziale Praxis kultureller Gemeinschaften zu erforschen. Das ist eine Aufgabe, die nicht ohne empirische Forschung bearbeitet werden kann. Insbesondere für die Allgemeine Pädagogik ist in diesem Zusammenhang geboten, sich noch stärker als bislang zugleich als theoretisch-systematisch ausgerichtete und empirisch forschende Teildisziplin zu positionieren. Hier gilt es, jüngere Entwicklungen einer konstruktiven Verbindung von Bildungstheorie und Bildungsforschung weiter voranzutreiben (vgl. etwa Miethe/Müller 2012). Auch wenn das Allgemeine des Pädagogischen eine unerlässliche Perspektive systematischer Überlegungen ist und bleiben sollte, macht es die Erfordernis, soziale und kulturelle Dimensionen des Anerkennungsgeschehens und demokratischer Lebensformen in ihrer Verschränkung zu erfassen, doch auch notwendig, die damit avisierte Pluralität als konkrete Vielfalt immer wieder neu zu untersuchen. Gilt doch, was Dewey für die Demokratie festhält, unzweifelhaft auch für Anerkennung: »[It] has to be born anew every generation" (Dewey 1980b, 139).

Literatur

Alkemeyer, T. (2006): Lernen und seine Körper. Habitusformungen und -umformungen in Bildungspraktiken. In: Friebertshäuser, B. u. a. (Hrsg.) (2006): Reflexive Erziehungswissenschaft. Forschungsperspektiven im Anschluss an Pierre Bourdieu. Wiesbaden, S. 119-142.

Balzer, N. (2007): Die doppelte Bedeutung der Anerkennung. In: Wimmer, M. u. a. (Hrsg.) (2007): Gerechtigkeit und Bildung. Stuttgart, S.49-75.

Bellmann, J. (2007): John Deweys naturalistische Pädagogik. Argumentationskontexte, Traditionslinien. Paderborn u. a.

Benjamin, J. (2004[3]): Die Fesseln der Liebe. Psychoanalyse, Feminismus und das Problem der Macht. Basel u. a.

Bittner, S. (2001): Learning by Dewey? John Dewey und die deutsche Pädagogik 1900-2000. Bad Heilbrunn.

Butler, J. (2002[6]): Psyche der Macht. Das Subjekt der Unterwerfung. Frankfurt a. M.

Butler, J. (2003): Noch einmal: Körper und Macht. In: Honneth, A./Saar, M. (Hrsg.) (2004): Michel Foucault. Zwischenbilanz einer Rezeption. Frankfurt a. M., S. 52-67.

Claessens, D. (1979[4]): Familie und Wertsystem. Eine Studie zur »zweiten, soziokulturellen Geburt« des Menschen und der Belastbarkeit der »Kernfamilie«. Berlin.

Dewey, J. (1980a): Democracy and Education. In: Boydston, J. A. (Hrsg.) (2008): The Middle Works of John Dewey, 1899-1924, 9. Bd. Carbondale u. a.

Dewey, J. (1980b): The Need of an Industrial Education for an Industrial Democracy. In: Boydston, J. A. (Hrsg.) (2008): The Middle Works of John Dewey, 1899-1924, Bd. 10. Carbondale u. a., S.137-143.

Dewey, J. (1984): Construction and Critisism. In: Boydston, J. A. (Hrsg.) (2008): The Later Works of John Dewey, 1925-1953, Bd. 5. Carbondale u. a., S.127-143.

Dewey, J. (1987): Art as Experience. In: Boydston, J. A. (Hrsg.) (2008): The Later Works of John Dewey, 1925-1953, Bd. 10. Carbondale u. a.

Dewey, J. (1988): Creative Democracy – The Task before Us. In: Boydston, J. A. (Hrsg.) (2008): The Later Works of John Dewey, 1925-1953, Bd. 14. Carbondale u. a., S. 224-230.

Dewey, J. (1996): Die Öffentlichkeit und ihre Probleme. Bodenheim.

Dewey, J. (2000): Demokratie und Erziehung. Eine Einleitung in die philosophische Pädagogik. Weinheim und Basel.

Foucault, M. (1976): Mikrophysik der Macht. Über Strafjustiz, Psychiatrie und Medizin. Berlin.

Foucault, M. (1994): Das Subjekt und die Macht. In: Dreyfus, H. L./Rabinow, P. (1994): Michel Foucault. Jenseits von Strukturalismus und Hermeneutik. Frankfurt a. M., S. 243-261.

Hartmann, M. (2003): Die Kreativität der Gewohnheit. Grundzüge einer pragmatischen Demokratietheorie. Frankfurt u. New York.

Honneth, A. (1998): Democracy as reflexive cooperation. John Dewey and the Theory of Democracy Today. In: Political Theory, Heft 26 (2008), S. 763-783.

Honneth, A. (2003): Kampf um Anerkennung. Zur moralischen Grammatik sozialer Konflikte. Frankfurt a. M. (zuerst 1992).

Honneth, A. (2010): Das Ich im Wir: Studien zur Anerkennungstheorie. Berlin.

Kestenbaum, V. (1977): The Phenomenological Sense of John Dewey. Habit and Meaning. New Jersey.

Krinninger, D./Müller, H.-R. (2012): Die Bildung der Familie. Zwischenergebnisse aus einem ethnographischen Forschungsprojekt. In: Zeitschrift für Soziologie der Erziehung und Sozialisation, Heft 32 (2012), S. 233-249.

Kubac, R./Sattler, E. (2007): Verwobene Ansprüche. Wege der Anerkennung zwischen Bildung und Gerechtigkeit. In: Wimmer, M. u. a. (Hrsg.) (2007): Gerechtigkeit und Bildung. Paderborn, S. 105-122.

Lehmann-Rommel, R. (2005): Aufmerksamkeit für Situationen als entscheidender Faktor für Wirksamkeit. Überlegungen im Anschluss an die Ästhetik Deweys. In: Tröhler, D./Oelkers, J. (Hrsg.) (2005): Pragmatismus und Pädagogik. Zürich, S. 69-85.

Mannheim, K. (1980): Strukturen des Denkens. Frankfurt a. M.

Meyer-Drawe, K. (2000[2]): Illusionen von Autonomie. Diesseits von Ohnmacht und Allmacht des Ich. München.

Miethe, I./Müller H.-R. (Hrsg.) (2012): Qualitative Bildungsforschung und Bildungstheorie. Opladen u. a.

Müller, H.-R. (2007): Differenz und Differenzbearbeitung in familialen Erziehungs-milieus. Eine pädagogische Problemskizze. In: Zeitschrift für Soziologie der Er-ziehung und Sozialisation, 27. Jg. (2007), Heft 2, S. 143-159.

Müller, H.-R./Krinninger, D./Bahr, S./Falkenreck, D./Lüders, M./Su, H. (2012): Er-ziehung und Bildung in der Familie. Pädagogische Grenzgänge in einem interdis-ziplinären Feld. In: Zeitschrift für Pädagogik, Heft 58 (2012), S. 55-68.

Neubert, S. (1998): Erkenntnis, Verhalten und Kommunikation. Münster.

Nohl, A.-M. (2006): Bildung und Spontaneität. Phasen biografischer Wandlungspro-zesse in drei Lebensaltern. Empirische Rekonstruktionen und pragmatische Re-flexionen. Opladen.

Oelkers, J. (2007): Demokratie als Theorienorm in der Pädagogik des Pragmatismus. In: Crotti, C. u. a. (Hrsg.) (2007): Pädagogik und Politik. Historische und aktuelle Perspektiven. Festschrift für Fritz Osterwalder. Bern u. a., S. 151-176.

Oelkers, J. (2009): John Dewey und die Pädagogik. Weinheim.

Reh, S./Ricken, N. (2012): Das Konzept der Adressierung. Zur Methodologie einer qualitativ-empirischen Erforschung von Subjektivation. In: Miethe, I./Müller H.-R. (Hrsg.) (2012): Qualitative Bildungsforschung und Bildungstheorie. Opladen u. a., S. 35-56.

Ricken, N. (2006a): Die Ordnung der Bildung. Beiträge zu einer Genealogie der Bildung. Wiesbaden.

Ricken, N. (2006b): Erziehung und Anerkennung. Anmerkungen zur Konstitution des pädagogischen Problems. In: Vierteljahresschrift für wissenschaftliche Pädago-gik, Jg. 82 (2006), Heft 2, S. 215-230.

Ricken, N. (2009): Über Anerkennung – Spuren einer anderen Subjektivität. In: Ri-cken, N. u. a. (Hrsg.) (2009): Umlernen. Festschrift für Käte Meyer-Drawe. München, S. 75-92.

Ricken, N./Balzer, N. (Hrsg.) (2012): Judith Butler: Pädagogische Lektüren. Wiesba-den.

Ricoeur, P. (2005): Annäherungen an die Person. In: Ricoeur, P. (2005): Vom Text zur Person. Hermeneutische Aufsätze (1970-1999). Hamburg, S. 227-249.

Ricoeur, P. (2006[2]): Wege der Anerkennung: Erkennen, Wiedererkennen, Anerkannt-sein. Berlin.

Röhr, H. (2009): Anerkennung – Zur Hypertrophie eines Begriffs. In: Ricken, N. u. a. (Hrsg.) (2009): Umlernen. Festschrift für Käte Meyer-Drawe. München, S. 93-108.

Sattler, E. (2009): Die riskierte Souveränität. Erziehungswissenschaftliche Studien zur modernen Subjektivität. Bielefeld.

Schäfer, A./Thompson, C. (Hrsg.) (2010): Anerkennung. Paderborn u. a.

Stojanov, K. (2006): Bildung und Anerkennung. Soziale Voraussetzungen von Selbst-Entwicklung und Welt-Erschließung. Wiesbaden.

Wulf, C./Althans, B./Audehm, K./Bausch, C./Jörissen, B./Göhlich, M./Mattig, R./Tervooren, A./Wagner-Willi, M./Zirfas, J. (2004[4]): Bildung im Ritual. Schule, Familie, Jugend, Medien. Wiesbaden.

Grenzen pädagogischen Wissens und der Umgang mit Nicht-Wissen

Peter Gansen, Jochen Kade, Edwin Keiner, Peter Wehling & Michael Wimmer

Einführung

Am Scheitern pädagogischer Interventionsversuche, am Abgrund offener Forschungsfragen, an der narrativen Struktur biografischer Verläufe, an den Unschärfen von Gegenstand und Begriff des Pädagogischen zeigen sich die Grenzen sicheren pädagogischen und erziehungswissenschaftlichen Wissens. Diese Grenzen erzeugen Ratlosigkeit ebenso wie neue Horizonte und verweisen darauf, dass es zuweilen klüger sein könnte, die kritischen Fragen gegen vorschnelle Antworten zu verteidigen und erneut Fragen der Epistemologie und Wissenschaftstheorie zu stellen. Mit dem Problem der Grenzen pädagogischen Wissens wirft die Allgemeine Erziehungswissenschaft insofern auch in reflexivem Selbstbezug einen neuen Blick auf Fragen der Epistemologie, Methodologie und Wissenschaftstheorie des Faches und des pädagogischen Feldes. Wenn Kausalattribuierungen – etwa der Wirkung pädagogischer Interventionen – durch Wahrscheinlichkeiten belastet sind, wenn die scheinbaren Gewissheiten empirischer Bildungsforschung mit Abweichungen, Extremwerten und Residuen zu kämpfen haben, wenn nationale und transnationale Bildungsvergleiche das Problem des Nicht-Vergleichbaren de-thematisieren müssen, wenn die Extrapolation möglicher Zukünfte an individuellen Entscheidungen scheitert, geht es nicht nur um die Frage der Grenzen des pädagogischen Wissens, sondern auch um Modi und Formen des Umgangs mit dem Nicht-Wissen. Dieser Umgang mit Nicht-Wissen muss nicht spannungsreiche Generierung neuen Wissens bedeuten, sondern kann sich auch in Substituten, ja Surrogaten zeigen, die Nicht-Wissen zu Vorurteilen, Glauben oder Überzeugungen verschleifen. Gerade in dieser Hinsicht öffnet sich dann auch ein weites Feld der Möglichkeiten, Gewissheiten und Sicherheiten für die Beschreibung, Darstellung, Analyse und Bewertung pädagogischer Sachverhalte bereitzustellen, die im Durchgang durch die Anerkennung des Nichtwissens auch jenseits des Wissens liegen könnten.

Die folgenden Beiträge sind überarbeitete Kurzfassungen von Vorträgen, die im Rahmen eines Symposiums des DGfE-Kongresses 2012 in Osnabrück gehalten und diskutiert wurden. Dieses Symposium ging zurück auf eine Initiative der DGfE-Sektion Allgemeine Erziehungswissenschaft und ihrer vier Kommissionen und wurde vom Sprecher der Sektion, Edwin Keiner, beantragt, organisiert und durchgeführt. Eine Langfassung der Beiträge wird voraussichtlich 2013 erscheinen.

Edwin Keiner

Grenzen des pädagogischen Wissens und der praktische Wert des Nichtwissens

Wie schon die Grenzdiskurse der Pädagogik in den 20er Jahren des letzten Jahrhunderts können auch die »Erziehungswissenschaftlichen Grenzgänge« als Antworten auf Krisenerfahrungen und neue Herausforderungen verstanden werden. Dabei kommt der Grenze zwischen Wissen und Nichtwissen eine alle sozialen, kulturellen und wissenschaftlichen Bereiche übergreifende Relevanz zu. Sie betrifft alle Diskurse und diskursiven Verhältnisse und kann daher als äußerst sensible Zone von Gesellschaften und kultureller Systeme gelten. Worin besteht aber die Besonderheit dieser Grenze? (1) Was bezeichnet das Wort »Nichtwissen« bzw. wie kann man über Nichtwissen sprechen? (2) Welche Bedeutung hat Nichtwissen für die Erziehungswissenschaft (3) und welchen praktischen Wert hat es für die Pädagogik (4)?

1. Die Besonderheit dieser Grenze besteht schon darin, dass sie nicht eindeutig identifizierbar ist und damit die Grenze selbst betrifft, ihren Begriff wie ihre Funktion, d. h. die Unterscheidbarkeit, Bestimmbarkeit und Identifizierbarkeit als solche. Zwar sind wir mit der »Logik der Grenze« schon seit langem vertraut (vgl. Gamm 2004, S. 172), doch die Grenze zwischen Wissen und Nichtwissen passt nicht in dieses Format, weil es um eine Grenze geht, die ein solches Wissen gerade verhindert. Dennoch spielt das Wort »Nichtwissen«, zumal wenn es zusammen mit dem bestimmten Artikel »*das* Nichtwissen« verwendet wird, mit einem irreführenden Bestimmungseffekt, als könnte man das Nichtwissen identifizieren. In seiner substantivischen Nominalform negiert das Wort in der Art eines performativen Widerspruchs, was es doch behauptet zu bezeichnen. So ist die Grenze zwischen Wissen und Nichtwissen von einer anderen Art als z. B. diejenigen Grenzen zwischen zwei distinkten Identitäten oder Räumen, jedenfalls für diejenigen Formen des Nichtwissens, die sich nicht auf Modifikationen des Wissens reduzieren lassen. Die Grenze versagt darin, einen Unterschied erkennbar und eindeutig zu definieren und zu stabilisieren, das eine vom anderen klar zu trennen. Man weiß nicht nur nicht mehr, was Nichtwissen ist, sondern auch nicht mehr genau, was Wissen ist. Die Grenze verläuft durch das Wissen hindurch und trennt es von sich selbst, so dass jedes Wissen die Spur eines Nichtwissens trägt, die es zugleich verdeckt, auch vor sich selbst. Weil es von seinem eigenen Nichtwissen nichts wissen kann, unterscheidet sich dieses Nichtwissen

vom sokratischen wissenden Nichtwissen. Dieses Nichtwissen ist nicht mehr mit der Metapher der *terra incognita* fassbar, von der man weiß, dass es sie gibt und wo sie liegt und die jenseits der bekannten Welt auf künftige explorative Erforschung wartet, sondern es nistet im Raum der vertrauten wie auch der wissenschaftlich erschlossenen Welt selbst und kann sich, unerwartet, inmitten der bekannten Dinge und Verhältnisse zeigen in Form von etwas Neuem, bisher Unbekanntem, Unvorhergesehenem und ganz Fremdem.

2. Dem Wissen als solchem eignet eine Wirksamkeit, allerdings eine, die es nicht wissen kann. Keine Ausweitung des Wissensterritoriums kann dieses Nichtwissen tilgen. Die Rede vom Nichtwissen reicht zwar wenigstens zurück bis zu Parmenides, und auch das prinzipielle Nichtwissenkönnen, wie es sich im Bilderverbot und als Unsagbarkeit Gottes manifestierte, kann eine Jahrhunderte lange Diskursgeschichte vorweisen. Neu ist jedoch die Erkenntnis dieses radikalen Nichtwissens *im* Wissen und seine Unaufhebbarkeit. Es tritt zwar in vielen Formen auf – als Informationsmangel, als noch-nicht-Wissen oder nicht-mehr-Wissen, als unvollständiges, fehlerhaftes, falsches, illusorisches Wissen, als Nichtwissenwollen oder unbewusstes Wissen, als Mangel an relevantem Wissen oder Nichtwissen aufgrund von Inkommensurabilität. Doch gegenüber diesen Formen des Nichtwissens, die im Grunde Formen des aufgeschobenen, vergangenen oder defizienten Wissens sind, nimmt das radikale Nichtwissen eine Sonderstellung ein, weil es zum einen *anders als Wissen* und daher nicht auf Wissen reduzierbar ist, und zum anderen, weil es das Wissen selbst kontaminiert, sich mit ihm verzahnt, sich als Spur in das Wissen einschreibt und es von sich selbst trennt. Wie ist es dann aber überhaupt möglich vom Nichtwissen zu sprechen? Zunächst einmal kann man über das Nichtwissen nur aus der Perspektive des Wissens sprechen. So wie man vom Mythos nur aus der Perspektive des Logos, vom Wahnsinn nur aus der Position der Vernunft, über den Anderen immer nur als Ich und vom Ich aus sprechen kann, so ist es auch unmöglich, die Grenze des Wissens zum Nichtwissen hin zu überschreiten, ohne es zum Wissen zu machen. Man kann nicht im prinzipiellen Nichtwissen sein und dies zugleich wissen. Kurz: Es gibt den Unterschied nicht als solchen, es ist der Wissende, der *sich* vom Nichtwissenden unterscheidet und so in einer Art der Selbstentzweiung den Unterschied *macht*. Und dennoch ist es möglich, vom prinzipiellen Nichtwissenkönnen zu sprechen, sofern man unter »möglich« nicht einfach das Gegenteil von »unmöglich« versteht, sondern eine andere Möglichkeit des Möglichen, die unter bestimmten Bedingungen eben auch die Möglichkeit des Unmöglichen einschließt. (Derrida 2003)

3. Es ist dieses Nichtwissen als radikales Nicht-wissen-Können, das für das erziehungswissenschaftliche Wissen und die Pädagogik seit der Moderne von Beginn an bedeutsam war und noch ist. Erinnern möchte ich hier nur an die Entdeckung der irreduziblen Fremdheit der Kindheit und an das Axiom der

Unbestimmtheit des Menschen, auf die die moderne Erziehungs- und die neuhumanistische Bildungstheorie auf unterschiedliche Weise antworteten. Die Geschichte moderner Pädagogik kann jedoch als Geschichte der Negation dieses Nichtwissens, der wissenschaftlichen Eroberung des Inneren des Kindes und der Steuerung von Bildungsprozessen verstanden werden. Erst seit den von verschiedenen Seiten ausgelösten Erschütterungen ihrer grundlegenden theoretischen Voraussetzungen wird der pädagogische Diskurs wieder vom Nichtwissen heimgesucht. Der Mythos des reinen Wissens, das von jedem Nichtwissen frei wäre, hat seine Geltung und seine handlungsorientierende Kraft verloren hat und die Vorstellungen von der Bestimmtheit, Konstanz und identischen Wiederholbarkeit des Wissens haben sich als Illusionen herausgestellt. Sowohl das Ideal des vollständigen Wissens als auch das sokratische wissende Nichtwissen verlieren ihre Rahmenfunktion. Umso mehr obliegt der Erziehungswissenschaft die Reflexion der jeweiligen Form des Wissens in Bezug auf seine Kehrseite, sein Nichtwissen, auch in Form seiner möglichen performativen Wirkungen. Denn selbst wenn das Wissen im Realen wirksam ist, kann man nicht wissen, worin die Effekte und Folgen des Wissens bestehen. Das Reale ist für das Wissen das Unmögliche, oder, in einem andern Vokabular, das Außen der System-Umwelt-Einheit ist unbeobachtbar.

4. Wenn die Gesellschaft und ihre Funktionssysteme Ungewissheit und Nichtwissen produzierende Systeme sind, dann müsste nach Luhmann die Pädagogik diese Situation erkennen und darauf reagieren: »Es müsste eine Pädagogik geben, die den zu erziehenden Nachwuchs auf eine unbekannt bleibende Zukunft einstellt« (Luhmann 2002, S. 198). Nichtwissen müsse als »Ressource« betrachtet werden, d. h. als »die Bedingung der Möglichkeit, Entscheidung zu treffen« (ebd.). Dieser Umgang mit Nichtwissen als »Ressource« ist ein Versuch, sich das Unverfügbare verfügbar zu machen, und fällt damit hinter die Einsicht in die Radikalität des Nichtwissenkönnens zurück. Was es heißt, den Nachwuchs auf die unbekannt bleibende Zukunft einzustellen, wissen wir seit den Debatten um die Bildung in der Wissensgesellschaft, das lebenslange Lernen und das unternehmerische Selbst inzwischen sehr gut. Wenn das Nichtwissen einen praktischen Wert hat, dann sicher nicht den einer Ressource, deren man sich für »profitables Entscheiden« bemächtigen könnte. Nichtwissen macht sich von sich aus bemerkbar, es irritiert, stört, kommt dazwischen, fügt sich nicht den Erwartungen und Planungen, enttäuscht und straft vermeintliches Wissen Lügen.

Es geht mithin um das Verhältnis zwischen intentionaler Verfügbarkeit und aktiver Steuerung auf der einen Seite und unverfügbaren Ansprüchen und unentscheidbaren Situationen auf der anderen. Statt Nichtwissen mit allen Mitteln wissenschaftlicher Forschung zu bekämpfen oder als Ressource zu betrachten, lautet die entscheidende Frage, wie das Verhältnis zwischen Wissen und Nichtwissen jenseits der grenzziehenden Wissenspolitiken formulierbar wäre und was es für das Wissen, das Handeln und für das Selbstverständnis von WissenschaftlerInnen oder professionellen PädagogInnen bedeuten würde, wenn radikales Nichtwissen nicht nur ein vergangenes und ungültig gewordenes oder ein aufgeschobenes, zukünftiges Wissen wäre, sondern ein irreduzibles Nichtkönnen. Diese Form des radikalen Nichtwissens ist m. E. das Skandalon, das durch die Diskurse über den Umgang mit Nichtwissen verdrängt wird, weil es sich jedem aktiven Bewältigungsversuch und Wissenwollen entzieht und damit die Phantasmen des machtvollen Wissens und Handelns scheitern lässt. Die Konjunktion zwischen intentionalem Handeln, reinem Wissen und autonomem Vernunftsubjekt zerfällt, denn das prinzipielle Nichtwissen stellt eine unüberwindbare Grenze für das machtvolle Können und die Selbsttransparenz dar. Dem Subjekt widerfährt es eher, als dass es das Nichtwissen entdecken würde und konfrontiert es mit der Möglichkeit einer Unmöglichkeit, mit dem also, was in gewisser Weise nicht »ist«. Wenn – was kein Beispiel unter anderen ist – die radikale Andersheit des Anderen im Raum des Wissens nur als Nichtwissen erscheinen kann, dann ist die Wahrnehmung eines Nichtwissenkönnens die Bedingung der Möglichkeit, dem Anspruch des Anderen überhaupt gerecht werden zu können. Dies ist nur möglich, wenn das antwortende Handeln nicht weiß und nicht wissen kann, was es tun soll. Es muss daher durch den Punkt der Unentscheidbarkeit hindurchgehen. Nach Derrida besteht der Akt des Handelns selbst genau darin und findet deshalb, so seltsam das klingen mag, im Nichtwissen statt (Derrida 2000, S. 106). Und weil es für diese praktische Beziehung zum anderen keine Gelingensgarantien gibt und sich stets erst nachträglich zeigen kann, ob und wieweit die Antwort ihm gerecht hat werden können, bleibt dieses Handeln strikt verwiesen an die Unbestimmbarkeit, Offenheit und Zukünftigkeit der Zukunft. So liegt vielleicht der größte Wert des Nichtwissens darin, dass die Zukunft offen bleibt. Würde man immer schon wissen, was geschieht, gäbe es nichts Neues auf der Welt, alles wäre schon beim ersten Eintreffen eine Wiederholung des Erwarteten, vergangen, bevor es passiert. Es gäbe keine Zukunft mehr.

Michael Wimmer

Figuratives Wissen und Nichtwissen in pädagogischen Feldern

Metaphernanalytische Forschung in der Erziehungswissenschaft

Die Erziehungswirklichkeit ist immer schon sprachlich vermittelt in dem doppelten Sinne, dass pädagogisches Handeln zu einem Großteil sprachliches Handeln ist und dass in verschiedenen Bereichen permanent über Erziehung gesprochen wird. Im Hinblick auf die Entwicklung des wissenschaftlichen Diskurses und seiner Metaphern lassen sich zwei historische Besonderheiten konstatieren: Zum einen steht die Fachsprache der Erziehungswissenschaft in engem, z. T. konkurrierenden Verhältnis zu anderen. Zum anderen zeigt sich »die« Sprache der Erziehungswissenschaft als ebenso heterogen wie das Fach selbst – je nach Fachrichtung, Theorieschule und Modeströmungen. Die Diskurse in der   Erziehungswissenschaft sind äußerst wandelbar, und aus der »Zirkulation der sprachlichen Formen und Inhalte« (Terhart 1999) ergeben sich immer wieder Quellen für Missverständnisse. Es ist daher auf die Bedeutung einer reflexiven, metaphernanalytischen Kontrolle der Wissenschaftssprache aufmerksam zu machen. In erkenntnistheoretischen Reflexionen zur Metaphern wird deren Bedeutung gerade an den Grenzen des Wissens bzw. an den Übergängen von Wissen und Nichtwissen festgestellt. In der Philosophie betont Ralf Konersmann (2008) den Doppelcharakter der Metaphern: Metaphern haben Geschichte und sie erzählen Geschichten; sie seien »Erzählungen, die sich als Einzelwort maskieren«. Für ihn sind Metapher(ngeschichte) und Begriff(sgeschichte) nicht voneinander zu trennen, sondern koexistieren im Modus funktionaler Differenz. Wenn die Metapher als eine »Figur des Wissens« verstanden wird, besteht die Aufgabe darin zu erläutern, wie die Begriffe und wie Formen des Weltbegreifens Kohärenz und Plausibilität gewinnen. Solch ein Anliegen geht auf Hans Blumenberg zurück und zielt mit der Frage nach der historischen Genese des Wissens auf die rationalen Vorgriffe, die wissenschaftliche Theorien und Paradigmen(wechsel) ermöglichen. Dies führt zur Analyse der Substrukturen des Denkens, auf denen neue und alte Begriffe und Theorien gründen. Bei der Analyse figurativen Wissens in Form von Metaphern ist der sprachliche, situative und kulturelle Kontext herauszuarbeiten, in der die metaphorische Funktion sich systematisch entfaltet. Wissenschaftstheoretisch betrachtet kann sich die Rationalität der Metapher (Debatin 1996) nur durch Formen einer reflexiven Metaphorisierung entfalten (Remetaphorisierung, Erweiterung, Veränderung, Historisierung, Konfrontation mit Bildbrüchen, Gegenmetaphern etc.).

Ein solches Forschungsprogramm ist in der Erziehungswissenschaft eine unabschließbare Aufgabe. Fragt man nach Weisen des Umgangs mit Nichtwissen bzw. der Verfasstheit von Substituten für wissenschaftliche Erkenntnisse wird man sehen, dass sich solche gerade in metaphorische verfassten Leitbildern und Glaubenssätzen finden lässt. Eine metaphorologische Forschungsfrage wäre dabei: Wie werden figurative Formen des Wissen und Nichtwissens in Form metaphorischer Konzepte über Erziehung und Lernen vermittelt, wie werden sie in verschiedenen Diskursfeldern konstruiert und in andere(n) übertragen, variiert, (miss)verstanden? Verschiedene erziehungswissenschaftliche Arbeiten haben die historische Wirkmacht einschlägiger Metaphern von Lernen und Erziehung gezeigt (Meyer-Drawe 1999; Guski

2007; Bilstein 2008). Hier zeichnet sich die erziehungswissenschaftliche Erforschung figurativer Wissensformen immer wieder durch differenzierte geisteswissenschaftliche, historisch-hermeneutische Reflexionen über die Rolle *einzelner* Metaphern aus. Probleme der erziehungswissenschaftlichen Metaphernforschung im deutschsprachigen Raum waren dabei bisher, dass diese weitgehend von einem metatheoretischen und selbstreflexiven Diskurs gekennzeichnet waren, dass sie kaum Anbindungen an interdisziplinäre und internationale Forschung aufwiesen und deshalb auch häufig mit einem nicht explizierten oder nicht aktuellen Begriff der Metapher arbeiteten. Einschlägige theoretische und empirische »Wenden« der Metaphernforschung im Anschluss an Bestimmungen der Linguistik und Kognitionswissenschaften (Lakoff 1993; Jäkel 2003) sind kaum bearbeitet worden – ein recht beharrlicher Ausschluss geeigneten disziplinfremden Wissens. Einzelne Zugänge in der erziehungswissenschaftlichen Kindheitsforschung (Gansen 2010), der Allgemeinen Didaktik (Gropengießer 2006) sowie der Sozialen Arbeit (Schmitt 2010) haben sich der umfangreichen Rezeption des Forschungsstands und der wissenschaftlichen Anwendung auf Forschungsfragen in pädagogischen Feldern gewidmet. Beim Verfahren der systematischen Metaphernanalyse werden zunächst anhand der Fragestellung metaphorische Zielbereiche identifiziert, die kulturelle Hintergrundmetaphorik und der Horizont möglicher Bildfelder gesammelt; dann erfolgt die Materialerhebung (Texte oder Interviewtranskripte); dieses wird zunächst dekonstruiert im Hinblick auf jegliche metaphorischen Ausdrucksweisen, um wiederum rekonstruktiv metaphorische Konzepte herauszuarbeiten, zu »sättigen«, zu überprüfen auf Leerstellen zu untersuchen, ggf. eine Methoden- bzw. Theorie-Triangulation zu ergänzen; schließlich erfolgt die eigentliche Interpretation und Darstellung (vgl. Schmitt 2003). Zur Untersuchung der Wissenschafts-, Fach- und Handlungssprache(n) in der Pädagogik bieten empirische Forschungen mit Hilfe systematischer Metaphernanalysen für das Verständnis von »Übergängen« des Wissens und Nichtwissens zwischen verschiedenen Feldern in Wissenschaft, Bildungspolitik, pädagogischer Praxis usw. großes Potential.

Peter Gansen

Eine Rechnung mit vielen Unbekannten

Soziologische Überlegungen zum Umgang mit Nichtwissen

Aus einer soziologischen Perspektive zeigt sich, dass der Umgang mit Nichtwissen eingebettet ist in und geprägt wird von sich wandelnden gesellschaftlichen und kulturellen Kontexten. Eine besondere Rolle spielen dabei soziale Konflikte um die Deutung, Zuschreibung und normative Bewertung des Nichtwissens. Drei Aspekte möchte ich in diesem Zusammenhang hervorheben:

1. Eine Reihe von Beispielen, wie das inzwischen institutionell anerkannte »Recht auf Nichtwissen« in der Medizin, deuten darauf hin, dass man gegenwärtig von einer zumindest partiellen Neubewertung des Nichtwissens und einer latenten *Relativierung und Historisierung der modernen Wissensordnung* sprechen kann. Gemeint ist damit, dass zwei Schlüsselelemente dieser Wissensordnung, die Verzeitlichung des Nichtwissens zum bloßen »Noch-Nicht-Wissen« sowie die moralische Abwertung des Nichtwissens und Nicht-Wissen-Wollens (als geistige Trägheit, »irrationales« Festhalten an lieb gewonnenen Glaubenssätzen etc.) bis zu einem Grad ihre Selbstverständlichkeit verlieren. In einer wachsenden Zahl von Kontexten und Handlungsfeldern wird stattdessen allmählich anerkannt, dass Nichtwissen sich als unüberwindbar und unauflöslich erweisen kann (so dass der Versuch, es durch noch mehr Forschung »in den Griff« zu bekommen, ins Leere laufen muss), aber auch, dass Nichtwissen keineswegs immer negative Folgen haben muss. Es kann vor »zu viel« Wissen oder belastendem Wissen schützen und damit individuelle Freiheits- und Handlungsspielräume bewahren.

2. Zum Verständnis aktueller Debatten und Konflikte um Wissen und Nichtwissen sind drei Unterscheidungsdimensionen des Nichtwissens wichtig und hilfreich (vgl. hierzu ausführlicher Wehling 2006): a) das Wissen des Nichtwissens (gewusstes vs. nicht-gewusstes Nichtwissen), b) die Intentionalität des Nichtwissens (gewolltes/sozial zurechenbares Nichtwissen vs. ungewolltes, unvermeidbares, sozial nicht zurechenbares Nichtwissen) sowie c) die zeitliche Stabilität des Nichtwissens (temporäres »Noch-Nicht-Wissen« vs. unüberwindliches »Nicht-Wissen-Können«). In diesen Dimensionen wird Nichtwissen (sowie dessen Relevanz, Hintergründe und mögliche Folgen) gesellschaftlich jeweils unterschiedlich gedeutet, so dass sich hieran unter Umständen politische Konflikte entzünden können: Hat man es beispielsweise bei großtechnischen Eingriffen in die natürliche Umwelt »nur« mit temporären Wissenslücken oder mit unhintergehbarem Nichtwissen zu tun, und wissen wir wenigstens, was wir nicht wissen, oder müssen wir damit rechnen, dass jenseits unserer gängigen Wahrnehmungs- und Erwartungshorizonte unvorhergesehene Überraschungen mit möglicherweise fatalen Folgen lauern? In diesem Fall hätte man es nicht nur mit Unbekanntem, sondern mit »unbekannten Unbekannten« (*unknown unknowns*) zu tun. Und hätte man in einer gegebenen Situation nicht doch mehr wissen können, wenn man gewollt hätte – oder war das mangelnde Wissen über negative Handlungsfolgen tatsächlich unvermeidbar? Wichtig ist in diesem Zusammenhang, sich zu vergegenwärtigen, dass es keine gesellschaftliche Instanz gibt, weder die Wissenschaft noch staatliche Politik, die in der La-

ge ist, autoritativ eine verbindliche und konsensfähige Deutung des Nicht-Gewussten vorzugeben.

3. Diese Entwicklungen verdichten sich seit einigen Jahren zu einer vielschichtigen *Politisierung des Nichtwissens*, die in zahlreichen gesellschaftlichen Handlungsbereichen zu beobachten ist, vor allem in Konflikten um technologische Innovationen (Gentechnik, Nanotechnologie, Biomedizin), aber wenigstens teilweise auch in aktuelle erziehungswissenschaftliche Debatten um Evaluation oder »evidenzbasierte« Pädagogik hineinspielt. Sowohl die Gründe für Nichtwissen als auch seine (normative) Bewertung und seine möglichen Konsequenzen werden tendenziell zum Gegenstand politischer Auseinandersetzungen. Diese greifen auf das Wissen über, so dass die »klassisch« moderne Vorstellung, wonach Wissen *per se* vorteilhaft und auf jeden Fall besser als Nichtwissen ist, zumindest nicht mehr als ganz selbstverständlich akzeptiert wird. Zudem gewinnt die Einsicht mehr und mehr an Boden, dass auch die Wissenschaft selbst bei der Erzeugung neuen Wissens gleichzeitig neues Nichtwissen mit hervorbringt und diesen Umstand in ihre Selbstbeobachtung mit aufnehmen sollte.

Als Fazit dieser Überlegungen kann festgehalten werden, dass es keine verallgemeinerbaren, situationsunabhängigen Regeln für den Umgang mit Nichtwissen geben kann. Vielmehr muss jeweils kontextspezifisch und teilweise im Konflikt unterschiedlicher Deutungen ausgehandelt werden, wie mit Nichtwissen (und Wissen) jeweils verfahren werden soll. Selbstverständlich wäre es unsinnig (und wird auch von niemandem ernsthaft gefordert), die bisher vorausgesetzte institutionelle und normative Präferenz für Wissen gegenüber Nichtwissen einfach durch eine spiegelbildliche generelle Vorliebe für Nichtwissen zu ersetzen. Entscheidend ist gleichwohl, sich die Historizität und Kontingenz der modernen Privilegierung des Wissens bewusst zu machen, denn nur dann kann im Sinne eines methodischen Symmetrieprinzips eine »vorurteilsfreie« Auseinandersetzung über »Nutzen und Nachteil des Nichtwissens für das Leben« (Martin Seel) geführt werden.

Peter Wehling

Kontingente Kontexte

Ungewisse Biographien und erziehungswissenschaftliche Gewissheiten

Niklas Luhmann hat dafür plädiert, den Umgang mit Nicht-Wissen zum pädagogischen Handlungsziel zu machen. »Es müsste« – so heißt es im »Erziehungssystem der Gesellschaft« – »eine Pädagogik geben, die den zu erziehenden Nachwuchs auf eine unbekannt bleibende Zukunft einstellt. [Das heißt insbesondere,] dass das Unbekanntsein der Zukunft eine Ressource ist, nämlich die Bedingung der Möglichkeit Entscheidung[en] zu treffen. Die Konsequenz wäre, dass das Lernen von Wissen weitgehend ersetzt werden müsste durch das Lernen des Entscheidens, das heißt: des Ausnutzens von Nichtwissen« (Luhmann 2002, S. 198). Die Erziehungswissenschaft kann sich nicht umstandslos an einem solchen pädagogischen Handlungsziel orientieren. Ihr stellt sich die Frage, ja, die Herausforderung, wie sie unter den Bedingungen gesteigerter Ungewissheit im Feld von Erziehung, Bildung und Lernen, d. h. in ihrem Objektbereich (vgl. Helsper/Hörster/Kade 2003), noch den für sie konstitutiven Wissensanspruch aufrechterhalten kann.

Am speziellen Fall von Bildungsbiographien lässt sich diese Frage genauer erörtern. Diese Spezifizierung ergibt sich nicht aus dem eher kontingenten Grund einer ja nur vordergründigen Nähe zwischen biographischen Ungewissheiten und erziehungswissenschaftlichen Ungewissheiten. Entscheidender ist ein systematischer Grund: Erziehungswissenschaftliche Biographieforschung hat es zu tun mit der Analyse sich wandelnder Lebensverläufe und Biographien innerhalb sich wandelnder gesellschaftlicher Kontexte sowie sich wandelnder erziehungswissenschaftlicher Diskurse und pädagogischer Institutionalisierungen. Bildungsbiographien sind von so großer Komplexität, dass ihre Ungewissheit von der Erziehungswissenschaft theoretisch und methodologisch nicht vollständig unter Kontrolle gebracht werden kann, und daher eine besondere Herausforderung für den erziehungswissenschaftlichen Diskurs zum Thema Ungewissheit darstellt. Ähnlich wie die empirische Bildungsforschung die nur mangelhafte Rezeption ihrer wunderbaren Ergebnisse in der pädagogischen Praxis nicht erklären kann (vgl. Tenorth 2012), ist die Erziehungswissenschaft bislang nicht in der Lage, die Vielfalt, die Brüche und die Ambivalenzen biographischer Ungewissheit metareflexiv einzuholen und erziehungswissenschaftlich zu reformulieren. Der Vortrag geht davon aus, dass die Weiterentwicklung des Diskurses zur biographischen Ungewissheit für die Erziehungswissenschaft wesentliche Anregungen zu erbringen vermag, um die Frage des Umgangs mit Ungewissheit im Bezugsrahmen der Nutzung von Kontextualität als Ansatz der Wissenschaftsanalyse zu erörtern.

Kontextualistische Modelle der Wissenschaftsentwicklung stehen generell vor dem Hintergrund der Historisierung der Wissenschaftstheorie. Sie modellieren Wissenschaftsentwicklung als einen »reflexiv-kontextbezogenen Prozeß« (Bonss 1998, S. 974) und stellen damit ein objektivistisches, eindimensional auf Wissen zentriertes Selbstverständnis von Wissenschaften in Frage, insofern die Erzeugung wissenschaftlichen Wissens im Horizont multipler Übergänge von Ungewissheit in Gewissheit und Gewissheit in Ungewissheit verläuft. Kontextualistische Konzepte der Wissenschaftsentwicklung tragen so dazu bei, die Hervorbringung und Handhabung von Unsicherheit und Ungewissheit wissenschaftlichen Wissens »besser zu begreifen« (Bonss/Hohlfeld/Kollek 1993, S. 171). Um den »Prozesscharakter der Konstitution und Handhabung wissenschaftlicher Erklärungen« zu betonen, liegt es nahe, »Prozesse der Kontextuierung und Umkontextuierung« in den Mittelpunkt zu stellen (ebd., S. 182).

Vor dem Hintergrund eines kontextualistischen Ansatzes der Generierung erziehungswissenschaftlichen Wissens können systematisch unterscheidbare Ungewissheiten eines bildungsbiographischen Falls aus einer von der DFG geförderten qualitativen Längsschnittstudie zum Wandel von bildungsbiographischen Gestalten zwischen 1984 und 2009 zur weiteren Erläuterung herangezogen werden. Diese Ungewissheiten verweisen zum einen auf die Kontingenz lebensalterspezifischer, individueller und kollektiver gesellschaftlicher Kontexte von Lebensläufen, zum anderen auf die Zeitabhängigkeit und im speziellen auf die Gegenwartsabhängigkeit der kontingenten Kontexte von bildungsbiographischen Gestaltungen von Bildungsbiographien. Die besondere Bedeutung des für den Vortrag ausgewählten Falls temporärer Bildungsbiographien ergibt sich daraus, dass bereits für die Rekonstruktion der Bildungsbiographie zum Zeitpunkt 1984 eine zeitnahe Version vorliegt. Ihre Facetten erlauben es, die Entwicklung des erziehungswissenschaftlichen Wissens zwischen 1984 und 2009 fallbezogen zu analysieren. Diese Entwicklung geht – wie erläutert wird – im Wandel vom Konzept der »diffusen Zielgerichtetheit« zum Konzept »serieller Biographien (vgl. auch Kade 2011; Hof/Kade/Fischer 2010) in Richtung auf eine stärkere Einbeziehung von kontingenten Kontexten und damit biographischen Ungewissheiten in komplexe erziehungswissenschaftliche Theoriearchitekturen und zeitsensible Forschungsmethodologien. Generell kennt der erziehungswissenschaftlich-pädagogische Diskurs eine Reihe von Formen des Umgangs mit Nichtwissen zwischen den Polen Ausblendung einerseits und reflektierte Bearbeitung andererseits. So insbesondere die Modi der Ausblendung, gewissermaßen als Kehrseite der Suche nach (vermeintlich) sicherem Wissen; des Verzichts auf den Anspruch der Vermittlung von Wissen; der Absicherung durch Netzwerkbildung; der Ungewissheitsbewältigung durch raumzeitliche Ausdehnung, des Ausbaus professioneller Reflexionsschleifen; der Nutzung von Ungewissheit als Produktivkraft und die Strategie komplexerer Theoriearchitekturen (vgl. Kade/Seitter 2003). Herausgearbeitet wird, dass darüber hinaus die Entwicklung erziehungswissenschaftlicher Beobachtung von Bildungsbiographien nicht nur erziehungswissenschaftlich intern bestimmt ist, sondern auch noch einmal extern von ihr gegenüber kontingenten Kontexten anderer wissenschaftlicher, insbesondere soziologischer und sozialphilosophischer Zugänge steht. Dies wird an den Diskursen zu den Themen Reflexive Modernisierung, Autonomie und Anerkennung aufgezeigt. Die kontingente Entwicklung dieser »Bezugswissenschaften« führt in der Erziehungswissenschaft zum unvermeidlichen Entstehen von temporärem, damit als

solches nicht gewusstem Nichtwissen. Es läuft unbegriffen mit jedem For-
schungsprozess mit. Darüber hinaus werden in diesem Zusammenhang for-
schungskulturelle und wissenstheoretische Voraussetzungen des Umgangs
mit Ungewissheit relevant, die ihrerseits in Abhängigkeit auch noch einmal
von den Biographien der Forschungsakteure stehen. Perspektivisch ergibt
sich hieraus das Plädoyer für eine Weiterentwicklung ungewissheitssensibler
Forschungskulturen, die Raum lassen für die Reflexion auch noch einmal der
(verborgenen) Selbstreferentialität der Forschungsakteure.

Jochen Kade

Literatur:

Bilstein, J. (2008): Implizite Anthropologeme in pädagogischer Metaphorik. In: Ma-
     rotzki, W./Wigger, L. (Hrsg.): Erziehungsdiskurse. Bad Heilbrunn, S. 51-73.
Bonss, W. (1998): Uneindeutigkeit, Unsicherheit, Pluralisierung. Zum epistemologi-
     schen Problembestand jenseits der Moderne. In: Merkur, Jg. 52, Heft 9/10, S.
     968-975.
Bonss, W./Hohlfeld, R./Kollek, R. (1993): Kontextualität – ein neues Paradigma der
     Wissenschaftsanalyse? In: Dies. (Hrsg.): Wissenschaft als Kontext – Kontexte
     der Wissenschaft. Hamburg, S. 171-191.
Debatin, B. (1996): Die Rationalität der Metapher: Eine sprachphilosophische und
     kommunikationstheoretische Untersuchung. Berlin, u. New York.
Derrida, J. (2003): Eine gewisse unmögliche Möglichkeit, vom Ereignis zu sprechen.
     Berlin.
Derrida, J. (2000): Politik der Freundschaft. Frankfurt a. M.
Gamm, G. (2004): Der unbestimmte Mensch. Zur medialen Konstruktion von Sub-
     jektivität. Berlin u. Wien.
Gansen, P. (2010): Metaphorisches Denken von Kindern. Theoretische und empiri-
     sche Studien zu einer pädagogischen Metaphorologie. Würzburg.
Gropengießer, H. (2006): Wie man Vorstellungen der Lerner verstehen kann. Le-
     benswelten, Sprechwelten, Denkwelten. Oldenburg.
Guski, A. (2007): Metaphern der Pädagogik. Metaphern von schulischem Lernen und
     Lehren in pädagogischen Texten von Comenius bis zur Gegenwart. Bern.
Helsper, W./Hörster, R./ Kade, J. (Hrsg.) (2003): Ungewissheit, Pädagogische Felder
     im Modernisierungsprozess. Weilerswist.
Hof, Ch./Kade, J./Fischer, M. E. (2010): Serielle Bildungsbiographien – Auf dem
     Weg zu einem qualitativen Bildungspanel zum Lebenslangen Lernen. In: Zeit-
     schrift für Pädagogik, Jg. 56, Heft 3, S. 328-339.

Jäkel, O. (2003²): Wie Metaphern Wissen schaffen. Die kognitive Metapherntheorie und ihre Anwendung in den Diskursbereichen Geistestätigkeit, Wirtschaft, Wissenschaft und Religion. Berlin.

Kade, J. (2011): Vergangene Zukünfte im Medium gegenwärtiger Bildungsbiographien. Momentaufnahmen im Prozess des Biographisierens. In: BIOS. Zeitschrift für Biographieforschung und Oral History und Lebensverlaufsanalysen, Jg. 24, Heft 1, S. 29-52.

Kade, J./Seitter, W. (2003): Jenseits des Goldstandards. Über Erziehung und Bildung unter den Bedingungen von Nicht-.Wissen, Ungewissheit Risiko und Vertrauen. In: Helsper, W./Hörster, R./Kade, J.: Ungewissheit. Pädagogische Felder im Modernisierungsprozess. Weilerswist, S. 50-72.

Konersmann, R. (Hrsg.) (2008): Wörterbuch der philosophischen Metaphern. Darmstadt.

Lakoff, G. (1993): The contemporary theory of metaphor. In: Ortony (Hrsg.): Metaphor and Thought. S. 202-251.

Luhmann, N. (2002): Das Erziehungssystem der Gesellschaft. Hrsg. v. D. Lenzen. Frankfurt a. M.

Meyer-Drawe, K. (1999): Zum metaphorischen Gehalt von »Bildung« und »Erziehung«. In: Zeitschrift für Pädagogik, Jg. 45, Heft 2, S. 161-175.

Schmitt, R. (2003): Methode und Subjektivität in der Systematischen Metaphernanalyse. [54 Absätze]. Forum Qualitative Sozialforschung/Forum: Qualitative Social Research, Jg. 4, Heft 2. http://www.qualitative-research.net/fqs-texte/2-03/2-03schmitt-d.htm [16.01.2013].

Schmitt, R. (2010): Metaphernanalyse. In: Bock, K./Miethe I. (Hrsg.) Handbuch qualitative Methoden in der Sozialen Arbeit. Opladen, S. 325-335.

Terhart, E. (1999): Sprache der Erziehungswissenschaft. In: Zeitschrift für Pädagogik, Jg. 45, Heft 2, S. 154-159.

Wehling, P. (2006): Im Schatten des Wissens? Perspektiven der Soziologie des Nichtwissens. Konstanz.

Statement 1: Empirische Bildungsforschung

Positionspapier anlässlich des DGfE-Kongresses 2012

Detlev Leutner

Zum Begriff

Unter Empirischer Bildungsforschung verstehe ich Forschung zum Lernen und Lehren in primär institutionellen Kontexten, die sich Methoden wissenschaftlicher Beobachtung bedient. Ziel der Empirischen Bildungsforschung ist es, Bildungsprozesse und Bildungsergebnisse zu beschreiben, zu erklären und vorherzusagen – und dies auf verschiedenen Ebenen, z. B. der Ebene des Individuums, der Ebene der Lerngruppe und Schule bis hin zur Ebene des Schulsystems. In der Empirischen Bildungsforschung geht es also nicht nur um internationale Large-Scale-Studien wie TIMSS, PISA und IGLU oder nationales Bildungsmonitoring mit Vergleich der Bundesländer, sondern es geht insbesondere auch um »Small-Scale«-Studien, bei denen bildungsbezogene Sachverhalte beschrieben und analysiert werden oder anhand kleiner experimenteller Studien untersucht wird, ob bestimmte pädagogische Interventionen theoretisch begründet bessere Wirkung zeigen als andere.

Erziehungswissenschaftliche Empirische Bildungsforschung?

Empirische Bildungsforschung ist ein Forschungsfeld, das – um im Bild zu bleiben – von verschiedenen wiss. Disziplinen bearbeitet wird, neben der Erziehungswissenschaft u. a. auch von der Psychologie, der Soziologie, der Ökonomie und den Fachdidaktiken. Üblicherweise gehen verschiedene wissenschaftliche Disziplinen mit genuin eigenen Paradigmen an die Empirische Bildungsforschung heran, d. h. mit spezifischen Forschungsfragen und Theorien sowie spezifischen Forschungsmethoden, die wiederum spezifische Forschungsergebnisse erwarten lassen. So bedient sich die Psychologie bei ihrer Forschung zum Einsatz von Medien in Schule und Unterricht z. B. kognitionspsychologischer Theorien zum Lernen mit Multimedia, verwendet experimentelle Untersuchungsdesigns und publiziert die Forschungsergebnisse möglichst in wissenschaftlichen Zeitschriften oder Journals mit Peer-Review. Betrachtet man die wissenschaftlichen Disziplinen, die das Feld der Empirischen Bildungsforschung bearbeiten, dann stellt sich die spannende und m. E.

noch nicht beantwortete Frage, welche genuin eigenen Paradigmen die Erziehungswissenschaft neben den anderen wissenschaftlichen Disziplinen beizusteuern vermag.

Empirische Bildungsforschung und Bildungspolitik

Die Ergebnisse der bekannten internationalen Large-Scale-Studien (TIMSS, PISA etc.) haben ohne Zweifel einen großen Ruck durch die deutsche Bildungspolitik gehen lassen: Die Nachkommen des »Volkes der Dichter und Denker« konnten Anfang der 2000er Jahre – um nur zwei zentrale Ergebnisse der PISA 2000-Studie in Erinnerung zu rufen – nicht nur nicht mehr angemessen lesen, sondern wollten es auch nicht; und in keinem der OECD-Staaten war die Bildungsgerechtigkeit so gering wie in Deutschland.

Empirische Bildungsforschung hat hier beschrieben, was ist, und Bildungspolitik hat dann entschieden, was getan werden soll. Ich denke, dass diese beiden Bereiche – wissenschaftliche Forschung einerseits und Politik andererseits – konzeptuell sauber auseinandergehalten werden müssen. Politische Entscheidungen folgen gewöhnlich anderen Regeln als die auf Erkenntnis hin ausgerichtete wissenschaftliche Forschung. Dementsprechend kann sich der Begriff »Evidenzbasierung« in der Bildungspolitik m. E. nur darauf beziehen, dass bei bildungspolitischen Entscheidungen Ergebnisse der Empirischen Bildungsforschung herangezogen werden, um den Status Quo zu beschreiben, erwartbare Wirkungen und Nebenwirkungen von Handlungsalternativen im Vorfeld – soweit dies wissenschaftlich seriös möglich ist – abzuschätzen und tatsächliche Effekte gewählter und implementierter Maßnahmen dann festzustellen und ggf. zu quantifizieren. Empirische Bildungsforschung kann also beraten und der Bildungspolitik Wissen bereitstellen, welches bei der politischen Diskussion um Steuerungsentscheidungen mit berücksichtigt werden kann und m. E. auch berücksichtigt werden sollte. Ob man diesbezüglich aber – wie mitunter zu hören ist – von unmittelbar umsetzbarem »Steuerungswissen« reden sollte, möchte ich bezweifeln: Mit wissenschaftlichen Methoden gewonnenes Wissen ist immer mit Unsicherheit behaftet (die man als seriöser Forscher benennen kann und auch benennen sollte), und politische Entscheidungen haben immer widerstreitende Interessenlagen zu berücksichtigen (die hoffentlich nicht immer zu »faulen« Kompromissen führen). Von »Umsetzung« bildungswissenschaftlichen Wissens in Politik kann m. E. also keine Rede sein.

Zusammenfassung in drei Thesen

1. Empirische Bildungsforschung bezieht sich nicht nur auf deskriptiv
    angelegte Large-Scale-Studien, sondern umfasst insbesondere auch klei-
    nere Studien, bei denen es um die Beschreibung und Analyse bildungs-
    bezogener Sachverhalte sowie um Ursache-Wirkungswissen geht und die
    sich empirischer, insbesondere aber auch experimenteller Forschungs-
    methoden bedienen.

2. Empirische Bildungsforschung ist ein Forschungsfeld, welches von ver-
    schiedenen wissenschaftlichen Disziplinen bearbeitet wird. Der genuin
    eigene Beitrag der Erziehungswissenschaft ist eine noch zu diskutierende
    Frage.

3. Empirische Bildungsforschung ist nicht in der Position, Steuerungswis-
    sen zu erzeugen, welches durch die Bildungspolitik unmittelbar umge-
    setzt werden kann. Mittelbar kann das in der Empirischen Bildungsfor-
    schung erzeugte Wissen bei der Diskussion um bildungspolitische Ent-
    scheidungen aber von großem Nutzen sein.

Statement 2: Wohin geht die empirische Bildungsforschung?

Dietrich Benner

In meinem Statement[1] gehe ich von einem Tatbestand aus, den wir alle kennen. Er ist dadurch gekennzeichnet, dass zwischen Teilen der Erziehungswissenschaft und Teilen der empirischen Bildungsforschung häufig eine weitreichende Distanz, gelegentlich sogar ein Verhältnis wechselseitiger Ablehnung konstatiert werden kann.

Manche Erziehungswissenschaftler sehen in der empirischen Bildungsforschung einen Gegner, der sich zu den Grundfragestellungen und Basiskategorien der Erziehung und der Erziehungswissenschaft vielfach ignorant verhält. Sie werfen dieser vor, sie verstehe weder etwas von Bildung noch von Bildungstheorie, auch nichts von Unterrichtstheorie und Didaktik und produziere Kenntnisse, die entweder längst bekannt oder aber für die Praxis irrelevant seien.

Umgekehrt gibt es Vertreter einer empirischen Bildungsforschung, die die Erziehungswissenschaft in Gänze in empirische Bildungsforschung überführen wollen. So wurde einem systematisch und historisch exzellent ausgewiesenen – inzwischen auf einen renommierten Lehrstuhl im Ausland berufenen – Erziehungswissenschaftler aus der Sektion Allgemeine Erziehungswissenschaft erst kürzlich bei einer Bewerbung in Bayern gesagt, er komme für die ausgeschriebene Professur für Allgemeine Erziehungswissenschaft nicht in Frage; die theoretische Erziehungswissenschaft werde man in Kürze in empirische Psychologie und die historische Erziehungswissenschaft in Soziologie und Geschichtswissenschaft überführt haben. Für diese Fächer hielten manche Universitäten ganze Fächergruppen vor. Nicht anders werde es auch der Vorschulerziehung, der systematischen Didaktik, der Schulpädagogik, der Sozialpädagogik, der Berufspädagogik und der Erwachsenenbildung gehen. Sie alle würden in absehbarer Zeit in eine psychologisch orientierte, empirische Bildungsforschung überführt sein.

Ich halte diesen Streit zwischen einer bildungstheoretisch orientierten Erziehungswissenschaft und einer empirisch orientierten Bildungsforschung, der in wechselnden Formationen das 20. Jahrhundert bestimmt hat, für abwegig und nicht weiterführend. Er trägt weder in der Empirie, noch in der Theo-

---

1 Der folgende Text stellt eine integrierte Fassung eines für das »Streitgespräch« vorbereiteten Papiers, des vorgetragenen Textes sowie einiger in der Diskussion gegebenen Erläuterungen dar. Der Text wurde um Fußnoten erweitert und um Ausführungen ergänzt, die auf eine im Statement von Detlev Leutner aufgeworfene Frage Bezug nehmen, die im »Streitgespräch« selbst weitgehend undiskutiert geblieben war.

riebildung, noch in der Verständigung zwischen beiden zu wirklichen Er-
kenntnisfortschritten bei.

Ich sage dies hier auch deshalb mit aller Entschiedenheit, weil ich mich
in meinen eigenen Forschungsvorhaben sowohl theoretischen als auch empirischen Traditionen der Erziehungswissenschaft verpflichtet fühle und einen
Beitrag zur Überwindung der wechselseitigen Ignoranz von Bildungstheorie
und Bildungsforschung zu erbringen suche. Von meinen ersten Arbeiten an
habe ich mich von einheitswissenschaftlichen Vorstellungen jedweder Cou-
leur distanziert und um eine Verbindung von theoretischer, empirischer und
praktischer Pädagogik bemüht, die in der Rede über Erziehungs- und Bildungsprozesse zwischen verschiedenen Wissensformen unterscheidet. Nach
meiner Wahl in den PISA-Beirat wurde mir bewusst, dass die vom PISA-
Konsortium und anderen verfolgten Projekte der empirischen Bildungsforschung zwar weitgehend auf systematisch-pädagogische Fragestellungen
verzichten, gleichwohl zu einer Bereicherung der erziehungswissenschaftlichen Theoriebildung und Forschungspraxis beitragen können, wenn die in
ihnen verfolgten Fragestellungen erziehungs-, bildungs- und schultheoretisch
gerahmt und fundiert werden[2] Insbesondere die Erfahrung, dass ich anfangs
gar nicht verstand, worüber in dem Gremium, dem ich einige Zeit angehörte,
geredet wurde, veranlasste mich, die Fragestellungen der empirischen Bildungsforschung genauer zu betrachten, um sie dann in eigenen Projekten mit
erziehungs-, bildungs- und institutionentheoretischen Problemstellungen und
Diskursen aus der systematischen und historischen Pädagogik und Erziehungswissenschaft zu verbinden.

Als besonders bedeutsam erwies sich bei diesen Versuchen die Einsicht,
dass die erziehungswissenschaftliche Relevanz der Pisa-Studie nicht primär
aus ihrer Orientierung an psychologischen und soziologischen Theorien resultiert, sondern sich weitaus stärker dem Einsatz eines vom dänischen Ma-
thematiker Georg Rasch entwickelten Testmodells verdankt. Dieses weist
interessante Anschlussmöglichkeiten an pädagogische Fragestellungen auf
und ist daher nicht nur für psychologische, sondern auch für erziehungswissenschaftliche Forschungsvorhaben von besonderer Bedeutung.

In der Konzeptualisierung und Durchführung der von mir mitinitiierten
und von der DFG geförderten Projekte KERK[3] und ETiK[4] haben theoretische

---

2   D. Benner: Die Struktur der Allgemeinbildung im Kerncurriculum moderner Bildungssys-
     teme. Ein Vorschlag zur Bildungstheoretischen Rahmung von PISA. In: Zeitschrift für Pä-
     dagogik 48 (2002), S. 68-90.

3   »Konstruktion und Erhebung von religiösen Kompetenzniveaus im Religionsunterricht am
     Beispiel des Evangelischen Religionsunterricht«; das Vorhaben wurde gemeinsam mit den
     Theologen Rolf Schieder, Joachim Willems und Thomas Weiß und den Erziehungswissen-
     schaftlern Roumiana Nikolova und Henning Schluß durchgeführt; vgl. D. Benner/R. Schie-
     der/H. Schluß/J. Willems et. al.: Religiöse Kompetenz als Teil öffentlicher Bildung. Ver-
     such einer empirisch, bildungstheoretisch und religionspädagogisch ausgewiesenen Kon-
     struktion religiöser Dimensionen und Anspruchsniveaus. Paderborn u. a. 2011.

Erziehungswissenschaftler, empirische Bildungsforscher sowie Fachvertreter der Religionspädagogik – und im geringeren Maße auch der Ethik – von der Antragstellung bis zur Durchführung der Vorhaben eng zusammengearbeitet. Mehrfach holten die Teams von KERK und ETiK den Rat von Kollegen aus der empirischen Bildungsforschung ein. Diese konnten uns zwar nicht sagen, wie bildungstheoretisch und fachdidaktisch ausgewiesene Testaufgaben inhaltlich zu entwickeln sind – das mussten wir selber herausfinden –, wohl aber zeigen, wie solche Aufgaben mit Hilfe des Rasch-Modells empirisch konzipiert und daraufhin überprüft werden können, ob sie religiöse und moralische Kompetenzen empirisch gehaltvoll erfassen und domänenspezifische Teilkompetenzen valide voneinander abgrenzen. Mit Hilfe des Rasch-Modells ist es möglich, zu prüfen,

- ob Testaufgaben eine wünschenswerte Trennschärfe aufweisen, die es erlaubt, verlässliche Aussagen über den Leistungsstand einzelner Probanden zu formulieren,
- ob sich für domänenspezifische Leistungsprofile unterschiedliche Anforderungsniveaus unterscheiden lassen, die für die Planung von Unterricht, die Konzeptualisierung von Schulbüchern und den Vergleich von Leistungen einzelner Probanden oder auch ganzer Bildungssysteme mit Blick auf die gemessenen Leistungen bedeutsam sind,
- und ob sich die Items am stringentesten nach einem ein- oder mehrdimensionalen Modell domänenspezifischer Kompetenz ordnen lassen.

Forschungsvorhaben, die solche Fragen klären, waren in den 60er und 70er Jahren auf dem Boden der damals in Psychologie und Soziologie verwendeten Verfahren nicht möglich. Das Rasch-Modell fand den meisten Anklang in der Testpsychologie und dann in der empirischen Bildungsforschung bei der Erfassung von Schüler-Kompetenzen. Es erlaubt – wie in unseren Projekten erprobt – Fragestellungen einer erziehungswissenschaftlich ausgewiesenen empirischen Bildungsforschung mit Problemstellungen einer bildungstheoretisch, bildungskategorial und lehr-lerntheoretisch orientierten Didaktik zu verknüpfen. Dass dies auf der Basis des Rasch-Modells möglich wurde, ist jenen mit zu verdanken, die dieses Modell für domänenspezifische und fächerübergreifende Formen der Aufgabenentwicklung, Kompetenzmodellierung und Leistungsmessung nutzbar gemacht haben. Das Rasch-Modell erweist sich deshalb für die Bearbeitung domänenspezifischer Problemstel-

---

4   Entwicklung eines Testinstruments zu einer didaktisch und bildungstheoretisch ausgewiesenen Erfassung moralischer Kompetenzen, bezogen auf den Ethik-Unterricht an öffentlichen Schulen; das Vorhaben wurde von mir gemeinsam mit Jana Swiderski entworfen und gemeinsam mit Martina von Heynitz, Stanislav Ivanov und Roumiana Nikolova weiterentwickelt und durchgeführt; siehe D. Benner/M. von Heynitz/St. Ivanov/R. Nikolova/Cl. Pohlmann/Cl. Remus: Ethikunterricht und moralische Kompetenz jenseits von Werte- und Tugenderziehung. In: Zeitschrift für Didaktik der Philosophie und Ethik 32 (2010), S. 304-312.

lungen in Bereich der Lehr-Lernforschung als besonders geeignet, weil es
neutral gegenüber domänenspezifischen Problemstellungen bleibt. Es kann
sogar, wenn seine Ergebnisse differenziert interpretiert werden, hilfreich sein,
um naturalistische Ontologisierungen von domänenspezifischen Modellen,
die mit seiner Hilfe entwickelt werden, abzuwehren und zu problematisieren.[5]

An der Bedeutung, die der inhaltlichen Formulierung von Items für die
Entwicklung domänenspezifischer Konstrukte und Niveaudifferenzierungen
zukommt, lässt sich das Gemeinte verdeutlichen. Es macht aus pädagogischer
und erziehungswissenschaftlicher Sicht beispielsweise wenig Sinn, im Bereich der moralischen Kompetenzforschung Items von Testaufgaben, die im
öffentlichen Bildungssystem zu vermittelnde Kompetenzen beschreiben sollen, aus psychologischen Theorien oder Items zur individuellen und gesellschaftlichen Verteilung von Ansichten, Vorstellungen und Urteilsformen
abzuleiten. Aufgabe des öffentlichen Bildungssystems ist es ja nicht, eine
bloß formal definierte, entwicklungslogisch zu beschreibende Urteilskompetenz oder wie auch immer in der Bevölkerung verbreiteten moralischen Ansichten und Einstellungen zu reproduzieren, sondern in allen relevanten Do-
mänen – vom Schriftspracherwerb über die Aneignung elementarer mathematischer und naturwissenschaftlicher Kenntnisse bis hin zu reflexiven litera-
rischen, historischen, moralischen, religiösen und anderen Erfahrungen –
Grundkenntnisse zu vermitteln, die im außerschulischen Lernen und Leben
nicht von selbst tradiert werden, und die Entstehung von domänenspezifischen Formen von Urteils- und Partizipationskompetenz zu fördern und zu
unterstützen, die für die Führung eines individuellen Lebens und eine mün-
dige Teilhabe am öffentlichen Leben bedeutsam sind.[6]

Man wird daher zwischen Modellierungen von Kompetenzen in psychologischen Forschungskontexten, die nicht bildungstheoretisch ausgewiesen
sein müssen, weil sie zu messen suchen, was nach psychologischen Theorien
und Hypothesen der Fall ist, und bildungstheoretisch ausgewiesenen Modellierungen von im öffentlichen Bildungssystem zu erwerbenden Kenntnissen
und Kompetenzen unterscheiden und die zu ihrer Erfassung zu entwickelnden
Testaufgaben noch einmal von didaktischen Aufgaben abgrenzen müssen.
Weder in psychologisch noch in erziehungswissenschaftlich konzipierten
Forschungsvorhaben lassen sich aus Testaufgaben didaktische Aufgaben
ableiten.[7] Erst wenn man zwischen beiden Aufgabentypen unterscheidet,
stellen sich ebenso anspruchsvolle wie interessante Anschlussfragen, beispielsweise die, ob Schüler, die einen öffentlichen Ethikunterricht besuchen,
problembewusstere Einstellungen zeigen als Heranwachsende, die überwie-

5   Siehe hierzu die Selbst-Problematisierung von Ergebnissen des DFG-Projektes KERK in D.
    Benner/R. Schieder/H. Schluß/J. Willems et. al. 2011, a.a.O., S. 146f.
6   Vgl. D. Benner: Bildung und Kompetenz. Studien zur Bildungstheorie, systematischen
    Didaktik und Bildungsforschung. Paderborn usw. 2012, S. 95-142 sowie S. 145-202.
7   Vgl. D. Benner: Bildungstheorie und Bildungsforschung. Paderborn 2008, S. 229-242.

gend in bestimmten Herkunftsmoralen sozialisiert wurden, oder die Frage, ob
und inwieweit der Ethik-Unterricht Heranwachsende dazu befähigt, nicht nur
bestimmte Meinungen und Einstellungen zu haben, sondern diese auch zu
beurteilen, zu problematisieren und gegebenenfalls zu korrigieren. Es ist zu
vermuten, dass es zwischen psychologischen und im engeren Sinne erziehungswissenschaftlichen Modellierungen und Skalierungen sowohl Anschlussmöglichkeiten als auch Unterschiede gibt. Monopolisierungen auf nur
wenige Modelle oder gar ein einziges Modell sollten daher vermieden werden.[8] Größere Erkenntnisgewinne dürften auch in diesem Forschungsfeld
davon abhängen, dass konkurrierende Theorien und Modelle entwickelt und
unterschiedliche Ansätze der Bildungsforschung unter Einschluss der von der
Biographieforschung vorgenommenen Untersuchungen zur Reichweite und
Funktion von Bildungsprozessen im öffentlichen Bildungssystem erprobt
werden.

Strategien, die Monopolisierungen von Modellen vermeiden und Falsifi-
kationschancen durch Abwehr von Immunisierungsstrategien zu steigern
suchen,[9] können zu einer Überwindung der wechselseitigen Ignoranz von
Bildungstheorie und empirischer Bildungsforschung beitragen. Sie markieren
aber nicht die einzige Richtung, in die sich die Bildungsforschung entwickeln
sollte. Unter dem Einfluss einer zunehmenden Konzentration erziehungswissenschaftlicher Forschung auf bestimmte Richtungen der empirischen Bildungsforschung sind wichtige andere Fragen in den zurückliegenden Jahren
zu kurz gekommen. Zu nennen sind hier die inhaltlichen Diskussionen über
Aufgaben und Funktionen von Erziehung und Unterweisung im öffentlichen
Bildungssystem, die sich nicht auf die in PISA und anderen Großvorhaben
behandelten Lernbereiche Lesen, Mathematik und Naturwissenschaften konzentrieren lassen, aber ebenso zu den durch Unterricht und Schule zu vermittelnden Schlüsselqualifikationen gehören. Zu den vernachlässigten Fragen
gehören auch Fragen der Entwicklung neuer Strategien pädagogischen, insbesondere unterrichtlichen Handelns und der Kontrolle und Sicherung seiner
Wirksamkeit sowie in den letzten Jahren zu kurz gekommene Fragen der
Erziehung und der Sicherung pädagogischer Voraussetzungen für gelingende
Erziehungs- und Bildungsprozesse.[10]

8　Siehe hierzu S. Blömeke: Lehrerausbildung – Lehrerhandeln – Schülerleistungen. Perspek-
　　tiven nationaler und internationaler Bildungsforschung. Antrittsvorlesung vom 10.12.2003.
　　Öffentliche Vorlesungen Nr. 139. Humboldt-Universität zu Berlin 2005, S. 12ff.

9　Siehe hierzu H. Heid: Domestizierung von Kritik. Legitimationsprobleme des Kritischen im
　　Kontext pädagogisch bedeutsamen Denkens und Handelns. In: Kritik in der Pädagogik. 46.
　　Beiheft der Zeitschrift für Pädagogik. Weinheim usw. 2003, S. 54-74; H. Merkens: Immu-
　　nisierung gegen Kritik durch Methodisierung der Kritik. Ebd., S. 33-53.

10　Siehe hierzu P. Zedler: Vom Verschwinden der »Erziehung« aus der Erziehungswissen-
　　schaft. Zum Nebeneinander von (Erziehungs-) Philosophie und sozialwissenschaftlicher
　　Forschung. In: Pensiero critico. Internationale Beiträge zu Ehren von Michele Borrelli,
　　hrsg. von J. Breithausen und F. Caputo. Consenza 2011, S. 319-347.

Vergleicht man die Situation, in der sich eine erziehungswissenschaftlich
und bildungstheoretisch ausgewiesene Bildungsforschung heute befindet, mit
derjenigen der 60er und 70er Jahre, so kann man gleichwohl sagen, dass wir
heute viel besser – und im Hinblick auf die Bandbreite methodischer Instrumente vielleicht sogar erstmals in der neueren Geschichte der Erziehungswissenschaft – in der Lage sind, pädagogisch und bildungskategorial anspruchsvolle Fragen der Pädagogik mit Fragestellungen der empirischen Bildungsforschung gehaltvoll zusammenzuführen. Das war bei den großen Bildungs-
reformen der 60er und 70er Jahre noch nicht möglich und hat wahrscheinlich
mit dazu beigetragen, dass ihr Ansatz ebenso enttäuschte wie ihre Ergebnisse.
Wirkliche Fortschritte im Schnittfeld von Bildungstheorie und Bildungsforschung aber werden erst möglich sein, wenn beide Seiten mit gegensei-
tigem Respekt und Achtung vor den Leistungen der jeweils anderen Seite
aufeinander zugehen und enger miteinander kooperieren. Das kann gelingen,
wenn die theoretische Erziehungswissenschaft sich stärker aktuellen Problemen der Erziehung und Bildung zuwendet, und wenn die empirische Bildungsforschung ihre in den letzten Jahren dominante Orientierung an psychologischen Fragestellungen aufbricht und sich zu einer Disziplin entwickelt, die sich den zentralen Fragestellungen der erziehungswissenschaftlichen Tradition verbunden sieht.

In seinem Eröffnungsstatement zum »Streitgespräch« hat Deltev Leutner
zu Recht festgestellt, dass »die empirische Bildungsforschung (…) ein Forschungsfeld [ist], welches von verschiedenen wissenschaftlichen Disziplinen
bestellt wird«, und dann angemerkt, der »genuin eigene Beitrag der Erziehungswissenschaft« sei derzeit noch »eine offene Frage«. Die von Leutner
angesprochenen Frage stellt sich jedoch nicht nur für die Erziehungswissenschaft, sondern ebenso für die Psychologie. Zu fragen ist, worin denn die
genuin eigenen Beiträge der Psychologie und der Erziehungswissenschaft zu
einer mehrdisziplinär orientierten Bildungsforschung liegen könnten. Diese
Frage aber ist für beide Disziplinen, die Erziehungswissenschaft und die
Psychologie, nach wie vor offen. Ihre Beantwortung setzt m. E. ein Wissen
darum voraus, dass zu den Leistungen, die Bildungsforschung u. a. mit Hilfe
des Rasch-Modells erbringt, noch spezifisch psychologische und erziehungswissenschaftliche Leistungen hinzukommen müssen, die voneinander unterschieden und mit Blick auf einander diskutiert werden können. In bestimmten
Richtungen der Psychologie wird die genuin eigene Leistung einer psychologisch orientierten Bildungsforschung derzeit weniger in ihrem Beitrag zur
Klärung pädagogischer und erziehungswissenschaftlicher Fragen, als vielmehr in ihrem möglichen Beitrag zu einer entwicklungslogischen Theoriebildung gesehen und dann angemerkt, diesbezügliche Leistungen seien beim
gegenwärtigen Stand der empirischen Forschung noch nicht absehbar.[11] Aus

11 Vgl. hierzu die Präsentation von Forschungsergebnissen aus dem DFG-Schwerpunktpro-
    gramm »Kompetenzmodelle zur Erfassung individueller Lernergebnisse und zur Bilanzie-

erziehungswissenschaftlicher Sicht treten weitere Problemaspekte hinzu. Hier interessieren insbesondere Abgrenzungen und Beziehungen von psychologisch orientierten Modellierungen von Kompetenz und pädagogisch ausgewiesenen Kompetenzmodellierungen, die entwicklungslogisch nicht ohne Weiteres fassbar sind, weil sie sich auf Aufgaben, Wirkungen und Funktionen einer Erziehung beziehen, die nicht in psychologischen Logiken der Entwicklung begründet sind, sondern mit Blick auf die Eigenlogik edukativer Prozesse und ihre Struktur in modernen Gesellschaften diskutiert werden müssen.

Justiert man die Frage nach den genuinen Leistungen einer psychologisch und einer an der pädagogischen Tradition orientierten Bildungsforschung, dann lassen sich einige Aspekte herausarbeiten, die für das Gespräch mit einer psychologisch orientierten Bildungsforschung relevant und für eine erziehungswissenschaftlich orientierte Bildungsforschung zentral sind. Eine (auch) erziehungswissenschaftlich ausgewiesene Bildungsforschung, die Voraussetzungen, Bedingungen, Aufgaben und Leistungen von Lehr-Lern- und Bildungsprozessen im öffentlichen Bildungssystem klären helfen will, wird zwischen Grundkenntnissen und der Aneignung einer über ihren Erwerb vermittelten Urteils- und Partizipationskompetenz unterscheiden.

Grundkenntnisse lassen sich aus erziehungswissenschaftlicher Sicht mindestens dreifach definieren: einmal als Kenntnisse, die nicht unmittelbar im Leben, sondern in künstlich arrangierten, unterrichtlichen Lehr-Lernprozessen angeeignet werden, dann als Kenntnisse, die grundlegend für weiterführende Bildungsprozesse sind, und schließlich als domänenspezifische Kenntnisse, in denen unterschiedliche Wissensformen (lebensweltliche, teleologische, szientische, historisch-hermeneutische, ideologiekritische, transzendental-kritische und pragmatische) eine grundlegende Rolle spielen.

Was für die Beschreibung und Erfassung von Grundkenntnissen gilt, gilt verstärkt auch für die Beschreibung und Erfassung von Urteilskompetenz. In pädagogisch konzeptualisierten Lehr-Lernprozessen geht es niemals nur um die Aneignung, sondern stets auch um die Beurteilung von Kenntnissen und Wissen in der Vielheit allgemeiner und domänenspezifischer Wissensformen. Die weitgehende Konzentration auf szientische und technologische Wissensformen, die an vielen Projekten der international-vergleichenden Bildungsforschung zu beobachten ist, muss überwunden werden, wenn empirische Bildungsforschung über eine bloß technisch gefasste Anwendungskompetenz hinaus auch eine nach hermeneutischen, ideologiekritischen und pragmatisch-handlungstheoretischen Wissensformen ausdifferenzierte Ur-

---

rung von Bildungsprozessen« aus dem Jahre 2012 durch Jens Fleischer, Detlev Leutner, Eckhard Klieme u. a. und deren Kommentierung durch Alexander Renkl in der Psychologischen Rundschau 63 (1), S. 1-53.

teilskompetenz erfassen und Fragen einer Geltungsprüfung von Wissen mit-thematisieren soll.[12]

Erziehungswissenschaftliche Bildungsforschung hat darum die im öf-fentlichen Bildungssystem erworbenen Bestände von Grundwissen und die in Auseinandersetzung mit diesen erworbene Urteilsfähigkeit daraufhin zu be-fragen, ob und inwieweit Heranwachsende befähigt werden, ihre Kennnisse und Urteilsfähigkeit auch in partizipatorische Handlungen einzubringen und in den Bereichen von Arbeit und Moral, Erziehung und Politik sowie Kunst und Religion am öffentlichen Leben teilzuhaben. Die im öffentlichen Bil-dungssystem zu vermittelnden und zu erwerbenden Kompetenzen sind zwar von jenen Kompetenzen zu unterscheiden, die erst jenseits der Erziehung in den Ernstsituationen des Lebens angeeignet werden können. Sie dürfen aber nicht auf kenntnis- und urteilsbezogene Fähigkeiten eingeschränkt, sondern müssen auch auf partizipatorischen Fähigkeiten ausgerichtet werden. Deren Entwicklung aber ist von besonderen Strukturen einer nicht-reziproken päda-gogischen Anerkennung abhängig.[13]

Eine erziehungswissenschaftlich ausgewiesene Bildungsforschung sollte darum den Methoden und Formen des Lehrens und Lernens und der interak-tiven Struktur pädagogischer Prozesse eine gleiche Bedeutung wie den In-halten, Wissensformen und Kompetenzen zuerkennen und Unterricht bei-spielsweise nicht nur unter In- und Outputgesichtspunkten thematisieren, sondern auch in seiner Verlaufs- und Prozessstruktur beobachten und analy-sieren.[14]

Aus meiner vorläufigen Problemexposition lassen sich keine Antworten auf die dem Streitgespräch vorgegebene Frage ableiten, wohin sich die empi-rische Bildungsforschung künftig entwickeln werde, wohl aber Aspekte ge-winnen, wohin sich die Reise lohnen könnte. Hierzu möchte ich zum Ab-schluss meines Eingangsstatements drei Thesen aufstellen und einen Vor-schlag unterbreiten:

These 1

Meine erste These lautet: Die zuweilen immer noch als unvereinbar angese-henen Theoriefelder von Bildungstheorie und empirischer Bildungsforschung

12 Siehe hierzu J. Ruhloff: Schwund des Wissens in der Wissensgesellschaft? In: Bildung im Horizont der Wissensgesellschaft, hrsg. von H.-R. Müller und W. Stravoravdis. Wiesbaden 2007, S. 19-34.
13 Vgl. hierzu S. Reh/N. Ricken: Das Konzept der Adressierung. Zur Methodologie einer qualitativ-empirischen Erforschung von Subjektivation. In: Qualitative Bildungsforschung und Bildungstheorie, hrsg. von I. Miethe und H.-R. Müller. Opladen 2012, S. 35-56.
14 Siehe hierzu A. Gruschka: Erkenntnis in und durch Unterricht. Wetzlar 2009; Ders.: Prä-sentieren als neue Unterrichtsform. Die pädagogische Eigenlogik einer Methode. In: Reihe Pädagogische Fallanthologie, hrsg. von A. Gruschka, S. Reh und A. Wernet. Band 1. Opla-den 2008.

sind heute beide für erziehungswissenschaftliche Bildungsforschung unverzichtbar. Eine kritische Kooperation von Bildungstheorie und Bildungsforschung ist umso dringlicher, als die in pädagogisch-praktischer und politischer Hinsicht zu diskutierenden Fragen der Weiterentwicklung des Bildungswesens angemessen nur durch eine Verknüpfung beider Felder diskutiert werden können.

These 2

Meine zweite These lautet, dass die von der Bildungspolitik intendierte Umstellung einer traditionellen Wissens- auf eine neuartige Kompetenzorientierung sowie einer sogenannten Input- auf eine Out(come)steuerung des Bildungssystems ein Irrweg ist, der korrigiert werden sollte. Eine entsprechende Korrektur muss die Einsicht stärken, dass Bildungssysteme einen wesentlichen Teil ihrer Leistungen nur auf dem Umweg über im schulischen Unterricht zu vermittelnde Inhalte, Wissensformen und Kompetenzen erbringen können.

These 3

Eine Transformation der Erziehungswissenschaft in eine psychologisch orientierte empirische Bildungsforschung oder eine Reduktion der Erziehungswissenschaft auf eine psychologische Unterrichtsforschung ist weder möglich noch erstrebenswert. Soll die geforderte Kooperation von Theorie und Empirie auf allen Seiten angegangen werden, ist es notwendig, Forschungsthemen und -felder auszumachen, an denen die Reichweite der jeweiligen Theorie- und Forschungsstränge erprobt und ausführlich diskutiert werden kann. Solche Felder lassen sich für alle erziehungswissenschaftlichen Teildisziplinen angeben. Ein Teil der zu entwickelnden Kooperationen könnte darauf zielen, die von der empirischen Bildungsforschung entwickelten Messverfahren und die in der Erziehungswissenschaft vorliegenden Ansätze zur Formulierung anspruchsvoller Aufgaben in gemeinsame Projekte einzubringen und deren Ergebnisse diskursiv zu interpretieren.

Es könnte daher lohnend sein, ein Schwerpunktprogramm vorzubereiten, das den Unterricht wieder in das Zentrum einer stärker didaktisch, fachdidaktisch und professionstheoretisch ausgewiesenen Lehr-Lernforschung rückt. In ihm könnten

- Ansätze der Beschreibung und Aufnahme von Unterricht, wie sie Gruschka und seine Arbeitsgruppe entwickelt haben,
- mit der Professionalisierungsforschung von Baumert, Blömeke und Zedler zusammengeführt
- und Konzepte einer nicht-reziproken Anerkennung, an denen Reh und Ricken arbeiten, so weiterentwickelt werden,

- dass Unterricht wieder als »Kunst der Umlenkung des Blicks« (Platon) begriffen, die bildende Bedeutung negativer Erfahrungen berücksichtigt und die methodische Konstitution der Unterrichtsinhalte unter Berücksichtigung der Vielheit ausdifferenzierter Wissensformen so konzeptualisiert wird,
- dass domänenspezifischen Strukturen in den Dimensionen »Grundkenntnisse«, »Urteils-« und »Handlungskompetenz« empirisch kontrolliert werden können.

Ein abschließender Vorschlag

Ich möchte daher zum Abschluss meines Statements folgenden Vorschlag in die Diskussion einbringen: Der Vorstand der DGfE möge eine Arbeitsgruppe einsetzen, die kurzfristig eine Themenliste aufstellt, die erfolgreich nur von systematischer Pädagogik, empirischer Bildungsforschung und den zuständigen berufsfeldspezifischen Pädagogiken von der Familienpädagogik und Vorschulerziehung über die Schul- und Sozialpädagogik und die Fachdidaktiken bis hin zur Berufspädagogik und Erwachsenenbildung gemeinsam bearbeitet werden kann. Der Vorstand könnte aus dieser Liste eines oder mehrere Themen auswählen und für den nächsten Kongress Veranstaltungen vorbereiten lassen, in denen der Wettstreit um Erkenntnisfortschritt in unserer Disziplin plural und kooperativ organisiert wird. Gelänge dies, brauchten sich Erziehungswissenschaftler nicht mehr länger durch empirische Bildungsforschung bedroht fühlen und empirische Bildungsforscher sich nicht genötigt sehen, ihre Arbeit in einer außerhalb der Erziehungswissenschaft angesiedelten Wissenschaftseinrichtung neu zu organisieren.

Statement 3: Disziplinäre Entwicklung der Erziehungswissenschaft als Ausdifferenzierung?

Sabine Reh

Ich verstehe die in diesem Streitgespräch zur Entwicklung der Erziehungswissenschaft und der empirischen Bildungsforschung gestellten Fragen als Fragen

a) nach der internen, inneren Entwicklung der Erziehungswissenschaft und der Ausdifferenzierung einer empirischen Bildungsforschung,
b) nach dem Verhältnis der Erziehungswissenschaft – und der empirischen Bildungsforschung – zur Bildungspolitik, die wiederum gleichzeitig mit der Konjunktur und Stärke der letzteren zusammen hängt und schließlich
c) nach den Spezifika der empirischen Bildungsforschung in ihrem Verhältnis zur erziehungswissenschaftlichen Forschung überhaupt.

Oft wird die Situation, der Ausbau und die Konsolidierung der empirischen Bildungsforschung, deren Qualität, z. B. deren methodische Qualität, lediglich als Teil einer fachinternen oder wissenschaftsimmanenten Entwicklung gesehen und als solche diskutiert. Sie erscheint dann als eine geradezu »natürliche«, von einer ausschließlich internen Logik bestimmten und von Außeneinflüssen gänzlich freien Weiterentwicklung der eigenen, der wissenschaftsimmanenten Qualitätsansprüche. Dass diese Entwicklung und die starke Konjunktur, die in jüngster Zeit die empirische Bildungsforschung erlebt, zu einem erheblichen Teil bildungs- und wissenschaftspolitisch induziert ist, spricht nicht gegen sie, rückt sie aber erstens in ein historisches Licht und relativiert zweitens Ansprüche auf Verantwortung und Zurechenbarkeit für diese Entwicklung als eine des Fortschritts, eine hin zu mehr wissenschaftlicher Qualität. In historischer Perspektive können Phasen beobachtet werden, in denen der Ausbau einer empirischen Bildungsforschung, in ihrem je historischen Zuschnitt natürlich, vorangetrieben wurde und – zumeist – nach einer bestimmten Zeit zu Enttäuschungen und zu einem »Rollback« führte, weil sie die in sie immer auch gesetzten, nicht zuletzt politischen und bildungspolitischen, Erwartungen nicht zur Zufriedenheit erfüllen konnte. Es wäre ein interessantes Projekt für die Erziehungswissenschaft, für die historische Bildungsforschung, die drei größeren Ausbauphasen empirischer Forschung – um 1900, zwischen etwa 1970 und 1980 und schließlich seit etwa 2000 – zu vergleichen und zu fragen, ob und in welcher Weise jeweils durch die und in der empirische(n) Forschung deren Gegenstand als ein pädagogischer bestimmt wird. Für die gegenwärtige Phase des

Ausbaus und der Formierung des Wissenschaftsbetriebs bzw. der Universitäten wäre etwa nach dem Zusammenhang zu fragen, der zwischen neuen
Anforderungen und bestimmten Vorstellungen von Exzellenz, neuen Kriterien und Standards für die Art, wie man Wissenschaft zu betreiben hat und
bestimmten bildungspolitisch formulierten Problemstellungen besteht, etwa
einem spezifischen Umbau im Schulwesen, der Vermittlung neuer Formen
von grundlegenden Kompetenzen der Selbstführung/Selbststeuerung, der
Privatisierung von Schulen und Schulbildung und schließlich einer – zumindest in den Großstädten damit zusammenhängenden – (wieder) zunehmenden
sozialen Segregation der Schulen. Wenn man einen Blick auf das Verhältnis
von Bildungspolitik und empirischer Bildungsforschung wirft, wird deutlich,
dass die Entwicklung von Forschungsfragen und die Weiterentwicklung von
Forschungsmethoden in einem Wechselspiel mit der Bildungspolitik entstehen, keinesfalls eine nur »interne«, politikfreie Entwicklung darstellen. Nicht
einfach ist auszumachen, wo und wie eine Entwicklung begann; so etwa
wurde nicht einfach zuerst politisch konstatiert, dass es Probleme mit
schlechtem Unterricht oder schlechten Schülerleistungen gab, um dann von
einer methodisch weit entwickelten empirischen Bildungsforschung deren
Erforschung zu erwarten. Vielmehr hat die mit politischen Fördergeldern sich
konsolidierende und so sich auch methodisch weiterentwickelnde Bildungsforschung erst erlaubt, immer feiner auszumachen, wo von ihr definierte
Leistungsdefizite mancher Schulen/Lehrer/Klassen oder nationaler Bildungssysteme liegen. Wohlgemerkt: ich behaupte hier nicht, dass es ohne die empirische Bildungsforschung keine Leistungsprobleme in den Schulen gäbe; aber
ich behaupte, dass unser Wissen, dass das, was heute als Leistungsdefizite
von Schüler_innen, Klassen, Schulen und schließlich Nationen erscheint und
umfassend diskutiert und mit unterschiedlichen Fördermaßnahmen und -
programmen bearbeitet wird, in gesteigerten und immer differenzierter wer-
denden Beobachtungssystemen produziert wird.

Mit dem Ausbau der empirischen Bildungsforschung – und die ist zwei-
fellos eine wichtige Entwicklung in der disziplinären Geschichte der Erziehungswissenschaft – gehen dabei legitimerweise Erwartungen der Bildungspolitik einher, die mit viel Geld die empirische Bildungsforschung bzw. ihre
Projekte unterstützt/fördert. Die Erwartungen von Seiten der Förderer, etwa
dem BMBF, bestehen darin, politisch verwertbares und vor allem aber im-
plementierbares Wissen zu erhalten, um den Lehrer_innen sagen zu können,
wie besserer Unterricht zu machen sei. Wie einmal ein Vertreter des BMBF –
selbst um diese Vereinfachung wissend, denke ich – sagte: Jetzt haben wir
eine qualitätsvolle empirische Bildungsforschung, jetzt können wir eine gute
Bildungspolitik machen und gute Schulen einrichten. Diesen Erwartungen ist
die empirische Bildungsforschung in verschiedenen Etappen ihrer historischen Entwicklung nie vollständig gerecht geworden – und konnte das auch
schon strukturell nicht. Ein entscheidender Grund dafür ist die breit disku-

tierte (das muss hier nicht weiter ausgeführt werden) strukturelle Unterschiedlichkeit der Wissensformen von wissenschaftlichem und pädagogisch-professionellem Wissen und dem für Politikberatung gewünschten Steuerungswissen – wir lassen jetzt die Frage, ob es überhaupt ein »Steuerwissen« geben kann, einmal unbeantwortet. Situiertheit und Kontextuiertheit kennzeichnen pädagogisches Handeln und Geschehen – dazu gehört auch und gerade Unterricht – mit gleichzeitig nicht immer im unmittelbaren Anschluss erkennbaren Folgen. Ich habe die Befürchtung – und dafür gibt es mindestens auf Länderebene auch Indizien –, dass derzeit der Wille sinkt, die empirische Bildungsforschung noch in gleichgroßem Umfange wie in den letzten zehn Jahren zu finanzieren: Müssen wir denn diese Daten noch erheben, brauchen wir dieses ausdifferenzierte Wissen noch oder jenes, hilft es wirklichi unser BIldungssystem zu verbessern? In welchem Verhältnis stehen ausgegebenes Geld und Ertrag im Sinne einer eindeutigen Verbesserung der Bildungsinstitutionen? Die empirische Bildungsforschung neigt dazu, viel zu versprechen, um Forschungsgelder zu bekommen – da liegt, so möchte ich das einmal formulieren, eine große Versuchung. Ich denke aber, dass die Verantwortung der empirischen Bildungsforschung es ist, verantwortliche Versprechungen zu machen, also nicht mehr zu versprechen als gehalten werden kann.

Ich befürchte tatsächlich ein »Zurückfahren« von Forschungsgeldern, die die gesamte empirische Bildungsforschung treffen wird. Das wird – so vermute ich anders als einige meiner Kolleg_innen, die darauf wie auf einen fast schon magischen Zeitpunkt warten – kein Grund zur Freude sein – nicht nur für die sogenannte »quantitative« Forschung, auch für die qualitative Bildungsforschung nicht, aber auch nicht für diejenigen Teile der Erziehungswissenschaft, deren Tradition die alte geisteswissenschaftliche ist.

Wie verstehen sich aber Vertreter der empirischen Bildungsforschung; wie bestimmen sie ihr Verhältnis zur Erziehungswissenschaft. Ich konnte hier in jüngster Zeit Spannendes beobachten. In Diskussionen mit dem Vorstand der DGfE, haben verschiedene Beteiligte an der Neugründung der Gesellschaft für empirische Bildungsforschung immer wieder auf die Interdisziplinarität der empirischen Bildungsforschung hingewiesen. Das war eine der Begründungen für die Notwendigkeit der Gründung einer solchen Gesellschaft. Nun weist in ihrem langen Entstehungsprozess die Erziehungswissenschaft selbst genau diese Form einer hybriden Herkunft, beobachtbar heute als »interdisziplinäre epistemologische Matrix« (Casale), auf. Sie beschäftigt sich als Erziehungswissenschaft ständig mit Grenzen zu anderen Disziplinen und mit Abgrenzungen von anderen Disziplinen ihr gegenüber. Ein Teil der Vertreter, die jetzt an der Neugründung der anderen Gesellschaft beteiligt sind, bezeichnet sich nun selbst allerdings als erziehungswissenschaftliche empirische Bildungsforscher – nicht als psychologische oder soziologische. Ich habe einmal die Frage gestellt, woran dies erkennbar sei – zugegeben keine einfache Frage, vor allem nicht, wenn man Erziehungswissenschaft

nicht studiert hat, wenn man sich nicht mit der Geschichte der systematischen
Reflexion pädagogischer Fragen und der dafür nötigen Kategorien befasst
hat. Sicher ist: Es geht nicht um einen speziellen Gegenstand, beispielsweise
Unterricht, den nur die Erziehungswissenschaft beforscht, sondern um eine
bestimmte Perspektive, die bestimmte Kategorien signalisieren, um die »pädagogische Dimension« eines sozialen Geschehens. Nehmen wir als ein Beispiel die Forschung zum classroom management, die sich etwa mit Ordnungen, mit Regeln, Belohnungen und Disziplinierungen auseinandersetzt bzw.
diese erforscht, diese aber gleichzeitig nicht in vollem Umfange als pädagogische Handlungsprobleme in den Blick nimmt. Das pädagogische Problem
und auch die pädagogische Perspektive, die in zentraler Weise eine historische Dimension aufweist, und hier auftaucht, ist das Problem der Strafen.
Erst wenn wir Disziplinierungen als Strafen in den Blick nehmen, erfassen
wir es als ein pädagogisches Tun, das in seiner Intersubjektivität und aufgrund der begrenzten Planbarkeit und fehlender Steuerbarkeit des Anderen
unvermeidbar mit Schuld und Macht kontaminiert ist. Das nicht zu verleug-
nen und es gleichzeitig reflektierbar zu machen, etwa indem Kategorien für
eine solche Reflexion bereit gestellt werden, ist eine zentrale Frage in der
Ausbildung von Pädagogen. Interessanterweise gibt es zum Strafen wenig
empirische Forschung, obwohl viele Menschen – Professionelle und Eltern –
damit befasst sind. Wie ist dieses auszubuchstabieren, welche Dimension
können wir mit verschiedenen Beobachtungsverfahren entdecken? In welchem Verhältnis stehen Normen eines pädagogischen Feldes zu denen der
wissenschaftlichen Beobachter usw. – das z. B. könnte mehr noch als bisher
Gegenstand ethnographische Forschung werden. Bildungsgeschichtliche
Forschungen und auch die Bildungstheorie hätten für mich – im Zusammenspiel unterschiedlicher Paradigmen – eine bestimmte Rolle, nämlich u. a. die,
eine Historisierung pädagogischer Kategorien zu leisten und gleichzeitig eine
differenzierte, darauf bezogenen Reflexion zu ermöglichen. So müsste man
sicherlich nicht nur nach dem »a priori« pädagogischer und erziehungswissenschaftlicher Beobachtungen fragen – z. B. was warum seit wann in welcher Weise als Leistung, auf die sich das moderne pädagogische Tun wie
fraglos richtet, wahrgenommen werden kann –, sondern es wäre auch zu
untersuchen, wo welche Gegenstandsbestimmungen, die mit Konzepten und
Modellen empirisch-quantitativer Bildungsforschung vorgenommen werden,
spezifische Verengungen darstellen.

Mit anderen Worten: Ich glaube, dass die empirische Bildungsforschung
einen spezifischen Rahmen in der Erziehungswissenschaft finden kann. Ich
habe dafür Beispiele gegeben. Dann könnte die Entwicklung, deren Zeugen
wir gerade werden, als eine Ausdifferenzierung der erziehungswissenschaftlichen Forschung verstanden werden.

III
Teildisziplinäre Grenzgänge

Pädagogische Praktiken im Ganztag

Praxistheoretische Überlegungen zur Verschiebung der Grenzen von Schule[1]

Till-Sebastian Idel

Im Gedenken an Fritz-Ullrich Kolbe *17.03.1955 †10.02.2010

1 Einleitung

Nach der Ausweitung der Schulzeit im Sinne der verlängerten Verweildauer im Schulsystem, dem Prozess, der im Allgemeinen als Bildungsexpansion beschrieben wird (vgl. Hadjar/Becker 2006; Zymek 1999), führt die voranschreitende pädagogische Institutionalisierung von Kindheit und Jugend durch die Ganztagsschule für immer mehr Heranwachsende zu einer Ausweitung der alltäglichen Lebenszeit, die in der Schule verbracht wird (KMK 2012). Vormals außerschulische Aufgaben werden von der Schule übernommen, neue Zuständigkeiten und Verantwortungsbereiche für Schule entstehen. Flankiert wird dies durch die Aufforderung an Schulen, durch Schul- und Unterrichtsentwicklung ihren Unterricht und die neu hinzukommenden Angebote einer reformpädagogischen Öffnung zu unterziehen, differenzsensibel mit der Heterogenität von Kindern und Jugendlichen zu verfahren, Konzepte der didaktischen Differenzierung und individuellen Förderung umzusetzen und in multiprofessionellen Teams zu kooperieren. Getragen werden diese ambitionierten bildungspolitischen und schulpädagogischen Ansprüche von einem normativ hoch aufgeladenen Ganztagsschuldiskurs (vgl. etwa die Website ganztaegig-lernen.de der Deutschen Kinder- und Jugendstiftung).

Im vorliegenden Beitrag wird der Versuch unternommen, den Wandel von Schule im Feld der Ganztagsschule schultheoretisch als institutionelle Entgrenzung zu begreifen und diese in einer praxistheoretisch begründeten Empirie an zwei Verschiebungen der Lernkultur, der *Familiarisierung* schulischer Sozialbeziehungen und der *Individualisierung* schulischer Subjektivierungsprozesse, material auszuweisen. Dazu wird zunächst der Entgren-

---

1 Grundlage dieses Beitrags sind Befunde zur Transformation von Schule, die Resultat gemeinschaftlicher Forschung im Rahmen des vom BMBF unterstützten Ganztagsschulforschungsprojekts LUGS sind (vgl. Kolbe u. a. 2009; Reh u. a. 2012). Das Projekt wurde zwischen 2005 und 2009 an 12 Ganztagsschulen aller Schulformen in den Ländern Berlin, Brandenburg und Rheinland-Pfalz von Sabine Reh, Fritz-Ulrich Kolbe sowie Kerstin Rabenstein, Bettina Fritzsche und dem Autor mit Hilfe vieler weiterer Mitarbeiter_innen durchgeführt.

zungsbegriff (2) sowie der praxistheoretische Zugang zur Lernkultur skizziert (3), darauf folgt eine an empirischem Material ausgewiesene Diskussion der beiden genannten Tendenzen (4). Im schultheoretischen Fazit (5) wird dieser Wandel als doppelgesichtiger Prozess einer gleichzeitigen *Informalisierung* und *Formalisierung* pädagogischer Ordnungen beschrieben.

2 Ganztagsschulentwicklung als institutionelle Entgrenzung

Die erziehungswissenschaftliche Debatte um Entgrenzung und voranschreitende Pädagogisierung, auf die die Expansion der Ganztagsschule im Folgenden bezogen werden soll, hat sich vor allem mit der Veralltäglichung und Ablösung des Pädagogischen von Institutionen und dem Eindringen pädagogischer Denk- und Handlungsformen in außerpädagogische Welten und Räume beschäftigt (vgl. Kade/Seitter 2007a, b, c; Kade u. a. 1993). Folgt man den Befunden der neueren Kindheits- und Jugendforschung, befinden wir uns längst in einem Prozess der Entgrenzung von Bildungsinstitutionen und pädagogischen Feldern. Die Verlängerung der alltäglichen Lernzeit in einen neuen Schulnachmittag hinein treibt eine Tendenz voran, die sich bereits vor der breiteren Einführung von Ganztagsschulen abzeichnete: Zinnecker spricht von der »Auflösung einer eindeutigen institutionellen Identität des Bildungssystems«, in deren Gefolge »eine wechselseitige dialektische Verschränkung der Kindheits- und Jugendorte Platz greift« (2008, S. 532). Schule wird auch als Ort beobachtet und thematisiert, an dem Kinder und Jugendliche freie Zeit verbringen und an dem sie in und neben dem Unterricht ihre Peer-Kultur entfalten (vgl. Breidenstein 2006; Zinnecker 2000; Breidenstein/Kelle 1998). Umgekehrt wird die Freizeit als Raum in den Blick genommen, in dem Kinder und Jugendliche sich bilden und kulturelles Kapital erwerben (vgl. Krüger u. a. 2000). Theoretisch sind diese Entwicklungen – lange vor dem Ausbau der Ganztagsschulen – als »Entscholarisierung von Schule und Scholarisierung von Freizeit« durchaus auch kritisch gefasst worden (vgl. Fölling-Albers 2000). Nun überlagern sich diese Prozesse im Rahmen des institutionellen Settings Ganztagsschule und werden von dort her forciert.

In den uns Schulpädagogen gewohnten Terms der strukturfunktionalistischen Schultheorie im Gefolge von Parsons (1959) kann die Veränderung von Schule in diesem Prozess nicht mehr zureichend beschrieben werden. Sie betont in ihrer unhistorischen Lesart der modernen Schule gerade sektoriale Trennungen und hat so theoriearchitektonisch Unterscheidungen kanonisiert, die heute in Frage gestellt werden müssen. Parsons' idealtypisches Theorem der Pattern Variables (vgl. Parsons 1963), das Andreas Wernet (2003) nochmals zugespitzt hat, wird durch die neueren Entwicklungen der Ganztagsschule in seiner puristischen Geltung problematisch. Die mit Fend (2006) und Luhmann (2002) systemtheoretisch als funktionale Erweiterung und Ausdifferenzierung zu fassende Entwicklung ist mit der Gegenstellung von Familie und Schule als getrennt, komplementär und wechselseitig durch einander nicht ersetzbar gedachte Felder nicht mehr kompatibel. Für die kategoriale Fassung der mit dieser Transformation von Schule verbundenen Neujustierung schulischer Grenzverhältnisse bieten sich verschiedene Begriffe an: Entgrenzung, Grenzverschiebungen, Grenzgänge, Neujustierung von Grenzen usw. Wir müssen davon ausgehen, dass sich Grenzen, die das Feld der Schule in Differenz zu außerschulischen Lebens-, Lern- und Bildungsbereichen lange Zeit markierten, nicht vollends auflösen, aber dass sie verwischen, dass sie poröser, die Felder also füreinander durchlässiger werden und sich durchdringen bzw. – so wie Zinnecker es formulierte – verschränken.

Durch die erweiterten Erziehungs- und Betreuungsaufgaben verändern sich die Formen ganztagsschulischer Praxis und das Verhältnis von Erziehen und Unterrichten. Es entstehe, so deuten es Stecher, Krüger und Rauschenbach in ihrer Einleitung des Sonderhefts der ZfE zu einer Zwischenbilanz der Ganztagsschulforschung mehr an, als dass sie es bereits präzisieren könnten, »das Potenzial zu einer neuen, anderen Art von Schule« (Stecher/Krüger/ Rauschenbach 2011, S. 4). Im Anschluss daran wird in diesem Beitrag die These vertreten, dass sich in Ganztagsschulen, zumal in den innovativen und reformfreudigen, also in besonderer Weise modernisierten Ganztagsschulen, ein Wandel von Schule erkennen lässt, den man der Tendenz nach, wenngleich in unterschiedlicher zeitlicher Lagerung und Intensität für die gesamte Schulentwicklung wird annehmen können (vgl. auch Helsper 2000). Ganztagsschulen sind als Schrittmacher des Wandels ein exzellentes Feld, um die Transformation von Schule überhaupt zu studieren. Sie wird in der institutionellen Hohlform der Ganztagsschule in besonderer Weise befördert, ist aber in langer Sicht auf breiter Linie zu erwarten. Darauf muss theoretisch wie empirisch reagiert werden. Es besteht mithin sowohl ein Revisionsbedarf, was die Reformulierung von Schultheorie, als auch ein Forschungsbedarf, was die empirische Ergründung des Wandels von Schule aus einer schultheoretisch fokussierten Blickrichtung angeht.

3 Lernkultur: Eine Heuristik pädagogischer Ordnungs- und Subjektbildung

Im Anschluss an die Arbeiten von Theodore R. Schatzki (1996, 2002, 2010) lassen sich Praktiken als jene Aktivitäten, die soziale Ordnungen hervorbringen, genauer bestimmen und für eine sozialtheoretische Konzeptualisierung von Lernkultur fruchtbar machen (vgl. Kolbe u. a. 2008; Fritzsche u. a. 2011;

Reh u. a. 2012). Schatzki geht davon aus, dass soziale Ordnungen durch den wiederholten Vollzug von Praktiken als Arrangements verschiedener Elemente erzeugt werden, als zeiträumliche Vernetzung menschlicher und nicht-menschlicher Akteure – letzteres schließt alles Materielle ein. Praktiken sind ganz konkrete körperliche Aktivitätsmuster, die entlang einer impliziten Logik verlaufen – zu lesen und zu schreiben, einen Hammer zu benutzen, sich die Zähne zu putzen etc. Sie fußen auf einem in der Regel ebenso impliziten praktischen Verständnis, dem mehr oder weniger stillschweigend von allen geteilten, d. h. überindividuellen Wissen darüber, was man tut, wie man es tut und warum man es tut bzw. zu tun hat. In Praktiken sind nicht nur auf den körperlichen Vollzug bezogene Wissensbestände eingelassen, sondern auch ein diesen korrespondierendes situationsbezogenes Wissen über Ziele, Aufgaben, Projekte wie auch Absichten und Emotionen, Gefühle und Stimmungen. Die Konventionalisierung sozialer Praktiken in ihrer Wiederholung sorgt dafür, dass wir uns im Tun aufeinander beziehen und uns verstehen können. Gerade auch für eine Rekonstruktion von (schulischer) Transformation bietet sich Schatzkis Praxistheorie an, weil er von einem beständigen Wandel von Ordnungen in Praktiken ausgeht, der durch eine stetige Anreicherung der Praktiken mit Bedeutungen in nie identischen, sondern immer anderen Wiederholungen und auch durch die Überlappung von Praktiken unterschiedlicher Felder vorangetrieben wird (vgl. Schatzki 2002, 189ff.).

Im Medium von Praktiken werden Akteure zu Subjekten gemacht, und sie machen sich darin zu solchen. Subjektivation ist als soziales Geschehen der Hervorbringung von Subjekten im Vollzug von Praktiken situiert. Dieses lässt sich an der Form der wechselseitigen Adressierung analytisch erschließen, die als Dimension von Praktiken mit diesen einhergehen. In Adressierungen wird Subjektivation als figurativer Prozess beobachtbar, als in sich verschlungene, rekursiv aneinander anschließende Abfolge von Positionierungen, in denen Akteure zueinander, zu sich und zur Welt ins Verhältnis gesetzt werden und sich wiederum dazu verhalten müssen (vgl. Reh/Ricken 2012). Es ist genau dieser Aspekt der Produktion von Subjekten in Praktiken und Ordnungen, der in der hier vorgestellten praxistheoretischen Annäherung interessiert. Insofern hat die praxistheoretische Analyse von Wandlungsprozessen der Lernkultur in Schulen zwei Foki: Zum einen die Frage nach dem Wandel der pädagogischen Praktiken und Ordnungen, und zum anderen die Frage nach den Wirkungen der veränderten Praxis auf die Akteure in ihrem Status als anerkennbare Subjekte. Die für die Rekonstruktion pädagogischer Prozesse wichtige Wirkungsfrage wird so unmittelbar an die subjektivierenden Effekte von Praktiken gebunden: Praktiken haben eine Wirkung, weil in ihnen Subjekte positioniert bzw. Subjektpositionen in wechselseitigen Adressierungen und Readressierungen eingenommen werden. Diese entstehen dadurch, dass Lernende angesprochen werden in einem Horizont von in erster Linie pädagogisch in Geltung gesetzten und für die Anerkennung als jemand

Bestimmtes elementaren Normen: Zu welchen bestimmten Anderen werden die Schüler_innen, indem ihnen symbolisch, aber auch ganz räumlich zu verstehende Positionen vor Dritten zugewiesen werden, zu denen sie sich verhalten können und müssen? Im praktischen Vollzug pädagogischer Ordnungen emergieren so über die Verkettung pädagogischer Praktiken Interaktionsofferten und Gelegenheitsstrukturen für das Lernen. Es entstehen differenzierte Lernräume, weil in jeder pädagogischen Ordnung soziale Differenzierungen hergestellt und Schüler in verschiedene Positionen eingerückt werden, an welche je spezifische Optionen gebunden sind: was dem einen möglich ist, wird der anderen verunmöglicht. Die Schüler_innen werden positioniert im Horizont von »Normen der Anerkennbarkeit« (Butler 2009), die als symbolische Machtstrukturen Subjekte in Praktiken formen. Anerkennung qua Adressierung ist aus dieser Sicht ein konstitutiver Akt, der performativ die Subjekte im spannungsvollen Verhältnis von Unterwerfung unter bestimmte Deutungen ihrer selbst einerseits und Ermächtigung zum Handeln andererseits hervorbringt: Sie werden zu jenen souveränen Subjekten gemacht, als die sie dann legitimerweise an Praxis teilhaben können. Anerkennung ist somit nicht ausschließlich ein rein wertschätzendes Handeln. Adressierungen sind immer ambivalent, weil sie über die Wertschätzung hinaus festlegen, wer das anerkannte Subjekt ist und was es sein könnte, es wird bestätigt und zugleich gestiftet, es wird negiert und zugleich bejaht (Ricken 2009). Praktiken als Konzept für das pädagogisch Wirksame einer Lernkultur zu begreifen, hat die Pointe, Lehren und Lernen als sichtbare Tätigkeiten zu fokussieren und – methodologisch gesehen – als körperliche und sprachliche Vollzüge ethnographisch zu beschreiben, in denen sich in sozialen Situationen sequenziell Sinn aufbaut und Lerngelegenheiten hervorgebracht werden.

4 Praktiken: Grenzverschiebungen auf der Ebene des pädagogischen Tuns

Der ethnographische Blick auf die Ganztagsschulen zeigt, dass die symbolischen Konstruktionen von Grenzverschiebungen zwischen Schule und Familie, Unterricht und Freizeit sowie der Adressierung von Schüler_innen als ganze Personen und nicht mehr nur als Rollenträger (vgl. Kolbe u. a. 2009; Idel u. a. 2012a, 2012b) ein Pendant auf Seiten des pädagogischen Tuns, der pädagogischen Praktiken haben, die sie legitimatorisch untermauern.

4.1 Familiarisierung als Grenzverschiebung

Familiarisierung ist in unterschiedlichem Ausmaße an den Einzelschulen ausgeprägt, insbesondere an den Grundschulen. Da aber mit der Ausdehnung der in Schulen verbrachten alltäglichen Zeit der Grad der Informalisierung zunimmt, sich Handlungsbereiche und Orte auftun, in denen stärker informalisierte Praktiken anzutreffen sind, wie sie den familialen Raum und die private außerschulische Sphäre strukturieren, betrifft diese Tendenz auch die weiterführenden Schulen. Das Spektrum an Praktiken und pädagogischen Arrangements, in denen die Verflüssigung der Unterscheidung von Öffentlichem und Privatem erkennbar wird, die auch in der institutionellen Trennung von Schule und Familie historisch produziert und gesellschaftlich etabliert wurde, lässt sich folgendermaßen auffächern: (1) Praktiken des häuslichen Kontextes wie z. B. Essen für Kinder zubereiten, Wegräumen von Dingen für Kinder, das Aufräumen, die Organisation verschiedener Wege und Termine für die Kinder, das Erinnern an und Helfen bei elementaren Verrichtungen (beim Anziehen, beim auf die Toilette gehen). (2) Verstreute Praktiken, die wir in unterschiedlichsten sozialen Feldern, dort aber jeweils spezifisch gerahmt auffinden und die nun in der Schule häuslich gerahmt auftreten: etwa lesend auf einer Matratze in der Teppich-Ecke eines Klassenraums oder in einem Schülercafé zu liegen. (3) Praktiken, in denen eine besondere körperliche Nähe zwischen Lehrkräften entsteht, etwa im vertraulichen »Vier-Augen-Gespräch«, im körperlichen Trost, aber auch im Zugriff auf persönliche Gegenstände. (4) Und schließlich Praktiken jenseits der Leistungserbringung, die in Ganztagsschulen vielfältiger werden, in denen sich Kinder und Jugendliche nicht nur als kompetente Leistungserbringerinnen, sondern mit anderen Attributen ihrer Persönlichkeit in anderen Tätigkeiten zeigen können und müssen und dann auch entsprechend jenseits der spezifizierten Leistungsachse adressiert werden, etwa wenn sie spielen, sich ausruhen etc. Eine informelle Aufladung mit häuslichen Attributen finden wir auch in der ästhetischen Gestaltung und den territorialen Differenzierungen des Schulraums. Den Klassenzimmern wird durch verschiedene Artefakte eine heimelige Atmosphäre verliehen, wie etwa durch Tischschmuck, durch Exponate der Kinder an den Wänden, klassische Sitzordnungen sind durch variable Tischgruppen ersetzt, es gibt Leseecken, die Schüler_innen tragen in den Klassenzimmern Hausschuhe etc.

Die Inszenierung familiarisierter Praktiken im schulischen Kontext kann mit sehr spannungsreichen Adressierungen der Schüler_innen verbunden sein. Es ist genau dieser Punkt der Produktion von Subjekten in einem wechselseitigen Adressierungsgeschehen, der in der hier vorgestellten praxistheoretischen Annäherung interessiert. Wir rekonstruieren Subjektpositionen von Schülerinnen und Schülern. Diese entstehen dadurch, dass Lernende angesprochen werden in einem Horizont von in erster Linie pädagogisch in Geltung gesetzten und für die Anerkennung als jemand Bestimmtes elementaren Normen: Zu welchen bestimmten Anderen werden die Schüler_innen, indem ihnen, symbolisch, aber auch ganz räumlich zu verstehende Positionen von Dritten zugewiesen werden, zu denen sie sich verhalten können und müssen?

Im folgenden Beispiel geht es um die Praktik des Ranzenaufräumens, in der »alten Welt« der Halbtagsschule eine mütterliche Praktik der Fürsorge.

Während einer Stillarbeitsphase sitzt der Drittklässler Michael an seinem Platz und sucht etwas in seinem Ranzen. Die Lehrerin tritt hinzu und bietet von sich aus Hilfe an, ohne dass Michael diese bereits an- oder eingefordert hätte. Sie übernimmt sukzessiv die Führung in der Situation, während Michael nur noch als Zuschauer teilnimmt. Sie räumt nach und nach den Ranzen aus und gibt Michael Anweisungen, Dinge aus dem Ranzen in ein Regal zu räumen. Als sie seine Trinkflasche aus dem Ranzen befördert, fragt sie ihn, ob diese noch vom Vortag sei, und als sie schließlich den Ranzen über dem Mülleimer der Klasse ausleert, fragt sie Michael, ob er einen Tannenzapfen, der aus dem Ranzen fällt, behalten möchte. Während der Szene blickt Michael mehrfach in die Kamera. Möglicherweise sind diese Blicke nicht nur Ausdruck seiner Scham, in dieser ihn disqualifizierenden Situation auch noch gefilmt zu werden, vielleicht sind es auch die sich vergewissernden Blicke, die den Dritten, die Kamera zum Zeugen und Verbündeten macht, der den Eingriff der Lehrerin aufzeichnet.

In der Aufführung der Lehrerin wird nicht nur eine familiale Praktik in die Schule geholt, zugleich werden die Eltern – etwa im Kommentar zur Trinkflasche – latent abgewertet. Ambivalent ist diese Szene, weil sie zum einen Fürsorglichkeit in kompensatorischer Stellvertretung des Elternhauses zum Ausdruck bringt. Zum anderen wird Michael in der unterstützenden Fürsorge erst zu dem, der diese Unterstützung benötigt; für ihn wird eine Position geschaffen, die er dann aber auch einzunehmen und zu bestätigen hat. Die Hilfe, die Michael kaum mehr ablehnen kann, dient der raschen Herstellung von Arbeitsfähigkeit, sie ist in das schulische Zeitregime und die schulischspezifische Leistungserwartung eingespannt, und genau darin unterscheidet sie sich von einer solchen in der Familie. Michael wird als unordentlicher, schlecht organisierter Schüler anerkannt, der sich selbst nicht helfen kann und sich daher der Hilfe aussetzen muss, um dann als Hilfebedürftiger anerkennbar zu bleiben. Die in dieser Situation geltende pädagogische Norm, dass die Hilfestellung der Lehrerin legitim ist, auch wenn sie über das private Eigentum verfügt, wird so durch Michaels Unterwerfung bestätigt. Die Praktik der Lehrerin rückt Michael einerseits in die Position des hilfebedürftigen, schlecht organisierten Schülers und reproduziert diese zugleich im Vollzug der Szene, andererseits macht sie ihn arbeitsfähig, ermöglicht ihm also die Weiterarbeit an einer Sache. Abstrakt wird so in dieser kleinen Szene der kompensatorischen Hilfe, die wir so und ähnlich wieder und wieder auffinden können, Bildungsbenachteiligung infolge des Ausfalls schulbezogener elterlicher Sorge ausgeglichen und zugleich – sie transformierend – erhalten, weil sie neu inszeniert wird. Diese Zitation einer häuslich-elterlichen Praktik im schulischen Raum enthält sowohl formalisierende als auch informalisierende Momente, und genau dies macht ihre Verschiebung aus. Als Sorge in der dyadischen Nähe zwischen Michael und der Lehrerin handelt es sich um eine informalisierte Interaktion, die Praktik selbst interpunktiert den schulischen Prozess der Leistungserbringung, und sie endet abrupt, als die Arbeitsfähigkeit wiederhergestellt ist. Es fehlt eine familienanaloge Gestaltschließung des Praxisvollzugs, etwa durch eine Geste der weiteren fürsorglichen Unterstützung. Insofern kennzeichnet diese Praktik ein formalisiertes Moment. Dieses kommt auch darin zum Ausdruck, dass der Zugriff auf Michaels Ranzen und die damit verbundene Positionierung Michaels das Spektrum der Merkmale vergrößert, auf die die Lehrerin – dann in der Logik der Schule verbleibend – im Rahmen selektionsrelevanter bzw. bewertender Unterscheidungen zwischen ihm und anderen in seiner Klasse zurückgreifen kann. Die Ambivalenz dieser Hilfepraktik resultiert so nicht nur aus der Gleichzeitigkeit von Ermächtigung und Unterwerfung, sondern aus der Gleichzeitigkeit formalisierter und informalisierter Züge in der Zuwendung zum Schüler.

4.2   Individualisierung als Grenzverschiebung

Nun lässt sich in den geöffneten Arrangements der Ganztagsschulen ein weiterer Schub beobachten, in dem sich die pädagogische Norm der Selbständigkeit durchsetzt (vgl. Rabenstein 2007). Die von uns beobachteten geöffneten Arrangements befördern die Subjektform eines universalisierten Lerners, der eine innere Instanz zur Selbstregulierung seiner Lernprozesse aufbauen soll. Mit dem Begriff Individualisierung ist hier nicht die engere didaktische Lesart gemeint, sondern es soll damit in einem elementaren Sinne im Anschluss an Foucault ein Subjektivierungsmodus bezeichnet werden, bei dem »gesellschaftliche Zurichtung und Selbstmodellierung in eins gehen« (Bröckling 2007, S. 31).

Als ein spezifisches Dispositiv des Formens, Geformtwerdens und des sich selbst Formens fördert die reformpädagogisierte Lernkultur in Ganztagsschulen diesen Individualisierungsschub. Er beinhaltet die Aufforderung zu permanenter Selbstmodellierung, er führt zu einer Produktion von Selbständigen, die zugleich voneinander getrennt und entlang einer erweiterten Matrix der Identifizierung zueinander relationiert werden. Dies lässt sich an vier Momenten festmachen: (1) Auf der Ebene der Organisation und methodisch-didaktischen Gestaltung der pädagogischen Arbeit werden Angebote dezentralisiert, d. h. das Unterrichtsgespräch zwischen der Lehrkraft und der ganzen Klasse wird abgelöst durch eine Ausdifferenzierung von Aktivitätszentren in geöffneten Räumen – gelernt wird im Lernatelier bzw. Lernbüro, im Großraum, auf dem Flur, in Nebenzimmern, Räume werden flexibler, also für ganz unterschiedliche Aktivitäten genutzt. Damit zusammenhängend werden Lernzeiten flexibilisiert: Es entstehen größere und variable Zeitblöcke, die starre Trennung von Unterricht und kollektiver Pause wird partiell aufgegeben. Mit diesen territorialen und zeitlichen Verschiebungen differenziert sich die Öffentlichkeit der Klassengemeinschaft in verschiedene Teilöffentlichkeiten (vgl. Reh u. a. 2011; Reh 2011). (2) Es werden insbesondere in der Plan- und Projektarbeit pädagogische Maßnahmen, Angebote und Aufgaben individualisiert, Schüler_innen werden entlang zugeschriebener Besonderheiten voneinander differenziert. Individualisierung bedeutet in dieser Hinsicht für Schüler_innen, Entscheidungen darüber treffen zu können und zu sollen, wann welche Aufgaben bearbeitet werden. Und diese Wahlmöglichkeiten sind je nach Positionierung des Schülers bzw. der Schülerin ungleich verteilt, d. h. diese Differenzierungen können in Hierarchisierungen überführt werden. Vielleicht könnte man sagen: Je selbständiger, kreativer, organisierter ein Kind ist, desto mehr Möglichkeiten hat es, zwischen Aufgaben zu wählen, freiwillig andere Aufgaben nach eigenem Interesse zu bearbeiten und dafür Anerkennung zu erhalten, sich im Raum zu bewegen. Auf der Kehrseite steht dann, dass diese Selbständigkeitsorientierung spiegelbildlich systematisch unselbständige Schüler_innen produziert, die ihre Anerkennung dadurch sichern müssen, dass sie sich als hilfsbedürftig in Szene setzen oder in Szene gesetzt werden (Reh 2011). (3) Mit der Individualisierung ist eine Verschiebung der Formen der Begegnung zwischen Lehrkräften und Schüler_innen verbunden. Unterrichtsphasen, in welchen die Lehrkräfte die Klassengruppe als Kollektivsubjekt anspricht, werden seltener, wohingegen die individuellen Zuwendungen zum einzelnen Schüler ebenso zahlreicher werden wie die Arbeit mit Kleingruppen (vgl. Rabenstein 2012). Dies führt zu einer neuen Unmittelbarkeit zwischen Lehrer_innen und seinen einzelnen Schüler_innen, die aber dennoch in der Regel in der Öffentlichkeit einer Lerngruppe situiert ist. (4) Gegenläufig zur Informalisierung der Vermittlungsbeziehung zeichnet sich eine – in Anlehnung an Meyer-Drawe (2008) – Formalisierung des Umgangs mit der Sache und den Lernanforderungen. Eine Erörterung von gegenstandsbezogenen Problemen, eine gemeinsame Exploration der Sache, tritt zugunsten einer Kultur der Aufgabenerledigung, des Abarbeitens von Aufgaben, in den Hintergrund (vgl. Gruschka 2008). Die Interventionen der Lehrkräfte und die Handlungen der Schüler beziehen sich auf Tätigkeiten zweiter Ordnung, die das Informations- und Wissensmanagement betreffen: auf das Sichern einer Arbeitsorganisation, auf das Verwalten des Lernmaterials, etwa auf das Ausfüllen, Abhaken und Abheften von Arbeitsblättern, an dem dann zugleich sichtbar gemacht werden kann, dass etwas gelernt wurde (vgl. Dinkelaker 2007). Mit dieser Individualisierung von Aufgaben, der Produktion von Besonderheit und des formalisierten Umgangs mit Lernanforderungen ist dann die Abstraktion eines immer formaleren Vergleichsmaßstabs verbunden, der vor allem in der Orientierung an benötigter Zeit besteht, daran, ob ein Schüler sein Pensum, seine Aufgaben in einer bestimmten Zeit geschafft hat oder nicht (Reh 2011). Die Individualisicrung von Aufgaben in cinem informalisicrten Setting kann dann auch wieder zu einer Delegation der Aufgabenbearbeitung an die Familie führen.

In einer von einer Lehrerin betreuten Lernzeit einer sechsten Sekundarschul-
klasse, in der nach einem Wochenplan gearbeitet und geübt wird, sitzen zwei
Schülerinnen, Vicky und Claudia, und ein Schüler, Lars, beieinander und
grübeln über eine Englisch-Aufgabe. Es geht um eine Übung zum Simple
Past, die Kinder kommen bei einem unregelmäßigen Verb ins Stocken. Das
Setting ist informalisiert, die Kinder haben viel Bewegungsfreiräume, können aufstehen, sich zueinander setzen oder auch alleine bleiben, um hier ihre
Planaufgaben zu erledigen. Die Lehrerin hält sich zur Verfügung und versucht auf Anfrage, den Kindern zu helfen. Die Kinder versuchen sich an der
Aufgabe, können sie aber nicht lösen. Vicky fasst den Entschluss, gar nichts
zu machen, während Claudia einen weiteren Anlauf unternimmt. Als die
Lehrerin dazukommt, interessieren sich auch andere Schüler_innen. Auch
die Lehrerin vermag das Problem nicht zu lösen und fordert die Kinder auf,
die Englischkollegin zu befragen, worauf Claudia meint, sie würde dann lieber ihre Schwester zu Rate ziehen und die übrigen Aufgaben zu Hause erledigen. Dagegen hat die betreuende Lehrerin nichts einzuwenden.

Der Umgang miteinander ist in dieser Szene gelockert, die Kinder berat-
schlagen sich kooperativ über individualisierte Aufgaben des Wochenplans.
Die Lehrerin hält sich zur Verfügung. Als sich dann das Sachproblem auf-
wirft, erfolgt keine intensive Exploration der Sache mit der Lehrerin, sondern
vielmehr wird das Problem bloß registriert. Statt – wie es für eine häusliche
Situation zu erwarten wäre – durch solidarische Sorge Verantwortung dafür
zu übernehmen, dass die Aufgaben bewältigt werden können, entledigt sich
die Lehrerin ihrer Zuständigkeit, indem sie am Ende nichts dagegen hat und
indem sie ratifiziert, dass Claudia das Problem als Hausaufgabe deklariert.
Damit wirkt die Lehrerin daran mit, Aufgaben wieder in den Verantwor-
tungsbereich der Familie zurück zu überführen. In diesem Fall bedeutet dies,
nicht nur eine Aufgabenerledigung, sondern auch ein virulentes Aneignungs-
problem in die Familie zu verschieben, was auch zur Folge hat, dass es, sollte
es zu Hause gelöst werden, der Schule verborgen bleibt. In der Gleichzeitigkeit einer Informalisierung des Umgangs miteinander und einem formalisierten Umgang mit der Sache wird hier also deutlich, wie die funktionale
Erweiterung der Schule »en miniatur« scheitert und in eine Redelegation
gerade erst durch das Ganztagsangebot übernommener Verantwortung an die
Familie führt.

5 Schultheoretische Abstraktion: Informalisierung und Formalisierung

Das, was in entgrenzten Ganztagsschulen entsteht, sind hybride Zwischen-Räume (vgl. Budde 2012). Schule wird mehr und mehr auch auf die alltägliche Zeit bezogen zu einer Institution tagtäglicher Übergänge zwischen Arrangements, in welchen sich Praktiken der Freizeit, der Familie und des Unterrichts vermischen und verschieben. Dieser Wandel der Schule soll hier als Parallelität von Tendenzen der Informalisierung und Formalisierung gefasst werden. In der Dimension der Informalisierung wird ein Abstand zur Institutionsförmigkeit des Schulischen hergestellt. Es werden ganz im Sinne von Wouters (1999) die Verhaltensstandards gelockert, Näheverhältnisse nehmen zu, wir können eine neue Unmittelbarkeit in den schulischen Sozialbeziehungen beobachten und wir sehen, wie darin die Koordinaten zwischen dem, was als öffentlich gilt, und dem, was als privat gilt, verschoben und neu bestimmt werden – dies als Teil des gesamtgesellschaftlichen Trends der Veränderung von Privatheit und Öffentlichkeit, der sich hier im Raum der Schule niederschlägt. Die Anteile des Familiären, die in dieser Informalisierung in die Schule und den professionellen Kontext einsickern, werden verändert, sie bleiben nicht mehr die, die sie im Feld der Familie waren bzw. dort immer noch sind. Dies hat vor allem auch etwas mit der Überlagerung durch die Tendenzen des formalisierten Umgangs mit der Sache und dem Lernen zu tun. In der Dimension der Formalisierung wird ein Abstand zu jenem Strukturmuster der Sachbearbeitung hergestellt, das lange Zeit den Kern von Schule ausgemacht haben dürfte, nämlich einer intensiven Befassung mit den Problemen der Sache, die als Gegenstand des Lernens im Unterricht in einer didaktischen Konstruktion in gemeinsamer Aussprache hervorgebracht, dann im Lichte der Verstehensprozesse und -probleme der Lernenden exploriert und schließlich zumindest vorläufig, auf Zeit, geklärt werden. Ein solcher Umgang tritt zugunsten von Tätigkeiten zweiter Ordnung zurück, in denen Verfahren und Methoden im Kontext eines aufgabenbezogenen Zeitregimes zur Sache erhoben werden.

Verbunden mit diesen beiden spannungsreichen Tendenzen der Informalisierung und der Formalisierung ist eine Verschiebung des schulischen Subjektivierungsregimes im fortgesetzten Trend der Individualisierung. Ein Modus der Subjektivierung, der sich in Anlehnung an Foucaults Konzept der Gouvernementalität als Fremdführung durch Selbstführung begreifen lässt (vgl. Foucault 2006). Insofern haben wir es mit Grenzverschiebungen nach außen, in Richtung auf andere Praxen und Praktiken, und nach innen, in Richtung auf die in diesen Praktiken geformten Selbstverhältnisse der Lernenden zu tun.

Das Ineinander von Informalisierung und Formalisierung in den Praktiken verschiebt allerdings das zentrale Muster der Schule nicht. Nach wie vor ist dieses Muster zentriert um den Universalismus der Leistungserbringung. Die Informalisierung der schulischen Sozialbeziehungen und die individualisierende Subjektivierung sorgen für eine Erweiterung der Möglichkeiten im Sinne einer Vervielfältigung der Merkmale und Anhaltspunkte, um Kinder als Besondere anzuerkennen, sie im Verhältnis zueinander zu positionieren und sie im Vergleich ihrer Leistungsfähigkeit zu hierarchisieren. Vor dem Horizont einer Universalisierung der Norm des selbstständigen Lernens wird den einzelnen Schüler_innen die Aufgabe zugeschrieben, Verantwortung für ihren Lernprozess zu übernehmen, sich selbst zu optimieren, und sich zu den Normen der Individualisierung zu verhalten, sie aufzunehmen, ihnen in ihren Praktiken Gestalt zu verleihen, um anerkennbar zu bleiben und am schulischen Spiel weiter teilnehmen zu können. Die Befähigung zur Selbstführung, über die wir heute verfügen können müssen, ist unter Bedingungen eines Wandels von Familie, Kindheit und Jugend, einer Zunahme sozialer Ungleichheit und damit zusammenhängend einer Prekarisierung von Lebensumständen vieler Heranwachsender auf den Lernkontext einer entgrenzten Schule angewiesen. Die Aussichten, alle dazu zu bringen, sich selbst zu gut managenden Lernenden zu bilden, sind in modernisierten Ganztagsschulen günstiger. So ließe sich schultheoretisch und nüchtern das Potenzial einer neuen Art von Schule umreißen. Diese Transformation zu erforschen, bleibt uns als Forschungsprogramm der nächsten Jahre noch aufgegeben.

Literatur

Breidenstein, G. (2006): Teilnahme am Unterricht. Ethnographische Studien zum Schülerjob. Wiesbaden.

Breidenstein, G./Kelle, H. (1998): Geschlechteralltag in der Schulklasse. Ethnographische Studien zur Gleichaltrigenkultur. Weinheim u. München.

Bröckling, U. (2007): Das unternehmerische Selbst. Soziologie einer Subjektivierungsform. Frankfurt a. M.

Budde, J. (2012): Problematisierende Perspektiven auf Heterogenität als ambivalentes Thema der Schul- und Unterrichtsforschung. In: Zeitschrift für Pädagogik, Jg. 58 (2012), S. 522-540.

Butler, J. (2009): Die Macht der Geschlechternormen und die Grenzen des Menschlichen. Frankfurt a. M.

Dinkelaker, J. (2007): Kommunikation von (Nicht-)Wissen. Eine Fallstudie zum Lernen Erwachsener in hybriden Settings. Wiesbaden.

Fend, H. (2006): Neue Theorie der Schule. Einführung in das Verstehen von Bildungssystemen. Wiesbaden.

Foucault, M. (2006): Sicherheit, Territorium, Bevölkerung. Geschichte der Gouvernementalität I.: Geschichte der Gouvernementalität I. Vorlesungen am Collège de France 1977/1978. Frankfurt a. M.

Fritzsche, B./Idel, T.-S./Rabenstein, K. (2011): Ordnungsbildung in pädagogischen Praktiken. Praxistheoretische Überlegungen zur Konstitution und Beobachtung von Lernkulturen. In: ZSE, 31. Jg. (2011), S. 28-44.

Gruschka, A. (2008): Präsentieren als neue Unterrichtsform. Die pädagogische Eigenlogik einer Methode. Opladen u. a.

Hadjar, A./Becker, R. (Hrsg.) (2006): Die Bildungsexpansion. Erwartete und unerwartete Folgen. Wiesbaden.

Helsper, W. (2000): Wandel der Schulkultur. In: ZfE, 3. Jg. (2000), S. 35-60.

Idel, T.-S./Rabenstein, K./Reh, S. (2012a): Symbolic Constructions, Pedagogical Practicies and the Legitimation of All-Day Schooling from a Professional Perspective. Tendencies of Familialisation in All Day Schools. In: Andresen, S./Richter, M. (Hrsg.): Mapping Families. Heidelberg.

Idel, T.-S./Rabenstein, K./Reh, S. (2012b): Transformation der Schule – praxistheoretisch gesehen. Rekonstruktionen am Beispiel von Familiarisierungspraktiken. In: Bormann, I./Rürup, M. (Hrsg.): Innovation im Bildungswesen: Analytische Zugänge und empirische Befunde. Wiesbaden.

Kade, J./Lüders, Ch./Hornstein, W. (1993): Die Gegenwart des Pädagogischen – Fallstudien zur Allgemeinheit der Bildungsgesellschaft. In: Oelkers, J./Tenorth, H.-E. (Hrsg.) (1993): Pädagogisches Wissen. 27. Beiheft der ZfPäd. Weinheim u. Basel, S. 39-65.

Kade, J./Seitter, W. (Hrsg.) (2007a): Umgang mit Wissen. Recherche zur Empirie des Pädagogischen. Band 1: Pädagogische Kommunikation. Opladen u. a.

Kade, J./Seitter, W. (Hrsg.) (2007b): Umgang mit Wissen. Recherche zur Empirie des Pädagogischen. Band 2: Pädagogisches Wissen. Opladen u. a.

Kade, J./Seitter, W. (2007c): Wissensgesellschaft – Umgang mit Wissen – Universalisierung des Pädagogischen: Theoretischer Begründungszusammenhang und projektbezogener Aufriss. In: Kade, J./Seitter, W. (Hrsg.) (2007a): Umgang mit Wissen. Recherche zur Empirie des Pädagogischen. Band 1: Pädagogische Kommunikation. Opladen u. a., S. 15-42.

Kolbe, F.-U./Reh, S./Fritzsche, B./Idel, T.-S./Rabenstein, K. (2008): Lernkultur: Überlegungen zu einer kulturwissenschaftlichen Grundlegung qualitativer Unterrichtsforschung. In: ZfE 11. Jg. (2008), S. 125-143.

Kolbe, F.-U./Reh, S./Fritzsche, B./Idel, T.-S./Rabenstein, K. (Hrsg.) (2009): Ganztagsschule als symbolische Konstruktion. Fallanalysen zu Legitimationsdiskursen in schultheoretischer Perspektive. Wiesbaden.

Krüger, H.-H./Grundmann, G./Pfaff, N. (2000): Jugendkulturen und Schule. In: Krüger, H.-H./Grundmann, G./Kötters, C. (Hrsg.): Jugendliche Lebenswelten und Schulentwicklung. Ergebnisse einer quantitativen Schüler- und Lehrerbefragung in Ostdeutschland. Opladen, S. 73-110.

Kultusministerkonferenz (2012): Allgemein bildende Schulen in Ganztagsform in den
    Ländern in der Bundesrepublik Deutschland. Statistik 2006 bis 2010. Berlin.
Luhmann, N. (2002): Das Erziehungssystem der Gesellschaft. Frankfurt a. M.
Meyer-Drawe, K. (2008): Diskurse des Lernens. Paderborn.
Parsons, T. (1959): The School Class as a Social System. Some of ist Functions in
    American Society. In: Harvard Educational Review 29, S. 297-318.
Parsons, T. (1960): The Pattern Variables revisited. A Response to Robert Dubin. In:
    American Sociological Review 65, S. 467-483.
Rabenstein, K. (2007): Das Leitbild des selbstständigen Schülers. Machtpraktiken und
    Subjektivierungsweisen in der pädagogischen Reformsemantik. In: Rabenstein,
    K./Reh, S. (Hrsg.): Kooperatives und selbstständiges Arbeiten von Schülern. Zur
    Qualitätsentwicklung von Unterricht. Wiesbaden, S. 39-60.
Rabenstein, K. (2011): An den Grenzen des Förderns. Eine videografische Studie zu
    Subjektivation in individualisierenden Lernangeboten an Ganztagsschulen. Habi-
    litationsschrift an der TU Berlin.
Reh, S. (2011): Individualisierung und Öffentlichkeit. Lern-Räume und Subjektivita-
    tionsprozesse im geöffneten Grundschulunterricht. In: Amos, S. K./Meseth,
    W./Proske, M. (Hrsg.): Öffentliche Erziehung revisited. Erziehung, Politik und
    Gesellschaft im Diskurs. Wiesbaden, S. 33-52.
Reh, S./Fritzsche, B./Idel, T.-S./Rabenstein, K. (Hrsg.) (2012): Lernkulturen. Rekon-
    struktionen pädagogischer Praktiken an Ganztagsschulen. Wiesbaden. (im Er-
    scheinen).
Reh, S./Rabenstein, K./Idel, T.-S. (2011): Unterricht als pädagogische Ordnung. Eine
    praxistheoretische Perspektive. In: Meseth, W./Proske, M./Radtke, F.-O. (Hrsg.):
    Unterrichtstheorien in Forschung und Lehre. Bad Heilbrunn, S. 209-222.
Reh, S./Ricken, N. (2012): Das Konzept der Adressierung. Zur Methodologie einer
    qualitativ-empirischen Erforschung von Subjektivation. In: Miethe, I./Müller, H.-
    R. (Hrsg.): Qualitative Bildungsforschung und Bildungstheorie. Opladen u. a., S.
    35-56.
Ricken, N. (2009). Zeigen und Anerkennen. Anmerkungen zur Grundform pädagogi-
    schen Handelns. In: Fuhr, Th./ Berdelmann, K. (Hrsg.): Operative Pädagogik.
    Grundlegung – Anschlüsse – Diskussion. Paderborn u. a., S. 111-134.
Schatzki, T (1996): Social Practices. A Wittgensteinian Approach to human Activity
    an the Sozial. Cambridge u. a.
Schatzki, T. (2002): The Site oft he Social. A philosophical Account oft he Constitu-
    tion of Social Life und Change. Pennsylvania State Press.
Schatzki, T. (2010): The Timespace of Human Activity: On Performance, Society,
    and History as Indeterminate Teleological Events. Lexington Books.
Stecher, L./Krüger, H.-H./Rauschenbach, T. (2011): Ganztagsschule – Neue Schule?
    In: dies. (Hrsg.): Ganztagsschule – Neue Schule? Eine Forschungsbilanz. ZfE.
    Sonderheft 15. Wiesbaden, S. 1-9.
Wernet, A. (2003): Pädagogische Permissivität. Schulische Sozialisation und Pädago-
    gisches Handeln Jenseits der Professionalisierungsfrage. Opladen.

Wouters, C. (1999): Informalisierung. Norbert Elias' Zivilisationstheorie und Zivilisationsprozesse im 20. Jahrhundert. Opladen u. Wiesbaden.

Zinnecker, J. (2000): Soziale Welten von Schülern und Schülerinnen. Über populare, pädagogische und szientifische Ethnographien. In: ZfPäd, 46. Jg. (2000) Heft 5, S. 667-690.

Zinnecker, J. (2008): Schul- und Freizeitkultur der Schüler. In: Helsper, W./Böhme, J. (Hrsg.): Handbuch der Schulforschung. Wiesbaden, S. 531-554.

Zymek, B. (1999): Bildungsexpansion und Funktionswandel schulischer Berechtigungen. In: Baumgart, F. (Hrsg.): Theorien der Schule. Erläuterungen, Texte, Arbeitsaufgaben, Bad Heilbrunn/Obb., S. 182-192.

Vermittlungswissenschaft: Eine brauchbare Perspektive für die Didaktik?

Gabi Reinmann

Üblicherweise steht die Antwort auf eine Frage, die einen Text einleitet, am Ende desselben. Ich möchte es in diesem Beitrag einmal umdrehen und die Titelfrage, ob (eine an dieser Stelle noch nicht näher spezifizierte) Vermittlungswissenschaft eine brauchbare Perspektive für die Didaktik ist, gleich am Anfang beantworten. Die Antwort lautet: Nein, Vermittlungswissenschaft ist offenbar *keine* brauchbare Perspektive für die Didaktik. Wie ich überhaupt zu der Frage gekommen bin und wie es sein kann, dass ich *diese* Antwort gebe, werde ich im Folgenden erläutern. Den zum Thema gehaltenen Vortrag auf dem Kongress der Deutschen Gesellschaft für Erziehungswissenschaft im März 2012 in Osnabrück werde ich an dieser Stelle nicht wiederholen, weil das Manuskript hierzu bereits online verfügbar ist (Reinmann 2012a). Die theoretischen Konzepte und Ansätze, die ich als Basis für die Diskussion über eine mögliche interdisziplinäre Vermittlungswissenschaft zusammengestellt habe, werde ich ebenfalls nicht erneut darlegen, weil sie in der Zeitschrift »Erwägen – Wissen – Ethik« im Rahmen einer Forschungskooperation als Forschungsauftakt unter dem Titel »Interdisziplinäre Vermittlungswissenschaft: Versuch einer Entwicklung aus der Perspektive der Didaktik« voraussichtlich Anfang 2013 publiziert werden (Reinmann, in Druck). Ich beschränke mich stattdessen erstens auf die *Beobachtungen*, auf deren Grundlage ich angenommen habe und immer noch annehme, dass Vermittlung ein relevanter wissenschaftlicher Gegenstand ist, zweitens auf die *Gründe*, warum ich die Didaktik nach wie vor für eine Disziplin halte, die einen wertvollen Beitrag für eine bessere Vermittlung in unserer Gesellschaft leisten kann, drittens auf die *Folgerung*, dass eine interdisziplinäre Vermittlungswissenschaft trotzdem keine Lösung für Vermittlungsprobleme, sondern ein Weg mit zu vielen Hindernissen zu sein scheint, und viertens auf die *neue Frage*, welchen anderen Beitrag die Wissenschaft für eine bessere Vermittlung leisten kann, wenn sich eine Vermittlungswissenschaft dazu mittelfristig nicht eignet.

1   Beobachtungen: Vermittlung als relevanter wissenschaftlicher Gegenstand

Wenn eine Person oder Personengruppe einer anderen Person oder Personengruppe eine Sache bzw. Informationen über eine Sache (eine Beobachtung, eine Problemlösung, eine theoretische Erkenntnis, eine persönliche Erfahrung etc.) z. B. mündlich oder schriftlich weitergibt und dies mit der Absicht tut, dass die adressierte Person(engruppe) danach mehr Information hat als zuvor und dann im Idealfall »wissender« ist, kann man das meiner Einschätzung nach als *Vermittlung* bezeichnen. Vermittlung kann allerdings auch bedeuten, dass eine Person einen Streit schlichtet oder zwischen zwei Parteien beispielsweise ein Geschäft aushandelt. Das ist an dieser Stelle allerdings *nicht* gemeint. Stattdessen konzentriere ich meine Beobachtung auf den *Prozess*, Informationen und Wissen zugänglich zu machen oder direkt an andere heranzutragen. Diesen Prozess bezeichne ich als Vermittlung; man könnte ihn auch anders nennen. Es kommt mir also *nicht* auf die Bezeichnung, sondern auf das bezeichnete Phänomen an. Im Besonderen interessiert mich dabei die *Rolle und Aufgabe des Vermittlers*, also desjenigen, der für den Prozess zuständig ist oder die Funktion übernommen hat, Informationen und Wissen anderen zugänglich zu machen oder direkt an andere heranzutragen. Dass diejenigen, denen etwas vermittelt wird, die Information aufnehmen, die vermittelte Botschaft verstehen und daraus (mit allen Schwierigkeiten, die damit verbunden sind) selbst Wissen konstruieren müssen, wird damit weder verneint noch als weniger wichtig erachtet, sondern nur nicht ins Zentrum der aktuellen Beobachtungen gestellt.

Wenn man eine solche *Zentrierung* auf die Rolle des Vermittlers einnimmt, muss man dafür gute Gründe haben, denn ansonsten kommen postwendend gewichtige Einwände. So kann man etwa einwenden, dass z. B. Forschungen zur Kommunikation, die das Mitteilen von Botschaften als *zweiseitigen* Prozess erkannt und analysiert haben, längst weiter sind als es der *einseitige* Blick auf den Vermittler oder Kommunikator suggeriert. Ein weiterer möglicher Einwand ist, dass Adressaten sich selbst organisierende Subjekte sind, denen genau genommen gar nichts vermittelt werden kann. Der Grund, warum ich trotzdem dazu einlade, sich auf den Prozess der Vermittlung und die Rolle des Vermittlers zu konzentrieren, ist, dass Vermittlungsaufgaben zunehmen und schwieriger werden *unabhängig* von daran anknüpfenden oder auch ausbleibenden dialogischen Prozessen wie auch *unabhängig* von Schwierigkeiten auf Seiten des Adressaten, mitgeteilte Botschaften zu verstehen und zu verarbeiten.

Soziologische Studien bestätigen, dass nicht nur die Orte, an denen Wissen entsteht, sondern auch die, an denen es vermittelt wird, vielfältiger werden (z. B. Stichweh 2004). Das, was vermittelt wird, wird unter anderem infolge der Verwissenschaftlichung unserer Gesellschaft komplexer (Weingart 2008). Immer leistungsfähigere digitale Technologien erleichtern die Dokumentation und Verbreitung von Information und Wissen. Ob die Bezeichnung *Wissensgesellschaft* für das Ergebnis dieser Veränderungen treffend ist und es sich dabei tatsächlich um ein völlig neues Phänomen handelt, darüber ist man sich zwar nicht einig (z. B. Kübler 2005). Konsens aber dürfte darin bestehen, dass es praktisch relevant ist, Vermittlungsprozesse in unserer Gesellschaft als solche zu (er)kennen, um sie auch verbessern zu können, denn: Häufig gelingt Vermittlung nämlich *nicht* oder erfolgt *dilettantisch* (vgl. Gruschka 2010).

Der Hinweis auf die Vielfalt der Vermittlungsorte und -wege lässt sich genauer auffächern: Vermittlung findet nicht mehr nur in Bildungsinstitutionen (Schule, Hochschule, Weiterbildung, Berufsbildung) statt, sondern auch in anderen gesellschaftlichen Bereichen: Massenmedien in Form von Presse, Hörfunk, Fernsehen und das Internet vermitteln Informationen aller Art und Komplexität. Kulturelle Einrichtungen vermitteln historische und aktuelle Inhalte in verschiedensten Formaten. In Gerichtssälen und Ämtern, in der Medizin, in Wirtschaftsunternehmen und allen Organisationen mit Expertentum werden täglich Vermittlungsprozesse praktiziert. Die Wissenschaft selbst ist ebenfalls auf die Vermittlung ihrer Erkenntnisse innerhalb der eigenen Disziplin, an andere Disziplinen und potenzielle Anwender angewiesen. Der Umstand, dass sich Vermittlungsorte und -situationen ausbreiten, wird unterschiedlich interpretiert (vgl. Kade/Seitter 2007): Man kann darin eine *Pädagogisierung* des Umgangs mit Wissen sehen, wenn man Vermittlung primär als eine Aufgabe von Bildungsinstitutionen deutet, die in zahlreiche andere Gesellschaftsbereiche diffundiert, dort aber unsichtbarer wird. Man könnte aber auch eine *Entpädagogisierung* vermuten, weil nicht mehr nur Bildungsinstitutionen, sondern andere Akteure Vermittlungsfunktionen übernehmen und zudem mit anderen Zwecken als Bildung verbinden. Welche Deutung man auch bevorzugt, es bleibt festzuhalten: Es *gibt* Vermittlungsprozesse in unserer Gesellschaft, sie werden mehr und schwieriger und es wächst der Kreis derjenigen, die Vermittlungsfunktionen übernehmen.

Mit der wachsenden Anzahl an Personen, die Informationen und Wissen zugänglich machen oder direkt an andere herantragen, steigt auch deren Heterogenität: In der Schule sind es Personen, die hierfür eine explizite Rolle übernehmen, sich als Vermittlungsexperten verstehen (sollten), in jedem Fall aber mit einem gewissen Reflexionsgrad, Handlungswissen und einer formalen Berechtigung tätig sind. Wissenschaftler eignen sich sowohl für die Lehre an Hochschulen als auch für die interne und externe Wissenschaftskommunikation Vermittlungskompetenzen in der Regel selber an. Wissenschaftsjournalisten werden für ihre Vermittlungstätigkeit zwar ausgebildet, aber gänzlich anders als etwa Lehrende. Experten in Unternehmen oder beispielsweise auf dem Gesundheitssektor greifen bei der Vermittlung eher auf

Intuition zurück und müssen zudem darauf hoffen, dass man ihre vorübergehende Rolle als Vermittler akzeptiert, weil dies eher selten zu ihren *expliziten* Aufgaben gehört.

Ich schließe aus diesen Beobachtungen, dass Vermittlung eine Anforderung ist, die quantitativ und qualitativ betrachtet hoch ist und steigt, als solche aber in der Praxis nicht immer erkannt und keineswegs flächendeckend professionell erfüllt wird. Wissenschaftlich befassen sich durchaus mehrere Disziplinen mit dieser praktisch relevanten Anforderung: die Didaktik, die Sprachwissenschaft bzw. Linguistik, die Kommunikations- und Medienwissenschaft sowie verwandte Disziplinen wie Journalistik und Publizistik, die Pädagogische Psychologie bzw. die Lern- und Instruktionspsychologie, die (Wissens-)Soziologie und Philosophie, die Informationswissenschaft sowie einzelne Teilbereiche der Informatik und Betriebswirtschaftslehre. Trotz des gemeinsamen Gegenstands (Vermittlung) nehmen sich die genannten (Teil-) Disziplinen untereinander wenig zur Kenntnis und bewegen sich weitgehend in den eigenen disziplinären Grenzen. Mit Jürgen Mittelstraß (2005, S. 19) könnte man hier von einer Asymmetrie der Problementwicklung, die disziplinäre Grenzen sprengt, auf der einen Seite und einer zunehmenden Spezialisierung in den Disziplinen auf der anderen Seite sprechen. Diese Situation darf man wohl als unbefriedigend bezeichnen, weil man Vermittlung in der Folge weder in der Weise versteht noch verbessert, wie es prinzipiell möglich wäre. Vor diesem Hintergrund ist die Vermittlung aus meiner Sicht (allen Einwänden zum Trotz) ein *relevanter wissenschaftlicher Gegenstand*.

2   Gründe: Der Beitrag der Didaktik für eine bessere Vermittlung

Vermittlung und Didaktik sind eng miteinander verwandt; mitunter werden die Begriffe sogar gleichgesetzt. Didaktik gilt heute als Wissenschaft, die sich mit dem Lehren und Lernen bzw. mit dem *Zusammenspiel* von Lehren und Lernen auseinandersetzt. Dabei wird insbesondere im Kontext Schule zwischen einer allgemeinen und einer spezifischen Didaktik (Fach- und Lernbereichsdidaktiken) unterschieden (z. B. Zierer 2012, S. 11). Außerdem gibt es noch die Hochschuldidaktik und manche sprechen auch von einer Didaktik der Erwachsenenbildung (vgl. Reinmann, in Druck). Quer über diese Bildungskontexte liegend könnte man noch die Mediendidaktik als eine Didaktik nennen, die einen vergleichsweise hohen Bekanntheitsgrad hat (z. B. Kerres 2012). Die größte Breite bei der Analyse des Zusammenspiels von Lehren und Lernen beweist letztlich (trotz des nach wie vor bevorzugten Schulbezugs) die *Allgemeine Didaktik*: »Ihr Gegenstand sind die Ziele, Inhalte und Methoden des Unterrichts, seine Voraussetzungen sowie seine institutionellen Rahmungen. Sie zielt auf die reflektierte und professionelle Gestaltung von Unterricht unter dem Anspruch von Bildung als einer regulativen Idee« (Hericks 2008, S. 62). Assoziiert man mit »Unterricht« nicht einseitig die Schule, sondern akzeptiert, dass auch an Hochschulen, in Einrichtungen der Erwachsenen- und Weiterbildung sowie in der Berufsbildung *unterrichtet*, also gelehrt wird, um Lernen zu ermöglichen und zu fördern, erscheint diese Definition auch kontextübergreifend brauchbar zu sein. In historischen Abrissen zur Didaktik (z. B. Bönsch 2006, S. 14-50) wird allerdings deutlich, dass die Auffassung von Didaktik als eine Wissenschaft vom Lehren und Lernen in umfassender Weise früher nicht selbstverständlich war. Speziell die Frage, ob eher Bildungs*inhalte* oder Lehr-Lern*methoden* das Zentrum einer Allgemeinen Didaktik bilden sollten, hat zu vielen Kontroversen und verschiedenen didaktischen Modellen geführt (z. B. Kron 2008).

Welchen Stellenwert die Allgemeine Didaktik in der Pädagogik bzw. Erziehungs- oder Bildungswissenschaft hat, ob es sich um eine Sub- oder Teildisziplin, um eine eigene Disziplin oder doch nur um eine Praxis ohne genuin wissenschaftlichen Status handelt, darüber herrscht keine Einigkeit (vgl. Rothland 2008). Mehr Konsens findet sich in der aktuellen wissenschaftlichen Literatur dagegen in der Feststellung, dass die Allgemeine Didaktik praktisch zwar von enormer Bedeutung ist (wohl wegen der allgegenwärtigen Vermittlungsanlässe), wissenschaftlich betrachtet aber auf einem absteigenden Ast zu sein scheint und Gefahr läuft, von anderen (Teil-)Disziplinen, insbesondere von der empirischen Lehr-Lernforschung, beerbt zu werden (Terhardt 2002, 2009).

Die letztgenannten Einschätzungen zur Didaktik bzw. Allgemeinen Didaktik wirken nicht sonderlich ermutigend: Wenn nicht einmal der wissenschaftliche Stellenwert klar und die Zukunft unsicher ist, sollte man dann überhaupt die Didaktik als Hoffnungsträger ins Spiel bringen, wenn es um Vermittlung geht? Es gibt *mehrere Gründe*, die dafür sprechen, die eher negativen Urteile über die Didaktik *nicht* in den Vordergrund zu stellen, sondern diesen die bisherigen Erfolge und Potenziale derselben entgegenzusetzen:

- Zwar ist richtig, dass sich vor allem die Teilbereiche der Didaktik, die sich der geisteswissenschaftlichen Tradition verpflichtet sehen, lange Zeit nicht um Methoden des Lehrens und Lernens gekümmert, sondern sich auf Inhalte des Lehrens und Lernens beschränkt haben. Parallel dazu aber gab und gibt es *andere* didaktische Traditionen, die sehr wohl Fragen des Wie und damit auch Fragen der Vermittlung ins Zentrum ihrer theoretischen *und* empirischen Bemühungen stellen und in diesem Zusammenhang den Prozess des Lernens ebenfalls im Blick haben (vgl. Reusser 2008, S. 220-222.). Es wäre also – so der erste Grund, der für die Didaktik als Anker für Forschung zur Vermittlung spricht – eine unangemessene Verallgemeinerung, würde man von *einer* Didaktik-Tradition auf die gesamte Didaktik schließen und daraus Folgerungen für deren Nutzen oder Potenzial ziehen.

- Anders als z. B. die Lehr-Lernforschung bietet vor allem die Allgemeine Didaktik mit dem didaktischen Dreieck, das unter anderem Bezüge zur Rhetorik als einer Theorie der Vermittlung aufweist (Dörpinghaus 2007), einen Referenzrahmen für die Vielfalt an Lehr-Lernprozessen. Der heuristische Wert der Denkfigur des didaktischen Dreiecks (Reusser 2008, S. 224-225) lässt sich auch für Vermittlungsprozesse außerhalb von Bildungsinstitutionen wie der Schule nutzen. Neben Kategorialmodellen dieser Art bietet die Allgemeine Didaktik zudem eine Fülle an Modellen auf weniger abstrakter Ebene (vgl. Baumgartner 2011), deren Potenziale und Wirkungen (hinsichtlich Ermöglichung, Unterstützung, Anleitung von Lernprozessen) prinzipiell auch empirisch überprüft werden können. Diese Modelle für Fragen der Vermittlung auch jenseits der Schule *nicht* zu nutzen, ist sachlich wenig nachvollziehbar.
- Erweiterte man den Blick von der Allgemeinen Didaktik z. B. auf didaktische Teildisziplinen wie Hochschul- und Mediendidaktik, wird deutlich, wie umfänglich sich didaktische Konzepte und Untersuchungen bereits entwickelt haben: Angestoßen durch Reformprozesse und Erkenntnisse aus anderen Bereichen der Hochschulforschung (vgl. Kehm/Stensaker 2009) sind sowohl auf der Programm- als auch auf der Veranstaltungsebene viele didaktische Aktivitäten zu beobachten (vgl. Jahnke/Wildt 2011). Unter anderem in Kooperation mit anderen Disziplinen wie der Informatik sind auf dem Sektor der Mediendidaktik ebenfalls zahlreiche technologiegestützte Lehr-Lernmethoden entwickelt und erprobt worden (z. B. Mandel u. a. 2010; Köhler/Neumann 2012). Hochschuldidaktische wie auch mediendidaktische Erkenntnisse zeigen gut, dass die traditionelle Blickrichtung auf die Schule zu einseitig ist und Didaktik auch für Vermittlung außerhalb der Schule fruchtbar gemacht werden kann.

Dass sich eine Disziplin in der Wissenschaft positionieren und zu einem Selbstverständnis finden bzw. dieses weiterentwickeln muss, steht außer Frage. Wenn allerdings eine Disziplin wie die Didaktik aufgrund heterogener Traditionen, unterschiedlicher Ausläufer in mehrere Anwendungsfelder hinein und aufgrund der Verbindung mit anderen Disziplinen etc. Schwierigkeiten hat, eine *deutlich* erkennbare theoretische Basis zu etablieren und/oder methodologisch *variabel* ist, darf das meiner Einschätzung nach *kein* Grund sein, das didaktische Potenzial für Fragen der Vermittlung nicht ausgiebig heranzuziehen. Lässt man einmal die vor allem im Kontext der Schule schwierigen Kontroversen zur Allgemeinen Didaktik beiseite, bieten didaktische Analysen, Entwicklungen, Evaluationen und Theoriearbeit eine Fülle von Ansatzpunkten dafür, Vermittlungsprozesse in *allen* gesellschaftlichen Bereichen zu untersuchen und zu verbessern (vgl. auch Kron 2008, S. 41).

3 Folgerung: Vermittlungswissenschaft als Weg mit zu vielen Hindernissen

Ich möchte an dieser Stelle die bisherigen Überlegungen noch einmal kurz zusammenfassen: Es gibt in unserer Gesellschaft viele Vermittlungssituationen; deren Anzahl und Vielfalt werden größer. Allerdings erkennt man sie als solche oftmals nicht (unter anderem, weil sie unsichtbarer werden) und gestaltet sie keineswegs immer erfolgreich (auch in Bildungsinstitutionen nicht). Viele verschiedene Disziplinen widmen sich mit unterschiedlichen Zielen, Methoden und Beschreibungssprachen dem Phänomen der Vermittlung, nehmen aber kaum Bezug aufeinander. In der Folge sind Vermittlungsprozesse in ihrer Vielfalt und Breite wissenschaftlich betrachtet sowohl theoretisch als auch empirisch nur unbefriedigend erfasst. Schließlich liegen mit der Didaktik besonders umfangreiche theoretische, empirische und praktische Ergebnisse vor, die sich keinesfalls nur, aber *auch* auf die Vermittlung beziehen. Beschränkt man sich *nicht* auf die Didaktik in der Schule, wird deutlich, dass man es hier mit einer sich in viele Richtungen entwickelnden Disziplin zu tun hat, die allerdings in ihrem Potenzial wenig wahrgenommen und mitunter systematisch als gescheitert dargestellt wird.

Vor diesem Hintergrund habe ich im Rahmen eines Vortrags (Reinmann 2012a) und einer längeren Abhandlung (Reinmann, in Druck) die These aufgestellt, dass eine *interdisziplinäre Vermittlungswissenschaft* ein erfolgversprechender Versuch sein könnte, Vermittlung sowohl umfassender als auch tiefergehend zu verstehen und zu verbessern. In Bezug auf die Didaktik hatte ich zwei mögliche Entwicklungen vor Augen: Zum einen, so meine erste Annahme, könnte sich die Didaktik als *Ausgangspunkt* für die Erarbeitung eines interdisziplinär konsensfähigen Rahmens eignen, indem man basierend auf dem didaktischen Dreieck ein Vermittlungsdreieck bestehend aus Akteur (bzw. Vermittler), Adressat und Sache (bzw. Informationen über eine Sache) als relativ neutrale gemeinsame Referenz verwendet. Dies wollte ich *nicht* so verstanden wissen, dass die Didaktik zwingend den Nukleus einer interdisziplinären Vermittlungswissenschaft liefert, um den sich andere Disziplinen legen, sodass konzentrische Kreise entstehen. Vielmehr dachte ich an die didaktische Perspektive als ein *Segment*, das zwar in den Nukleus reicht, aber der Komplettierung durch andere Disziplinen – sowohl im Kern als auch an der Peripherie – bedarf. Zum anderen, so meine zweite Überlegung, könnten andere Disziplinen über eine Zusammenarbeit bei der Beschreibung, Erklärung und Gestaltung von Vermittlungsprozessen der Didaktik *neue Impulse* geben und dabei indirekt (mit)helfen, aktuelle Selbstbegrenzungen aufzuheben und Probleme der wissenschaftlichen Positionierung zu lösen. Dabei ging es mir *nicht* darum, die Didaktik durch eine Vermittlungswissenschaft zu ersetzen, was voraussetzen würde, dass Didaktik und

Vermittlung eins sind, was sicher nicht der Fall ist (vgl. Reinmann 2012b). Vielmehr wollte ich die Vermittlung als eine Komponente in der Didaktik für andere Disziplinen erschließen und deren Nutzungspotenzial für Kontexte außerhalb der Schule verdeutlichen.

Allerdings handelt man sich mit dem Vorschlag einer von verschiedenen Disziplinen getragenen Vermittlungswissenschaft mehrere *neue* Probleme ein: Diese beginnen beim Begriff der Vermittlung. In der mündlichen und schriftlichen Auseinandersetzung vor allem mit Wissenschaftlern aus der Erziehungswissenschaft und Didaktik (einschließlich Hochschuldidaktik) wie auch anderer Disziplinen (z. B. Kommunikations- und Medienwissenschaft) habe ich in den letzten Monaten immer wieder feststellen müssen, dass sich Stellungnahmen verschiedenster Art zunächst einmal auf den *Begriff* der Vermittlung konzentrieren. Dies ist durchaus naheliegend und legitim, benö- tigt eine Vermittlungswissenschaft doch eine konsensfähige und treffende Sprache (auch als Voraussetzung für einen gemeinsamen Referenzrahmen) und die beginnt logischerweise beim Vermittlungsbegriff selbst. Interessan- terweise gibt es keine adäquate englische Übersetzung für »Vermittlung«, während im Deutschen sofort mehrere und verschiedene Bedeutungsvarian- ten präsent sind und dann untereinander konkurrieren. Diese Schwierigkeit vorwegnehmend, hatte ich den Vermittlungsbegriff von Anfang an auf die Bedeutungsvariante *»einer vermittelt einem anderen etwas«* eingegrenzt (Reinmann 2011, 2012, in Druck).

Genau diese aus meiner Sicht notwendige Eingrenzung und Festlegung allerdings trifft besonders häufig auf Widerstand; erste konstruktive Vor- schläge zielen zudem fast durchgängig darauf ab, den Begriffsumfang zu erweitern und den Fokus auf den Vermittler aufzugeben. Mit der begriffli- chen Erweiterung und Aufgabe der vorgeschlagenen Fokussierung aber geht die Diskussion von dem Phänomen *weg*, um das es mir geht: nämlich um den in der Gesellschaft weit verbreiteten und herausfordernden Prozess, Informa- tionen und Wissen zugänglich zu machen oder direkt an andere heranzutra- gen. Daraus könnte man schließen, dass sich der Begriff der Vermittlung anders als von mir zunächst angenommen (vgl. Abschnitt 1) doch nicht eig- net, um das im Interesse stehende Phänomen zu beschreiben und verschie- dene Disziplinen »an einen Tisch« zu bekommen. Ich vermute allerdings, dass prinzipiell mögliche, zur Vermittlung alternative, Bezeichnungen wie z. B. Kommunikation (oder spezieller: Wissenskommunikation), Informati- onsverbreitung oder Wissensteilung ähnliche Schwierigkeiten (unterschiedli- che Konnotationen und Folgerungen) mit sich brächten. Obschon begriffliche Auseinandersetzungen gerade für die Entwicklung eines interdisziplinären Vorhabens notwendig sind, gibt es doch einen Punkt, an dem dies unproduk- tiv wird: nämlich dann, wenn damit die Arbeit am Phänomen be- oder gar verhindert wird, weil man bereits zu Beginn zu keiner Einigung gelangt. In diesem Fall wird das sprachliche Werkzeug zum Selbstzweck, was nicht Ziel meines Vorschlags einer Vermittlungswissenschaft war und ist.

Rückmeldungen und Diskussionsbeiträge zum Vorschlag einer interdisziplinären Vermittlungswissenschaft aus der Perspektive der Didaktik (was gleichzeitig eine Perspektive *für* die Didaktik sein könnte, aber eben nur *eine*) machen zudem deutlich, dass speziell der didaktische Blick und das darauf fußende Vermittlungsdreieck auf Ablehnung oder Unverständnis stoßen. Während die Didaktik traditionell und damit offenbar legitimiert den Prozess des Lehrens im Allgemeinen und den des Vermittelns im Besonderen *ausgehend vom Lehrenden bzw. Vermittler* thematisieren und untersuchen (also *einen* Punkt des Dreiecks fokussieren) kann, erscheint genau dies vielen anderen (Teil-)Disziplinen (einschließlich der Pädagogik) als nicht zulässig. Es steht außer Frage, dass Vermittlung immer nur in Kombination mit der *Aneignung* gedacht werden kann, weil es schlichtweg sinnlos ist, sich zu fragen, wie man den Prozess des Vermittelns besser verstehen und gestalten kann, ohne im Blick zu haben, wer Adressat der Vermittlung ist und ob dieser die vermittelten Inhalte versteht und nutzen kann (vgl. auch Eirmbter-Stolbrink/König-Fuchs 2012). Offenbar aber wird es unter dem Dach einer (interdisziplinären) Vermittlungswissenschaft eher schwieriger als leichter, den Fokus auf den Vermittler zu legen, speziell wenn (Teil-)Disziplinen eine Richtung verfolgen, die damit (scheinbar) im Widerspich steht.

In Anbetracht dieser Reflexionen auf der Basis der Reaktionen[1] und darauf folgenden eigenen Überlegungen zu einer möglichen interdisziplinären Vermittlungswissenschaft komme ich vorläufig zu dem Schluss, dass die damit verbundenen Hindernisse schwer zu überwinden sind. Konsequenterweise kann dann eine Vermittlungswissenschaft zumindest mittelfristig auch keine brauchbare Perspektive für die Didaktik sein, mit der sie zum einen Weiterentwicklungen vorantreiben und zum anderen ihre Potenziale für neue Kontexte fruchtbar machen kann. Das bedeutet gleichzeitig, dass auch die Erwartung, über eine Vermittlungswissenschaft praktische Impulse für eine bessere Vermittlung zu erlangen, schwer zu erfüllen sein wird. Von daher möchte ich den letzten Abschnitt meines Beitrags der Frage widmen, welche *anderen Wege* es geben könnte, das Ausgangsphänomen, nämlich den weit verbreiteten Prozess, Informationen und Wissen zugänglich zu machen oder direkt an andere heranzutragen, wissenschaftlich genauer als es bisher gelungen ist, zu verstehen und auf der Basis wissenschaftlicher Erkenntnisse auch spürbar zu verbessern.

---

1 Diese lassen sich recht gut den Gruppen von Einwänden zuordnen, die ich bereits vermutet und entsprechend vorab als mögliche Schwierigkeiten formuliert, aber in der eingetretenen Intensität zugegebenermaßen nicht erwartet hatte (Reinmann, in Druck).

4   Neue Frage: Wie kann Wissenschaft helfen, Vermittlung besser zu machen?

Wenn man zu dem (vorläufigen) Schluss kommt, dass eine interdisziplinäre Vermittlungswissenschaft zwar ein *prinzipiell möglicher* Weg für ein genaueres Verstehen und eine bessere Praxis der Vermittlung sein könnte, dieser aber mittelfristig mit zu vielen Hindernissen verbunden ist, stellt sich die Frage: Was ist die Alternative? Meiner Einschätzung nach sind drei Strategien denkbar, die sowohl parallel als auch nacheinander umgesetzt werden könnten:

Die *erste Strategie* besteht darin, dass die Didaktik zunächst versucht, ihr Potenzial für Vermittlungsprozesse besser als bisher in Bildungsinstitutionen auch außerhalb der Schule fruchtbar zu machen. Dazu ist zunächst eine *Öffnung der didaktischen Teildisziplinen untereinander* nötig. Ich möchte dies an einem Beispiel aus der Hochschule deutlich machen: Insbesondere zu Beginn eines Studiums und unter der Bedingung großer Studierendenzahlen ist neben aktivierenden Maßnahmen und Betreuungsangeboten die Vermittlung (durch Vorlesungen, Lehrtexte, Selbstlernangebote) eine kaum abzuwendende Anforderung. Eine Verknüpfung von Allgemeiner Didaktik, Hochschuldidaktik und Mediendidaktik liegt hier auf der Hand: Gute Vorlesungen etwa basieren auf einer reflektierten Inhaltsauswahl und Sequenzierung, nutzen die Möglichkeiten digitaler Technologien und bedürfen einer intensiven Bezugnahme auf die Gruppe der Lernenden, die als Studierende besondere Merkmale (kognitive und motivationale Voraussetzungen, zeitliche und räumliche Bedingungen etc.) aufweisen. Aktuell jedoch verbleiben Forscher aus den drei Teildisziplinen tendenziell unter sich, haben ihre eigenen Tagungen und Publikationsorgane und bemühen sich zwar ab und zu, insgesamt aber selten um Austausch und gemeinsame Vorhaben, die auch in konkrete Ergebnisse münden. Immerhin aber ist die Kommunikation zwischen – um im Beispiel zu bleiben – Hochschuldidaktikern, Mediendidaktikern und Allgemeinen Didaktikern einfacher als etwa die zwischen Kommunikationswissenschaftlern, Allgemeinen Erziehungswissenschaftlern und Didaktikern. Von daher sollte diese erste Strategie am ehesten bzw. raschesten umzusetzen sein.

Die *zweite Strategie* ist, didaktische Potenziale für Vermittlungsprozesse außerhalb der Bildung zu erschließen und besser nutzbar zu machen. Dazu ist es neben der Öffnung der didaktischen Teildisziplinen untereinander erforderlich, *Vermittlungskontexte aufzusuchen, die von der Didaktik traditionell nicht bedient werden*. In der Folge muss akzeptiert werden, dass die mit der Vermittlung angestrebte Aneignung auch anderen Zwecken dienen kann als Bildung. Auch diese Strategie kann am besten anhand eines Beispiels verdeutlicht werden: Unternehmen wie auch Non Profit-Organisationen, die einen hohen Anteil an immateriellen Prozessen haben, sind auf interne Vermittlung von Experten- und Erfahrungswissen angewiesen, die über informelle, nebenher laufende Vorgänge des gegenseitigen Austausches hinausgeht. Hierfür gibt es in großen Organisationen oftmals eigene Stellen (z. B. Wissensmanagementstellen), denen explizit die Aufgabe zukommt, Informations- und Wissensvermittlung zu initiieren, zu unterstützen und sicherzustellen. Weder werden bestehende didaktische Erkenntnisse für solche Vermittlungssituationen und -rollen in der Regel aufbereitet noch versucht man, die Möglichkeiten und Wirkungen didaktischer Maßnahmen in diesen Kontexten zu untersuchen. Möglich wäre dies jedoch allemal, sofern man bereit ist, das didaktische Repertoire für Vermittlungsprozesse zu öffnen, die zunächst »nur« Ziele wie Wissensweitergabe, Kompetenzerwerb und Problemlösung (versus Bildung) anstreben.

Die *dritte Strategie* ist dergestalt, dass die Didaktik Kooperationspartner in den jeweiligen Anwendungsfeldern sucht, in denen sie das Thema Vermittlung bearbeitet, und damit schrittweise interdisziplinäre Bezüge aufbaut. Zur Öffnung der didaktischen Teildisziplinen untereinander und gegenüber Kontexten, die nicht traditionell in den Anwendungsbereich der Didaktik gehören, muss dazu die Bereitschaft kommen, *sich auf andere Beschreibungskategorien, Erklärungsmodelle und Erkenntnisziele* soweit *einzulassen*, dass eine Kooperation möglich ist. Diese Strategie lässt sich wiederum am besten mithilfe eines Beispiels genauer erläutern: Die Vermittlung von Wissenschaft beschränkt sich nicht auf die Hochschullehre. Als externe Wissenschaftskommunikation werden wissenschaftliche Erkenntnisse etwa über Wissenssendungen, populärwissenschaftliche Bücher und Zeitschriften, Wissenschaftlerblogs, Tagungen mit Fachpublikum auch aus der Praxis etc. an die Öffentlichkeit vermittelt. Vor allem die Medien treten hier ins Zentrum des Interesses; zunehmend handelt es sich dabei um digitale Medien, einschließlich solcher, die neue Nutzungsformen (Vernetzung, Partizipation, eigene Inhaltsproduktion des Nutzers) umfassen. Vor diesem Hintergrund lässt sich die Vermittlung von Wissenschaft an die Öffentlichkeit nur mehr unter Berücksichtigung mehrerer damit verbundener Perspektiven sinnvoll erschließen: Neben der Didaktik sind damit z. B. die Kommunikationswissenschaft im Allgemeinen und der Wissenschaftsjournalismus im Besonderen, aber auch die Wirtschafts- und Medieninformatik gefordert. Bezogen auf das spezielle Vermittlungsphänomen »Vermittlung von Wissenschaft an die Öffentlichkeit« erscheint eine Zusammenarbeit der genannten Disziplinen nicht nur sinnvoll, sondern angesichts der klaren Eingrenzung des Gegenstands möglicherweise auch kurzfristig realisierbar.

Mit diesen drei Strategien bliebe die Vermittlung ein interdisziplinär zu bearbeitender wissenschaftlicher Gegenstand, ohne dass konkrete Analysen, Entwicklungen und Untersuchungen bereits im Vorfeld ins Stocken geraten oder gar nicht anlaufen, weil man sich nicht auf die gleiche Sprache, kompatible Ziele und eine anspruchsvolle transdisziplinäre Vorgehensweise einigen kann. Die drei exemplarisch skizierten Strategien nehmen in der dargestellten Reihenfolge an Komplexität zu, erreichen aber nicht die Komplexität einer interdisziplinären *Vermittlungswissenschaft*. Trotzdem kommt der Didaktik auch mit solchen Strategien die Verantwortung zu, eine *Vermittlungsethik* zu erarbeiten und sich für diese einzusetzen (vgl. Reinmann 2012a, in Druck): Eine Vermittlungsethik ist vor allem deswegen von großer Bedeutung, weil sowohl mit der Erweiterung der Anwendungskontexte außerhalb der Bildung als auch infolge der Kooperation mit Disziplinen, die sich im Vergleich zur Didaktik anderen Zielen verpflichtet fühlen, immer auch die Frage mitschwingt: *Wozu* soll Vermittlung tiefer verstanden und dann auch besser gemacht werden? Auch wenn Bildung sicher nicht in allen Gesellschaftsbereichen das primäre Ziel von Vermittlungsprozessen sein kann, würde es der Didaktik zu Recht widerstreben, wenn Erkenntnisse zur Vermittlung für Zwecke instrumentalisiert werden, die nicht nur keine Bildung sind, sondern Bildung verhindern oder erschweren.

Literatur

Baumgartner, P. (2011): Taxonomie von Unterrichtsmethoden. Ein Plädoyer für didaktische Vielfalt. Münster.
Bönsch, M. (2006): Allgemeine Didaktik. Ein Handbuch zur Wissenschaft vom Unterricht. Stuttgart.
Dörpinghaus, A. (2007): Rhetorische Didaktik. In: Fuchs, B./Schönherr, C. (Hrsg.) (2007), Urteilskraft und Pädagogik. Beiträge zu einer pädagogischen Handlungstheorie. Würzburg, S. 161-176.
Eirmbter-Stolbrink, E./König-Fuchs, C. (2012): Erziehungswissenschaftliche Methodenforschung. Vermittlung und Aneignung von Wissen. Reinbek.
Gruschka, A. (2010): Didaktik. Das Kreuz mit der Vermittlung. Elf Einsprüche gegen den didaktischen Betrieb. Wetzlar.
Hericks, U. (2008): Bildungsgangforschung und die Professionalisierung des Lehrerberufs – Perspektiven für die Allgemeine Didaktik. In: Zeitschrift für Erziehungswissenschaft, 10. Jg. (2008), Heft 9, S. 61-75.
Jahnke, I./Wildt, J. (Hrsg.) (2011): Fachbezogene und fachübergreifende Hochschuldidaktik. Bielefeld.
Kade, J./Seitter, W. (2007): Offensichtlich unsichtbar. Die Pädagogisierung des Umgangs mit Wissen im Kontext des lebenslangen Lernens. In: Zeitschrift für Erziehungswissenschaft, 10. Jg. (2007) Heft 2, S. 181-198.
Kehm, B./Stensaker, B. (Hrsg.) (2009): University rankings, diversity, and the new landscape of higher education. Rotterdam.

Kerres, M. (2012): Mediendidaktik: Konzeption und Entwicklung mediengestützter Lernangebote. München.

Köhler, T./Neumann, J. (Hrsg.) (2011): Wissensgemeinschaften. Digitale Medien – Öffnung und Offenheit in Forschung und Lehre. Münster.

Kron, F.W. (2008): Grundwissen Didaktik. München.

Kübler, H.-D. (2005): Mythos Wissensgesellschaft. Gesellschaftlicher Wandel zwischen Information, Medien und Wissen. Eine Einführung. Wiesbaden.

Mandel, S. (Hrsg.) (2010): Digitale Medien für Lehre und Forschung. Münster.

Mittelstraß, J. (2005): Methodische Transdisziplinarität. In: Technikfolgenabschätzung: Theorie und Praxis, 14. Jg. (2005), Heft 2, S. 18-23.

Reinmann, G. (2012a): Vermittlungswissenschaft: Eine brauchbare Perspektive für die Didaktik? (Vortragsmanuskript). München. http://gabi-reinmann.de/wp-con tent/uploads/2012/03/Vortrag_Osnabr%C3%BCck_Maerz_2012.pdf.

Reinmann, G. (2012b): Studientext Didaktisches Design. München. http://lernen-unibw.de/sites/default/files/studientext_dd_mai12.pdf.

Reinmann, G. (in Druck): Interdisziplinäre Vermittlungswissenschaft: Versuch einer Entwicklung aus der Perspektive der Didaktik. Erscheint in: Erwägen – Wissen – Ethik.

Reusser, K. (2008): Empirisch fundierte Didaktik – didaktisch fundierte Unterrichtsforschung. In: Perspektiven der Didaktik, Zeitschrift für Erziehungswissenschaft, Sonderheft 9 (2008), S. 219-237.

Rothland, M. (2008): Allgemeine Didaktik – disziplinäre Bestimmungen zwischen Willkür und Pragmatismus, Theorie und Praxis. In: Perspektiven der Didaktik, Zeitschrift für Erziehungswissenschaft, Sonderheft 9 (2008), S. 173-185.

Stichweh, R. (2004): Wissensgesellschaft und Wissenschaftssystem. In: Schweizerische Zeitschrift für Soziologie, Jg. 30 (2004), Heft 2, S. 147-165.

Terhart, E. (2002): Fremde Schwestern. Zum Verhältnis von Allgemeiner Didaktik und empirischer Lehr-Lern-Forschung. In: Zeitschrift für Pädagogische Psychologie, Jg. 16 (2002), Heft 2, S. 77-86.

Terhart, E. (2009): Didaktik. Eine Einführung. Stuttgart.

Weingart, P. (2008): Wissen ist Macht? – Facetten der Wissensgesellschaft. In Hettwer, H. u. a. (Hrsg.), WissensWelten. Wissenschaftsjournalismus in Theorie und Praxis. Gütersloh, S. 27-44.

Zierer, K. (2012): Studien zur Allgemeinen Didaktik. Hohengehren.

Frühpädagogik als institutionelle Praxis

Auf dem Weg zu einer Theorie der Pädagogik der frühen Kindheit

Michael-Sebastian Honig

Die Kindertagesbetreuung in Deutschland hat sich seit der Vereinigung der beiden deutschen Staaten forciert und seit der Jahrtausendwende in einem Maße verändert wie kaum einmal zuvor in ihrer rund 200-Jährigen Geschichte. Diese Veränderung ist kein nationales Phänomen, sondern findet in einem europäischen Kontext statt: Das gilt sowohl für den sozialen Wandel, in den sie eingebettet ist, als auch für die politischen Initiativen, denen sie sich verdankt. Beides bietet Anlass, die Frage zu stellen, ob die Wissenschaft von der Pädagogik in früher Kindheit nicht ihr Gegenstandsverständnis überdenken muss.

Das Thema der Frühpädagogik ist das Verstehen frühkindlichen Lernens mit dem Ziel seiner bestmöglichen Förderung – gleich, ob es unter dem Interesse an kindlichen Bildungsprozessen oder unter dem Interesse an Anschlussfähigkeit und Schulerfolg steht. Eine Diskussion, die diese Prämisse in Frage stellte, ist in der Frühpädagogik praktisch nicht festzustellen – heute vielleicht weniger denn je; denn die Pädagogik der frühen Kindheit hat sich einen Platz in der Bildungsberichterstattung und in der empirischen Bildungsforschung erobert, der gegenstandstheoretische und methodologische Diskussionen obsolet erscheinen lässt. Dagegen werden *Theorien der Schule* in der Erziehungswissenschaft seit jeher diskutiert. Die Sozialpädagogik diskutiert seit Jahrzehnten, ob sich ihr Thema in einer *Theorie der Kinder- und Jugendhilfe* erschöpft. Eine erziehungswissenschaftliche *Theorie der Familie* wird zwar vergleichsweise weniger breit erörtert, aber es gibt bedeutsame Beiträge zu dieser Debatte. Eine *Theorie nichtfamilialer Betreuung und Bildung* ist dagegen eine Leerstelle, obwohl sie sich in unmittelbarer Nachbarschaft zu Familie, Schule und Jugendhilfe bewegt. Möglicherweise ist die Pädagogik der frühen Kindheit jetzt aber in einer Situation, die mit der Situation der Schulpädagogik in den späten 1960er Jahren vergleichbar ist. Damals hatte die Erziehungswissenschaft die Vergesellschaftung von Schule und Unterricht entdeckt.

Die Prämisse der folgenden Überlegungen lautet: Die Pädagogik der frühen Kindheit hat theoretisch und methodologisch noch nicht angemessen aufgegriffen, dass sie ihr Thema einem Strukturwandel institutioneller Kleinkindererziehung verdankt. Sie verkürzt ihn mehrheitlich auf eine bildungs- und familienpolitische Konjunktur, deren Leitmotive und normative, konkret:

bildungs- und sozialpolitische Präferenzen sie weitgehend in ihre Problemstellungen übernimmt. Dabei verharrt sie in ihrer überkommenen Fixierung
auf die Gestaltung pädagogischer Beziehungen mit kleinen Kindern in Kindertagesstätten. In ihr verschmelzen Geltungs- und Relevanzkriterien frühpädagogischen Wissens.

Die Wissenschaft von der Pädagogik in der frühen Kindheit muss für
sich klären, ob sie sich als Programmatik für frühpädagogische Fachkräfte,
als Elementardidaktik, als Theorie institutioneller Kleinkindbetreuung oder
gar über eine Analyse der Möglichkeitsbedingungen von Betreuung, Erziehung und Bildung in früher Kindheit verstehen will. In diesem Sinne zielt der
vorliegende Beitrag auf einen theoretischen Rahmen für erziehungswissenschaftliche Forschung zur nichtfamilialen Betreuung, Erziehung und Bildung.

1   Strukturwandel der Kinderbetreuung

Die deutschsprachige Pädagogik der frühen Kindheit positioniert ihren Gegenstand in einem semantischen Feld, das von den Konzepten Entwicklung,
Betreuung, Bildung, Lernen, Sozialisation, auch Prävention bestimmt wird
(Fried u. a. 2012; Laewen 2006). Ein Blick auf die europäischen Betreuungs-
systeme lässt erkennen, dass es sich dabei nicht um Bezeichnungen für autonome pädagogische Sachverhalte handelt, sondern dass ihre Bedeutung mit
den institutionellen Kontexten variiert, in denen sie verwendet werden. So
weist die Unterscheidung von »Bildung« und »Betreuung« in vielen europäischen Ländern auf die Unterscheidung zwischen Leistungen des Bildungssystems *(education)* und der Sozialen Arbeit *(care)* hin. Anders als Deutschland verfügt Luxemburg beispielsweise über ein duales System der nebenfa-
milialen und außerschulischen Bildung und Betreuung von Kindern: Während die vorschulische Erziehung Teil des Bildungssystems ist (Schulpflicht
für Vierjährige) ist die Betreuung der Kinder, die noch nicht vier Jahre alt
sind, privat-familial und privat-gewerblich organisiert. Die außerschulische
Betreuung für Schulkinder (Luxemburg hat wie Frankreich eine Ganztagsschule an drei Tagen in der Woche) ist überwiegend Aufgabe von *foyers de
jour* in gemeinnütziger Trägerschaft. In Deutschland dagegen werden
daycare und *pre-school education* seit dem 19. Jahrhundert als zwei Seiten
eines »sozialpädagogischen Doppelmotivs« (Reyer 2004) aufgefasst. Entsprechend werden die Aufgaben der Frühpädagogik in der deutschen Diskussion meist in einem Bezugsrahmen beschrieben, der von einem Bildungs-
und einem Dienstleistungsauftrag (Joos 2002) bestimmt wird. Die Sozialgeschichte der Kindertagesbetreuung wird zwischen Nothilfe und Schule entfaltet (Reyer 2006), während ideengeschichtlich ein eigenständiges Bildungsmotiv der Frühpädagogik hervorgehoben wird (Liegle 2006). Neuere

Arbeiten, die europäische Entwicklungen im Blick haben, setzen breiter an: institutionengeschichtlich (Scheiwe/Willekens 2009) oder wohlfahrtstheoretisch (Mierendorff 2010; Ostner 2009) – dazu müssen sie freilich über die vertrauten frühpädagogischen Wirklichkeitszugänge hinausgehen.

Die Betreuungspolitik verändert mit den institutionellen Kontexten auch die pädagogischen Aufgaben der Frühpädagogik. In Deutschland hat sie den frühpädagogischen Bildungsbegriff in der Erwartung von »Anschlussfähigkeit« an das Bildungssystem praktisch umdefiniert. In Luxemburg ist etwas anderes geschehen. Die luxemburgische Regierung hat im Jahr 2005 eine neue Betreuungsform für 0- bis 12-Jährige geschaffen, die *Maison Relais pour Enfants*. Mit den *Maisons Relais* setzte in Luxemburg ein staatliches Engagement für die nichtfamiliale Kinderbetreuung ein, das es – anders als für die vorschulische Bildung – in dieser Intensität zuvor nicht gab. Der konzeptionelle Grundgedanke der *Maisons Relais* zielt auf die soziale Kohäsion einer multikulturellen und multilingualen Gesellschaft (Achten 2012; Majerus 2006, 2008). Dies gilt in mehrfacher Weise – zunächst in dem Sinne, dass die *Maisons Relais* Eltern die Integration bzw. die Vereinbarkeit von Familie und Beruf ermöglichen sollen. Sie machen Eltern das Angebot flexibilisierter Betreuungsstrukturen, die sich geschmeidig den unorthodoxen Arbeitszeiten moderner Erwerbsverhältnisse anpassen können. Sodann richten sie sich an *alle* Eltern, gerade auch an jene aus so genannten bildungsfernen Milieus, die das Angebot institutioneller Kinderbetreuung bislang nicht oder nur in geringem Maße nutzen. Mit den *cheques service d'accueil* von 2009 wurden zusätzlich Betreuungsgutscheine eingeführt, die die Kosten der Kinderbetreuung für die Eltern erheblich verringern. Die *Maisons Relais* wenden sich zum Dritten an alle Kinder von 0 bis 18 Jahren mit und ohne Handikap, und darüber hinaus vereinigt sie in sich alle bislang gesonderten Typen von Betreuungsstrukturen, die altersspezifisch konzipiert sind oder sich an bestimmte Gruppen von Kindern richten. Schließlich sollen die *Maisons Relais* in den Gemeinden Netzwerke mit Vereinen bilden und Kindern so Zugang zu den lokalen Freizeit-, Sport- und Kulturangeboten eröffnen.

Zwischen 2005 und 2010 hat sich das Platzangebot in den *Maison Relais pour Enfants* fast verdreifacht. Der dynamische Wandel der Systeme frühkindlicher Betreuung und Bildung ist indes ein europaweites Phänomen. Die Beschlüsse der europäischen Staats- und Regierungschefs in Lissabon (2000) und Barcelona (2002) machen quantitative und zeitliche Vorgaben zum Ausbau der Tagesbetreuung für die Kinder im Alter von drei Jahren bis zur Einschulung und für die unter drei Jahre alten Kinder (Plantenga u. a. 2008). Die Zahl der Plätze für 0- bis 4-Jährige in *Maisons Relais* hat seit 2005 in Luxemburg um mehr als das 30fache zugenommen – allerdings ausgehend von einem sehr geringen Niveau. In Westdeutschland hat sich die Bildungsbeteiligung der Kinder im Alter von bis zu 3 Jahren seit 1980 von 3% auf knapp

15% fast verfünffacht. Wenn die Beschlüsse des Europäischen Rates umgesetzt werden, wird sie sich bis 2013 auf fast 40% erhöhen.

Entscheidend ist aber nicht allein die Größenordnung dieser Expansion, sondern eine *De-Familisierung der Kinderbetreuung* und ein *Wandel der sozialen Organisation der Lebensphase Kindheit*, die mit der quantitativen Expansion des Betreuungsangebots einher gehen.»Für immer mehr Kinder wird eine immer frühere, länger andauernde und zeitintensivere Form der institutionellen frühkindlichen Bildung, Betreuung und Erziehung zu einer Selbstverständlichkeit« (Rauschenbach 2011, S. 168). Wie in Deutschland war auch in Luxemburg die nicht-familiale Betreuung in Krippe und Kindergarten bzw. *crèches* und *foyers de jour* traditionell familienergänzend konzipiert, das heißt: Sie hatten lediglich eine abgeleitete Bedeutung, wenn es auch in beiden Ländern ein ausgeprägtes Bemühen um ein eigenständiges Selbstverständnis dieser Betreuungsstrukturen gab. Die neue Betreuungspolitik lockert ihre Familienbezogenheit, und die Tagesbetreuung wandelt sich von einem familienergänzenden Betreuungsangebot zu einer Infrastruktur institutioneller Bildung, Betreuung und Erziehung zwischen Familie, Schule und Jugendhilfe, die sich mit dem Recht des Kindes auf bestmögliche Bildungs- und Lebenschancen begründet (Ostner 2009). Die größte Veränderung vollzieht sich bei den Kindern, die noch nicht schulpflichtig sind, denn die Krippe – traditionell ein Instrument der Gesundheitsfürsorge und Sozialprävention – erhält einen Bildungsauftrag im Rahmen einer Programmatik lebenslangen Lernens; dabei stellt sich zugleich die Frage, welches Bildungsmotiv gelten soll – eines, das auf die frühkindliche Lebensphase abgestimmt ist oder eines, das um Anschlussfähigkeit an Schule besorgt ist.

Anders als die deutsche Debatte, in der pädagogische Argumente dominieren, argumentiert die Luxemburger Politik der Bildung und Betreuung in früher Kindheit diesen Wandel gesellschaftspolitisch. Die pädagogischen Argumente, beispielsweise für eine Bildungsorientierung der Tagesbetreuung, entstammen im Wesentlichen bildungs- und sozialpolitischen Dokumenten der OECD und der Europäischen Union. Sie stehen im Horizont eines sozioökonomischen Wandels zur Dienstleistungsgesellschaft und einer strukturellen Betreuungskrise, bedingt durch die Erosion des Ernährermodells von Familie. Ausbau und Qualifizierung der nichtfamilialen Betreuung und Bildung tragen dieser *care crisis* (Lewis 2001) Rechnung. Der umfassende Ausbau nichtfamilialer Kinderbetreuung erscheint als Ausweg aus einer komplexen ökonomischen, demographischen und sozialpolitischen Situation. Der »Zwölfte Kinder- und Jugendbericht« (Bundesministerium für Familie, Senioren, Frauen und Jugend 2005) folgt dem von EU und OECD propagierten Modell, wenn er im Ausbau qualifizierter Kinderbetreuung vor allem einen entscheidenden Beitrag zur Erwerbstätigkeit beider Eltern sieht. Damit gewinnt die nichtfamiliale Kinderbetreuung auch eine gleichstellungspolitische, vor allem aber eine armutspräventive Funktion; die hat sie zwar immer schon gehabt, aber nun rückt die institutionelle Kinderbetreuung in vielen Ländern vom Rand ins Zentrum der Sozialpolitik. Dabei geht es auch in Deutschland keineswegs nur um die Vereinbarkeit von Familie und Beruf. Das deutsche Kinder- und Jugendhilfeweiterentwicklungsgesetz (KICK) von 2005 erteilt den Kindertageseinrichtungen einen Schutzauftrag bei Kindeswohlgefährdung, erweitert damit den Betreuungs- und Bildungsauftrag der Kindertageseinrichtungen um Präventionsaufgaben und verknüpft sie mit den Erziehungshilfen (»Frühe Hilfen«).

Der Ausbau der nichtfamilialen Kinderbetreuung ist kein interner Vorgang der Kleinkindpädagogik, der Kinder- und Jugendhilfe oder der Familienpolitik. Er definiert das Verhältnis von Familie und Staat, von privater und öffentlicher Verantwortung für Kinder neu, weil ein dritter Wohlfahrtsproduzent, der Arbeitsmarkt, das Kräftefeld verändert und der Wohlfahrtsstaat seine Rolle neu bestimmt. Daher betrifft er auch die Kategorien, in denen Pädagogik der frühen Kindheit ihren Gegenstand reflektiert. Soziale Dienstleistungen für die Eltern, Bildungsfunktion für die Kinder und sozialpolitische Funktionen für die Gesellschaftspolitik schaffen eine multifunktionale und multiperspektivische Wirklichkeit der nichtfamilialen Bildung und Betreuung. Die betreuungspolitische Programmatik der luxemburgischen *Maisons Relais* demonstriert diese *Multireferenzialität* der Kinderbetreuung, die jenseits aller frühpädagogischen Präferenzen aus diesem komplexen Aufgabenbündel entsteht. Das frühpädagogische Handlungsfeld umfasst daher mehr als Programm und Praxis der Interaktionen zwischen ErzieherInnen und Kindern unter rechtlich geregelten Rahmenbedingungen. »Betreuung« ist nicht lediglich ein Modus pädagogischer Beziehungen, dessen Verhältnis zum Modus der »Erziehung« und der »Bildung« semantisch differenziert werden kann, sondern kennzeichnet einen sozialen Raum möglicher Betreuungsarrangements, der politisch vorstrukturiert ist und in den pädagogische Praktiken gleichsam eingelassen sind (vgl. Plantenga u. a. 2008). Für die *stakeholders* der Kinderbetreuung bedeutet die Kindertagesbetreuung jeweils etwas Unterschiedliches. Als konkurrierende Referenzrahmen schaffen die differenziellen Funktionsbezüge Spannungsverhältnisse, welche die Fachkräfte alltäglich bearbeiten müssen.

2 Ansatzpunkte für eine Theorie frühkindlicher Bildung und Betreuung

Dass Kindertageseinrichtungen nicht nur für Kinder da sind, stellt eine frühpädagogische Gegenstandsauffassung in Frage, die sich auf das pädagogische Binnenleben von Kindertageseinrichtungen einschließlich ihrer elementardidaktischen Modernisierung samt politischer Finalisierung begrenzt. Eine

Frühpädagogik, die sich als Wissenschaft dieses Handlungsfeldes versteht, steht vor der Herausforderung, nur einen Ausschnitt dieses Feldes zu erfassen oder sich die Frage stellen zu müssen, wie sie ihren Gegenstandsbereich konstituiert. Auf diese Frage ist die Frühpädagogik nur wenig vorbereitet; es gibt nur wenige Versuche, über Theorien frühkindlicher Bildung hinauszugehen (vgl. etwa Heinsohn/Knieper 1975), und diese Versuche haben es nie zu vergleichbarem Einfluss gebracht.

Bei der Suche nach einer Antwort auf diese Frage lässt sich an Helmut Fends Theorie der Schule anschließen. Sie sucht Schule als eine *institutionelle Praxis* im Kontext ihrer gesellschaftlichen Funktionen und kulturellen Traditionen zu begreifen. Ihre Architektur verknüpft Ökonomie, Recht und Politik des Bildungswesens mit einer Soziologie des schulischen Binnenraums, also der Schule als Erfahrungskontext, und Wirkungsbereichen der Humanentwicklung. Das ist eine Soziologie des Bildungswesens in sozialisationstheoretischer Absicht. Fend hat sie in einem Programm empirischer Bildungsforschung theoretisch entfaltet, in 25 Jahren Forschung empirisch differenziert und sein Programm danach reformuliert. In seiner »Neuen Theorie der Schule« (Fend 2006) spitzt er seinen Ansatz zu, um »die strukturorientierte Realitäts*beschreibung* (…) in Konzepte einer Realitäts*gestaltung* münden« zu lassen (Fend 2006, S. 15) – ein Anspruch, den die Frühpädagogik seit jeher teilt.

Fend geht wie Siegfried Bernfeld (Bernfeld 1925/1967) davon aus, dass die gesellschaftliche Funktion von Pädagogik davon abhängt, dass sie bewirken *kann*, was sie verspricht. Dazu muss sie Technologien entwickeln, über die sie aber solange nicht verfügen kann, wie sie die Erziehungswirklichkeit im Lichte pädagogischer Programme betrachtet. Allein bei der Didaktik, so Bernfeld, ist dies anders. Was dieser aber fehle, ist der Sinn für ihre gesellschaftliche und organisationelle Einbettung; daher ist es – so ein viel zitiertes Diktum Bernfelds – die Schule *als Institution*, die erzieht, nicht die Lehrperson. In diesem Sinne ist Fend ein »Instituetiker«, der die Kontextualität und Multireferenzialität des Bildungswesens sieht, wenn er nach den Möglichkeiten seiner Gestaltung fragt.

Fends instituetischer Zugang verknüpft vier Argumentationsebenen:

- *Systematisch* konzipiert Fend das Bildungswesen als *institutionellen Akteur*, das heißt: er konzipiert die Einheit des Bildungswesens als »Zusammenhandeln« natürlicher Personen im Rahmen normativer Strukturen (Fend 2006, S. 171). »Bildungssysteme sind (…) institutionelle Akteure, die im Auftrag externer Akteure handeln und über Lehren und Lernen als wünschenswert definierte psychische Dispositionen in der nachwachsenden Generation ‚erzeugen‘« (ebd.).

- Die *zweite Ebene* ist die Geschichte der Entstehung von Schule. Ohne historisches Gedächtnis ist eine Theorie des Bildungswesens unvollständig (Fend 2006, S. 16).
- Die *dritte Ebene* des Fendschen Zugangs ist die schulpädagogische Dimension. Sie untersucht die Funktionsweise des schulischen Lernangebots als Logik einer Aufgabenerfüllung (nicht einer Zielerreichung; ebd.).
- Die *vierte Ebene* ist die Wirkungsdimension. Der Beitrag der Schule zum Funktionieren von Gesellschaft, ihr »Sinn« also, besteht in ihren Wirkungen auf Leistungen und Persönlichkeitsentwicklung. Fend will die Effekte von Schule allerdings nicht kausal ableiten, er redet nicht von *outcomes*, sondern will die Wirkungsdimension des Bildungswesens von der Nutzung des Lehrangebots durch die Schüler im Erfahrungskontext Schule her verstehen (a.a.O., S. 17).

Es gibt in der deutschsprachigen Frühpädagogik *nichts*, was der ersten Argumentationsebene in Fends Schultheorie entspräche: Einer Theorie pädagogischer Organisationen als institutionelle Akteure. Umgekehrt gibt es wichtige Themen der Frühpädagogik, die sich nicht auf Fends Ansatz beziehen lassen. Die zweite, dritte und vierte Argumentationsebene weist jedoch deutliche Bezüge zu Forschungsbereichen in der Frühpädagogik auf: Der zweiten, historischen Ebene entspricht eine sozialgeschichtliche Forschung, die Entstehung und Wandel der institutionellen Kleinkindererziehung in Deutschland analysiert (vgl. klassisch Reyer 1985; Erning u. a. 1987). Die dritte, schulpädagogische Argumentationsebene Fends findet eine Entsprechung in der Arbeit an einer Elementardidaktik der Kindertagesbetreuung (Grell/Roßbach 2010; Roßbach/Blossfeld 2008). Die vierte Ebene ist in der Forschung über die pädagogische Qualität von Betreuungsarrangements präsent, zuletzt in der NUBBEK-Studie (Tietze 2012).

Die Parallelen sind jedoch entscheidend begrenzt. Fend rückt die Wechselbeziehungen und Interdependenzen zwischen den vier Argumentationsebenen in den Mittelpunkt seiner Theorie der Schule, während die historische Forschung der Frühpädagogik, die elementardidaktische und die Evaluationsforschung selbstbezügliche Diskussionszusammenhänge sind. Unter diesem Gesichtspunkt tritt das Potenzial des Fendschen Ansatzes für die Pädagogik der frühen Kindheit deutlich hervor:

- Er ermöglicht es, die politische Herauslösung der Kindertagesbetreuung aus ihrer Familienabhängigkeit theoretisch nachzuvollziehen, indem er sie in einen komplexen gesellschaftlichen und Erfahrungskontext stellt.
- Er stellt ein begriffliches Instrumentarium bereit, um den Strukturwandel zu konzeptualisieren, den die nichtfamiliale Bildung und Betreuung in den letzten Jahrzehnten durchlaufen hat.

- Er lenkt die Aufmerksamkeit auf die Multireferenzialität nichtfamilialer Bildung und Betreuung und fragt nach der Gestaltbarkeit pädagogischer Beziehungen in diesem Kontext.

Fends »Neue Theorie der Schule« ist eine Theorie der Institutionenbildung, die vom Problem des Institutionenwandels ausgeht. Institutionen lassen »einen Wertbezug handlungsrelevant werden«, so Lepsius (Lepsius 1995, S. 394). Es geht dabei um den Sinngehalt sozialer Beziehungen, um ihre »vorgestellte Ordnung«.

Fend kann bei seiner Theorie und Empirie des Bildungswesens damit rechnen, dass die Schule ein stark abgegrenzter, rechtlich, politisch und sozial geregelter Organisationsbereich ist. Die nichtfamiliale Bildung und Betreuung dagegen ist schwach organisiert und schwer abgrenzbar, die Grenzen zwischen Familie, Schule, Jugendhilfe fließen, ihre Bildungsbedeutsamkeit ist diffus. Darin liegt aber auch ein Vorteil, denn diese Diffusität lenkt die Aufmerksamkeit auf die *Praxis* der Institutionenbildung, die *Prozesse der Grenzziehung und der Bezugnahme*.

Von Kindertageseinrichtungen als Institutionen zu sprechen, verweist auf das Spannungsfeld zwischen Ideen und Verhaltensstrukturierung – so Lepsius, der sich wie Fend auf Max Weber bezieht. Entscheidend ist, dass der Wertbezug pädagogischen Organisationen nicht inhärent, dass er keine Gegebenheit ist, sondern praktisch hergestellt, hervorgebracht werden muss. Fend lenkt die Aufmerksamkeit auf die Akteure, die im Rahmen von institutionellen Vorgaben handeln. Ihr Handeln wäre entsprechend als *institutionelle Praxis bzw. als eine Praxis der Institutionalisierung* zu beschreiben. Das Phänomen des Institutionenwandels lässt sich aber nicht erklären, wenn man diese Praxis auf eine Regel*anwendung* beschränkt. Fend beschreibt institutionelle Praxis denn auch als eine Praxis der *Rekontextualisierung* (Fend 2006, S. 174ff.). Sie übersetzt generalisierte externe Erwartungen, beispielsweise Bildungsaufträge, in Handlungsaufgaben und verknüpft dabei Außenbeziehungen, interaktionelles Geschehen und die Effekte des Bildungswesens miteinander (a. a. O., S. 175).

Zusammenfassend: Die Bedeutung Fends für eine Theorie der Frühpädagogik besteht darin, dass er die Aufmerksamkeit auf die *Kontextualität* des Beziehungsgeschehens in Kindertageseinrichtungen lenkt; zugleich hat die *Position des Akteurs* in der Theorie Fends eine Schlüsselbedeutung. Fends Ansatz erlaubt, politische Strategien und pädagogische Praktiken der Bildung und Betreuung in früher Kindheit zu relationieren und zu fragen: Wie vollzieht sich die Institutionalisierung der Kindertagesbetreuung, und welche Rolle spielen dabei die Interaktionen zwischen Fachkräften und Kindern? Diese Frage führt mit Fend über Fend hinaus.

3 Die Positionierung der Kinder im frühpädagogischen Feld

Der deutsche frühpädagogische Diskurs formuliert seine Problemstellungen auf der Basis einer Anthropologie des bildsamen, lernfähigen und förderungsbedürftigen Kindes. Ludwig Liegle, der diese Anthropologie in der gegenwärtig vielleicht differenziertesten, theoriegeschichtlich kenntnisreichsten und empirisch anschlussfähigsten Form ausgearbeitet hat, bindet die Erziehung in früher Kindheit an die kindliche Entwicklung und bestimmt sie als »Aufforderung zur Bildung« (Liegle 2008). Die Rückbindung an die kindliche Entwicklung verschaffte der Hirnforschung und einer erneuerten Bindungstheorie einen zentralen Stellenwert in der Frühpädagogik und liefert Schlüsselargumente für elementardidaktische Strategien. Orientiert von dieser Anthropologie versteht die Frühpädagogik Betreuung, Bildung und Erziehung in früher Kindheit als ein Beziehungsgeschehen. Dabei fällt auf, dass sie lediglich das Beziehungsgeschehen in *Kindertageseinrichtungen* meint, Erziehung und Bildung in Familien jedoch in der Regel außer Acht lässt, obwohl sie es voraussetzt und obwohl es für die Kinder und für die Effekte der Kindertagesbetreuung auf deren Entwicklungs- und Bildungsprozesse von primärer Bedeutung ist. Diese Einschränkung – die übrigens für Liegle nicht gilt – ist nicht theoretisch begründet, sondern spiegelt ein Berufsfeld wider, das im Kinder- und Jugendhilfegesetz abgesteckt wird. Vor dem Hintergrund ihrer Anthropologie reflektiert sich die Pädagogik der frühen Kindheit gerade nicht als eine institutionelle Praxis, sondern als eine pädagogische Praxis der Entwicklungs- bzw. Bildungsförderung in Institutionen, die sich auf eine »Natur des Kindes« beruft. Während die Betreuungspolitik die Kindheit verändert, operiert die Frühpädagogik mit einer Anthropologie des Kindes, die ihr vorauszusetzen erlaubt, was sie hervorzubringen verspricht.

In der Pädagogik der frühen Kindheit wird Kindern eine eigentümlich zwiespältige Position zugewiesen: Einerseits sind sie definitiv Adressaten frühpädagogischer Programme, andererseits spielt ihre Eigenaktivität – Stichwort »Forschergeist in Windeln« – eine bildungstheoretische Schlüsselrolle; im Konzept der »Ko-Konstruktion« wird dieser Zwiespalt zum Programm. Vielleicht hängt es mit dem schwächeren Organisationsgrad der Kindertagesbetreuung zusammen, dass die Pädagogik der frühen Kindheit die Selbst-Referenzialität des kindlichen Bewusstseinssystems betont und ihre Angebote als »Aufforderung zur Selbsttätigkeit« (Benner) versteht. Wie soll man die Position des Kindes im frühpädagogischen Feld theoretisch fassen?

Bei der Beantwortung dieser Frage lässt sich bei Fend anknüpfen, obwohl er den Kindern als Akteuren pädagogischer Felder keine vertiefte Aufmerksamkeit gewidmet hat. Er rekonstruiert das Bildungswesen von den externen Wirksamkeitserwartungen her, weil die Erwartung, dass Kinder in der Schule möglichst viel lernen – und zwar viel von dem, was sie lernen *sollen* – die Existenzberechtigung des Bildungswesens begründet. Im Blick auf seinen institutionentheoretischen Ansatz ist das Lernen der Kinder ein Moment der Institutionenbildung. Ihr Lernen ist der Beitrag der Kinder zur Institutionalisierung von Schule; sie sind ein Teil von Schule als institutionellem Akteur. Diese Konzeptualisierung muss jedoch mit einem Lernen neben und außerhalb des Lehrplans rechnen. Was bedeutet dies für das Verständnis der Wirkungsdimension der Schule als pädagogischer Organisation?

Kinder erfahren Schulen und Kindertageseinrichtungen nicht in der Perspektive einer Erziehungsaufgabe – die stellt sich den Fachkräften –, sondern als Lebensräume und Orte von Erfahrungen, die sich vom Leben in ihren Familien deutlich unterscheiden. Die Unterschiede zwischen Bildungs- und Betreuungsangeboten sind für die Kinder, ihr alltägliches Leben und ihre Bildungsbiographie lediglich Varianten institutioneller Lebens- und Lernorte. Der Übergang von einem ausschließlich familial bestimmten Leben in den öffentlichen Raum institutioneller Betreuung (oder von Kindertageseinrichtungen in die Schule) bringt für die betroffenen Kinder eine Reihe von großen Veränderungen mit sich. »Im Gefolge der von pädagogischen Institutionen unterstützten Ablösung vom Elternhaus wird von den Kindern erwartet, daß sie (…) Alltagsaufgaben ohne permanente Assistenz Erwachsener bewältigen. Dies gibt ihnen auch Raum zur selbstbestimmten Vergesellung« (Krappmann 1993, S. 367). Sie müssen nun zum ersten Mal ihre sozialen Beziehungen selbst anbahnen und aufrechterhalten und bewegen sich dabei erstmals in einer Gruppe von gleich mächtigen Altersgenossen. Lothar Krappmann spricht von Übergängen als institutionalisierten Entwicklungsaufgaben (Krappmann 1993). Damit bringt er zum Ausdruck, dass Übergänge nicht lediglich biographische, sondern auch organisationelle Ereignisse sind. Übergänge konfrontieren Kinder auch mit den Regeln einer Organisation »für Kinder«; Kinder werden zu Adressaten. Als Adressaten von Kindertageseinrichtungen sind die Kinder Maßstab für den Erfolg von Pädagogik, für die Effektivität pädagogisch begründeter Handlungen. Harriet Strandell zeigt in ihrer Studie über finnische Ganztagseinrichtungen (Strandell 1997), wie Tageseinrichtungen als Handlungskontexte Kinder in Adressaten verwandeln. Strandell demonstriert diese Verwandlung als eine Administration von Zeit und Raum, die eine soziale Ordnung alltäglicher Abläufe hervorbringt: Zeitstrukturen legen Parallelität und Abfolge unterschiedlicher Aktivitäten fest (»Fahrpläne«), regulieren Beziehungen, bestimmen Gewohnheiten und Praktiken. Alltag im Kindergarten bedeutet, dass Kinder sich und ihre Handlungen im Laufe des Tages auf unterschiedliche Ebenen der Realität zu beziehen haben und zwischen ihnen wechseln müssen. Dabei entsteht eine soziale Ordnung des Kindergartens, die ein Ergebnis des »Zusammenhandelns« aller Akteure ist, wie Fend sagen würde.

Die qualitative Übergangsforschung knüpft an dem Umstand an, dass diese Übergänge den Kindern nicht lediglich individuelle, biographische Aufgaben, sondern kollektive Aufgaben stellen, dass es kollektive Passagen sind, die sie *als Kinder* betreffen, in denen sie *als Kinder* positioniert werden und in denen sie sich *als Kinder* und nicht lediglich als Individuen erleben (Corsaro/Molinari 2005; Huf 2010a, 2010b). Die soziale Kinderwelt ist jedoch nicht nur mit sich selbst beschäftigt, sondern sucht sich einen Reim zu machen auf die Welt der Erwachsenen, sucht sie sich aktiv anzueignen, anders gesagt: Sie lernt. Allerdings lernt sie nicht unbedingt, was sie unterrichtet wird, sondern sie lernt an den Aufgaben, die sich Kindern *als Kinder* stellen. Kollektive Übergänge schaffen einen »konjunktiven Erfahrungsraum« (vgl. Hengst 2009); er stellt Kindern die Aufgabe und bietet ihnen die Chance, eine eigene soziale Welt und daraus eine Sinnwelt, eine Kultur der Kinder zu entwickeln. Kinderkultur ist also nicht als Ausdruck einer autonomen Kinderwelt zu verstehen, sondern als interpretative Reproduktion von Erwartungen und Normierungen (Corsaro 1992). Mit dem Begriff »interpretative Reproduktion« kennzeichnet William A. Corsaro den Prozess, in dem Kinder Kultur und Gesellschaft nicht lediglich »internalisieren«, sondern sich mit ihnen – genauer: mit ihren pädagogischen Repräsentationen im Kindergarten – auseinandersetzen und dabei zu eigenen Deutungen und Problemlösungen gelangen, die sie in einem eigenen Symbol- und Handlungssystem organisieren. Mit Fend könnte man sie als eine spezifische Form der Re-Kontextualisierung von »Bildungsaufträgen« bezeichnen. Corsaro hat sich in langjährigen kulturvergleichenden ethnografischen Studien mit der Peer Culture im Kindergarten als einer Lebensform beschäftigt, in der Kinder in ein kollektives Verhältnis zu Erwachsenen treten (Corsaro 2011). Sie stellt die Aufgaben, über deren Bearbeitung Kinder ihren Zugang zur Erwachsenenwelt intensivieren und differenzieren.

Corsaro betont vor allem zwei zentrale Themen der Kinderkultur im Vorschulalter: Kontrolle zu gewinnen über das eigene Leben und diese Kontrolle mit anderen zu teilen, also soziale Teilhabe zu gewinnen, Beziehungen aufzubauen und aufrechtzuerhalten sowie im Konflikt zu behaupten (Corsaro 2011). Routinen sind dabei von zentraler Bedeutung (Corsaro 1988). Routinen sind wiederkehrende und vorhersehbare, beobachtbare Handlungsmuster, die das Alltagsleben strukturieren. Ihr habitueller, selbstverständlicher Charakter verschafft den kindlichen Akteuren Sicherheit und ein geteiltes Verständnis von Zugehörigkeit zur Gruppe der Kinder. Dies ist entscheidend, um die Unverständlichkeit und Ungewissheit der Erwachsenenwelt aufarbeiten zu können. Ihre Vorhersagbarkeit erlaubt, dass Routinen als Rahmungen (im Sinne von Goffman 1980) fungieren können, in denen eine große Bandbreite von soziokulturellem Wissen hervorgebracht, dargestellt und kollektiv interpretiert werden kann. In diesem Sinne sind Routinen soziale Repräsentationen von Regeln der Erwachsenenwelt und Moment ihrer Überarbeitung zugleich. Corsaro hat zahlreiche Routinen der Kinderkultur beschrieben, darunter Zugangsrituale, Freundschaftsmuster, Rollenspiele, Aushandlungsprozesse und vor allem auch differenzierte Strategien, sich den durch Erwachsene gesetzten Regeln und Normen zu entziehen, sie umzuinterpretieren oder die Erwachsenen mit ihren eigenen Waffen zu schlagen (Corsaro 1990). Zusammenfassend lässt sich pointieren: Kindertageseinrichtungen als pädagogische Organisationen sind darauf angewiesen, dass die Kinder »mitspielen« (Jung 2004, 2009). Kinder stellen in der sozialen Kinderwelt ihre Erfahrungen mit der Erwachsenenkultur dar und nutzen sie zur Organisation ihrer sozialen Beziehungen. Ihr Lernen ist eine interpretative Reproduktion der Wirklichkeit von Lebensformen im Wissens- und Handlungsbestand der Kinder. Darin besteht ihr Beitrag zur Institutionalisierung der Kindertagesbetreuung als pädagogisches Handlungsfeld.

4 Theorie der Frühpädagogik als Theorie betreuter Kindheit – Zusammenfassung

Inspiriert von einem »Blick über den Zaun« (zwischen Luxemburg und Deutschland) war es das Ziel dieses Beitrags, die Selbst-Begrenzung der Wissenschaft von der Pädagogik in früher Kindheit auf pädagogische Interaktionen in frühpädagogischen Settings zu überwinden. Der Beitrag schlägt vor, die Frühpädagogik nicht als Bildungstheorie, sondern als Theorie institutioneller Praktiken eines (früh-) pädagogischen Feldes anzulegen. Dies ermöglicht, die Position der Kinder systematisch zu berücksichtigen und ihr Lernen feldtheoretisch zu konzeptualisieren (allerdings bedarf der Feldbegriff noch einer Explikation, die in diesem Beitrag nicht erfolgt ist).

Dieser Ansatz rechnet mit einer Kultur der Kinder als einer Welt kollektiven Sinns. Kinder stellen in der sozialen Kinderwelt ihre Erfahrungen mit der Erwachsenenkultur dar und nutzen sie zur Organisation ihrer sozialen Beziehungen. Daher fungieren Kinder in einer Theorie der Frühpädagogik als institutioneller Praxis nicht als Begründung und Rechtfertigung frühpädagogischer Interventionen, sondern als ihre Adressaten und Mit-Produzenten zugleich. Das Fendsche Konzept der Rekontextualisierung und das Konzept der interpretativen Reproduktion von William A. Corsaro bieten dafür aussichtsreiche Anknüpfungspunkte; das gilt auch für moderne organisationstheoretische Ansätze, auf die der Beitrag allerdings nicht eingegangen ist.

Der hier vorgeschlagene Ansatz bewegt sich im Schnittfeld einer Theorie pädagogischer Organisationen und einer wissenssoziologischen Kindheitsforschung. Er versucht mit Helmut Fend Anschlüsse herzustellen an die Traditionen einer interdisziplinären empirischen Bildungsforschung in der Erziehungswissenschaft. Der Denkansatz ist geleitet von dem Interesse an den empirischen Bedingungen der Möglichkeit pädagogischer Praxis. Damit geht er einen dritten Weg zwischen einer Pädagogik der frühen Kindheit, die sich für bildungsprogrammatische Begründungen und Praxisreflexionen, aber nicht für die Praxis der Programme interessiert, und einer pädagogisch-psychologischen Forschung zur Kindertagesbetreuung, die sich für den Nachweis von Effekten des Besuchs von Kindertageseinrichtungen auf Entwicklung und Bildungserfolg interessiert, aber nicht dafür, wie diese Effekte in der alltäglichen Praxis hervorgebracht werden.

Literatur

Achten, M. (2012): Von der Tagesbetreuung zur non-formalen Bildung. Die Entwicklung der Kindertagesbetreuung in Luxemburg und zukünftige Herausforderungen. In: Forum für Politik, Gesellschaft und Kultur Nr. 322, S. 50-52.

Bernfeld, S. (1925/1967): Sisyphos oder die Grenzen der Erziehung. Frankfurt a. M.

Bundesministerium für Familie Senioren Frauen und Jugend (Hrsg.) (2005). Zwölfter Kinder- und Jugendbericht. Bericht über die Lebenssituation junger Menschen und die Leistungen der Kinder- und Jugendhilfe in Deutschland. Berlin.

Corsaro, W. A. (1988): Routines in the peer culture of Italian and American nursery school children. In: Sociology of Education, Heft 61, S. 1-14.

Corsaro, W. A. (1990): The underlife of the nursery school: Young children's social representations of adult roles. In: Duveen, G./Lloyd, B. (Hrsg.), Social representations and the development of knowledge. Cambridge, S. 11-27.

Corsaro, W. A. (1992): Interpretive Reproduction in Children's Peer Cultures. In: Social Psychology Quarterly, Heft 55, S. 160-177.

Corsaro, W. A. (2011[3]): The Sociology of Childhood. Los Angeles.

Corsaro, W. A./Molinari, L. (2005). I Compagni. Understanding children's transition from preschool to elementary school. New York.

Erning, G./Neumann, K./Reyer, J. (Hrsg.) (1987): Geschichte des Kindergartens. 2 Bde. Freiburg i. Br.

Fend, H. (2006): Neue Theorie der Schule. Einführung in das Verstehen von Bildungssystemen. Wiesbaden.

Fried, L./Dippelhofer-Stiem, B./Honig, M.-S./Liegle, L. (2012): Pädagogik der frühen Kindheit. Weinheim und Basel.

Goffman, E. (1980): Rahmen-Analyse. Frankfurt a. M.

Grell, F./Roßbach, H.-G. (2010): Frühpädagogik. In: Zeitschrift für Pädagogik, Jg. 56, Heft 2, S. 151-228.

Heinsohn, G./Knieper, B. M. C. (1975): Theorie des Kindergartens und der Spielpädagogik. Frankfurt a. M.

Hengst, H. (2009): Generationale Ordnungen sind nicht alles. Über kollektive Identität und Erfahrungskonstitution heute. In: Honig, M.-S. (Hrsg.): Ordnungen der Kindheit. Problemstellungen und Perspektiven der Kindheitsforschung. Weinheim u. München, S. 53-77.

Huf, C. (2010a): »I'm gonne make a different« – Ethnografische Annäherungen an die Perspektive von Kindern am Übergang vom vorschulischen zum schulischen Lernen. In: Schäfer, G. E./Staege, R. (Hrsg.): Frühkindliche Lernprozesse verstehen. Ethnografische und phänomenologische Beiträge zur Bildungsforschung. Weinheim u. München, S. 129-157.

Huf, C. (2010b): »Let's make a sentence with all of these!« Soziale Praktiken englischer SchulanfängerInnen im Umgang mit den Vorgaben ihrer Lehrerin. In: Heinzel, F./Panagiotopoulou, A. (Hrsg.): Qualitative Bildungsforschung im Elementar- und Primarbereich. Hohengehren, S. 151-166.

Joos, M. (2002): Tageseinrichtungen für Kinder zwischen Dienstleistung und Bildungsanforderungen. In: Zeitschrift für Soziologie der Erziehung und Sozialisation, Jg. 22, Heft 3, S. 229-248.

Jung, P. (2004): Eigenständigkeit. Der Beitrag der Kinder zu einem guten Kindergarten. In: Honig, M.-S./Joos, M./Schreiber, N. (Hrsg.): Was ist ein guter Kindergarten? Theoretische und empirische Analysen zum Qualitätsbegriff in der Pädagogik. Weinheim u. München, S. 119-156.

Jung, P. (2009): Kindertageseinrichtungen zwischen pädagogischer Ordnung und den Ordnungen der Kinder. Wiesbaden.

Krappmann, L. (1993): Kinderkultur als institutionalisierte Entwicklungsaufgabe. In: Markefka, M./Nauck, B. (Hrsg.): Handbuch der Kindheitsforschung. Neuwied u. a., S. 365-376.

Laewen, H.-J. (2006): Funktionen der institutionellen Früherziehung: Bildung, Erziehung, Betreuung, Prävention. In: Fried, L./Roux, S. (Hrsg.): Pädagogik der frühen Kindheit. Handbuch und Nachschlagewerk. Weinheim und Basel, S. 96-107.

Lepsius, M. R. (1995): Institutionenanalyse und Institutionenpolitik. In: Nedelmann, B. (Hrsg.): Politische Institutionen im Wandel. Sonderheft 35 der Kölner Zeitschrift für Soziologie und Sozialpsychologie. Opladen, S. 392-403.

Lewis, J. (2001): The Decline of the Male Breadwinner Model: Implications for Work and Care. In: Social Politics, Jg. 8, Heft 2, S. 152-169.

Liegle, L. (2006): Bildung und Erziehung in früher Kindheit. Stuttgart: Kohlhammer.

Liegle, L. (2008): Erziehung als Aufforderung zur Bildung. In: Thole, W./Roßbach, H.-G./Fölling-Albers, M./Tippelt, R. (Hrsg.): Bildung und Kindheit. Pädagogik der Frühen Kindheit in Wissenschaft und Lehre. Opladen u. Farmington Hills, S. 85-113.

Majerus, M. (2006): Die Maison Relais pour Enfants – Instrument der Kinder- und Familienpolitik in Luxemburg. http://ance.lu/index.php?option=com_content& view=article&id=81:mill-majeru [24.11.2008].

Majerus, M. (2008): Engagement für »Sorgenkinder« – Aufgabe der »Maison Relais pour Enfants« und Kooperation mit der Schule. In: Caritas Sozialalmanach 2008 (Schwerpunkt: Kinderarmut und Bildung), S. 289-302.

Mierendorff, J. (2010): Kindheit und Wohlfahrtsstaat. Entstehung, Wandel und Kontinuität des Musters moderner Kindheit. Weinheim u. München.

Ostner, I. (2009): »Auf den Anfang kommt es an« – Anmerkungen zur »Europäisierung« des Aufwachsens kleiner Kinder. In: Recht der Jugend und des Bildungswesens, Jg. 57, Heft 1, S. 44-62.

Plantenga, J./Remery, C./Siegel, M./Sementini, L. (2008): Childcare services in 25 European Union member states. The Barcelona targets revisited. In: Leira, A./Saraceno, C. (Hrsg.): Childhood: Changing Contexts. Bingley, S. 27-53.

Rauschenbach, T. (2011): Betreute Kindheit. Zur Entgrenzung öffentlicher Erziehung. In: Wittmann, S./Rauschenbach, T./Leu, H. R. (Hrsg.): Kinder in Deutschland. Eine Bilanz empirischer Studien. Weinheim und München, S. 160-172.

Reyer, J. (1985): Wenn die Mütter arbeiten gingen … Köln.

Reyer, J. (2004): Kindergarten. In: Benner, D./Oelkers, J. (Hrsg.): Historisches Wörterbuch der Pädagogik. Weinheim u. Basel, S. 518-526.

Reyer, J. (2006): Einführung in die Geschichte des Kindergartens und der Grundschule. Bad Heilbrunn.

Roßbach, H.-G./Blossfeld, H.-P. (2008): Frühpädagogische Förderung in Institutionen. In: Zeitschrift für Erziehungswissenschaft, Jg. 10, Sonderheft 11, S. 7-198.

Scheiwe, K./Willekens, H. (Hrsg.) (2009): Child care and preschool development in Europe. Institutional perspectives. Houndmills.

Strandell, H. (1997): Doing reality woith play: play as a child's resource in organizing everyday life in daycare centres. In: Childhood, Jg. 4, Heft 4, S. 445-464.

Tietze, W. (2012): Nationale Untersuchung zur Bildung, Betreuung und Erziehung im frühen Kindesalter. In: Viernickel, S./Edelmann, D./Hoffmann, H./König, A. (Hrsg.): Krippenforschung. Methoden, Konzepte, Beispiele. München u. Basel, S. 24-34.

Grenzenlose Soziale Arbeit – Soziale Arbeit als Grenzgängerin?

Karin Böllert

1 Einleitung

In der Einladung zum DGfE-Kongress 2012 wird darauf verwiesen, dass in globalisierten, zunehmend auch auf der Produktion, Innovation und Distribution von Wissen basierenden Gesellschaften Bildung und Erziehung an öffentlicher Aufmerksamkeit gewinnen. Hieraus wird geschlussfolgert, dass damit sowohl die Erwartungen an die professionelle Pädagogik als auch die an die Bildungsbereitschaft des Einzelnen wachsen. »Die Institutionen des Erziehungs-, Bildungs- und Sozialsystems sind aufgefordert, sich auf unterschiedliche soziale Voraussetzungen, kulturelle Hintergründe und neue biografische Verlaufsmuster auf Seiten der Lernenden einzustellen. Aber auch die individuelle Lebensführung wird immer mehr von Ansprüchen der aktiven Erschließung von Bildungsressourcen und Qualifikationschancen bestimmt. Vor diesem Hintergrund verschieben sich die Grenzen des Pädagogischen in mehrfacher Hinsicht« – so das lokale Organisationskomitee. Hervorgehoben werden vor diesem Hintergrund neue und ungleich verteilte Spielräume der Bildung für den Einzelnen, aber auch neue Handlungsmöglichkeiten für die Pädagogik. Und weiter: »So nimmt die Bedeutung kontingenter Bedingungen von Bildungsverläufen und entsprechender Steuerungsversuche zu und so verändern sich mit dem Gegenstandsbereich der Erziehungswissenschaft auch die Voraussetzungen und Erwartungen an die Disziplin.«

Als Indikatoren, für die damit einhergehenden *Erziehungswissenschaftlichen Grenzgänge* werden u. a. die Entgrenzung von Bildungs- und Erziehungsphänomenen und eine erhebliche Erweiterung des Aufgabenspektrums pädagogischer Institutionen genannt. Festgehalten werden kann somit eine komplexer und unübersichtlicher werdende pädagogische Realität. Des Weiteren wird auf die Umstrukturierung pädagogischer Studienprogramme verwiesen und das Erfordernis einer veränderten Balance zwischen akademischer Wissenschaftskultur und beruflichen Anforderungsprofilen betont. Auch in Hinblick auf ihre disziplinäre Gestalt schreitet die innere Ausdifferenzierung der Erziehungswissenschaft weiter voran, während die Grenzziehungen zu den Nachbardisziplinen vor dem Hintergrund interdisziplinärer und transdisziplinärer Orientierungen immer unschärfer werden. Thematisch sind von daher Strukturveränderungen innerhalb der Disziplin ebenso von

Interesse wie Grenzverschiebungen und Entstrukturierungsprozesse in den Handlungsfeldern der pädagogischen Akteure und ihrer Adressat_innen.

Bezieht man diese einleitenden Bemerkungen nun auf die besondere Situation der Sozialen Arbeit, dann ergeben sich hieraus vielfältige Fragestellungen und Diskussionsforen. In diesem Kontext kann die insgesamt konstatierte Erweiterung eines pädagogischen Aufgabenspektrums für die Soziale Arbeit ohne Abstriche bestätigt werden. Die kontinuierliche Expansion der sozialpädagogischen Handlungsfelder und Zuständigkeiten hat dazu beigetragen, Soziale Arbeit immer mehr zu einem lebenslaufbegleitenden Medium der Sozialintegration in der Mitte der Gesellschaft werden zu lassen (vgl. Böhnisch/Schröer/Thiersch 2005). Soziale Arbeit hat sich ausgehend von einer Fokussierung auf soziale Probleme, einer Zuständigkeit für die und an den so genannten Rändern der Gesellschaft zu einer modernen Dienstleistungsprofession entwickelt, sie ist mehr oder weniger zu einem Leistungsangebot für alle geworden – Soziale Arbeit hat sich normalisiert oder anders ausgedrückt, Soziale Arbeit ist in Beziehung zu ihren ursprünglich begrenzten Aufgaben und Zuständigkeiten der Normalisierung, Disziplinierung und administrativen Fürsorge grenzenlos geworden, sie ist immer selbstverständlicher Bestandteil einer sozialen Infrastruktur (vgl. Füssenhäuser/Thiersch 2011).

Der Status eines gesellschaftlichen Allgemeinangebotes schließt dabei die Aufgabe einer Institution, die gesellschaftliche Desintegrationsprozesse abzufangen hat, nicht aus und spiegelt sich auch nicht nur in der Zunahme von Aufgaben und sozialpädagogischen Angeboten wider (vgl. Thole 2010). Hinzu kommt eine ebensolche Ausdifferenzierung von vielfältigen Forschungsanstrengungen als eine empirisch gestützte Form der Selbstbeobachtung und auch eine Erweiterung gesellschaftstheoretisch aufgeklärter Theoriediskussionen (vgl. Galuske 2002).

Die Theorien Sozialer Arbeit, in denen die Analyse gesellschaftlich strukturierter sozialer Lebensbedingungen und damit die Relationen interpersoneller Beziehungen von erheblicher Relevanz sind, unterliegen aufgrund ihres Gegenstandes einem permanenten Wandel; in den entsprechenden Entwürfen zeigen sich kulturelle und wissenschaftliche »Moden«. Nicht nur die kumulative Wissensanhäufung und die Reflexion basaler Grundstrukturen einer sozialpädagogischen Theoriebildung steht im Mittelpunkt des Erkenntnisinteresses, sondern ebenso die Untersuchung aktueller Problemerfahrungen und die Etablierung eines Wissens, das auf zeitgenössische Erfahrungskontexte zielt (vgl. Dollinger 2008). Letztendlich führt dies dazu, dass sozialpädagogische Theoriebildungsprozesse auf keinen allgemeingültigen, allseits akzeptierten disziplinären Ort verweisen können (vgl. Thole 2010) und gegenwärtige Versuche der Systematisierung aktueller Theoriediskurse von daher zwischen fünf verschiedenen Ansätzen differenzieren: einem systemtheoretischen-systematischen Ansatz, einem diskursanalytischen Ansatz, einem psychoanalytischen Ansatz, einem professionstheoretischen und einem lebensweltlich- und lebensbewältigungsbezogenen Ansatz (vgl. May 2008). Rita Braches-Chyrek und Heinz Sünker (2010) beantworten die Frage nach der Theorieverortung der Sozialen Arbeit mit dem Verweis auf zwei auch international geführte Diskurse. In diesem Sinne befasst sich ein eher sozialwissenschaftlich geprägtes Verständnis Sozialer Arbeit mit unterschiedlichsten Analysen z. B. von Lebenslagen und Lebenssituationen, Tatbestandsverstehen, abweichendem Verhalten, einer Sozialstrukturanalyse, der Kinder- und Jugendhilfestatistik, schulischen und außerschulischen Erfahrungsräumen etc. Disziplinäre Theoriediskurse thematisieren demgegenüber Fragen nach dem Zusammenhang des Ganzen, nach Begründungen und Aufklärung u. a. in Diskurs- und Bildungstheorien und der Professionalisierungsforschung. Dabei existieren beide Theoriezugänge in einer nicht-hierarchischen Form nebeneinander, sind durch je spezifische Systematisierungen, Erkenntnisinteressen und Zugänge charakterisiert. Werner Thole (2010) hebt in seiner schematisierten Übersicht neuerer Theorietraditionen sogar neun von ihm als »Theorieketten« bezeichnete Ansätze heraus, die zusätzlich zu den von Michael May genannten auf bildungstheoretische, ökosoziale, modernisierungstheoretische, dienstleistungsorientierte Ansätze sowie eine Soziale Arbeit als Menschenrechtsprofession und den Capabilities Approach der »Bielefelder Schule« verweisen. Diese *Entgrenzung* der sozialpädagogischen Theoriebildung kommt zudem darin zum Ausdruck, dass in der Untersuchung zahlreicher sozialer Probleme und der Konstituierungsprozesse des Sozialen auf andere erziehungswissenschaftliche Teildisziplinen ebenso zurückgegriffen wird, wie Theorien aus anderen Nachbardisziplinen längst in sozialpädagogische Theoriebildungsprozesse Einzug gehalten haben. Solche *theoriebezogenen Entgrenzungsprozesse als interdisziplinäre Grenzgänge* finden ihren Ausdruck beispielsweise in der Hinzuziehung sexualpädagogischer Ansätze in der Auseinandersetzung mit sexualisierter Gewalt, in der sozialpädagogischen Fundierung einer erziehungswissenschaftlich dominierten Bildungstheorie, in der Berücksichtigung von Erkenntnissen der Neurobiologie und der Hirnforschung bei der Konzeptualisierung frühkindlicher Bildungs- und Erziehungsprozesse bzw. in der modernisierungs- und gerechtigkeitstheoretischen Analyse der Lebensbedingungen der Adressat_innen der Angebote und Unterstützungsleistungen Sozialer Arbeit und deren wohlfahrtsstaatlichen Verortungen und Regulierungen. Soziale Arbeit agiert hier als Grenzgängerin, um die Begrenzungen einer wissenschaftlich rein disziplinären Analyse aufzubrechen mit dem Ziel, eigene Sichtweisen zu erweitern, Praxiszusammenhänge theoretisch umfassender und Forschungen konzeptionell erweitert begründen zu können.

Eine sich in den letzten Jahren zunehmend entwickelnde sozialpädagogische, wissenschaftlich eigenständige Forschungslandschaft hat zu mindestens drei Typen der sozialpädagogischen Forschung geführt, die als handlungsorientierte Praxisforschung zu einer empirischen Fundierung des Theorie-Praxis-Verhältnisses beiträgt. Eine professionsorientierte, reflexive Forschung erschließt die Handlungspraxis über explorative Studien mit dem Ziel eben diese Handlungspraxis zu professionalisieren. Schließlich besteht die Aufgabe einer grundlagenorientierten Forschung darin, Aussagen mit generalisierender Tendenz zu generieren, in dem die entsprechenden Erkenntnisse systematisch zueinander in Beziehung gesetzt und einer theoriegeleiteten Interpretation unterzogen werden (vgl. Otto 1998; Thole 2010). Angesichts der über viele Jahrzehnte hin eher rudimentären Begründung eines sozialpädagogischen Forschungsprogramms kann in dieser Hinsicht durchaus von einer *empirisch fokussierten Grenzerweiterung* der Sozialen Arbeit ausgegangen werden, auch wenn diese sicherlich noch ausbaufähig ist.

Letztendlich ist der in dem Einleitungstext zum Kongress angesprochene Bologna-Prozess auch an der Sozialen Arbeit alles andere als spurlos vorüber gegangen. Wer versucht, die Situation und die möglichen Perspektiven der Sozialpädagogik in der BA/MA-Struktur zu beschreiben, begibt sich dabei unweigerlich in ein kaum zu durchdringendes Dickicht unterschiedlicher Ausbildungsstrukturen, verschiedenster modularisierter Inhalte und mannigfacher Abschlussbezeichnungen – eine Situation, die einerseits Ausdruck einer erheblichen Unübersichtlichkeit innerhalb der Sozialpädagogik in konsekutiven Studiengängen ist, die andererseits aber auch insgesamt für die Erziehungswissenschaft innerhalb der konsekutiven Umstrukturierung ihrer Studiengänge zutrifft. Ähnlich vielfältig wie die Strukturen sind zum Teil auch die Inhalte der neuen Studiengänge. Dies ist zum einen auf standortspezifische Traditionen und Profile zurückzuführen, hängt zum anderen aber auch damit zusammen, dass der Aufbau sozialpädagogischer Inhalte in modularisierter Form teilweise unkoordiniert und nur auf den jeweiligen Standort bezogen sowie unter dem Druck mangelhafter Kapazitäten und unter Wettbewerbsbedingungen einer Ökonomisierung von Bildung stattgefunden hat. Strukturelle und inhaltliche Orientierungsrahmen existieren zwar sowohl auf Seiten des Fachbereichstages Soziale Arbeit als auch durch die Kommission Sozialpädagogik bzw. das Kerncurriculum der DGfE; diese haben bislang aber keine Verbindlichkeit in dem Maße erreichen können, wie dies für die universitären Studiengänge die Rahmenprüfungsordnung des Diplomstudiengangs Erziehungswissenschaft darstellte.

Für die Sozialpädagogik geht es bei der Bewältigung der hiermit insgesamt angesprochenen hochschulischen Herausforderungen um die wachsende Gefahr der Zersplitterung und Diffundierung dieser erziehungswissenschaftlichen Teildisziplin. Es gilt, jenseits kleinteiliger Modulverantwortlichkeiten, auch in konsekutiven Studiengängen *begründete Grenzziehungen eines disziplinären Kerns* erkennbar bleiben zu lassen, um einer tendenziellen Beliebigkeit der Inhalte bei aller Notwendigkeit standortspezifischer Profilbildungen entgegentreten zu können (vgl. Böllert 2007; Kessl 2006). Darüber hinausgehend wird der wissenschaftliche Nachwuchs auf Dauer nur dann ausreichend gefördert werden und eine sozialpädagogische Wissenschaftskultur aufrecht erhalten bleiben können, wenn die Übergänge in die Masterstudiengänge weder an der Inkompatibilität von Bachelorabschlüssen, vor allem aber nicht an dem politisch gewollten Mangel an Masterstudienplätzen scheitern.

Folgt man also den einleitenden Erläuterungen des lokalen Organisationskomitees, dann kann man zu dem Schluss kommen, dass die hierin zum Ausdruck kommenden Anforderungen erziehungswissenschaftlicher Grenzgänge eine für die Soziale Arbeit sehr zutreffende Zustandsbeschreibung beinhalten. Ungeklärt ist damit aber weiterhin, mit welchen Folgen für die Soziale Arbeit eine solche Zustandsbeschreibung einhergeht. Mit anderen Worten: welche Konsequenzen ergeben sich für die Soziale Arbeit aus ihren *theoriebezogenen Entgrenzungsprozessen als interdisziplinäre Grenzgänge?* Mit welcher Zielperspektive findet eine *empirisch fokussierte Grenzerweiterung* der Sozialen Arbeit statt und außerdem, wie können *begründete Grenzziehungen eines disziplinären Kern* formuliert und umgesetzt werden – Fragen, die im weiteren auch nicht annähernd in Gänze beantwortet werden können. Statt dessen soll exemplarisch der Versuch unternommen werden, auf einige Teilaspekte näher einzugehen, indem zunächst das *eingegrenzte Terrain einer Sozialen Arbeit als Wohlfahrtsproduktion* beschritten wird, um hieran anknüpfend die Ambivalenz der Praxis Sozialer Arbeit als *Begrenzungen trotz Entgrenzungen* zu umreißen und um schließlich auf die Notwendigkeit einer Politik des Sozialen in Form von Gerechtigkeitsdiskursen als *grenzüberschreitende Normativität* zu verweisen.

2 Das eingegrenzte Terrain – Soziale Arbeit als Wohlfahrtsproduktion

Angesichts der Expansion sozialpädagogischer Handlungsfelder und Aufgabenstellungen stellt sich die Frage, was den Kern sozialpädagogischen Handelns, die gemeinsame Grundlage ihrer theoretischen Analysen und empirischen Studien ausmacht, ohne dass bei der Beantwortung dieser Frage die Vielfalt sozialpädagogischer Fragestellungen und Diskurse verloren geht. Vor diesem Hintergrund soll hier vorgeschlagen werden, *Soziale Arbeit als personenbezogene Wohlfahrtsproduktion* zu fassen – eine Aufgabenbeschreibung und Funktionszuweisung, die die sozialpädagogische Disziplin, Profession und Praxis auf der einen Seite nicht beliebig erscheinen lässt – und von daher ein eingegrenztes Terrain umfasst, auf der anderen Seite aber auch nicht der Gefahr unterliegt, nur solche Kernbereiche und Zusammenhänge zu erfassen, die der Ausdifferenzierung sozialpädagogischer Theorien, der Empirie und Praxis der Sozialen Arbeit nicht Rechnung tragen können.

Ein themenübergreifender Kern Sozialer Arbeit als personenbezogener Wohlfahrtsproduktion beinhaltet nun zunächst die Anforderung zu umschreiben, was mit Wohlfahrt selbst gemeint ist. Mit Kaufmann (2005, S. 227) kann man »'Wohlfahrt' als eine Problemformel öffentlicher Kommunikation bezeichnen, die sich auf die Vermittlung zwischen den partikulären Formen der Lebensführung und dem Zustand bzw. den Entwicklungsperspektiven eines Gemeinwesens bezieht«. Wohlfahrt ist damit der normative Bezugspunkt einer Wohlfahrtsproduktion, wobei der Begriff Wohlfahrtsproduktion darauf verweist, »dass das Ausmaß individueller Wohlfahrt stets ein Ergebnis von Aktivitäten ist, die sowohl unter dem Gesichtspunkt ihres Ablaufs (Prozessnutzen) als auch ihres Ergebnisses (Ergebnisnutzen) zu betrachten sind. Die Aktivitäten gehen nicht allein von den um ihre Wohlfahrt besorgten Individuen aus, sondern stehen in unterschiedlichen institutionellen Kontexten und involvieren daher eine Vielzahl von Personen und häufig auch Organisationen. Wohlfahrtsproduktion ist somit ein gleichzeitig auf mehreren Ebenen (…) rekonstruierbarer Prozess, der gleichzeitig den Staat, die Erwerbswirtschaft, den Wohlfahrtssektor und die Privathaushalte involviert« (Kaufmann 2005, S. 231). Wenn ein solchermaßen erweiterter Begriff von Wohlfahrtsproduktion damit alle diejenigen Aktivitäten umfasst, die zur Erhaltung und Entwicklung von Humanvermögen beitragen, dann ist die Herstellung und Ermöglichung von individueller Wohlfahrt eine der Kernaufgaben der Sozialen Arbeit. Vor dem Hintergrund einer derartigen zunächst abstrakten Funktionsbeschreibung Sozialer Arbeit kann man übereinstimmend mit Böhnisch (1997), Rauschenbach (1999) und Thole (2010) davon ausgehen, dass von sozialpädagogischen Arbeits- und Handlungsfeldern dann gesprochen werden kann, wenn öffentlich organisierte Hilfen und Unterstützungsleistungen zur Lebensbewältigung und Bildung angeboten und organisiert werden. Soziale Arbeit initiiert Prozesse von Bildung und Hilfe in sozialen Diensten.

Mit Blick auf die öffentlich verantwortete Wohlfahrtsproduktion können analytisch dabei personenunabhängige und personenbezogene Formen unterschieden werden. Während sich personenunabhängige Formen der Wohlfahrtsproduktion vor allem auf die Organisation des Sozialen richten – und damit auf kollektive Risiken und Bedarfe –, ist das Wohlergehen einzelner Adressat_innen – bzw. individuelle Risiken, Bedarfe und Bedürfnisse – ein wesentlicher normativer Fluchtpunkt der personenbezogenen Wohlfahrtsproduktion. Personenunabhängige Formen der Wohlfahrtsproduktion richten sich demgegenüber primär auf jene politisch adressierten Standardrisiken, die durch überwiegend sozialversicherungsförmig organisierte Systeme der sozialen Sicherung regulierbar sind. Die Prozesse sozialer Regulation und Wohlfahrtsproduktion erfolgen dabei durch die Gestaltung struktureller bzw. formeller und materieller Bedingungen und Möglichkeiten von Lebenschancen. Dies geschieht vor allem auf Basis der Zugänglichkeit zu teilbaren Ressourcen, der Etablierung von Programmen und/oder der Regulierung des Sozialen durch juridische und administrative Normsetzungen (vgl. Böllert 2011).

Personenbezogene Formen der Wohlfahrtsproduktion finden sich demgegenüber überall dort, wo solche Regulationen auf Motive, Einstellungen und ko-produktive Handlungsbereitschaften individueller Adressat_innen angewiesen sind. Sie setzen überall dort ein, wo es um die Beeinflussung dessen geht, wie Vorgaben aber auch Ressourcen – im Sinne potentieller Lebenschancen – in individuell realisierte Lebensführungen bzw. subjektive Handlungs- und Daseinsformen »übersetzt« werden bzw. werden können.

Personenbezogene Formen der Wohlfahrtsproduktion rücken immer dann in den Mittelpunkt, wenn die Frage nach der Ordnung und Gestaltung des Sozialen nicht nur mit Blick auf die abstrakten, standard-biographisch modellierten Implikationen politischer, wirtschaftlicher und gesellschaftlicher Institutionen, sondern auch mit Blick auf die konkreten, individuellen Lebensführungen, Deutungen, Motive und Aspirationen sowie personale Kompetenzen und Wissensbestände empirischer Akteur_innen relevant werden.

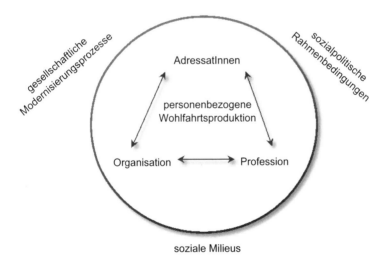

Abb. 1:   Soziale Arbeit als Wohlfahrtsproduktion
Quelle: eigene Darstellung

Gegenstand entsprechender Analysen sind vor diesem Hintergrund die Prozesse, Wandlungen, Bedingungen, Normalitätsannahmen, Rationalitäten, Reichweiten, Wirkungen und Diskurse einer Sozialen Arbeit als personenbezogener Wohlfahrtsproduktion.

Das heißt nicht, dass über die unmittelbaren Prozesse personenbezogener Wohlfahrtsproduktion nicht auch personenunabhängige Formen im Sinne

sozialpolitischer Rahmenbedingungen in den Blick genommen werden sollten. Prozesse des sozialen Wandels und der gesellschaftlichen Modernisierung, kulturelle und sozioökonomische Ressourcenausstattungen sowie nah-
räumlich-lebensweltliche und sozialstrukturelle Dimensionen des sozialen
Umfeldes, die im Sinne überindividuell geteilter, kultureller, normativer und
ästhetischer Lebensgestaltungspraktiken und Sinnproduktionen das soziale
Milieu der Adressat_innen personenbezogener Wohlfahrtsproduktion darstellen, beeinflussen in erheblichem Maße die Möglichkeiten einer Sozialen
Arbeit als personenbezogener Wohlfahrtsproduktion. Von daher gilt es diese
Dimensionen vor allem mit Blick auf ihre strukturierende Wirkung auf die
personenbezogene Wohlfahrtsproduktion zu analysieren.

Prozesse personenbezogener Wohlfahrtsproduktion im engeren Sinne
können somit als spannungsreiche Figuration der Interessen, Vorstellungen,
Orientierungen und Potentiale der Adressat_innen, der Institutionen und der
Profession der Sozialen Arbeit erforscht werden. Es geht von daher um eine
systematische Analyse der

- durch die institutionelle Regulierungen eröffneten (oder verschlossenen)
  Lebenschancen
- durch die von Professionellen und Adressat_innen je realisierten (Ko-)
  Produktionen personenbezogener Wohlfahrt
- sowie deren kulturell, sozial, ökonomisch und politisch strukturierte
  Bedingungsmöglichkeiten (vgl. Böllert 2011).

Folgt man einem solchen Verständnis Sozialer Arbeit, dann ist Soziale Arbeit
gleichermaßen eine wissenschaftliche Disziplin und angewandte Profession
mit ihren je eigenen wissenschaftlichen Fragestellungen, Analysen und Theorien. Soziale Arbeit als personenbezogene Wohlfahrtsproduktion beinhaltet
somit diskursives Wissen, das theoretisch und empirisch begründet ist und
dabei auf die situativen Bedingungen der individuellen und kollektiven
Handlungskontexte sowie die sich darin manifestierenden Teilhabechancen
und Teilhabebegrenzungen bezogen bleibt (vgl. Braches-Chyrek/Sünker
2010). Was aus dieser Bestimmung einer Sozialen Arbeit allerdings noch
nicht zwangsläufig folgt, ist die Klärung der Frage, was unter Wohlfahrt im
Besonderen vor dem Hintergrund aktueller wohlfahrtsstaatlicher Transformationsprozesse zu verstehen ist.

3   Praxis Sozialer Arbeit – Begrenzungen trotz Entgrenzungen

Mit der sozialpolitischen Zielbestimmung einer Forderung und Förderung
individueller Verhaltensmuster, die »proaktiv« – also initiativ, antizipativ,
präventiv – auf »Schadensvermeidung« (…) oder jedenfalls »Schadensmin-

derung« (…) gerichtet sind, kündigt sich ein bedeutsamer Wandel der wohlfahrtsstaatlichen Arrangements an. (…) Der idealtypische »Aktivbürger«
(…) wartet nicht auf den Schadensfall, sondern mobilisiert vorausschauend
seine Potenziale, um diesen abzuwenden; tritt jener dennoch ein, so verlässt
sich die Aktivbürgerin nicht auf die durch den Wohlfahrtsstaat vermittelte
Schadensregulierung, sondern unternimmt selbsttätig Anstrengungen zur
Wiederherstellung ihrer Leistungsfähigkeit – im Interesse der Entlastung der
gesellschaftlichen Gemeinschaft und der durch diese finanzierten sozialen
Sicherungssysteme. (Lessenich 2009, S. 168f.)

Teilweise verbunden mit einer expliziten Kritik an paternalistischen Zugrif-
fen und Normalitätsunterstellungen werden die Adressat_innen Sozialer
Arbeit in diesen Debatten als handlungsfähige wie -verantwortliche aktive
Gestalter_innen ihres eigenen Lebens konstruiert. Diese – auch in theoretischen Formulierungen der Sozialen Arbeit weit verbreitete – Adressierung
der Adressat_innen stellt zugleich eine moralisch-politische Legitimationsba-
sis für eine Zurückweisung einer »Entschuldung des Subjekts« durch den
Verweis auf die Wirkung ungleicher sozialer Strukturen sowie eine moralisch-politische Legitimationsgrundlage für den gegenwärtigen Umbau des
Wohlfahrtsstaates dar (vgl. Deacon 2004). So stellt etwa die »Befähigung«
zur Übernahme von mehr Eigenverantwortung (vgl. Evers 2008) einen pro-
grammatischen Mittelpunkt in den normativen Konzeptionen einer »aktivierenden« bzw. »investiven« Sozialpolitik dar, in der subsidiäre Leistungen an
die überprüfbare Bereitschaft zur Selbstverantwortlichkeit der Adres-
sat_innen gebunden werden. Zugleich wird eine vermeintlich »passive Wohl-
fahrtsabhängigkeit« als ein zentrales Problem der Gerechtigkeit und damit
verbunden als Gegenstand sozialpolitischer und -pädagogischer Programme
formuliert. Die Frage danach, wer wird wie Adressat_in Sozialer Arbeit, wird
in diesem Kontext beantwortet durch das Einschlusskriterium der Selbsttätigkeit und das Ausschlusskriterium der unterstellten Passivität. Die eigenver-
antwortliche Überwindung gesellschaftlich konstituierter Grenzziehungen
wird somit zur Voraussetzung der Inanspruchnahme sozialstaatlich limitierter
Unterstützungsleistungen.

Gemeinsames Merkmal entsprechender Aktivierungsstrategien ist ihre
Fokussierung auf Prävention: »Prävention wird wichtiger denn je, aber sie
wird zunehmend zur Sache der Individuen, die gehalten sind, sich selbst
ökonomisch zu regieren. Wer sich als unternehmerisches Selbst behaupten
will, tut gut daran, rechtzeitig ins eigene Humankapital zu investieren«
(Bröckling 2004, S. 214). Im Postwohlfahrtsstaat wird die schon klassische
Gegenüberstellung von struktureller versus personaler Prävention bzw. von
Verhältnis- versus Verhaltensprävention einseitig aufgegeben zugunsten
einer Perspektive, mit der nicht mehr der Schutz des Einzelnen vor strukturell
verursachten Problemen im Mittelpunkt steht, sondern der Schutz der sozial-

staatlichen Gemeinschaft vor vorgeblich ungerechtfertigten Forderungen des Einzelnen (vgl. Dollinger 2006).

Zwei Praxisbeispiele im Kontext der Kinderschutzdebatte, mit denen Prävention als Eigenlogik eines ökonomischen Kalküls – je früher, desto kostengünstiger – etabliert wird und die die postwohlfahrtsstaatliche Steuerungsideologie, nachdem nur das zählt, was sich rechnet (vgl. Wilken 2010), dokumentieren, sollen dies in ihren Folgen für die Soziale Arbeit veranschaulichen.

Fallspiel 1: Kosten und Nutzen Früher Hilfen[1]

Vor dem Hintergrund der Institutionalisierung Früher Hilfen und ausgehend von einer angespannten Kassenlage der öffentlichen Haushalte und der daraus abgeleiteten Logik, dass Prävention als Luxusgut im Verhältnis zu Pflichtaufgaben gilt, wird hier in einer Expertise für das Nationale Zentrum Frühe Hilfen (NZFH) die These vertreten, dass präventive Leistungen nicht nur Kosten verursachen, sondern einen Output erbringen und als Investitionen zu betrachten sind, die sich langfristig auszahlen. Betont wird, dass die Renditen umso höher ausfallen, je früher die Kinder und deren Familien erreicht werden. Soziale Arbeit wird in einem zunehmenden Spannungsverhältnis zwischen Professionalisierung und Kostendruck auf der einen Seite und sozialem Anspruch und ethischen Vorstellungen auf der anderen Seite betrachtet, was die stärkere Berücksichtigung ökonomischer Betrachtungen zur Folge hat. Der Nachweis der Effektivität von Maßnahmen wird zu einer Legitimationsnotwendigkeit, mit der der ökonomische Wert von Sozialpolitik hervorgehoben und als Argument gegenüber der Annahme einer Einschränkung der wirtschaftlichen Entwicklung eben durch sozialpolitische Leistungen gestärkt wird. Vor diesem Hintergrund werden dann die Kosten vier unterschiedlicher Szenarien bei Kindeswohlgefährdung modelliert – zwei moderate Szenarien mit einem Fallbeginn im Alter von drei Jahren und zwei pessimistischen Szenarien mit einem Fallbeginn ab sechs Jahren. Während in dem moderaten Szenario Frühe Hilfen eben durch die Initiierung Früher Hilfen bereits in der Geburtsklinik, durch einen zweijährigen Krippenbesuch und eine begleitende Beratung durch eine Erziehungsberatungsstelle bis zum sechsten Lebensjahr in späteren Lebensjahren keine weiteren Hilfen mehr angenommen und finanziert werden müssen, der Realschulabschluss ebenso wie der Übergang in eine duale Ausbildung zum Fachangestellten gelingt, wird in dem hierzu konträren pessimistischen Szenario Schule mit einem Leistungsbeginn im Schulalter von einer gegenteiligen Entwicklung ausgegangen. Tagesgruppe, Sozialpädagogische Familienhilfe, Adipositas, stationäre Jugendhilfe, betreutes Wohnen, Berufsförderung, Arbeitslosigkeit, Diabetes mellitus und vorfristige Berufsunfähigkeit führen hier insgesamt zu

---

1   Vgl. Meier-Gräwe/Wagenknecht 2011.

erheblichen Wertschöpfungsverlusten. Das Verhältnis der Kosten zum Nutzen Früher Hilfen beträgt beim dem ersteren Szenario 1:13, das bei der negativen Variante 1:34.

Fallbeispiel 2: Auf- und Ausbau von Präventionsketten in Kommunen[2]

Unter dem Motto »Stärken stärken und Schwächen schwächen« und »Kein Kind zurücklassen« haben verschiedene Kommunen in NRW damit begonnen, so genannte Präventionsketten aufzubauen, deren Details hier im Einzelnen nicht erläutert werden können. Von der Geburt bis zum erfolgreichen Berufseinstieg soll insbesondere für von Armut betroffene Kinder ein breit angelegtes Trägernetzwerk der Prävention entstehen, an deren Beginn wiederum die Frühen Hilfen einen besonderen Stellenwert einnehmen. Die Notwendigkeit hierfür wird in der Kostenexplosion der erzieherischen Hilfen gesehen, den Folgen von Einkommensarmut soll durch ein »Aufwachsen in Wohlergehen« entgegengewirkt werden. Auch hier wird davon ausgegangen, dass Prävention sich gesellschaftlich, sozial und finanziell rechnet vor allem durch die Inanspruchnahme von Kitaplätzen und Ganztagsangeboten und der hierüber ermöglichten besseren Vereinbarkeit von Familie und Beruf.

Was machen diese Beispiele deutlich? Mit den Frühen Hilfen findet zunächst eine Entgrenzung bisheriger Zuständigkeiten der Sozialen Arbeit statt – junge bzw. werdende Eltern werden zu einer neuen Zielgruppe sozialpädagogischer Angebote. Dass diese Entgrenzung gleichzeitig mit erheblichen Begrenzungen einhergeht, liegt aber auf der Hand. Zum einen führen vereinfachende Wenn-Dann-Kausalitäten zu einer Begrenzung sozialpädagogisch professionellen Handelns und zu einer grundlegenden Infragestellung der professionellen Urteilskraft. Zum anderen werden Adressat_innen in entsprechenden Kategorisierungen der Wertschätzung ihrer Lebenspraxen beraubt und einer Verursachungslogik sozialer Probleme durch individuelles Fehlverhalten unterstellt. In diesem Sinne wird Soziale Arbeit dann nicht mehr als Anerkennungsarbeit gedacht (vgl. Heite 2008; Thole/Schoneville 2011), sondern der Möglichkeit des Aufbaus anerkennender Beziehungen beraubt. Es geht nicht mehr primär um die Ermöglichung von Teilhabe als personenbezogene Wohlfahrt; vielmehr wird vorrangig die kostengünstige Einforderung gesellschaftlich positiv sanktionierter Verhaltensweisen angestrebt. Zugleich zeigen diese Beispiele der Ökonomisierung des Sozialen, dass *theoriebezogene Entgrenzungsprozesse als interdisziplinäre Grenzgänge* dann zu Begrenzungen der eigenen Disziplin führen können, wenn die Logik der jeweils anderen Disziplin – hier beispielhaft die der Ökonomie – übernommen, statt kritisch-reflexiv auf den eigenen disziplinären Kern bezogen wird.

---

2   Vgl. Holz/Schöttle/Berg 2011.

Allerdings kann es auch nicht darum gehen, die Soziale Arbeit per se als die bessere Variante zur Überwindung sozialer Ungleichheiten zu präsentieren. Erst kürzlich haben Gerald Prein und Eric van Santen (2012) anhand der Auswertung der AID:A Daten zeigen können, dass die sozialpädagogische Ausgestaltung sozialstaatlicher Angebote erhebliche Effekte auf ihre Inanspruchnahmemöglichkeiten hat. So werden Jugendzentren eher von Personen mit geringen Bildungsressourcen genutzt, wohingegen Angebote von Vereinen und Verbänden eher junge Menschen mit besseren Bildungsressourcen erreichen, was insgesamt durch den höheren Grad der Verbindlichkeit dieser Angebote und deren je spezifische Milieubindung erklärt werden kann. Und während in der Kindertagesbetreuung die Schaffung eines Rechtsanspruchs und die Bereitstellung eines bedarfsgerechten Angebotes zu einer sehr hohen Inanspruchnahme geführt haben, kann für Horte und Ganztagsangebote deren Inanspruchnahme vor allem in Abhängigkeit von höheren Einkommen und Bildungsressourcen nachgewiesen werden.

Abb. 2:   Wohlstandsindikator OECD
Quelle: http://www.boeckler.de/impuls_2012_03_4-5.pdf

Letzteres verweist bereits darauf, dass Wohlfahrt nicht allein durch materielle Güter erfasst werden kann, sondern mehrdimensionale Facetten eines Wohlergehens beinhalten muss. Weltweit werden derzeit neue Indikatoren zur Messung des Wohlergehens einer Gesellschaft erprobt und dies jenseits der tradierten Vorstellungen des Wohlstandsindikators des Bruttoinlandsproduktes, also der Menge der in einem Land produzierten Güter und Dienstleistungen – ein Konzept, das auch die OECD nahelegt.

Vor allem die in Frankreich initiierte Stiglitz-Kommission hat hervorgehoben, dass bisher zentrale Faktoren wie bspw. Verteilungsaspekte und Nachhaltigkeit sowie außerhalb des Marktes erbrachte Leistungen unberücksichtigt bleiben und darüber hinausgehend vorgeschlagen, Lebensqualität durch die Messung des Wohlbefindens von Menschen zu erfassen. Acht Bereiche der Lebensqualität rücken darauf bezogen in den Fokus des Interesses: materieller Lebensstandard, Gesundheit, Bildung, persönliche Aktivitäten einschließlich Arbeit, politische Mitbestimmung und Regierungsführung, soziale Beziehungen, Umwelt, persönliche und wirtschaftliche Unsicherheit (vgl. Kroll 2011) – und damit allesamt Indikatoren einer personenbezogenen Wohlfahrt.

Diese internationalen Aktivitäten haben schließlich auch in Deutschland zur Bildung einer Enquete-Kommission »Wachstum, Wohlstand, Lebensqualität« geführt. 34 Bundestagsabgeordnete und 17 Sachverständige sollen bis 2013 einen entsprechenden Bericht erarbeiten. Allerdings sucht man selbst in der Arbeitsgruppe zur Entwicklung eines ganzheitlichen Wohlstands-/Fortschrittindikators sozialpädagogischen Sachverstand vergeblich. Über die Ursachen dieser sozialpädagogischen Begrenzung kann allenfalls spekuliert werden. Ausdruck eines Verschwindens der Sozialen Arbeit aus politischen Diskurs-, Steuerungs- und Entscheidungsarenen ist dies aber auf jeden Fall.

4 Gerechtigkeitsdiskurse – Normativität als Grenzüberschreitung

Wohlfahrt – so ist bereits einleitend angemerkt worden – ist normativ und daran wird auch die erweiterte Messung von Wohlstand als Wohlergehen nichts ändern, denn schließlich entscheiden nicht allein die gemessenen Indikatoren, sondern ihre Bewertung und Interpretation darüber, was unter Wohlstand verstanden werden soll. Dabei hat die Frage nach dem Stellenwert von Normativität in der Sozialen Arbeit gegenwärtig unübersehbar eine Konjunktur insbesondere in Auseinandersetzungen mit Fragen der sozialen Gerechtigkeit. Entsprechende Debatten werden von der Kritik begleitet, eine Absehung von politisch-ökonomischen Verhältnissen zu implizieren und stattdessen auf der Basis selbstreferentieller idealistischer Modellkonstruktionen den Status Quo kapitalistischer Gesellschaftsformationen zu betreiben. Die Soziale Arbeit trete – so die von Dahme/Wohlfahrt 2011 formulierte Kritik – im Rekurs auf Gerechtigkeitsdiskurse die Flucht ins Normative an und setze Moralpredigten an die Stelle einer wirklichkeitswissenschaftlich fundierten politisch-ökonomischen (Staats-)Kritik. Betrachtet man die Debatten im Kontext der gegenwärtigen Wohlfahrtsstaatsreform scheint zunächst alles dafür zu sprechen, den Gerechtigkeitssemantiken mit Skepsis zu begegnen.

Formal verweist der Begriff der Gerechtigkeit zunächst darauf, dass Individuen erhalten, was ihnen zusteht. Zugleich werden in Gerechtigkeitsvorstellungen Bewertungen von sozialen Handlungen und Verhältnissen reflektiert. In der Sozialen Arbeit sind nicht nur die Ziele von Maßnahmen – also die Beantwortung der Frage, was Wohlfahrt ist –, sondern bereits die Bestimmung der sozialen (Lebensführungs-)Probleme, auf die sie sich richtet, mit impliziten oder expliziten Gerechtigkeitskonzeptionen verbunden, die als Beurteilungsmaßstab fungieren und eine Grundlage für die Zuteilungsregeln von Gütern und Leistungen und damit die Wohlfahrtsproduktion darstellen. Die mit den jeweiligen Gerechtigkeitsvorstellungen verknüpften Deutungen, Bilder und Repräsentationen der »Träger_innen« sozialer Probleme stellen einen Hintergrund für die Legitimierung oder De-Legitimierung von Interventionsweisen und Programmen dar. In dieser Hinsicht kann von einer Einbettung normativer Vorstellungen bzw. von Gerechtigkeitsideologien in wohlfahrtsproduzierende Praktiken bzw. in institutionalisierten wohlfahrtsstaatlichen Arrangements ausgegangen werden. Im Kontext gegenwärtiger Politiken eines Postwohlfahrtsstaates werden nun Gerechtigkeitskonzeptionen formuliert, die – wie bereits erläutert wurde – das Moment der *individuellen* Verantwortung der Akteur_innen für sich selbst und gegenüber der Gesellschaft betonen. Da es insbesondere den aktivierenden sozialpolitischen Maßnahmen nicht zuletzt um die Beeinflussung personaler Dispositionen ihrer Adressat_innen geht, kann zunächst von einem Bedeutungsgewinn der pädagogischen Interventionen personenbezogener sozialer Dienste im Kontext wohlfahrtsstaatlicher Strategien ausgegangen werden. In dieser Hinsicht ist die Soziale Arbeit dann eine Gewinnerin aktueller Gerechtigkeitsdiskurse, und es erscheint mehr als angemessen diese Diskurse nicht zum Gegenstand der eigenen Theoriebildung, sondern zum Kern einer ideologiekritischen Analyse zu machen (vgl. Ziegler/Böllert 2011).

Und dennoch: So berechtigt eine Ideologiekritik gegenwärtiger Gerechtigkeitsdebatten innerhalb und außerhalb der Sozialen Arbeit auch ist, so notwendig scheint nichtsdestoweniger eine Debatte um die Positionierung Sozialer Arbeit im gesellschaftspolitischen Diskurs zu sein – eine Notwendigkeit, die nicht zuletzt durch ihr hier bespielhaft genanntes Fehlen in den politischen Gremien der Wohlfahrtsmessung deutlich geworden ist. Eine solche Debatte bleibt eine im Wesentlichen normative Debatte, die um den Gegenstand dessen, was Gerechtigkeitsdiskurse adressieren nicht umhinkommt. Sofern man sich mit Ungleichheitsverhältnissen auseinandersetzt, wird man kaum an der gerechtigkeitstheoretischen Grundfrage vorbei kommen, welche Gleichheit und welche Ungleichheit als relevant gelten soll. Es ist nur schwer denkbar, wie Klassen- und Ungleichheitsverhältnisse ohne politisch-normative Vorwegannahmen zu konzeptionalisieren, zu operationalisieren und zu erforschen sein sollen. Analysen können nur dann überzeugen, wenn ihre (normativen) Präsuppositionen nicht einfach unterstellt, sondern zumindest transparent gemacht und im Idealfall auch fundiert begründet werden. Dass solche Begründungen in der Regel fehlen und stattdessen je gültige Konzeptionen übernommen werden – in erster Linie, weil sie gültige Konventionen sind und nicht weil sie analytisch überzeugen – kann als grundlegendes Problem der derzeitigen sozialwissenschaftlichen Theoriebildung verstanden werden. Denn in der Tat sollten Begründungen der für alle Ungleichheitsforschungen zentralen »Equality of What« Frage (vgl. Sen 1979) weiter gehen, als nur mehr oder weniger willkürliche Präferenzentscheidungen der jeweiligen Analytiker_innen widerspiegeln (vgl. Ziegler/Böllert 2011).

So richtig es auch ist, dass eine fundierte Analyse und Kritik gesellschaftlicher Verhältnisse nicht auf »Moraltheorien« zu verkürzen bzw. durch diese zu ersetzen ist, so wenig kann es überzeugen, einen Gegensatz von Kapitalismuskritik auf der einen Seite und der Forderung nach begründbaren Maßstäben von Kritik auf der anderen Seite zu formulieren – auch wenn die Begründung von Maßstäben grundsätzlich etwas anderes ist, als die Analyse der gesellschaftlichen Kräfte, die kritikwürdige Verhältnisse hervorbringen. Dass in real existierenden Gesellschaftsformationen die Entscheidungen über die Informationsbasis von Urteilen über Gerechtigkeit durch institutionelle, herrschaftsförmig festgelegte Funktionszuweisungen und Bedingungen sowie Abhängigkeiten von politischen Auftraggebern bereits vorentschieden ist (vgl. Dahme/Wohlfahrt 2011; Maaser 2010), ist einerseits richtig, gleichwohl ist die einfache analytische oder handlungspraktische Anwendung einer gesellschaftlich gegebenen oder politisch dominanten Informationsbasis von Urteilen über Gerechtigkeit andererseits gerade nicht »nicht normativ«. Im Gegenteil: damit wird die normative Kraft des Faktischen perpetuiert. So richtig der Hinweis ist, dass eine Vielzahl normativer Analysen und Theorien letztlich ebenfalls darauf hinauslaufen, das Bestehende zu legitimieren, so falsch ist es, die Aufforderung zu einer gerechtigkeitstheoretischen Auseinandersetzung generell als Aufforderung zur Affirmation bestehender Verhältnisse und Praktiken zu deuten (vgl. Ziegler/Böllert 2011).

Im Gegenteil dazu ist die Aufforderung zu einer gerechtigkeitstheoretischen Auseinandersetzung eine Aufforderung zu einer analytische Auseinandersetzung mit und damit verbunden auch um eine fundierte Infragestellung von gegebenen Funktionen und Platzanweisungen der Sozialen Arbeit und dies sowohl in Bezug auf ihre jeweiligen Grenzerweiterungen als auch ihre spezifischen Begrenzungen. Sofern diese kritisiert werden – und hierzu gibt es Anlass genug – sollte man davon ausgehen, dass es zumindest im Prinzip und jenseits willkürlicher Präferenzentscheidungen begründet werden kann, warum und inwiefern welche Verhältnisse, Prozesse und Funktionen kritikwürdig werden. Auf diese Frage bezieht sich der Verweis auf die Notwendigkeit einer Debatte um begründungsfähige normative Maßstäbe und in diesem Sinne ist die Aufforderung zu einer solchen Debatte auch als Beitrag zur professionstheoretischen Fundierung der Sozialen Arbeit zu verstehen (vgl. Ziegler/Böllert 2011).

Sofern aber wissenschaftliche Deskriptionen Selektionen aus einer Pluralität möglicher Wahrheiten darstellen, liegt es auf der Hand, dass die offensichtlich relevante Frage nach der Informationsbasis von Beschreibungen eine begründungsbedürftige Frage ist. Die Entscheidung darüber, was zur Informationsbasis gehört, was also als relevant gilt und was nicht, ist letztlich das Produkt einer Wahlhandlung. Diese Entscheidung zu treffen ist unvermeidlich. Was jedoch diskussionswürdig ist, ist die Frage, ob begründbare Erklärungen für diese Entscheidung verlangt werden können. Soweit dieses der Fall ist, bewegt sich die sozialwissenschaftliche Beschreibung im Raum des Normativen. Holger Ziegler und Karin Böllert (2011) haben in diesem Kontext u. a. am Beispiel der Wirkungsevaluationen veranschaulicht, dass je nach der gewählten Informationsbasis, die wissenschaftlichen Evidenzen zu Grunde liegen, die auf diesen Evidenzen basierenden Folgerungen und Handlungsempfehlungen unterschiedliche Zielsetzungen verfolgen und unterschiedliche Werkzeuge und Instrumente nahe legen. Es kann kaum bestritten werden, dass die Auswahl einer spezifischen Informationsbasis zur Erfassung und Bewertung von Sachverhalten ein notwendiges Element bei der Entwicklung von evidenzbasierten Verfahren ist. Im sozialpolitischen und sozialpädagogischen Prozess ist es erst diese Auswahl, die es erlaubt, Zielsetzungen genau zu definieren und Mittel und Ressourcen auf deren Erreichen zu konzentrieren. Allerdings ist die Entscheidung, diese bestimmte Informationsbasis zu fokussieren (und alle anderen Informationen aufgrund ihrer geringeren Relevanz zu vernachlässigen), keinesfalls eine automatische Konsequenz, die sich aus reiner wissenschaftlicher Evidenz ergibt. Zumindest im Bereich öffentlicher Dienste ist die Auswahl der Informationsbasis eine politische Entscheidung, in die normative Präferenzen einfließen.

Es ist wissenschaftlich schlicht nicht möglich, tatsächlich endgültig zu entscheiden, welche der verschiedenen Informationsbasen nun die praktisch und je fallspezifisch richtige und angemessene ist. Allerdings folgt aus dieser Tatsache nicht, dass solche Fragen zu vernachlässigen sind. Denn ohne die Auswahl einer Informationsbasis lässt sich keine Analyse und erst recht keine empirische Forschung unternehmen – auch keine »lediglich« beschreibende Forschung. Entsprechend offensichtlich ist der Stellenwert von normativ-politischen Entscheidungen bei der Bestimmung von Informationsbasen in der erziehungs- und sozialwissenschaftlichen Forschung. Auch eine empirisch fokussierte Grenzerweiterung der Sozialen Arbeit wird ohne sie nicht auskommen. Die Rede von sozialer Ungleichheit wäre gänzlich überflüssig, wenn sie sich auf beliebige Varianzen oder moralisch neutrale Sachverhalte beziehen würde. Die Pointe der Rede von sozialer Ungleichheit besteht darin, dass sie sich auf eine spezifische Teilmenge sozial relevanter, *negativ bewerteter* Unterschiede bezieht. Man mag aus dieser normativen Durchdringung den Schluss ziehen, die Bildungs- oder Ungleichheitsforschung sei wahlweise »unwissenschaftlich«, »deologisch« oder letztlich eine reine »Moralpredigt«. Die Konsequenz wäre aber, die Sozialwissenschaft in Gänze aufzugeben. Denn keine der zentralen Fragestellungen der Human- und Sozialwissenschaften – sei es die Erhöhung von Chancengleichheit, die Sicherstellung des Humankapitals, die Ermöglichung sozialer Subjektivität gerade auch durch eine Soziale Arbeit als Wohlfahrtsproduktion – existiert jenseits normativer Setzungen.

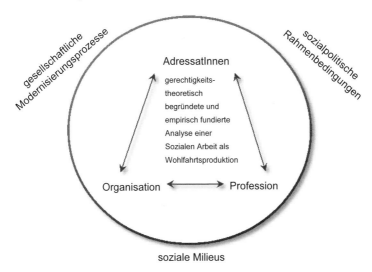

Abb. 3:   Analyse sozialer Arbeit als Wohlfahrtsproduktion
Quelle: eigene Darstellung

Sofern man schließlich davon ausgeht, dass man es im Falle der Sozialen Arbeit mit Praktiken zu tun hat, die in einer öffentlich lizenzierten Weise die Lebensführung Dritter bearbeiten, dürfte die Relevanz politisch-normativer Fragen bei der Auswahl der Informationsbasis der Analyse dieser Praktiken kaum von der Hand zu weisen sein. Es lässt sich mit einigem Recht behaupten, dass es im Falle der Sozialen Arbeit bei der Auswahl der relevanten Informationsbasis für Analysen und Kritik der Sozialen Arbeit immer auch um eine Auswahl der Informationsbasis von Urteilen über Gerechtigkeit geht. Sofern diese These zutrifft, wäre es gerade kein Ausweis von Wissenschaftlichkeit, wenn diese Auswahl de facto getroffen nicht im Zuge analytischer Erörterungen begründet wird (vgl. Ziegler/Böllert 2011). Eine solche Erörterung hätte schließlich eine gerechtigkeitstheoretisch begründete und empirisch fundierte Analyse der Produktionsbedingungen von Wohlfahrt als Basis normativ-politischen und normativ-sozialpädagogischen Handelns und damit auch der sozialpädagogischen Praxis zum Ziel – eine Erörterung, die damit gleichermaßen zum Bewertungsmaßstab einer grenzenlosen Sozialen Arbeit bzw. einer Sozialen Arbeit als Grenzgängerin werden könnte und zwar sowohl in Hinblick auf ihre disziplinäre Verfasstheit und ihre Leistungen einer personenbezogenen Wohlfahrt als auch in Bezug auf ihre Potentialität der sozialpädagogischen Durchdringung politisch relevanter Arenen.

Literaturverzeichnis:

Böhnisch, L. (1997): Sozialpädagogik der Lebensalter. Weinheim u. München.

Böhnisch, L./Schröer, W./Thiersch, H. (2005): Sozialpädagogisches Denken. Wege zu einer Neubestimmung. Weinheim u. München.

Böllert, K. (2011): Prävention und Intervention. In: Otto, H.-U./Thiersch, H. (Hrsg.): Handbuch Soziale Arbeit. München u. Basel, S. 1125-1130.

Böllert, K. (2010): Einleitung: Soziale Arbeit als Wohlfahrtsproduktion. In: Böllert, K. (Hrsg.): Soziale Arbeit als Wohlfahrtsproduktion. Wiesbaden, S. 7-15.

Böllert, K. (2007): Sozialpädagogik in konsekutiven Studiengängen. In: Erziehungswissenschaft. 18. Jg., 2007, Heft 35, S. 57-63.

Braches-Chyrek, R./Sünker, H. (2010): Disziplin- und Professionsentwicklungen in der Sozialen Arbeit. In: Wilken, U./Thole, W. (Hrsg.): Kulturen Sozialer Arbeit. Profession und Disziplin im gesellschaftlichen Wandel. Wiesbaden, S. 61-74.

Bröckling, U. (2004): Prävention. In: Bröckling, U./Krasmann, S./Lemke, T. (Hrsg.): Glossar der Gegenwart. Frankfurt, S. 210-215.

Dahme, H.-J./Wohlfahrt, N. (2011): Gerechtigkeit im Kapitalismus: Anmerkungen zur affirmativen Normativität moderner Gerechtigkeitstheorien. In: neue praxis, 41. Jg., Heft 4, S. 385-409.

Deacon, A. (2004): Different interpretations of agency within welfare debates. In: Social Policy and Society, 4. Jg., 2004, Heft 3, S. 447-455.

Dollinger, B. (2006): Prävention. Intendierte Nebenfolgen guter Absichten. In: Dollinger, B./Raithel, J. (Hg.): Aktivierende Sozialpädagogik. Ein kritisches Glossar. Wiesbaden, S. 145-153.

Dollinger, B.(2008): Sozialpädagogische Theorie zwischen Analyse und Zeitdiagnose. In: Widersprüche, 28. Jg., Heft 108, S. 31-42.

Evers, A. (2008): Investiv und aktivierend oder ökonomistisch und bevormundend? Zur Auseinandersetzung mit einer neuen Generation von Sozialpolitiken. In: Evers, A./Heinze, R. (Hrsg.): Sozialpolitik. Ökonomisierung und Entgrenzung. Wiesbaden.

Füssenhäuser, C. (2011): Theoriekonstruktion und Positionen der Sozialen Arbeit. In: Otto, H.-U./Thiersch, H. (Hrsg.): Handbuch Soziale Arbeit. München u. Basel, S. 1632-1645.

Füssenhäuser, C./Thiersch, H. (2011): Theorie und Theoriegeschichte Sozialer Arbeit. In: Otto, H.-U./Thiersch, H. (Hrsg.): Handbuch Soziale Arbeit. München u. Basel, S. 1632-1645.

Galuske, M. (2002): Flexible Sozialpädagogik. Weinheim u. München.

Heite, C. (2008): Soziale Arbeit im Kampf um Anerkennung. Professionalisierungstheoretische Perspektiven. Weinheim u. München.

Holz, G./Schöttle, M./Berg, A. (2011): Fachliche Maßstäbe zum Auf- und Ausbau Von Präventionsketten in Kommunen. Strukturansatz zur Förderung des »Aufwachsens im Wohlergehen« für alle Kinder und Jugendliche. Frankfurt a. M.

Kaufmann, F.-X. (2005): Sozialpolitik und Sozialstaat: Soziologische Analysen. Wiesbaden, S. 219-242.

Kessl, F. (2006): Soziale Arbeit trotz(t) Bologna. Drei Szenarien zur Zukunft der Studiengänge im Feld Sozialer Arbeit. In: Schweppe, C./Sting, S. (Hrsg.): Sozialpädagogik im Übergang. Neue Herausforderungen für Disziplin, Profession und Ausbildung. Weinheim u. München, S. 71-88.

Kroll, C. (2011): Wie wollen wir zukünftig leben? Internationale Erfahrungen bei der Neuvermessung von Fortschritt und Wohlergehen. Friedrich-Ebert-Stiftung.

Lessenich, S. (2009): Aktivierungspolitik und Anerkennungsökonomie. Der Wandel des Sozialen im Umbau des Sozialstaates. In: Soziale Passagen, 1. Jg., Heft 2, S. 163-176.

Maaser, W. (2010): Lehrbuch Ethik. Grundlagen, Problemfelder und Perspektiven. Weinheim.

May, M. (2008): Theoriediskurse Sozialer Arbeit. Wiesbaden.

Meier-Gräwe, U./Wagenknecht, I. (2011): Kosten und Nutzen Früher Hilfen. Eine Kosten-Nutzen-Analyse im Projekt »Guter Start ins Kinderleben«. Expertise Materialien zu Frühen Hilfen. Nationales Zentrum Frühe Hilfen.

Otto, H.-U. (1998): Die Zukunftsfähigkeit in der Sozialpädagogischen Forschung. In: Rauschenbach, T./Thole, W.: Sozialpädagogische Forschung. Gegenstand und Funktionen, Bereiche und Methoden. Weinheim u. München, S. 133-139.

Prein, G./van Santen, E. (2012): Wie verteilt der Sozialstaat seine Angebote? Zu den Effekten der Ausgestaltung sozialstaatlicher Angebote auf deren Inanspruchnahme. In: Rauschenbach, T./Bien, W. (Hrsg.): Aufwachsen in Deutschland. AID:A – Der neue DJI-Survey. Weinheim u. Basel, S. 68-85.

Rauschenbach, T. (1999): Das sozialpädagogische Jahrhundert. Weinheim u. München.

Sen, A. (1979): Equality of What? Tanner Lecture on Human Values. In: Tanner Lectures. Stanford University.

Thole, W. (2010): Die Soziale Arbeit – Praxis, Theorie, Forschung und Ausbildung. Versuch einer Standortbestimmung. In: Thole, W. (Hrsg.): Grundriss Soziale Arbeit. Ein einführendes Handbuch. Wiesbaden, S. 19-72.

Thole, W./Schoneville, H. (2011): Bildung und Soziale Anerkennung. In: Wilken, U./Thole, W. (Hrsg.): Kulturen Sozialer Arbeit. Profession und Disziplin im gesellschaftlichen Wandel. Wiesbaden, S. 75-90.

Wilken, U. (2010): Der Verlust der Selbstevidenz des Sozialen als ethische Herausforderung. In: Wilken, U./Thole, W. (Hrsg.): Kulturen Sozialer Arbeit. Profession und Disziplin im gesellschaftlichen Wandel. Wiesbaden, S. 27-38.

Ziegler, H./Böllert, K. (2011): Gerechtigkeit und Soziale Arbeit – Einige Anmerkungen zur Debatte um Normativität. In: Soziale Passagen, 3. Jg., Heft 2, S. 165-174.

IV
Interdisziplinäre Grenzgänge

Allgemeine Pädagogik und Sonderpädagogik

Jürgen Oelkers

1 Die deutsche »Allgemeine Pädagogik«

Die Bezeichnung »Allgemeine Pädagogik« geht bekanntlich zurück auf den Philosophen Johann Friedrich Herbart. Er veröffentlichte 1806 in Göttingen die begriffsprägende Schrift *Allgemeine Pädagogik aus dem Zweck der Erziehung abgeleitet.* Zu diesem Zeitpunkt, ohne dass Herbart dies erwähnen würde, hatte sich die pädagogische Sichtweise von behinderten Kindern und Erwachsenen grundlegend verändert. Insbesondere der französische Sensualismus konnte im ausgehenden 18. Jahrhundert auf Erfahrungen mit Behinderten zurückgreifen, die von Annahmen des Lernens ausgingen und nicht auf eine alltagssprachliche Typisierung zurückgriffen, die mit rohen Abwertungen verbunden waren und schon deswegen den Blick verstellen mussten.

Blinde, Taube, Körperbehinderte und auch Geistigbehinderte sowie Findelkinder wurden im Anschluss vor allem an Diderot von ihren Lernpotentialen und so von ihrer möglichen Nützlichkeit für die Gesellschaft wahrgenommen, ohne einfach durch Regeln des christlichen Mitleids oder des sozialen Ausschlusses definiert zu werden. Noch in deutschen Rechtsspiegeln des 18. Jahrhunderts stehen »Krüppel-Kinder« auf einer Stufe mit Aussätzigen. Sie können wohl Pflege erwarten, aber weder »Lehn noch Erbe« (Ricci 1750/1854, S. 66) und sind so schon rechtlich nicht vollwertig. Irgendeine Form von Anerkennung erfahren sie nicht. Für sie galten auch in der Hausökonomie Ausschlussregeln.

Der einflussreichste Fall sensualistischer Erziehung bezieht sich auf Jean Itard. Der Arzt und Taubstummenlehrer hat das Findelkind Victor von Aveyron im Laufe von sechs Jahren nacherzogen und darüber in zwei berühmten Dokumenten ausführlich berichtet. Dieser Fall ist europaweit bekannt geworden, weil Itard bei allen Schwierigkeiten über Erfolge berichten konnte. Ähnliche Fälle sind auch in der Erziehung von körperlich oder geistig Behinderten zu verzeichnen gewesen. Von den Fällen her und den dabei erzielten Fortschritten konnte auf das Lernpotential geschlossen werden. Erst dann ist »Behinderung« kein Schicksal mehr.

Der Sensualismus ist keine spezielle Psychologie für Behinderungen oder Retardierungen. Vielmehr handelt es sich um eine allgemeine Lerntheorie, die nicht länger von christlichen Seelenvorstellungen ausgeht, sondern Kinder als »tabula rasa« betrachtet und so als unbelastet ansieht. Die Erziehung kann durch die Beeinflussung des Lernens Gewohnheiten aufbauen,

ohne durch die Natur behindert zu werden. Die frühe französische Sonderpädagogik hat diese Idee, die auf John Locke, den Empirismus und die englische Assoziationspsychologie des 18. Jahrhunderts zurückgeht, auf mentale
und physische Retardierungen ausgedehnt (vgl. Hofer-Sieber 2000; Hofer
2000).

Kinder mit Behinderungen waren dann nicht länger eine Strafe Gottes
oder eine üble Laune der Natur, die mit einem Makel versehen werden konnten, sondern wurden von ihrer speziellen Lernfähigkeit her betrachtet, was
vor allem durch den Wandel der Psychiatrie eingeleitet wurde. Die all-
tagssprachlichen Bezeichnungen wie »Krüppel«, »Blödsinnige« oder »Idioten« blieben im deutschen Sprachraum lange erhalten, veränderten aber ihren
praktischen Gehalt. Deutsche Beispiele aus dem frühen 19. Jahrhundert zeigen bereits ein neues Verhältnis von Erziehung und Therapie.

Den ersten Lehrstuhl für Psychische Heilkunde besetzte 1811 der Leipziger Arzt Johann Christian August Heinroth.[1] Er war am Waisen-Zucht- und
Versorgungshaus zu St. Georgen in Leipzig tätig. J. C. A. Heinroth spricht im
praktischen Teil seines *Lehrbuchs der Störungen des Seelenlebens* vom »Ir-
renhaus als Heilanstalt« (Heinroth 1818, S. 317). Die Heilanstalt ist für ihn
»eine Art von Erziehungsinstitut«, für das eigene Lehrpersonen angestellt
werden müssen, die nicht medizinisch ausgebildet wurden und mit heutigen
Worten sonderpädagogisch tätig sind.

In solche Anstalten sollen nur Kranke aufgenommen werden, »deren
Heilung noch zu hoffen steht« (Heinroth 1818, S. 318), also nicht alle. Zu der
Heilung müssen sowohl in somatischer als auch in psychischer Hinsicht alle
nötigen Anstrengungen unternommen werden. Dazu gehören besonders die
Einrichtungen »zur Beschäftigung (und) zur Erholung, Zerstreuung (sowie)
zum Vergnügen der Kranken«. Eine Erziehungsanstalt dieser Art muss also
mehr bieten als nur die medizinische Versorgung von Kranken. Dieser Ge-
danke wird wie folgt erläutert:

> Es muss demnach nicht bloss für besondere Anmuth des Aufenthalts gesorgt
> sein, in Absicht auf Freundlichkeit der Gegend, heitere Spaziergänge, Gärten
> u.s.w., sondern es muss auch Einrichtungen zu Beschäftigungen der ver-
> schiedensten Art, für Gebildete und Ungebildete, Kranke und Genesende ge-
> ben. Garten und Feldbau, Handwerke und Künste müssen betrieben werden
> können, ja die Wissenschaften selbst dürfen nicht leer ausgehen. Eine
> zweckmässige Bibliothek, physikalischer Apparat, ein Naturalienkabinet darf
> nicht fehlen, so wie Anstalten zu musikalischen Übungen und Un-
> terhaltungen, zum Zeichnen und Mahlen vorhanden sein müssen. (Heinroth
> 1818, S. 318)

---

1   Johann Christian August Heinroth (1773-1843) habilitierte sich 1806 an der Universität
     Leipzig und wurde 1811 als ausserordentlicher Professor für Medizin berufen. Er begrün-
     dete eine ganzheitliche Psychiatrie, die von der Person des Patienten geprägt war.

J. C. A. Heinroth plädiert aber nicht für eine eigene sonderpädagogische Einrichtung »avant la lettre«, sondern für eine pädagogisch-medizinische Anstalt unter der entschiedenen Leitung eines Arztes. Er sei, wie es heisst, »der wesentlichste Lehrer und Meister« (Heinroth 1818, S. 319). Zu dem Geschäft der Heil- und Erziehungsanstalt muss er aber ein eigens »qualifizirter und gebildeter Mann« sein (Heinroth 1818, S. 319). Die normale medizinische Ausbildung reicht dafür nicht aus und muss ergänzt werden.

Der Sensualismus ist als Psychologie in Deutschland eigentlich nur in der Medizin heimisch geworden. Die »Gymnastik der Sinnesorgane« war in der ersten Hälfte des 19. Jahrhunderts Teil der normalen Gesundheitserziehung und wurde auch zur Therapie von Geisteskrankheiten eingesetzt (Encyclopädisches Wörterbuch 1837, S. 174-192). Dagegen hat die pädagogische Literatur sich nur sehr beschränkt auf Locke und den Sensualismus des 18. Jahrhunderts bezogen, auch weil christliche Vorstellungen von »Seele« und »Erziehung« lange dominant waren, wie sich an den Wörterbüchern und Enzyklopädien nachweisen lässt (vgl. Amberg 2004).

Hinzu kommt, dass die Philosophie des deutschen Idealismus eine größere Rezeption nicht zugelassen hat. Anders als in Frankreich oder England sind auch die zeitgenössischen Erziehungstheorien kaum sensualistisch ausgerichtet gewesen. Zwar sind sensualistische Theorien in den Kreisen der deutschen Philanthropen beachtet worden, zu nennen sind etwa der Schuldirektor Ernst Christian Trapp und besonders der Berliner Philosoph und Gymnasialprofessor Peter Villaume. Aber ihnen folgte niemand nach, der Sensualismus blieb Episode.

Bestimmend für die Diskussion auch in der Pädagogik wurde die Erkenntnistheorie von Immanuel Kant, die als Umwälzung und Zertrümmerung der Schulphilosophie verstanden wurde. Aus ihr heraus entwickelten sich die verschiedenen Varianten des deutschen Idealismus. Der ohnehin nicht sehr starke Einfluss von Lockes Empirismus ging zurück, weil eine scheinbar überlegene Alternative vorhanden war, die der Frage nachging, was die Erfahrung bedingt und nicht, wie sie zum Vorteil des Lernenden beeinflusst werden kann.

Die *Allgemeine Pädagogik* hat sich aus der Lektüre eines Fichte-Schülers heraus entwickelt. Herbart hatte in Jena mit dem Jurastudium begonnen und wechselte dann zur Philosophie. Besonders Fichtes Vorlesungen zur Wissenschaftsphilosophie forderten ihn heraus, so sehr, dass er zwischenzeitlich die Universität verliess und Hauslehrer in der Schweiz wurde. Mit Fichte führte er eine Auseinandersetzung, die letztlich in eine eigene, realistische Philosophie einmündete. »Realistisch« war gleichermassen Abwehr des Empirismus wie des Idealismus, es sollte weder nur um Erfahrung gehen noch um eine einheitliche Erkenntnis- oder Wissenschaftslehre. Herbart, anders gesagt, hat die Differenz stark gemacht – allerdings nicht in der Erziehung. In der *Allgemeinen Pädagogik* unterscheidet Herbart den Zweck und die Mittel der Er-

ziehung, die nicht einfach nur der Erfahrung entnommen sind, sondern durch
die Ethik einerseits und die Psychologie andererseits bestimmt sein sollen.
1806 lagen die beiden allgemeinen Theorien Herbarts, die zur Ethik und die
zur Psychologie, noch nicht ausgearbeitet vor, gleichwohl ist die Pädagogik
als Vorgriff darauf zu verstehen. Der Zweck der Erziehung ist Sittlichkeit
und die Mittel dazu leiten sich aus Herbarts Vorstellungspsychologie ab. Das
Objekt der Erziehung nannte Herbart »Zögling«, wie das zeitgenössisch und
im ganzen 19. Jahrhundert üblich war. Der Ausdruck galt auch für Mädchen.
Über pädagogische Erfahrungen verfügte Herbart seit seiner Hauslehrertätig-
keit in der Familie des Altvogts von Steiger in Interlaken, die wenig mehr als
drei Jahre dauerte.

- Den Ansatz seiner Erziehungstheorie gewann Herbart in der Auseinandersetzung mit Pestalozzis Methodenschrift.
- Die *Allgemeine Pädagogik* zeigt deutlich die Sichtweise des Hauslehrers
  und nicht des Schulmeisters.
- Es geht um einzelne Kinder und nicht um den Unterricht in einer Klasse.

Herbart weist Pestalozzis Psychologie der »Kräfte« zurück, die durch das
ersetzt wird, was Herbart später die »Mechanik des Geistes« genannt hat. Der
Geist besteht aus beweglichen Vorstellungen, die steigen oder sinken können.
Daher kann Herbart auch zwischen bewussten und unbewussten Vorstellungen unterscheiden; sein Konzept des »Unbewussten« ist im ganzen 19. Jahrhundert bis hin zu Eduard von Hartmann und Sigmund Freud wirksam gewesen. Die Erziehungstheorie ist davon allerdings nicht beeinflusst worden. In
ihrem Mittelpunkt stehen die *Interessen* des Zöglings, die durch den Erzieher
beeinflusst und gelenkt werden sollen, ohne dass eine tabula-rasa-Idee ins
Spiel käme. Herbarts »Zögling« hat weder eine Herkunft noch ein Milieu
noch ein Geschlecht. Die Denkfigur ist ähnlich abstrakt wie das »Subjekt«
des deutschen Idealismus. Die Redeweise vom »Zögling« ergibt sich aus der
Herkunft des Wortes Erziehung. Das lateinische »educare« lässt sich mit
»herausführen« übersetzen und bestimmte lange die pädagogische Sichtweise. Mit dem »Zögling« wird etwas gemacht, was er selbst nicht besorgen
kann und was seinem Vorteil dient, nämlich Bildung und Sittlichkeit.

- Anders als im französischen Sensualismus zur gleichen Zeit findet sich
  bei Herbart kein einziges Wort über den Umgang mit Abweichungen.
- Behinderungen gleich welcher Art kommen in der *Allgemeinen Pädagogik* nicht vor, die Redeweise vom »Zögling« impliziert also eine Nor-
  malannahme und somit zugleich eine Ausschlussregel.
- Die Rede betrifft nicht alle »Zöglinge«, weil stillschweigend von einem
  »Normalkind« ausgegangen wird, ohne dass dieses über konkrete Eigenschaften verfügen müsste.

Zugespitzt gesagt: Die Allgemeine Pädagogik gilt nur für die Kinder, die gesellschaftlich als normal und gesund angenommen werden. Alle anderen sind keine »Zöglinge«, sondern Sonderfälle. Sie müssen entsprechend von einer besonderen Pädagogik bearbeitet werden, die dann im 19. Jahrhundert auch tatsächlich entstanden ist, mit medizinischer Hilfe und zunehmender staatlicher Unterstützung. Von dieser stillschweigenden Beschränkung des »Allgemeinen« hat sich die Allgemeine Pädagogik auch nach Herbart leiten lassen. Herbarts Lehren waren bis Ende des 19. Jahrhunderts einflussreich und der »Herbartianismus« gilt heute zu Recht als erstes internationales Paradigma der wissenschaftlichen Pädagogik. Im Mittelpunkt stand dabei der Volksschulunterricht und in diesem Zusammenhang die Methode sowie die Lehrerbildung. Das spätere Hilfsschulwesen wird in den zahlreichen Kompendien der Herbart-Schule wohl aufgenommen und registriert, aber nicht theoretisch wahrgenommen. Die Abweichung setzt das Normale voraus, und das erscheint nicht als Problem, auch weil die besondere Sorge für die Abweichung entlastend wirkte. Die zunehmend institutionalisierte Förderung der Behinderten war das beste Argument für die Aussonderung.

Dafür gab es mächtige Unterstützung. Die Aufmerksamkeit für körperliche und geistige Behinderungen von Kindern und Jugendlichen entwickelte sich vor allem in der Medizin des 19. Jahrhunderts, die den öffentlichen Diskurs über Erziehung massiv beeinflusste. Das gilt nicht nur für die Psychiatrie und ihre Anstalten, sondern gleichermassen für das sich entwickelnde staatliche Schulwesen und die damit anschwellende Schulkritik. Allerdings gab es keine Verknüpfung zwischen der medizinischen Aufmerksamkeit für Behinderungen und der für die Schule. Beides lief nebeneinander her. Auch die politischen Forderungen nach gleicher Beschulung für alle Kinder waren stets gedacht ohne die Behinderten.

2 Der Einfluss der Medizin

Von eigenen Erziehern für die »Blödsinnigen« sprach der Leipziger Pathologe und Therapeut Hermann Julius Clarus[2] 1849 im 10. Band des »Archivs für die gesammte Medicin« (vgl. Clarus 1849, S. 205). H. J. Clarus plädierte wiederum für Anstalten, »die sich die Erziehung blödsinniger Kinder zur ausschliesslichen Aufgabe machen« (Clarus 1849, S. 208). Als Beispiel diente die seit Beginn des Jahres 1847 in Leipzig befindliche »Bildungsanstalt für Schwach- und Blödsinnige«, die zuerst in Eisenach begründet und von dem

---

2   Hermann Julius Clarus (1819-1863) habilitierte sich 1844 für Allgemeine Pathologie, Therapie und Arzneimittelehre an der Universität Leipzig. Er wurde dort 1848 zum ausserordentlichen Professor für Medizin berufen.

Taubstummenlehrer und späteren Humanmediziner Karl Ferdinand Kern[3] geleitet wurde (vgl. Clarus 1849, S. 209).

Erneut ist von einer medizinischen *und* pädagogischen Behandlung die Rede (vgl. Clarus 1849, S. 211). Beide Seiten, so H. J. Clarus, bilden ein Ganzes und hängen unmittelbar zusammen, keine kann ohne die andere zum erwünschten Ziele führen (vgl. Clarus 1849, S. 222).

> Es begreift aber die pädagogische Behandlung ins Besondere in sich den eigentlichen Unterricht, wie derselbe in den täglichen Unterrichtsstunden von dem Direktor der Anstalt nach seiner eigenen Angabe ertheilt wird, und erstreckt sich vorzugsweise auf zwei Punkte: 1) auf Uebung der Sinne, 2) auf den eigentlichen geistigen Unterricht. Die erstere bahnt den Weg zur zweiten an. (Clarus 1849, S. 222)

H. J. Clarus zeigt, dass der Sensualismus in der Medizin und insbesondere in der Psychiatrie Mitte des 19. Jahrhunderts noch massgebend gewesen ist. Von Herbarts Psychologie und Pädagogik findet sich dagegen kaum eine Spur. Der Arzt H. J. Clarus geht wie selbstverständlich davon aus, dass ohne die Übung der Sinne der Geist nicht entwickelt werden kann, eine Idee, der später etwa Maria Montessori gefolgt ist. Bei H. J. Clarus heisst es:

> Die Sinne sind das Auge des Geistes, die Sinnesorgane die Wege, durch welche die Eigenschaften äusserlich wahrnehmbarer Gegenstände zu unserm Bewusstseyn gelangen. Beim Blödsinnigen sind sie der einzige, auf dem er sich überhaupt Vorstellungen verschaffen kann, da rein geistiges Auffassen für ihn Anfangs eine Unmöglichkeit ist. Sie sind aber endlich für ihn auch ein Weg der Erkenntniss, den er sofort mit grösstem Nutzen betreten kann, vorausgesetzt dass der Lehrer es versteht, die Hindernisse zu beseitigen, die dem freien Walten der Sinnesthätigkeiten entgegenstehen. (Clarus 1849, S. 222)

Mitte des 19. Jahrhunderts gab es in der Medizin eine Diskussion, die von Rudolf Virehow angestossen wurde und in der die Frage im Mittelpunkt steht, wie weit der damals sogenannte »Kretinismus« auch ohne besondere Heilstätten und mit normaler Erziehung behandelt bzw. »korrigiert« werden kann. Dagegen wird in den einschlägigen Lehrwerken die besondere »pädagogisch-medizinische Einwirkung« ins Feld geführt (vgl. Die Unterlagen 1858, S. 15).

Die öffentliche Erziehung kann nicht einfach nur als Korrektiv angesehen werden, sondern muss einen vollständigen Heilerfolg in Aussicht haben (ebd.). Die Krankheitsursachen bei der Behandlung der »Kretinenkinder«

---

3   Karl Ferdinand Kern (1814-1886) war zunächst an den Taubstummenanstalten in Weimar und Leipzig tätig. Er eröffnete 1839 in Eisenach das »Institut für abnorme Kinder«, dem 1842 eine Abteilung für Taubstumme und Schwachsinnige beigeordnet wurde. 1852 promovierte er in Medizin mit einer sonderpädagogischen Arbeit.

sind für die allgemeine und öffentliche Erziehung »übermächtig« (vgl. Die Unterlagen 1858, S. 16). Wohl ist die öffentliche Erziehung das gründlichste »wenn auch langsam wirkende Mittel, um die physisch geistige Entartung einer Bevölkerung aufzuheben«, aber das steht in keinem Widerspruch zu der Strategie, besondere Erziehungsanstalten für »die Kretinen und Halbkretinen« zu eröffnen (Die Unterlagen 1858, S. 16/17). Die Aussonderung würde in ihrem Sinne und zu ihrem Vorteil erfolgen. Als »Krüppel« galten körperversehrte Kinder und Jugendliche, die eine spezielle Erziehung erhalten sollten, mit der sie ein Handwerk oder ein Gewerbe ausüben konnten. Das wird in den Aufnahmebedingungen des »Königlich bayerischen Erziehungs- und Unterrichtsinstitut für krüppelhafte Knaben« in München von 1844 auch deutlich festgehalten. Es heißt dort:

Die Aufnahme in die Anstalt bleibt vor der Hand auf 12 bis 14-Jährige Knaben beschränkt, welche sich in einem solchen Zustande der Krüppelhaftigkeit befinden, dass ihnen nach beendeter Werktagsschulpflichtigkeit der sofortige Eintritt in die Lehre bei Gewerbsleuten nicht wohl möglich ist. – Hiebei wird übrigens erfordert, dass die Aufzunehmenden nicht blödsinnig, noch mit ansteckenden oder eine chirurgische Operation erfordernden Leiden behaftet, und dass dieselben gehörig geimpft sind; ferner, dass sie des Sehvermögens und Gehörs nicht entbehren, und ohne Hilfe Anderer gehen können, endlich, dass die Hände derselben jene Bewegungsfähigkeit besitzen, welche zu den im Institute vorkommenden Arbeiten nötig ist. (Siebenter Rechenschafts-Bericht 1854, S. 12)

Solche sogenannten »Krüppelheime« gab es in vielen deutschen Städten bis weit ins 20. Jahrhundert. Zunächst waren diese Lokale klein und mussten aufwändig betrieben werden, so dass die meisten körperbehinderten Kinder und Jugendlichen keinen Platz fanden und so auch keine Hilfe erhielten. Die Aufnahmebedingungen zeigen, dass die Auswahl rigoros war, weil die Ausbildung in Richtung Arbeitsfähigkeit ging und »Krüppel« den Gemeinden nicht zur Last fallen sollten. Die Abgrenzung zu den sogenannt »Blödsinnigen« erfolgte nicht zufällig, weil diese Gruppe für keine Berufsausbildung geeignet zu sein schien. Für sie war die Medizin und ihre sensualistische Pädagogik zuständig.

Im 4. Band des Wiener »Jahrbuches für Kinderheilkunde und physische Erziehung« aus dem Jahre 1861 definierte der österreichische Landgerichtsrat und Psychiatriedozent Ludwig Schlager,[4] was unter »Blödsinnigkeit« oder »Idiotie« verstanden werden sollte. Schlager ging davon aus, dass »Idiotie« verbreitet ist und in gewissen Gebieten auch endemisch sein kann (vgl. Schlager 1861, S. 10). Was mit »Idiotie« begrifflich gemeint ist, wird so gefasst: Unter Idiotie im Allgemeinen versteht man jeden Fall von

---

4 Ludwig Schlager (1828–1885) habilitierte sich 1858 in Wien für Psychiatrie und gerichtliche Medizin. 1878 wurde er ordentlicher Professor für Psychiatrie.

- Beeinträchtigung,
- Mangelhaftigkeit,
- Hemmung,
- Unterbrechung oder gänzlicher Verhinderung

der Entwicklung des kindlichen Geistes.

Doch mit dieser Definition wäre die Zahl der Fälle kaum zu begrenzen gewesen, so dass es zusätzlich heißt:

> Der Begriff kindlichen Schwach- und Blödsinns ist damit vollkommen gleichbedeutend, insoferne damit nicht willkürliche Zeitbestimmungen in Betreff des Ursprungs vor oder nach der Geburt verbunden werden, soferne jedem kindlichen Schwach- und Blödsinn das Merkmal »Bildungshemmung« anklebt und demselben jedenfalls der Blödsinn späterer Altersklassen, der keine Entwicklungshemmung genannt werden kann, entgegengesetzt ist. (Schlager 1861, S. 10)

»Idiotie« als Bildungshemmung wird als ein »pädagogischer Begriff« verstanden, der sich wiederum medizinisch übersetzen lässt. Im ärztlichen Sinne ist »Idiotie« jener »krankhafte Zustand des Cerebrospinalsystems, der notwendig mit einer Verhinderung oder Beeinträchtigung der Entwicklung der physischen Tätigkeit im kindlichen Organismus verbunden ist« (Schlager 1861, S. 10; Sperrung im Text entfällt). Von der Übertragung in die Medizin soll der praktische Effekt einer möglichen Therapiekur abhängen.[5]

Medizinisch angeleitete Irren-, Heil- und Pflegeanstalten, die sich auch pädagogisch verstehen, sind im 19. Jahrhundert vielfach und durchgehend als Reformprojekte gegründet worden. In der Literatur finden sich zahlreiche Beispiele, die auch zeigen, dass die Berichterstattung ernst genommen wurde. Die Heilanstalt im Leipziger Stadtteil Thonberg ist ein Vierteljahrhundert nach Gründung von ihrem Direktor, Eduard Wilhelm Güntz (1861),[6] ausführlich beschrieben worden. Der Medizinalrat E. W. Güntz war ein international renommierter Psychiater, der sich auch mit pädagogischen Fragen befasst hat.

Die verschiedenen Studien zeigen allerdings, wie begrenzt medizinische Kausalerklärungen tatsächlich gewesen sind. So hat E. W. Güntz in der Allgemeinen Zeitschrift für Psychiatrie im Jahre 1859 einen Aufsatz veröffentlicht, der dem Thema »Der Wahnsinn der Schulkinder« gewidmet ist (vgl.

---

5 »Nur bei richtiger Auffassung des Wesens der Idiotie erscheint es möglich, jene krankhaften Zustände des Cerebrospinalsystems zu verhüten oder rechtzeitig und rationell zu behandeln, die in so vielen Fällen in ihrer Fortentwicklung den Zustand von Idiotie herbeiführen und von der richtigen Auffassung des Begriffs Idiotie bleibt es abhängig, die eben in den letzteren Jahren mehr in Vordergrund tretende Frage über die Errichtung und Einrichtung von Idioten- und Kretinanstalten in praktischer Weise zu lösen« (Schlager 1861, S. 13).

6 Die private Heil- und Pflegeanstalt Thonberg ist 1836 von Eduard Wilhelm Güntz (1880-1888) eröffnet worden. Sie bestand bis 1920 und war für vermögende Patienten gedacht.

Güntz 1859). E. W. Güntz bezieht sich auf die Jahrzehnte andauernde so genannte »Überbürdungsdebatte«, die zwischen Medizin und Pädagogik seit dem ersten Drittel des 19. Jahrhunderts eine zentrale Rolle spielte und mit scharfer Schulkritik verbunden war.

E. W. Güntz geht so weit, den Wahnsinn der Schulkinder als »diejenige Art der Seelenstörungen« zu verstehen, »welche dem kindlichen Alter eigenthümlich und directe Folge des Unterrichts ist« (Güntz 1859, S. 187). E. W. Güntz nimmt ernsthaft an, dass schulischer Unterricht in der Breite nicht nur zu seelischen Störungen führen kann, sondern in »Wahnsinn« einmündet. Basis dieser Kausalität sind acht einschlägige Fälle in 20 Jahren, aus denen weitreichende Schlüsse gezogen werden, die nach heutigen Maßstäben nicht zulässig sind. So wird behauptet, dass das charakteristische Merkmal von Wahnsinn bei Kindern aus unverarbeiteten Unterrichtserfahrungen besteht.

E. W. Güntz beschreibt Kinder, die mit kolossalen Zahlengrößen kämpfen und darüber den Verstand verlieren, andere leiden an religiösen Skrupeln und abergläubischer Furcht, wieder andere fürchten sich vor Giften, die sie in der Schule kennengelernt haben und nochmals andere werden prüfungsscheu und trauen sich nichts mehr zu. Die dramatische Aufladung mit einem Krankheitsbild lässt sich in vielen Texten feststellen, die mit der Normalform von Schule befasst sind. Viele Psychiater greifen diese Normalform an und definieren dort Störungen, wo in der Breite gar keine festzustellen sind.

Die Allgemeine Zeitschrift für Psychiatrie teilt in ihrem 19. Band des Jahres 1862 mit, wie man sich die zahlenmäßige Verteilung des »Blödsinns« Mitte des 19. Jahrhunderts vorstellen muss. Berichtet wird über eine Erhebung in der preußischen Provinz Pommern, die im Februar 1862 durchgeführt worden ist. Sie betrifft eine Zählung der »blödsinnigen Kinder« im bildungsfähigen Alter, aus der Aufschluss gewonnen werden sollte, ob die Landeskirche Pommern eine »Idioten-Anstalt« einrichten soll. Erfasst wurden 1.112.903 Kinder, wobei nicht alle berücksichtigt werden konnten. Von den erfassten Kindern waren 613 im Alter von fünf bis 16 Jahren, die als »blödsinnig« bezeichnet wurden (vgl. Allgemeine Zeitschrift für Psychiatrie 1862, S. 345/346). Der Anteil ist also verschwindend gering. Die Zeitschrift vertritt aber Interessen und bezweifelt die Zahl. Gesagt wird:

> Will man aus diesen Zahlen einen Schluss für die Gesamtzahl der Blödsinnigen aus der Provinz machen, so mussten auf 1.328.381 Seelen 731 blödsinnige Kinder in dem Alter von 5-16 Jahren gerechnet werden. Wie gross die Zahl der blödsinnigen Kinder im Alter bis 5 Jahren sei, darauf hat sich die Untersuchung nicht erstreckt, eben so wenig auf die blödsinnigen Nichtbildungsfähigen im Alter von mehr als 16 Jahren. Es würde gewiss eine erstaunlich hohe Zahl herauskommen. (Allgemeine Zeitschrift für Psychiatrie 1862, S. 346)

Nur mit hohen Zahlen und besser noch, mit einer hohen Dunkelziffer ließß sich die Gründung von eigenen Heilanstalten rechtfertigen. Große Zahlen setzen Massenerfassung voraus und genau die entstand mit dem modernen Schulsystem, das nach und nach tatsächlich Kinder erreichte, wenngleich nicht alle gleich.

Das 19. Jahrhundert ist gekennzeichnet durch verschiedene pädagogische Bewegungen. Die vom Namen her bekannteste ist die sogenannte »Arbeitsschule«, die sich mit Bestrebungen verbindet, handwerkliche Tätigkeiten als Volksschulfach zu verankern. An vielen Schulstandorten wurden Werkstätten gegründet, in denen nicht wie später im Sonderschulbereich behinderte Kinder und Jugendliche arbeiteten. Das didaktische Programm war auf die Normalverschulung zugeschnitten und war gedacht zur besseren Vorbereitung auf spätere Berufe.

Eine weitere Bewegung war die des Turnens, worunter eine große gesellschaftliche Trägergruppe verstanden werden muss, die zunächst auf Vereinsbasis operierte und dann auch in den schulischen Raum vordringen konnte. Der Turnunterricht wurde in den verschiedenen deutschen Ländern obligatorisch, aber das Obligatorium und so die Kosten mussten gegen Widerstände in der Bevölkerung durchgesetzt werden. Das setzte massive Propaganda voraus, mit der die Meinungsmacht erobert werden sollte.

So erschien am 22. April 1860 in der Passauer Zeitung ein Artikel über das Turnen der Knaben. Hier trifft man auf ein Argument, das Turnen mit körperlicher Ertüchtigung von Gesunden gleichsetzt. Die Eltern wurden ermahnt, die Jungen unbedingt turnen zu lassen, weil die Söhne zu Vaterlandsverteidigern werden sollten, die als »muthvoll, kräftig und begeistert« bezeichnet wurden. Eltern, die sich diesem paramilitärischen Argument verschlossen zeigten, wurde gesagt, dass man offenbar die Söhne lieber schwindsüchtig und engbrüstig werden lässt, als sie körperlich zu ertüchtigen. Dadurch würden die Söhne engherzig und zu »feigen Memmen«, was gleichgesetzt wird mit einem »geistigen wie körperlichen Krüppel« (vgl. Passauer Zeitung Nr. 111 vom 22. April 1860).

Die Drohung findet sich in verschiedenen Texten, so etwa in einer Freundschaftsgabe für die »turnende Jugend« aus dem Jahre 1862. Es heißt hier: »Viele Menschen werden durch Unbeweglichkeit sieche, ja sogar Krüppel« (Gruber 1862, S. 20). Nur derjenige, der in seiner Jugend turnt, hat Gewähr, seinem Körper für das Alter Halt zu geben. Dann werden Parolen ausgegeben, die sich auf den gesunden Körper beziehen. »F r i s c h und f r e i in der Jugend, steht im Alter nicht still. Darum Jüngling stähle deine Knochen, damit sie werden wie weicher Stahl, sich federn und nicht brechen« (Gruber 1862, S. 20).

Der populäre Diskurs über Körpererziehung ist ebenso paramilitärisch wie völkisch ausgerichtet gewesen, wurde von der Medizin mit Gesundheitspostulaten unterstützt und zielte auf die Verbreitung eines Regimes der gymnastischen Dressur. Behinderte waren davon ausgenommen, obwohl in der Literatur zur Körperschulung häufig darauf hingewiesen wurde, dass alle Kinder und Jugendliche sich körperlich auf eine normierte Art bewegen müssten. Kniebeugen, Armstrecken, Liegestütz, die Bewegung des Kopfes, Laufen oder Springen waren gedacht für normale Kinder. Die Behinderten wurden also nicht nur in der Schule ausgeschlossen, sondern mussten auch gesellschaftlichen Bewegungen fernbleiben, weil deren Kriterien nicht für sie gedacht waren.

Es gab im Blick auf geistig behinderte Kinder und Jugendliche immer auch Gegenstimmen. So veröffentlichte Julius Disselhoff,[7] Pastor und später Leiter der Diakonissenanstalt in Kaiserswerth, eine Schrift über die gegenwärtige Lage der »Cretinen, Blödsinnigen und Idioten« in den christlichen Ländern. Hier wird die Entwicklung eigener Anstalten vergleichend beschrieben und die Rückständigkeit in den deutschen Ländern festgestellt. Das Engagement der inneren Mission, zu der auch J. Disselhoff gehörte, richtete sich gegen die zeitgenössische Medizin, die im »Cretinismus« noch Mitte des 19. Jahrhunderts eine »Entartung« des menschlichen Geschlechts sehen wollte, die als reduzierbar angesehen wurde (vgl. Köstl 1855).[8] Dennoch glaubten viele Ärzte, es mit Menschen und »doch keinen Menschen« zu tun zu haben (vgl. Disselhoff 1857, S. 11).

Die Gegenbewegung wurde auch von pädagogischen Kräften getragen, die die betroffenen Kinder und Jugendlichen nicht einfach wegsperren, sondern ihnen wirksam helfen wollten. Einer dieser Lehrer war bekanntlich Gotthard Guggenmoos,[9] der aus Schwaben stammte und lange als Privatlehrer tätig war. Er hatte im Salzbergwerk von Hallein Kinder von Bergwerksbeamten unterrichtet, die als »harthörig und schwerzüngig« galten. 1829 wurde er nach Salzburg berufen und gründete eine erste heilpädagogische Schule, die im Dezember des Jahres eröffnet wurde. Nach anfänglichen Erfolgen ist die Schule 1835 geschlossen worden. J. Disselhoff erwähnt die Erfolge des Unterrichts wie der Erziehung und merkt auch an, dass die Schule an mangelnder finanzieller Unterstützung eingegangen ist (vgl. Disselhoff 1857, S. 19).

---

7   Julius August Gottfried Disselhoff (1827-1896) studierte Theologie in Halle und wurde 1855 Pfarrer an der Diakonissenanstalt Kaiserswerth. Die Anstalt ist von Theodor Fliedner (1800-1864) gegründet worden. Disselhoff wurde 1865 sein Nachfolger als Direktor.
8   Franz Köstl (1811-1882) war seit 1852 Direktor und Primararzt der Prager Irrenanstalt. Er wurde 1864 ausserordentlicher Professor für Medizin an der Universität Prag.
9   Gotthard Guggenmoos (1775-1838) stammte aus Stötten am Auerberg in Bayern.

3   Volksschule und Aussonderung

Der Basisprozess hinter dieser Entwicklung hin zu zwei getrennten Pädagogiken waren keine pädagogischen Bewegungen, auch nicht einzelne, wie
immer mutige Schulgründungen, sondern die Verstaatlichung und so die
Entwicklung einer leistungsorientierten Volksschule. In allen deutschsprachigen Ländern gab der Staat die Lehrpläne vor und setzte so die Leistungs-
standards fest. Der Elementarunterricht kannte noch zu Beginn des 19. Jahrhunderts keine standardisierten Anforderungen und Ziele, die für alle Schüler
gleich gelten sollten. Erst die vollständige Subventionierung durch Steuer-
mittel führte dazu, Schülerinnen und Schüler nach Leistungen zu sortieren.

- Damit wurde es möglich, nicht nur informell Lernschwache und Lern-
  starke zu unterscheiden.
- Für die Lernschwachen lag es dann schnell einmal nahe, eine Sonderbehandlung zu verlangen.
- Zuvor wurden die Unterschiede zwar registriert, aber sie blieben ohne
  institutionelle Konsequenzen.

Die Betonung der *öffentlichen* Erziehung auch in medizinischen Texten hängt
so zusammen mit dem Aufbau einer allgemeinbildenden Volksschule im
deutschen Sprachraum. Seit dem ersten Drittel des 19. Jahrhunderts entstand
eine neue Schulform, die nach Fächern unterschieden wurde und nicht mehr
nur Elementarunterricht erteilen sollte. Damit stiegen die Ansprüche an das
Lernen stetig an und aus der Entwicklung in Richtung Fachunterricht ergab
sich die Frage, wie mit denjenigen Kindern und Jugendlichen verfahren werden soll, die als »zurückgeblieben« bezeichnet wurden. Sie wurden ausgeson-
dert, nicht etwa wurde der Unterricht angepasst.
    Die Volksschule entwickelte eine eigene Schulpädagogik, die von vorn-
herein nicht für Behinderte gedacht war, obwohl es mangels Alternativen
noch lange gemeinsame Formen der Verschulung gegeben hat. Das gilt besonders für einklassige, undifferenzierte Dorfschulen, die in der ersten Hälfte
des 19. Jahrhunderts an vielen Orten dominant waren. Erst mit dem Durchsetzen des Prinzips der gestuften Mehrklassigkeit in größeren Schuleinheiten
sowie der Verfeinerung der Leistungsdiagnose wurde es möglich, »Sonderklassen« zu führen für die Kinder, die nicht imstande waren, den Lernanforderungen zu folgen.
    Auf der anderen Seite konnten medizinische Heil- und Erziehungsan-
stalten schon aus Kostengründen nicht für eine umfassende Ersatzverschu-
lung sorgen, so dass es nahe lag, besondere Klassen und am Ende auch besondere Schulen einzurichten (vgl. Hänsel/Schwager 2004). Psychiatrische
Heilanstalten für Lernschwache entstanden nicht oder waren nicht von Dauer,
dieses Problem musste im Schulsystem und so mit einer besonderen Pädago-

gik gelöst werden, die nur noch funktional und nicht mehr institutionell etwas mit der Medizin zu tun hatte.

In der Normalform der Volksschule blieben Kinder mit und ohne Behinderungen tatsächlich oft zurück, sie galten dann als »leistungsschwach« und konnten den Lernanforderungen nicht standhalten, während sie zugleich der staatlichen Schulpflicht unterworfen waren. Auf dieses Problem reagierte die Volksschule mehr und mehr durch Aussonderung, die als pädagogisch verträgliche Lösung angesehen wurde. Das Problem schien damit gelöst. Im Zusammenhang mit den Sonderklassen und am Ende dann Sonderschulen entwickelte sich eine eigene Pädagogik, die sich sowohl von der deutschen Bildungsphilosophie als auch von der Schulpädagogik unterschied.

Die Leistungen dieser Pädagogik sind zu würdigen, wenn man vor Augen hat, wie die Praxis des Umgangs mit Behinderten zu Beginn des 19. Jahrhunderts ausgesehen hat. Von »Krüppelheimen« und »Idiotenanstalten« war nicht zufällig die Rede. Diese Etikettierungen waren gesellschaftlich weit verbreitet, ohne dass ein Sinn dafür vorhanden war, welche Lernpotentiale sich mit dieser Gruppe verbinden ließen. Insofern war die Entwicklung der Sonderpädagogik auch eine Reaktion auf eine Praxis der Vernachlässigung und Ausbeutung, gegen die sich die Kinder und Jugendlichen nicht zur Wehr setzen konnten (als Fallbeispiel etwa: Lakowski 2001).

Die deutsche Volksschule entwickelte sich zunehmend zu einer exklusiven Anstalt. Je mehr der Staat die Schule regierte und je weniger Einfluss die Gemeinden hatten, desto stärker wurde das System der sogenannten »Hilfsschulen«. Dorthin lagerte man die im Normalschulbetrieb nicht behandelbaren Fälle aus, für die allmählich ein differenziertes Angebot bereitgestellt wurde. Mit der Ausweitung des Angebots nahmen auch die Behinderungsarten zu. »Lernschwache« oder »verhaltensauffällige« Kinder und Jugendliche gab es schon im Hilfsschulwesen des Deutschen Kaiserreichs. Sie wurden auch »schwachbegabt« genannt (vgl. Frenzel 1903) und zunehmend in »Hilfsschulen« untergebracht (vgl. Schlesinger 1913).[10]

Für die Auslagerung gab es seinerzeit angesichts der vorherrschenden Klassengrößen und der oft mangelhaften Ressourcen auch gute Gründe. Die Etablierung eines eigenen sonderpädagogischen Systems hat aber zur Folge gehabt, dass die Exklusion zum Normalfall wurde, der auch nach der Verbesserung der Ressourcen und dem allmählichen Absenken der Klassengrößen nicht aufgegeben wurde. Damit war zudem eine Möglichkeit gegeben, mit den schwierigen Fällen so fertig zu werden, dass größtmögliche pädagogische Förderung in Aussicht gestellt wurde. Anders ist nicht zu erklären, dass Inklusion jahrzehntelang kein Thema war. Die Exklusion geschah in bester Absicht.

---

10 Der Autor Eugen Schlesinger war Schularzt in Strassburg. Er stellte später auch einen »Intelligenzdefekt« bei schwachbegabten Schulkindern fest (Schlesinger 1913a). Schlesinger wurde später Städtischer Fürsorgearzt in Frankfurt (Main).

Das sich entwickelnde Hilfsschulwesen ist vor dem ersten Weltkrieg als Teil der sozialen Hygiene verstanden worden, etwa 1908 durch den sozialdemokratischen Arzt und späteren Eugeniker Alfred Grotjahn.[11] Er geht davon aus, dass besondere Anstalten für die Erziehung und Ausbildung von Behinderten unbedingt notwendig seien und seit Mitte des 19. Jahrhunderts auch die Entwicklung bestimmt haben (vgl. Grotjahn 1908, S. 346). Nicht ohne auf die ständig steigenden Kosten hinzuweisen (vgl. Grotjahn 1908, S. 348), hebt A. Grotjahn die »befriedigenden Resultate« vor allem in den Anstalten hervor, in denen körperliche Gebrechen pädagogisch behandelt wurden (vgl. Grotjahn 1908, S. 349).

Am Ende des 19. Jahrhunderts wurde der »Zögling« durch das »Kind« ersetzt. Damit verbunden war eine andere Sichtweise, die nicht mehr vom Gedanken der Führung oder Er-ziehung getragen wird, sondern das eigenständige Lernen des Kindes voraussetzt. Bis in die Schulpädagogik vor und nach dem ersten Weltkrieg hinein ist Unterricht mehr und mehr mit Aktivierung und eigenständigem Lernen in Verbindung gebracht worden. Die Versuchsschulen der Weimarer Republik lassen sich unter diesem Gesichtspunkt zusammenfassen, obwohl sie selbst ganz verschieden waren. Doch überall sollte aus dem passiven »Zögling« das »aktive Kind« werden, was sich als Kerngedanke der internationalen Reformpädagogik verstehen lässt.

In den einschlägigen Übersichten und Zusammenstellungen von Versuchsschulen nach dem ersten Weltkrieg fehlen stets Sonderschulen, die als »Hilfsschulen« geführt und ausgebaut wurden. Bestimmte Hilfsschulen haben sich wohl für die kindzentrierten und aktivierenden Konzepte der Reformpädagogik und ihres Prinzips der »Arbeitsschule« geöffnet, aber unter der Voraussetzung und der Bedingung des eigenen Systems. Die Sonderstellung ihrer Kinder und Jugendlichen blieb also erhalten, inklusive Konzepte in umgekehrter Richtung gab es kaum (vgl. Bundschuh u. a. 2007, S. 224-228).

Konkrete Resultate der Versuchsschulen fanden keinen oder nur einen partiellen und oft verspäteten Transfer in die »Hilfsschulen«, die zunächst gar keine Schulen waren, sondern nach Klassen gezählt wurden und von denen es in der Weimarer Republik rund 4.000 gab, die von knapp 72.000 Schülerinnen und Schülern besucht wurden. Für sie war die staatliche Schulreform nicht gedacht und auch die Theorie der Erziehung fand zu ihnen keinen Zugang, weil sie ja besonders versorgt waren. So entstand eine Arbeitsteilung, mit der Folge, dass das »Allgemeine« der Pädagogik nicht wirklich allgemein war.

---

11   Der Berliner praktische Arzt Alfred Grotjahn (1869-1931) wurde 1920 ordentlicher Professor für soziale Hygiene an der Universität Berlin. A. Grotjahn war von 1921 bis 1924 für die SPD Mitglied des Deutschen Reichstages.

4 Die Reformpädagogik und das gesunde Kind

Ein Beispiel für die Wahrnchmung dieser Gruppe in der deutschen Reformpädagogik ist Otto Karstädts Darstellung von Schulversuchen für das Jahr-
buch des Zentralinstituts für Erziehung und Unterricht in Berlin. O. Karstädt,[12] der als Ministerialrat im Preussischen Kultusministerium tätig war,
beschrieb 1923 »neuere Versuchsschulen und ihre Fragestellungen« im gesamten Deutschen Reich. Er geht eingangs davon aus, dass in der Pädagogik
die Kindheit neu gesehen wird und die Versuchsschulen aus dieser Sichtweise ihre Fragestellungen ableiten. Der Bezug auf Herbart und seine Schule
scheint damit überwunden zu sein. Das wird allgemein so gefasst:

> Neue Kindheitsanschauung und neue Kulturauffassung gingen vom selben
> Punkte aus, vom Kampf gegen den Intellektualismus, der sich nirgend so ins
> Ungemessene gesteigert und überschlagen hat wie im Herbartianismus der
> deutschen Schule. Die öffentliche Schule ist zunächst, weil an alte Formen
> staatlich gebunden, auf *Versuche mit Auswertung der neuen Kinderkenntnis*
> beschränkt. Die »freien Schulen« beginnen am andern Ende: sie wollen die
> neue Kultur in Schulversuchen als Keimzellen darstellen. (Karstädt 1922/23,
> S. 89; Hervorhebung J.O)

Diese Sichtweise der »neuen Kinderkenntnis« gilt offenkundig nicht für Kinder und Jugendliche mit Behinderungen. Auch in Karstädts Darstellung ist
das »normale« oder »gesunde« Kind der Bezugspunkt, ohne dass das bemerkt worden wäre. Versuche in der öffentlichen Schule gelten dem normalen Kind und nicht auch den Behinderten, die gar nicht in den Blick kommen. Karstädt führt in seiner Darstellung folgende Versuchsschulen auf:

- Die Berthold-Otto-Schule in Berlin-Lichterfelde, die als »Hauslehrer-
schule« geführt wird,
- verschiedene Montessori-Kindergärten,
- zahlreiche Arbeitsschulversuche etwa in Dortmund, Augsburg, Dresden
oder Leipzig,
- Versuche mit »freier geistiger Arbeit« in Leipzig oder Kassel,
- die deutschen Landerziehungsheime,
- die Waldorfschulen in Stuttgart, Köln und Hamburg,
- verschiedene Kunst- oder Produktionsschulen und
- zahlreiche öffentliche Gemeinschaftsschulen.

---

12 Otto Karstädt (1876-1947) war zunächst als Volksschullehrer in Magdeburg tätig. Er war
    dann Volksschulrektor in Bad Schmiedeburg und Nordhausen. Parallel dazu studierte er
    und schloss das Studium 1915 in Jena mit einer Promotion ab. Karstädt war von 1919 bis
    1929 im Preussischen Kultusministerium tätig und wurde danach auf eine Professur an die
    Pädagogische Akademie nach Hannover berufen.

Eine »Hilfsschule« ist nicht darunter. Am Ende seiner Darstellung listet Karstädt einen Fragekatalog auf, der sich aus den Erfahrungen mit solchen Versuchsschulen ergeben hat. Unter anderem stellen sich die folgenden Fragen für die Realisierung eines innovativen Volksschulunterrichts.

> Ob das Sichhineinfragen in die Welt der Dinge und der Werte durch die Kinder (die ja bis zur Mechanisierung durch die Schule lebendige Fragezeichen sind) innerhalb einer Gemeinschaft ausreichender und sich planvoll entwickelnder Arbeitsanstoss sein kann, und ob die Gemeinschaftserlebnisse selbst besser als vorbedachte Organisation und Lehr- und Stundenplan emporentwickeln? Welcher Frageanreiz ist entscheidend, der des einzelnen Kindes oder nur der gemeinschaftlich sich entwickelnde? Was heisst hier: Vom Kinde aus? Ist d i e kindliche Entwicklungsstufe gemeint oder die Zufallsgruppe, in der die Kinder unter einem Lehrer zusammengefasst sind. (Karstädt 1922/23, S. 130)

Bei diesen Fragen fehlt jeder Hinweis auf behinderte Kinder und Jugendliche. Es scheint sie in der Wahrnehmung der Volksschulreformer der Weimarer Republik nicht gegeben zu haben, was damit erklärt werden kann, dass durch Prozesse der Auslagerung für sie gut gesorgt zu sein schien. Die Hilfsschulen bildeten eine eigene Organisationsform und verfügten über eigene Medien, die sich von der allgemeinbildenden Schule abgrenzten. Damit sollte gewährleistet werden, dass auf das einzelne Kind anders reagiert werden konnte als in der Volksschule. Aber nicht »das Kind« stand dann im Mittelpunkt, sondern »das behinderte Kind«.

An dieser Sichtweise ändert sich in der Reformpädagogik auch in theoretischer Hinsicht nichts. Aus heutiger Sicht ist es erstaunlich, dass alle großen Entwürfe, von John Deweys *Democracy and Education* (1916) über die *child-centred education* bis hin zur Phasentheorie von Piaget, am normalen Kind orientiert sind, ohne diese Voraussetzung wirklich zu thematisieren. Sie bestimmt die Sichtweise stillschweigend, das Ausgeschlossene wird nicht thematisiert. Insofern gibt es in der allgemeinen Pädagogik tatsächlich einen »blinden Fleck« (Ellger-Rüttgardt 2004).

Eine besondere Rolle spielten eugenische Positionen, die etwa Ellen Keys Sicht des *Jahrhundert des Kindes* bestimmt haben. In der progressiven Sozialdemokratie waren solche Sichtweisen weit verbreitet und auch Mediziner wie etwa der englische Arzt und Schriftsteller Henry Havelock Ellis vertraten vehement eugenische Überzeugungen. Die »Pädagogik vom Kinde aus« ist einfach nur auf das gesunde Kind hin ausgelegt gewesen. Die Verstrickung der deutschen Sonderpädagogik in den Nationalsozialismus ist inzwischen gut aufgearbeitet und zeigt auf ihre Weise, dass Gesundheit der Bezugspunkt war (vgl. Hänsel 2006).

Der »blinde Fleck« lässt sich auch ohne Bezug auf eugenische Positionen erfassen. Ein Beispiel sind Einrichtungen für die »künstlerische Körperschulung«, die vor allem nach dem Ersten Weltkrieg entstanden sind und die 1925 in einem Sammelband dokumentiert wurden, den Ludwig Pallat,[13] den der erste Leiter des Zentralinstituts für Erziehung und Unterricht in Berlin zusammen mit dem Thüringer Oberschulrat Franz Hilker[14] herausgegeben hat (vgl. Pallat/Hilker 1925). Der Hintergrund ist die Kunsterziehungsbewegung, die schon im Kaiserreich begonnen hat.

Es geht den Herausgebern darum, die sogenannten Leibesübungen »in den Kreis der künstlerischen Bewegung einzubeziehen« (Pallat/Hilker 1925, S. 7). Mit »Körperschulung« wurde nach dem ersten Weltkrieg eine breite Bewegung bezeichnet, die von der rhythmischen Gymnastik über spezielle Methoden wie die »Loheland-Schule« für Körperbildung bis hin zu Bewegungsspielen auf Schulbühnen und die Neubelebung der traditionellen Tänze der ländlichen Regionen reichte. Zur Begründung schrieb F. Hilker:

> Einseitige Wissensbildung, hastender Geschäftsgeist und eine menschenmörderische Organisation der industriellen Arbeit hatten bereits die körperliche Gesundheit weiter Volkskreise bedenklich erschüttert, bevor noch die Hungerblockade des Krieges und die Ernährungsschwierigkeiten der Nachkriegszeit ihr furchtbares Zerstörungswerk am deutschen Volke begannen. Heute wächst ein Geschlecht heran, das die Anlagen körperlicher Minderwertigkeit bereits im Mutterleibe empfing und die Gefahr des Rassenverfalls schon für die nächste Zukunft riesengross emporsteigen lässt. (Pallat/Hilker 1925, S. 9; Sperrung i. T. entfällt)

Diese Dekadenzannahme steht hinter einem Großteil der reformpädagogischen Postulate in Deutschland, von denen die Behinderten immer ausgenommen waren. Mit »körperlicher Minderwertigkeit« sind stets Defizite von normalen Kindern und Jugendlichen gemeint. Nur sie sind von »Rassenverfall« bedroht. Alle anderen erfahren auch theoretisch eine Sonderbehandlung. Dass behinderte und nicht-behinderte Kinder gemeinsam verschult werden, kommt in der deutschen Reformpädagogik kaum einmal als Idee vor.

Die Grundidee hinter der »Körperschulung« als Kunstform bezieht sich auf den Körperausdruck. Es geht um Expression durch Bewegung. Der Band von L. Pallat und F. Hilker dokumentiert diese Absicht auch mit Fotografien. Man sieht tatsächlich neue Formen von individueller und kollektiver Bewegung, aber kein einziges Foto setzt irgendeine Art von Versehrtheit voraus. Nur gesunde Körper werden geschult und nur sie bestimmen die Ästhetik des

---

13 Ludwig Pallat (1867-1946) studierte Klassische Philologie und Archäologie. Er wurde 1898 als Gymnasiallehrer in das Preussische Kultusministerium berufen. 1915 wurde er Leiter des Zentralinstituts für Erziehung und Unterricht. Er blieb in dieser Stellung bis 1938.

14 Franz Hilker (1881-1969) war Gymnasiallehrer und unterrichtete bis 1923 als Kunstlehrer in Berlin. 1923 wurde er in Thüringen Oberschulrat und 1925 wechselte er an das Zentralinstitut für Erziehung und Unterricht in Berlin.

Programms dieser »neuen Pädagogik« des Körpers. Wenn es Gymnastik mit
Behinderten gab, dann nicht in der »Öffentlichkeit«.

Der Grund dafür ist auch in den Zuschreibungen zu suchen, selbst wenn
Begriffe wie »Kretins«, »Krüppel« oder »Idioten« aus dem Sprachgebrauch
allmählich verschwinden. An der Wahrnehmung von Behinderung änderte
sich damit zunächst nichts, weil der Wandel der Einstellung fehlte. Genauer:
Die Anerkennung von Behinderungen gleich welcher Art fehlte, auch weil
zwischen »normal« und »abweichend« normativ unterschieden wurde und
Gleichberechtigung kein Thema war. Die pädagogische Sonderbehandlung
setzte die Sonderstellung voraus.

5 Der Wandel des Diskurses

Die allgemeine Pädagogik hat auch nach dem zweiten Weltkrieg den Weg
der selbstverständlichen, theoretisch unbemerkten Exklusion fortgesetzt.
Wann immer von den allgemeinen Aufgaben und Zuständigkeiten der Erziehung die Rede war, egal ob im Blick auf das Kind, den Jugendlichen oder,
abstrakter, das Subjekt, kamen Behinderte nicht vor. Allgemeine und Sonderpädagogik waren für verschiedene Themenfelder zuständig, und das »Allgemeine« wurde so gefasst, dass bestimmte Gruppen nicht dazugehören,
obwohl auf sie alle Merkmale einer guten Erziehung und Bildung auch zu-
treffen.

• Kein allgemeines Bildungsziel erlaubt einen Ausschluss oder eine institutionelle Sonderbehandlung, die sich einfach historisch eingebürgert
  hat.
• Man könnte nicht von einer »allgemeinbildenden« Schule sprechen,
  wenn schon das Angebot gar nicht »allgemein« ist.
• Die Besonderung von Schülerinnen und Schülern ist nie frei von einem
  Makel gewesen, der sich aus der Zuweisung ergibt.

Insofern stellt der Wandel des Diskurses über Erziehung auch den Wandel
des pädagogischen Blickes dar. Der Blick überwindet seine historische Beschränkung, an die sich Generationen von Pädagoginnen und Pädagogen
gewöhnt und mit der sich Arbeitsfelder pädagogischer Berufe verbunden
haben.

Mitleid ist keine wirkliche Form der sozialen Anerkennung, so wichtig
das Mitleiden bei der Wahrnehmung und Behandlung von unverschuldeten
Benachteiligungen auch ist. Aber Mitleid setzt die Schwäche voraus und legt
eine Abhängigkeit fest, nur dann wird etwas getan. Die Vollwertigkeit wird
dadurch gerade nicht anerkannt, und die Erziehung orientiert sich am Defizit,

das auch nach Abschluss der Erziehung nicht verschwindet. Es ist nicht einmal ausgeschlossen, dass die Erziehung das Defizit vergrößert, statt es zu verringern, eben weil ihm die ganze pädagogische Aufmerksamkeit gilt.

Das Aufkommen von Postulaten der Inklusion steht im Zusammenhang mit der Neubewertung von Heterogenität und ist als Wandel des Diskurses über Erziehung und Bildung zu verstehen. Differenz ist die Normalform der gesellschaftlichen wie der individuellen Entwicklung, was nur dann anders gesehen werden kann, wenn organische Metaphern verwendet werden, die tatsächlich für Prozesse von Inklusion und Exklusion lange handlungsleitend waren. Man gehörte zu einem gewachsenen »Ganzen« dazu oder nicht, egal ob das Volk oder die Bezugsgruppe gemeint war.

Der heutige Fortschritt liegt darin, in »Behinderungen« Potenziale zu sehen und jeglichen Makel zu vermeiden. Das fällt der Gesellschaft immer noch schwer und lässt sich nur dann weiterentwickeln, wenn tatsächlich so weit wie möglich eine inklusive Form von Verschulung angestrebt wird. Der Sonderstatus »Behinderung« ist damit aufgelöst oder zumindest nicht mehr theoretisch maßgebend. Allerdings lässt sich das nicht auf dem Wege der semantischen Vermeidung erreichen, sondern verlangt eine Neugestaltung der Praxis und damit einhergehend überzeugende Lösungen.

Das »Übereinkommen über die Rechte von Menschen mit Behinderungen« der Uno kann zum Anlass genommen werden, diese Geschichte einer Teilung des Adressaten der Schulbildung zu korrigieren. Behinderungen gleich welcher Art sind mit einer Regelverschulung verträglich und auch dieser Ausdruck sollte der Vergangenheit angehören. Es gibt in der Bildung nicht die Regel und dann die Ausnahme. Verlangt sind nur besondere Maßnahmen für bestimmte Fälle, aber nicht eine ständige Separierung und Aussonderung, wie gut sie auch immer gemeint sein mag.

Gerade wer die Allgemeine Pädagogik mit Themen wie Gleichheit oder Gerechtigkeit in Verbindung bringt, kann nicht auf historische Teilungen Rücksicht nehmen. Das Wort der »Bildungsgerechtigkeit« kann nicht auf bestimmte Gruppen exklusiv bezogen werden. Was man im Gegenteil erklären müsste, ist der Tatbestand, dass die Inklusionsdebatte erst so spät eingesetzt hat und die selbstverständliche Richtung der Schulentwicklung lange eine ganz andere gewesen ist.

In der Folge dieser Einsicht ist die Geschichte von Schule und Pädagogik zu einer Korrektur gezwungen. Dahinter stehen nicht nur Postulate, sondern auch eine strukturelle Einsicht:

- Es kann letztlich nur *eine* Pädagogik geben, so wie es auch nur eine Erfahrungswelt geben kann.
- Die Aussonderung setzt eine legitime zweite Welt der »Sonderpädagogik« voraus, die mit der Inklusion in Frage gestellt ist.
- Differenzierungen sind damit natürlich nicht ausgeschlossen.

Wenn in pädagogischer Hinsicht und in allgemeiner Absicht von Kindern und Jugendlichen gesprochen wird, dann sind auch tatsächlich *alle* gemeint. Diese Pädagogik kann sich nicht von den Bildungsinstitutionen und ihren Unterschieden her begründen, sondern muss sich auf die Anliegen der allgemeinen Bildung beziehen, die im Grundsatz nicht teilbar sind.

Es dauerte lange, bis aus »Krüppeln« Körperbehinderte wurden und aus »Idioten« Geistigbehinderte (vgl. Thomann 1995), und noch länger dauerte es, »Behinderung« nicht als Defizit, sondern als Potenzial anzusehen, das nicht aus der Perspektive des Mitleids wahrgenommen und mit Aussonderung bedacht wird. Wenn die Pädagogik nicht vom Defizit ausgehen soll, dann gilt das ganz oder gar nicht. Die Geschichte der Allgemeinen Pädagogik sollte dieser Einsicht folgen.

Literatur

Quellen

Allgemeine Zeitschrift für Psychiatrie und psychisch-gerichtliche Medicin (1862). (Hrsg.) v. H. Laehr. Neunzehnter Band. Berlin.

Clarus, J. (1849): Die ärztliche und pädagogische Behandlung des angebornen Blödsinns. In: Archiv für die gesammte Medicin. Hrsg. v. H. Haeser, H. Zehnter Band. Jena, S. 205-231.

Die Unterlagen für die Heilung und Erziehung der Idioten (1858). Medicinisch-pädagogische Erfahrungen und Studien aus der Heilpflege- und Erziehanstalt »Levana« im Schlosse Liesing bei Wien. Erster Band. Wien.

Disselhoff, J. (1857): Die gegenwärtige Lage der Cretinen, Blödsinnigen und Idioten in den christlichen Ländern. Ein Noth- und Hülferuf für die Verlassensten unter den Elenden an die deutsche Nation. Herausgegeben von dem rheinischen Provinzial-Ausschuss für innere Mission. Bonn.

Encyclopädisches Wörterbuch der medicinischen Wissenschaften (1837). Herausgegeben von den Professoren der medicinischen Fakultät zu Berlin. Fünfzehnter Band: Giftbaum – Hecklinghausen. Berlin.

Frenzel, F. (1903): Die Hilfsschulen für schwachbegabte Kinder in ihrer Entwicklung, Bedeutung und Organisation. Hamburg u. Leipzig.

Grotjahn, A. (1908): Krankenhauswesen und Heilstättenbewegung im Lichte der sozialen Hygiene. Leipzig.

Gruber, L. (1862): Inhalt der Worte: Fromm, Frisch, Fröhlich und Frei! Der Turner und Feuerwehrmann wie er sein soll. Das Turnen und sein Nutzen, für Eltern und Lehrer, besonders aber für jene, welche dem Turnen abhold sind, in Kürze erläutert. Eine Freundschaftsgabe für die Turner, den Feuerwehrmann und die turnende Jugend. Regensburg.

Güntz, E.W. (1861): Die Irren- Heil- und Pflege-Anstalt Thonberg im ersten Viertel-jahrhundert ihrer Wirksamkeit dargestellt vom Begründer, Eigenthümer und Di-rector. Leipzig.

Güntz, E.W. (1862): Der Wahnsinn der Schulkinder, eine neue Art der Seelenstörun-gen. In: Allgemeine Zeitschrift für Psychiatrie und psychisch-gerichtliche Medi-cin. Hrsg. v. H. Laehr. Sechszehnter Band, Erste Heft. Berlin, S. 187-221.

Herbart, J. F. (1806): Allgemeine Pädagogik aus dem Zweck der Erziehung abgeleitet. Göttingen.

Heinroth, J.C.A. (1818): Lehrbuch der Störungen des Seelenlebens oder der Seelen-störungen und ihrer Behandlung. Vom rationalen Standpunkt aus entworfen. Zweiter oder praktischer Theil. Leipzig.

Karstädt, O. (1922/23): Neuere Versuchsschulen und ihre Fragestellungen. In: Jahr-buch des Zentralinstituts für Erziehung und Unterricht, Jg. 4, Berlin, S. 87-133.

Köstl, F. (1855): Der endemische Cretinismus als Gegenstand der öffentlichen Für-sorge. Denkschrift an Seine Excellenz den Herrn Minister des Innern, Dr. Ale-xander Freiherrn v. Bach. Wien.

Pallat, L./Hilker, F. (Hrsg.) (1925): Künstlerische Körperschulung. Zweite Auflage. Breslau.

Passauer Zeitung (1860). Dreizehnter Jahrgang. Passau.

Ricci, C.G. (1854): Spicilegivm Ivris Germanici. Göttingen.

Siebenter Rechenschafts-Bericht über den Zustand und das Wirken des königlich bayerischen Erziehungs- und Unterrichts-Instituts für krüppelhafte Knaben in München für das Schul-Jahr 1853/54, abgelegt bei der Jahres-Prüfung am 16. August … von Joseph G. Mayer, München.

Schlager, L. (1861): Die neuesten Forschungen über Idiotie mit Hinblick auf Dr. Zillner's Werk: »über Idiotie mit besonderer Rücksicht auf das Stadtgebiet von Salzburg«; herausgegeben von der kaiserl. Leopoldin. – carol. Akademie der deutschen Naturforscher. In: Jahrbuch für Kinderheilkunde und physische Erzie-hung Vierter Band. Wien, S. 9-30.

Schlesinger, L. (1913): Das psychische Verhalten der schwachbegabten Kinder und ihre Charakterentwicklung. In: Zeitschrift für die gesamte Neurologie und Psy-chiatrie Band 17. Nr. 1, S. 10-22.

Schlesinger, L. (1913a): Der Intelligenzdefekt der Schwachbegabten Schulkinder. In: Zeitschrift für die gesamte Neurologie und Psychiatrie Band 17. Nr. 1 (1913), S. 564-575.

Darstellungen

Amberg, L. (2004): Wissenswerte Kindheit. Zur Konstruktion von Kindheit in deutschsprachigen Enzyklopädien des 18. Jahrhunderts. In: Oelkers, J. (Hrsg): Explorationen. Studien zur Erziehungswissenschaft, Band 42. Bern.

Bundschuh, K./Heimlich, U./Krawitz, R. (Hrsg.) (2007[3]): Wörterbuch Heilpädagogik. Ein Nachschlagewerk für Studium und pädagogische Praxis. 3. überarb. Aufl. Bad Heilbrunn.

Ellger-Rüttgardt, S. (2004): Sonderpädagogik – ein blinder Fleck der Allgemeinen Pädagogik? In: Zeitschrift für Pädagogik, Jg. 50 (2004), S. 416-429.

Hänsel, D. (2006): Die NS-Zeit als Gewinn für Hilfsschullehrer. Bad Heilbrunn.

Hänsel, D./Schwager, H.-J. (2004): Die Sonderschule als Armenschule: vom gemeinsamen Unterricht zur Sondererziehung nach Braunschweiger Muster. Bern.

Hofer, U. (2000): Sensualismus als Grundlage erster sonderpädagogischer Unterrichtsversuche. Seine Bedeutung für die Frage nach der Bildbarkeit blinder Menschen. In: Zeitschrift für Pädagogik, Jg. 46 (2000), Heft 2, S. 193-214.

Hofer-Sieber, U. (2000): Bildbar und verwertbar: Utilitätsdenken und Vorstellungen der Bildbarkeit behinderter Menschen Ende 18. und Anfang 19. Jahrhunderts in Frankreich. Würzburg.

Lakowski, I. (2001): Das Behinderten-Bildungswesen im Preussischen Osten. Ost-West-Gefälle, Germanisierung und das Wirken des Pädagogen Joseph Radomski. In: Forum Behindertenpädagogik Band 5. Berlin u. a.

Thomann, K.-D. (1995): Das behinderte Kind: »Krüppelfürsorge« und Orthopädie in Deutschland: 1886-1920. In: Forschungen zur neueren Medizin- und Biologiegeschichte, Bd. 5. Stuttgart.

Entrepreneurship Education
Grenzgang zwischen Erziehungswissenschaft und Ökonomie

Susanne Weber

Entrepreneurship Education stellt ein markantes Beispiel für den Grenzgang zwischen Erziehungswissenschaft und Ökonomie dar; denn sowohl unter dem Aspekt ökonomischer Innovation als auch unter dem der Beschäftigungssicherung gewinnen Fragen der Bereitschaft, ein Unternehmen zu gründen (Entrepreneurship) oder aber unternehmerische Fähigkeiten zu zeigen, um das eigene Unternehmen weiter zu entwickeln (Intrapreneurship), eine herausragende politische Bedeutung (vgl. European Commission 2007; vgl. OECD 2009; Brixi 2011). Damit ist auch die Erziehungswissenschaft zentral gefordert, da sich zunehmend zeigt, dass diese Zielsetzungen allein mit ökonomischen Instrumenten nicht in gewünschter Weise zu verwirklichen sind. Von daher ist sowohl national als auch international klar ein Trend zu beobachten, über die ökonomieinterne Entrepreneurship-Diskussion hinausgehend relevante pädagogische Perspektiven und Wissensbestände mit in die entsprechenden Analysen und Konstruktionen einzubeziehen. Das betrifft nicht nur die Vermittlung von fachlichem Wissen in der Form von Hard-Skills und Soft-Skills, sondern auch den Aufbau von Verantwortungsbewusstsein und moralischem Urteil. Hinzu kommt eine Ausweitung von Konzepten einer Entrepreneurship Education auf verschiedenen Ebenen: so eine nachakademische Ausbildung, Ausbildungen auf unterschiedlichen Hochschulniveaus, aber auch Ansätze sowohl im berufsbildenden als auch im allgemeinbildenden Schulbereich (vgl. West u. a. 2009). Im Folgenden werden wichtige Aspekte für den Bereich der Hochschulausbildung (Fürstenau & Trojahner; Funke & Weber) wie den der beruflichen Bildung (Del Rey & Näpflin; Holtsch) behandelt.

Grenzen unternehmerischer Freiheit: Eine Interventionsstudie mit Lehrlingen
(Nuria del Rey & Catherine Näpflin)

Nuria del Rey und Catherine Näpflin (als Mitarbeiterinnen einer Arbeitsgruppe, die aus Pädagogischen Psychologen der Universität Fribourg [Fritz Oser] und aus Ökonomen der Universität St. Gallen [Thierry Volèry] besteht), stellen eine Interventionsstudie zur Vermittlung unternehmerischer

Kompetenzen und unternehmerischen Wissens an schweizerischen Berufs-
schulen vor. Ziel war es, bei 80 Auszubildenden die Gründungsintention zu
fördern. Im Mittelpunkt stehen dabei die Entwicklung eines eigenen Geschäftskonzepts einschließlich des dazugehörenden Wissens sowie der entsprechenden Einstellungen. Dabei sind es vor allem vier Programmpunkte,
mit deren Hilfe neben einem Gesamtüberblick über den Gründungsprozess
(a) die Interventionsstudie betrieben wird: (b) mit Hilfe von Firmenbesuchen
von anderen lernen; (c) Vermittlung des erforderlichen Handwerkszeugs; (d)
Entwicklung eines Geschäftskonzepts.

Der Gesamtüberblick (a) erfolgt im Rahmen eines Workshops, bei dem
exemplarisch ein Gründungskonzept durchlaufen wird und verschiedene
Gründungsbeispiele vorgestellt werden. Im Rahmen der Firmenbesuche (b)
geht es vor allem darum, in Gesprächen mit Jungunternehmern Fragen zum
Gründungsprozess selbst sowie zu den Problemen nach erfolgter Gründung
stellen zu können. Die Vermittlung des Handwerkszeugs (c) – der »Toolbox«
– sieht vor, dass die Auszubildenden Informationen zur Produktentwicklung,
zum Business Planning, zu möglichen Strategien und Geschäftsmodellen,
zum Marketing, zur Finanzierung und zu rechtlichen Fragen erhalten. Im
Zusammenhang mit der Entwicklung eines Geschäftskonzepts (d) geht es
schließlich darum, dessen Machbarkeit aufzuzeigen und diese anhand der
vermittelten Kategorien zu diskutieren sowie dabei vor allem Einfluss auf die
Entwicklung und Förderung einer positiven Gründungseinstellung zu nehmen.

Die Phasen der Intervention waren so konzipiert, dass nach einer Vorer-
hebung die Interventionsmaßnahmen sich über zirka zwei Monate verteilten.
Im Anschluss daran erfolgte die Nacherhebung sowie zirka vier bis fünf
Monate später eine follow-up-Erhebung, jeweils bei der Experimental- wie
auch bei der entsprechend zusammengesetzten Kontrollgruppe.

Die Erhebungen erstrecken sich vor allem darauf, welche unabhängigen
Variablen – wie gründungsspezifische psychologische Faktoren (z. B. Selbst-
wirksamkeit), »Beliefs« (z. B. Wünschbarkeit), Kompetenzen (z. B. Entde-
cken und Bewerten der Unternehmensidee) – in welcher Stärke auf die ab-
hängige Variable, die Gründungsintention, wirken. Vor allem mit Hilfe von
Regressions- und Varianzanalysen wurde versucht zu klären, wie sich die
Einstellungen ändern. Dabei zeigen sich die folgenden Haupteffekte (als
Ergebnisse entsprechend formulierter Hypothesen):

- Das »Wirkmodell« der Entrepreneurship Education wird national wie
  international vornehmlich anhand des Modells von Ajzen (1991) zur
  Vorhersage einer Gründungsintention ausgerichtet. Die berichteten Daten stützen die entsprechende Formulierung des Wirkmodells; dabei fallen allerdings die Befunde zur »Wünschbarkeit« schwächer aus.

- Aufgrund der Teilnahme an diesem Kurs steigen die Werte zur wahrgenommenen »Umsetzbarkeit«, zur »Einschätzung der eigenen Kompetenz« in Bezug auf die »Umsetzung einer Geschäftsidee« sowie das
  »Wissen« über eine Unternehmensgründung.
- Vier bis fünf Monate nach der Intervention ließ die Wirkung dieser Variablen zwar nach, die Ergebnisse blieben jedoch (mit Ausnahme der Skala »Wünschbarkeit«) über alle Messzeitpunkte hinweg signifikant.

Insgesamt zeigen die Ergebnisse, dass der Entrepreneurship Education-Kurs
bei den Auszubildenden eine Wirkung auf das gründungsrelevante Einstel-
lungssystem und das entsprechende Wissen hatte, nicht aber auf die Gründungsintention: Eine Unternehmensgründung wird zwar als machbarer, allerdings nicht als wünschbarer angesehen. Das neu erworbene Wissen scheint
bei den Auszubildenden zu einer Art »Entzauberung« geführt zu haben, indem mehr realistische Erwartungen aufgebaut werden. Dieser Befund gibt
einen wesentlichen Hinweis darauf, die Komponenten eines möglichen
Scheiterns bei der Gründung explizit in die Kurskonzeption aufzunehmen –
und erweitert damit wesentlich die curricularen Zielsetzungen von Entrepreneurship Education-Kursen.

Angestellter oder Unternehmer? – Notwendigkeit und Konsequenzen einer (didaktischen) Gratwanderung in der kaufmännischen Berufsausbildung
(Doreen Holtsch)

Doreen Holtsch stellt eine Untersuchung zur Förderung unternehmerischer
Ambitionen in der beruflichen Bildung bei 1.343 Auszubildenden in den
Bereichen Einzelhandel, Groß- und Außenhandel, Hotel und Restaurant vor
(vgl. Holtsch 2008, 2010). Dabei steht die Theorie des geplanten Verhaltens
nach Ajzen (1991) im Mittelpunkt ihrer Überlegungen. Es geht um die Feststellung der Gründungsintention anhand ausgewählter Verhaltenskomponen-
ten (Wie ist die unternehmerische Intention ausgeprägt? Welche Determi-
nanten beeinflussen die unternehmerische Intention am stärksten?). Gemäß
einer Metaanalyse wird davon ausgegangen, dass sich anhand der Intentions-
daten zu ca. 30% vorhersagen lässt, ob eine Gründung auch tatsächlich erfolgen wird (vgl. Armitage/Conner 2001).
  Die Ergebnisse zeigen, dass die wahrgenommene Machbarkeit einer
Gründung (weitgehend bestimmt über das selbst eingeschätzte Wissen) die
größte Aufklärung bezüglich der Gründungsintention erbringt ($\beta=0{,}50$;
$p<0{,}001$). Die Ausprägungen der Variablen »Intention« verteilen sich auf der

entsprechenden Skala (Cronbachs α=0,83) bezogen auf die Kategorie »trifft zu« (4-stufige Likert-Skala) wie folgt:

- »Irgendwann werde ich mich selbständig machen« (MW=2,89): 28,8%
- »Wenn ich im Moment irgendeine Möglichkeit hätte, würde ich mich sofort selbständig machen« (MW=2,21): 16,0%
- »Ich werde mich in den nächsten fünf Jahren selbständig machen« (MW=2,17): 6,6%
- »Ich werde mich unmittelbar nach der Ausbildung selbständig machen« (MW=1,69): 4,8%

Fasst man die im Mittelpunkt der Untersuchung stehenden Ergebnisse zusammen, so zeigen diese, dass die Berufsschule Elemente einer Entrepreneurship Education, vor allem die Förderung der Intention sowie des entsprechend wahrgenommenen Wissens in ihr Programm aufnehmen sollte, um unternehmerisches Potential zu fördern. Dabei ist auch deutlich zu machen, dass eine solche Programmerweiterung nicht nur auf das externalisierte Unternehmertum zielt, sondern auch auf die Förderung von Intrapreneurship-Kompetenz, die dann von der Angestelltenseite her dem die Beschäftigung gewährleistenden Unternehmen zugutekommt.

Vorwissen von Studierenden zum Thema Unternehmensgründung – Eine Analyse mit Hilfe von Concept Maps
(Bärbel Fürstenau & Iris Trojahner)

Während die ersten beiden Projekte auf den Bereich der Berufsbildung bezogen sind, entstammen die beiden folgenden dem Hochschulbereich, in dem Entrepreneurship Education für gewöhnlich auch angesiedelt ist. Bärbel Fürstenau und Iris Trojahner analysieren das Vorwissen von Studierenden zum Thema Unternehmensgründung mit Hilfe von Concept Maps (vgl. Oldenbürger 1981; Weber 1994). Ausgangspunkt ist die These, dass Gründungsaktivitäten für die ökonomische Entwicklung und das Beschäftigungswachstum erforderlich wären (vgl. Brixi 2011), mit ihrem Erfolg aber von der entsprechenden Vorbereitung, und dabei vor allem der angemessenen Wissensvermittlung, abhängen (Müller 1999). Das vorgestellte Projekt geht von der These aus, dass eine Erhebung des Gründungsvorwissens – hier bei 29 Ingenieurstudierenden im ersten Semester – dazu führen kann, die Entrepreneurship Education-Kurse »maßgeschneidert« auf das festgestellte Vorwissen hin auszurichten.

Um entsprechend zielgerichtet bei den Wissensstrukturen anzusetzen, kommt es darauf an, diese angemessen darzustellen und zu modellieren. Als geeignetes Instrument werden Concept Maps mit ihren Konzepten und Relationen vorgeschlagen, um Abbildungen des individuellen Vorwissens zu erhalten, die dann mit den Concept Maps der anderen Teilnehmer sowie mit einem Referenznetz (das aus der Literatur abgeleitet wird) verglichen werden können (vgl. Dansereau u. a. 1979; Oldenbürger 1981; Weber 1994; Fürstenau u. a. 2009). Die jeweiligen Unterschiede sind sichtbar zu machen und jeweils qualitativ wie quantitativ zu beurteilen. Das schließt auch Konsistenz- sowie Reliabilitätsberechnungen mit ein. Die Differenzen vor allem zum Referenznetz dienen dann als Ausgangspunkt für die Konstruktion sich anschließender Entrepreneurship Education-Kurse.

Für die Erhebung konnten die befragten Studierenden auf eine Liste von Konzepten (unternehmer- und unternehmensbezogene Merkmale) sowie von Relationen (als Angabe von Beziehungen zwischen den Konzepten) zurückgreifen. Eine durch eine Relation hergestellte Beziehung zwischen zwei Konzepten wird als Proposition bezeichnet und ist Ausgangspunkt für die Netzbildung und -auswertung. Die Analyse wurde mittels des »Netz-Werk-Zeuge: Version 2.95« (vgl. Oldenbürger 2007) durchgeführt. In dem spezifischen Fall lautete die Aufgabe:

»Auf welche Faktoren [Konzepte] müssen Sie bei der Gründung eines Copy-Shops achten, um ein langfristig wirtschaftliches und wachstumsstarkes Unternehmen aufzubauen? Welche Beziehungen [Relationen] bestehen zwischen diesen Faktoren?

- Stellen Sie Ihr Wissen als Netzwerk dar.
- Sie können auf die Liste der Konzepte und Relationen zurückgreifen«

Über den gewählten Ansatz war es den Autorinnen möglich, spezifische Mängel im Vorwissen im Hinblick auf Voraussetzungen einer erfolgreichen Gründung zu identifizieren:

- Die Studierenden unterschätzen die Bedeutung von Persönlichkeitsmerkmalen eines Gründers, vor allem seine Einstellungen, Überzeugungen und Motivation.
- Die Studierenden argumentieren überwiegend aus der Kunden- und nicht aus der Unternehmerperspektive.
- Die Studierenden nennen organisatorische Fakten eines Unternehmens, wie sie für einen laufenden Geschäftsbetrieb erforderlich sind, vernachlässigen dabei aber die Erfordernisse des Gründungsprozesses.
- Die Studierenden betonen Konzepte, die für den Gründungsprozess keine zentrale Bedeutung besitzen, wie z. B. Steuern, vernachlässigen dabei aber andere Propositionen, die hierfür wichtig sind, wie z. B. den Zu-

sammenhang von Marketing und Unternehmenserfolg oder die Bedeutung von Investitionen für die Umsatzsteigerung.

Die Ergebnisse geben insgesamt wichtige Hinweise, wie die Entrepreneurship Education-Kursplanung ausgerichtet werden sollte – was auch die Anpassung des Referenznetzes mit seiner Ziel- und Inhaltsstruktur umfasst.

Soft-Skills im Bereich der Entrepreneurship Education bei Studierenden der Betriebswirtschaftslehre
(Sabine Funke & Susanne Weber)

Im Rahmen der Entrepreneurship Education im Hochschulbereich zeigt sich in verstärktem Maße, dass gerade die sogenannten Soft-Skills, wie z. B. Teamkompetenz, eine immer bedeutendere Rolle spielen. So dominieren Unternehmensgründungen in Form von Teams gerade in technologie- und wissensintensiven Branchen, wenngleich auch davon unabhängig Teamarbeit durchgängig als ökonomischer Erfolgsfaktor angesehen wird (vgl. Kotey 2007). Von daher haben Sabine Funke und Susanne Weber versucht, im Rahmen eines fakultätsweiten Entrepreneurship Education-Kurses eine Intervention zum Zwecke der Förderung von Teamarbeit als Prä-Post-Experimental-Kontrollgruppen-Design durchzuführen (3. Studiensemester: N_{EG}= 246; N_{KG}=22). Das Design wurde im Sinne der Curriculum-Instruktion-Assessment-Triade (sensu Pellegrino) angelegt (Weber/Funke 2012).

Bezogen auf das Curriculum war ein Business Plan in Zusammenarbeit mit einem realen Gründer zu erstellen. Dabei erfuhren die Studierenden, die in Teams der Größe vier zu arbeiten hatten, instruktionale Unterstützung durch jeweils einen Assistenten und einen Tutor. Angeboten wurden neben einem die Veranstaltung eröffnenden Anchor-Video Vorlesungen, Übungen sowie ein E-Learning-Tool zur Vermittlung von Gründungswissen. Hinweise auf Bedingungen einer erfolgreichen Teamarbeit waren dabei eingeschlossen. Die Teamarbeitsaufgaben sollten komplex sein und mehrere Lösungen ermöglichen. Ihre Erfüllung sollte eine intensive Interaktion zwischen den Teammitgliedern erfordern und zugleich deren intrinsische Motivation wecken. Das Assessment war vornehmlich auf drei Forschungsfragen hin ausgerichtet:

(1) Haben die Lernenden das didaktische Angebot aufgegriffen? – Hierbei zeigte sich, dass die Studierenden über wenig Erfahrungen mit Teamarbeit verfügten und sich zugleich wünschten, weiter in diesem Bereich lernen zu können; sie waren sich sicher, in Zukunft in Teams zu arbeiten.

(2) Wird die Instruktion von allen Teilnehmern in gleicher Weise wahrge-
    nommen? – Hier zeigten sich Unterschiede in den Wahrnehmungen der
    Aufgabenanforderungen, die gute Studierende signifikant höher ein-
    schätzten als schwächere. Dabei ist die Gründungsintention bei den
    schwächeren Studierenden signifikant höher.
(3) Haben sich Facetten der Teamkompetenz ausgebildet? Hier wurde der
    Test »Knowledge, Skill, and Ability Requirements for Teamwork« von
    Stevens und Campion (1994, 1999) eingesetzt. Es zeigte sich gegenüber
    der Kontrollgruppe ein Anstieg des aufgabenbezogenen teamrelevanten
    Wissens sowie der Teamfähigkeit.

Insgesamt kann festgestellt werden, dass es möglich ist, im Rahmen eines
Entrepreneurship Education-Kurses Soft-Skills zu vermitteln, wie sie neben
den Hard-Skills – den Grundlagen des Business Plans – als unabdingbar für
eine erfolgreiche Gründung angesehen werden.

Diskussion

Das Symposium präsentierte vier unterschiedliche Zugänge zum Gebiet der
Entrepreneurship Education. Dabei ist die Grenzgang-Metapher in diesem
Zusammenhang von besonderem Interesse und besonderer Bedeutung: Ein
Blick auf die umfangreiche nationale wie internationale Literatur zeigt, dass
ökonomische Ansätze, die auf sich allein gestellt versuchen, eine Gründungs-
neigung zu erreichen, eher zu kurz greifen. Von daher erlangen Ansätze, die
die entsprechenden Lehr- und Lernprozesse mit relevantem Wissen unterstützen, mehr und mehr Aufmerksamkeit und Anerkennung. Von daher kann
Erziehungswissenschaft sich erfolgreich in die Diskussion um die Vermittlung von Entrepreneurship-Verhalten einbringen. Allerdings wäre es verfehlt,
wenn auf der pädagogischen Seite der Eindruck sich festsetzte, man könnte
allein, d. h. ohne ökonomischen Sachverstand, Entrepreneurship Education
betreiben. Der wechselseitige Grenzgang erfordert Kooperation und Anerkennung der jeweils anderen Wissensbestände. Fachdidaktische Ansätze zur
ökonomischen Bildung, wie sie durch die Wirtschaftspädagogik vertreten
werden, haben von daher besonders gute Chancen, den Grenzgang zu bewältigen und mit seinen Facetten zu steuern.
    Die curriculare, instruktionale und Assessmentarbeit im Bereich der Ent-
repreneurship Education gestaltet sich wegen der Vielfalt der Ansätze mit
ihren unterschiedlichen Zielen, Inhalten und Anforderungen schwierig. Das
belegt ein Blick auf ihre Tiefe und Breite: von der Berufsbildung bis hin zur
Hochschulausbildung, die durch die Branchenaufsplitterung mit deren je
spezifischen Marktanforderungen noch verstärkt wird. Die Beiträge zum

Symposium veranschaulichen diesen Sachverhalt auf eine beeindruckende Weise:

- Für die Hochschulbildung waren die Fragen zu beantworten, ob sich ökonomisches Wissen zur Entrepreneurship (hier als Vorwissen von Ingenieurstudierenden) angemessen über Concept Maps als semantische Netzwerke abbilden ließen und ob sich aus dem Vergleich der individuellen Concept Maps untereinander und mit einem Referenznetz Hinweise auf eine Verbesserung der entsprechenden Lehr- und Lernprozesse ableiten ließen. Der Grenzgang hier ist durch die Möglichkeit gekennzeichnet, ökonomisch begründbare Ziele und Inhalte über eine spezifische Netzwerktechnik in ihrem Zusammenhang darzustellen. Die erziehungswissenschaftliche Aufbereitung eröffnet neue Möglichkeiten der Kursplanung.
- Ein weiteres zentrales Problem stellt im Rahmen der Entrepreneurship Education die Zusammenführung von Hard-Skills und Soft-Skills dar; die Vernachlässigung von Teamarbeit, Präsentation etc. wird zum Teil auf Seiten der Ökonomie als Problem von geringer Reichweite eingeschätzt, obwohl Studien zeigen, dass es gerade die Soft-Skills sind, die die Vorzüge der Hard-Skills-Beherrschung zum Tragen bringen. Indem die Zusammenführung von Hard- und Soft-Skills stringent in den vorgestellten Entrepreneurship Education-Kurs eingebaut und durchgängig – d. h. auf der curricularen, instruktionalen und Assessment-Ebene – im Hinblick auf die Korrespondenz ihrer Komplexität kontrolliert wird (im Sinne der Curriculum-Instruktion-Assessment-Triade), zeigt sich der Vorteil des »Grenzgangs« im Sinne einer erfolgreichen Kooperation von Betriebswirtschaftslehre und Wirtschaftspädagogik.
- Das für eine erfolgreiche Entrepreneurship erforderliche ökonomische Wissen ist an die jeweilige Zielgruppe anzupassen. Dieses erfordert fachdidaktische Expertise, mit deren Hilfe die ökonomisch gesetzten Ziele und Inhalte lern- und kognitionstheoretisch adaptiert werden, wie es für Berufsschüler notwendig ist.
- Eine differenzierte Ziel- und Inhaltsausgestaltung ist gegeben, wenn neben einem Entrepreneurship-Verhalten auch das eines Intrapreneurs erreicht werden soll. Damit sind Fähigkeiten angesprochen, als Angestellter innerhalb eines Unternehmens unternehmerisch tätig zu sein, d. h. neue Wege zu gehen und dabei gewohnheitsmäßig ausgetretene Pfade zu verlassen. Auch hier ist ökonomische Expertise durch eine erziehungswissenschaftliche Sichtweise anzureichern.

Insgesamt belegen die vier ausgewählten Projekte jeweils für sich, aber auch insgesamt die Notwendigkeit, aber auch den Erfolg eines Grenzgangs.

Literatur

Ajzen, I. (1991): The Theory of Planned Behavior. In: Organizational Behavior and Human Decision Processes, Jg. 50, Heft 2, S. 179-211.

Ajzen, I. (2005[2]): Attitudes, Personality, and Behavior. Maidenhead.

Armitage, C. J./Conner, M. (2001): Efficacy of the Theory of Planned Behavior: A meta-analytic review. In: British Journal of Social Psychology, Jg. 40, Heft 4, S. 471-499.

Brixi, U. (2011): Global Entrepreneurship Monitor (GEM). Länderbericht Deutschland. Institut für Arbeitsmarkt- und Berufsforschung (IAB). Leibniz Universität Hannover, Institut für Wirtschafts- und Kulturgeografie. Hannover und Nürnberg.

Dansereau, D. F./Collins, K. W./McDonald, B. A./Holley, C. D./Garland, J. C./Diekhoff, G./Evans, S. H. (1979): Development and evaluation of a learning strategy program. In: Journal of Educational Psychology, Jg. 71, S. 64-73.

European Commission (2007): Key competences for lifelong learning. http://europa .eu/legislation_summaries/education_training_youth/lifelong_learning/c11090_d e.htm [19. 04. 2012].

Fürstenau, B./Trojahner, I./Oldenbürger, H.-A. (2009): Übereinstimmungen und Unterschiede von semantischen Netzwerken als Repräsentationen komplexen Wissens. In: Münk, D./Deißinger, T./Tenberg, R. (Hrsg.): Forschungserträge aus der Berufs- und Wirtschaftspädagogik. Opladen u. Farmington Hills, S. 117-129.

Holtsch, D. (2008): Die Berufsschule als Produktionsstätte von Unternehmern: unternehmerische Intentionen Jugendlicher im dualen System. Münster u. a.

Holtsch, D. (2010): Unternehmerische Intentionen Jugendlicher in der dualen Ausbildung. In: Wirtschaft und Erziehung, Jg. 10, S. 306-313.

Kotey, B. (2007): Teaching the attributes of venture teamwork in tertiary entrepreneurship programmes. In: Education + Training, Jg. 49, Heft 8/9, S. 634-655.

Müller, G. F. (1999): Dispositionelle und biographische Bedingungen beruflicher Selbständigkeit. In: Moser, K./Batinic, B./Zempel, J. (Hrsg.): Unternehmerisch erfolgreiches Handeln. Göttingen, S. 173-192.

Oldenbürger, H.-A. (1981): Methodenheuristische Überlegungen und Untersuchungen zur »Erhebung« und Repräsentation kognitiver Strukturen. Dissertation, Universität Göttingen.

Oldenbürger, H.-A. (2007): Netz-Werk-Zeuge: R-Programme zur Analyse semantischer Strukturdaten – Version 2.95. Universität Göttingen, FST-Symposium Weingarten. http://www.liteline.de/~holdenb/fst/nwz/nwz-prog.html.

Organisation for Economic Co-operation and Development [OECD] (2009): Strengthening Entrepreneurship and Economic Development in East Germany, OECD Local Entrepreneurship Reviews, Final Report. Paris.

Stevens, M. J./Campion, M. A. (1994): The Knowledge, Skill, and Ability Require-
    ments for Teamwork: Implications for Human Resource Management. In: Jour-
    nal of Management, Jg. 20, Heft 2, S. 503-530.
Stevens, M. J./Campion, M. A. (1999): Staffing Work Teams: Development and Va-
    lidation of a Selection Test for Teamwork Settings. In: Journal of Management,
    Jg. 25, Heft 2, S. 207-228.
Weber, S. (1994): Vorwissen in der betriebswirtschaftlichen Ausbildung. Wiesbaden.
Weber, S./Funke, S. (2012): An »instructional« perspective on entrepreneurship
    education – focusing on the development of team competencies. In: Empirical
    Research in Vocational Education and Training, Jg. 4, Heft 1, S. 49-72.
West III, G.P./Gatewood, E. J./Shaver, K. G. (Hrsg.) (2009): Handbook of Univer-
    sity-Wide Entrepreneurship Education. Cheltenham, UK.

V
Grenzgänge zwischen differenten »Welten« und »Lebenspraxen«

Entgrenzungen zwischen Realität und Virtualität

Grundlagen und Formen informeller Bildungsprozesse im Internet

Manuela Pietraß & Christina Schachtner

Einleitung

Das Internet ist ein neuer globaler Bildungsraum, sowohl formal wie informell. Der Begriff »informell« soll folgend auf Anwendungen von PC und Internet bezogen werden, die nicht primär der Bildung dienen. Galt sowohl für die Printmedien als auch für die audiovisuellen Medien das Paradigma getrennter Wirklichkeitsbereiche und deren Relation zueinander im Sinne von Bild und Abbild, Referenz und Selbstreferenz, von Trennung und dem Transfer von einer Welt in die andere, so finden durch die Interaktions- und sozialen Partizipationsmöglichkeiten im Cyberspace Entgrenzungen zwischen Realität und Virtualität statt. Diese Entgrenzungen zeigen sich als Überlagerungen, als Brüche und Vermischungen, welche im Bewusstsein und Handeln der Nutzer vollzogen werden, aber auch von Seiten des Mediums unterstützt werden. Es sind also zwei Seiten zu beschreiben:

- Zum einen die Seite des Mediums, das durch seine Spezifik Rahmenbedingungen für die Selbstdarstellung und die Kommunikationsmöglichkeiten setzt, welche uns im Folgenden den Begriff des Nutzers, der Nutzerin, durch jenen des Netzakteurs, der Netzakteurin ersetzen lässt.
- Zum anderen die Seite der Subjekte, die sich mit diesen Rahmenbedingungen auseinandersetzen, wodurch Lernprozesse initiiert werden. In diesem Zusammenhang entsteht die Frage, ob Virtualität die Bedingungen von Bildung verändert.

Um dies untersuchen zu können, sind interdisziplinäre Zugänge notwendig, die die mediale Bedingtheit einerseits und die Beschreibung von Bildungsprozessen andererseits ermöglichen. Der Grenzbereich von Virtualität und Realität ist damit auch in der Forschung ein Grenzbereich, er verbindet erziehungswissenschaftliche mit medienwissenschaftlichen Zugängen und Konzeptionen.

Mit dem im Titel genannten Symposium wurde der Versuch unternommen, die genannten Themen und Fragen interdisziplinär zu erschließen. Dieser Intention diente das folgende Programm:

- »Einführung«; Prof. Dr. Manuela Pietraß, Universität der Bundeswehr München, Deutschland & Prof. Dr. Christina Schachtner, Alpen-Adria-Universität, Klagenfurt, Österreich
- »Kritische Lebensereignisse bewältigen – Webblogs als Ort sozialen Lernens«; Elisabeth Augustin, M. A., Alpen-Adria-Universität Klagenfurt, Österreich
- »,If you're not on Facebook, then where are you?' Identity construction across spaces and new social literacy practices«; PhD Julia Davies, Senior Lecturer, University of Sheffield, England
- »Die Überlagerung von Virtualität und Realität am Beispiel von Multiplayer Online Games«; Prof. Dr. Johannes Fromme, Universität Magdeburg, Deutschland
- »Face-to-Facebook: Bioethics between the Virtual and the Real«; Dr. Joanna Zylinska, Reader, Goldsmiths, University of London, England

Im vorliegenden Beitrag wird die Begründung für die leitende Fragestellung des Symposiums durch die beiden Organisatorinnen genauer erörtert. Der erste Teil befasst sich mit den medialen Gegebenheiten einer »virtuellen Realität« aus einer medienwissenschaftlichen Perspektive, im zweiten Teil wird die Seite der NetzakteurInnen aus bildungstheoretischer Perspektive beleuchtet.

1   Von der Dualität zur Heterotopie: Eine medienwissenschaftliche Konzeptionalisierung virtueller Räume

Digitale Medien konstituieren virtuelle Räume. Die Bedeutung dieser Räume wird häufig durch einen Vergleich der virtuellen Räume mit den physikalischen Räumen jenseits des Bildschirms zu erfassen gesucht. In diesem Vergleich dominieren zwei konträre Positionen. SkeptikerInnen befürchten eine Konkurrenz, ein Verdrängen der realen Welt, einen Sog der digitalen Scheinwelt. Für EnthusiastInnen dagegen bergen die computergestützten virtuellen Räume ungeahnte Chancen, die sie zu Kreativ- und Zukunftsräumen machen.

1.1   Jean Baudrillard: Vom Verlust der Realität

Jean Baudrillard formulierte bereits in den 1970er Jahren angesichts der zunehmenden Mediatisierung unserer Gesellschaft eine skeptische, ja warnende Position, die er auf die Konsequenzen audiovisueller Medien bezog. Die theoretischen Aussagen der Baudrillard'schen Thesen sowie die Kritik an

diesen Thesen lassen sich aber auch auf das Feld der digitalen Medien übertragen. Baudrillard entwickelte seine Position in Form von zwei Argumenta-
tionssträngen. Zum einen sah er in der Virtualität den Versuch zu kaschieren,
dass das Reale nicht mehr das Reale ist, um auf diese Weise das Realitäts-
prinzip zu beweisen (Baudrillard 1978, S. 25). Virtualität erscheint in dieser
Argumentation als »Retterin der Realität«. Aus dieser Perspektive betrachtet,
könnte man z. B. die weltweit beobachtbare Zunahme digitaler Selbstpräsen-
tationen als einen Hinweis darauf sehen, dass das Subjekt nach digitalen
Belegen seiner selbst sucht, weil es in der physikalischen Realität jenseits des
Bildschirms an Bedeutung verliert.

In einem zweiten Argumentationsstrang beschreibt Baudrillard das Verhältnis zwischen Virtualität und Realität als Konkurrenzverhältnis, das sich
darin ausdrückt, dass die Virtualität darauf abzielt, die Realität auszulöschen
(Münker 1997, S. 116), was ihr, wenn man Baudrillard folgt, zunehmend
gelingt. Die Wahrheit des Fernsehens ist nach Baudrillard zur Wahrheit des
Realen geworden (Baudrillard 1978, S. 46), eine Denkfigur, die in Diskursen
über digitale Medien in Form der Befürchtung auftaucht, die Spielstrategien
in Computerspielen könnten zum Modell für reales Handeln werden. Fast
immer, wenn von Jugendlichen Gewalttakte ausgehen, kursiert diese Denkfigur in den Massenmedien. Die Virtualität löst sich aus der Perspektive solcher Annahmen sozusagen im realen Leben auf und wir sind ihr ausgeliefert.

Die beiden Argumentationsstränge existieren aber nicht notwendig getrennt voneinander; ein Zusammenhang ist denkbar etwa so, dass das Virtuelle zwar die Realität zu retten versucht, aber dabei so übermächtig wird, dass
es sich der Realität überstülpt. Wenn das der Fall wäre, würde die Realität
verschwinden, gerade dadurch, dass sie gerettet werden soll. Was bliebe,
wäre keine andere Realität, sondern lediglich das Double der alten.

1.2   Zur Kritik am Realitätsverständnis von Jean Baudrillard

Die Thesen von Baudrillard blieben nicht unwidersprochen. Dieter Thomae
kritisiert die Baudrillard'sche These vom Verschwinden der Realität. Eine
verschwundene Realität würde die Rede von ihrem Double oder ihrem
Schein überflüssig machen, denn, was nicht ist, könne keinen Schein haben
(Thomae 1994, S. 89). Mit dem Verlust der Realität müsste auch ihr Schein
verschwinden, so Thomae.

Stefan Münker setzt mit seiner Kritik am dualistischen Denkmodell
Baudrillards an, das eindeutig zwischen Virtualität und Realität unterscheidet. Nach Münker ist dies ein irreführendes Modell, in dem sich vor allem
der Wunsch nach einer Welt mit klaren Grenzen, strikten Differenzierungen
und sauberen Dichotomien widerspiegelt (Münker 1997, S. 117). Er merkt
darüber hinaus kritisch an, dass in die dualistische Denkfigur Baudrillards
eine Hierarchie eingebaut ist. Sie offenbare sich in den von Baudrillard verwendeten Begriffen Schein und Double, die implizit auf eine ursprüngliche

Realität verweisen, der die Vorherrschaft gebührt, die ihr durch das Double streitig gemacht wird (Münker 1997, S. 117).

In der ursprünglichen Realität – so legt die Baudrillard'sche Sichtweise nahe – sind die Gefühle, die Bedürfnisse, die Beziehungen echt, sie erlaubt ein wirkliches Leben, während in der virtuellen Welt des Cyberspace dagegen alles fingiert ist. Sie erlaubt uns dieser Sichtweise zufolge lediglich ein Scheinleben (Baudrillard 1978, S. 10).

Das dualistische Denkmodell Baudrillards wird nach Münker weder der Realität noch der Virtualität gerecht. Er empfiehlt, statt einer kategorialen Abgrenzung Realität zu relativieren, sie als eine Realität neben anderen Realitäten zu sehen, ohne darin ihr Verschwinden zu sehen (Münker 1997, S. 119). Virtualität wiederum sei ein Typus von Realität und nicht deren Gegenteil.

Jene, die in der virtuellen Welt des Cyberspace agieren, haben, wie in der Studie »Subjektkonstruktionen und digitale Kultur«[1] festgestellt, das dualistische Denkmodell längst ad acta gelegt. Für sie ist das digitale Netzwerk genauso wirkliche Lebenswelt wie die physikalische Umgebung. Sie nehmen die Online-Kommunikation genauso ernst wie die Kommunikation offline. Eine 26-jährige Bloggerin aus dem arabischen Raum erklärte im Interview, dass kein Unterschied existiere zwischen dem, was sie offline und online repräsentiere. Ein 23-jähriger Blogger aus dem deutschen Sprachraum erzählte uns, dass er in seinem Blog über Gefühle nach Trennungen schreibe, weil er davon ausgeht, »wenn ich über solche Gefühle schreibe, können sie (die LeserInnen des Blogs, d. V.) sich darauf verlassen, dass das, was ich schreibe, wirklich wahr ist«. Er will sich – wie er erklärt – so zeigen, wie er ist, und zeigt, um das zu beweisen, auch das, was ihn als nicht erfolgreich oder überlegen erscheinen lässt. Es lässt jedoch aufhorchen, dass die Bloggerin ausdrücklich erklärt, dass sie online und offline dieselbe ist oder dass der zuletzt zitierte Blogger die Echtheit seiner Online-Existenz beweisen möchte. Offensichtlich ist die Authentizität online nicht selbstverständlich. Diese Frage bewegt auch eine 15-Jährige, die sich während eines Interviews im Rahmen der Studie immer wieder damit beschäftigt, was im Netz echt und daher wichtig ist, um z. B. entscheiden zu können, wie sie auf die Kontaktangebote eines Jungen reagieren soll. Die erlebte Differenz zwischen Online- und Offline-Sphäre provoziert reflexive Akte, die zu unterschiedlichen Handlungskonsequenzen führen.

---

1   Das Forschungsprojekt wird vom FWF/Wien und der VW-Stiftung gefördert und in Kooperation mit Forschungsteams der Universitäten Klagenfurt, Hamburg-Harburg, Bremen, Münster bearbeitet. Im Klagenfurter Teilprojekt richtet sich das Forschungsinteresse auf »Kommunikative Öffentlichkeiten im Cyberspace«. Das Klagenfurter Projektteam: Christina Schachtner, Nicole Duller, Katja Osljak, Heidrun Stückler, zur Begründung und Illustration digitaler Heterotopien wird auf Ergebnisse dieses Forschungsprojekts zurückgegriffen.

Bestimmte Selbstverständlichkeiten der physikalischen Realität sind, darauf verweisen die Bemerkungen der NetzakteurInnen, in der virtuellen Realität der Blogs und digitalen Netzwerke nicht per se gegeben. Die Online- und Offline-Realität können nicht in eins gesetzt werden. Es zeigen sich vielmehr Differenzen, die für die NetzakteurInnen Fragen aufwerfen. Im Zentrum dieser Fragen steht das Ringen um Authentizität.

1.3   Heterotopien als mixed realities

Was macht die virtuelle Welt des Cyberspace aus, die weder identisch ist mit der Welt offline, noch als deren Double oder deren Gegenteil behauptet werden kann? Es ist nach Helga Nowotny nach der Beschaffenheit dieser Räume zu fragen und wie sich diese auf der Ebene des Erlebens den NetzakteurInnen präsentiert (Nowotny 1994, S. 22). Zu einer Antwort führt uns ein raumtheoretisches Konzept, das Michel Foucault entwickelt hat. Es erlaubt, die Spezifik der virtuellen Räume zu erschließen, ihr Verhältnis zu den physikalischen Räumen zu bestimmen und liefert Ideen für die Medienbildung: das Konzept der Heterotopien.

Heterotopien gibt es nach Foucault in jeder Kultur als wirksame Orte, die in die Gesellschaft hineingezeichnet sind als Gegenplatzierungen oder Widerlager; in denen die innerhalb einer Gesellschaft existierenden Orte repräsentiert, bestritten und gewendet sind (Foucault 1992, S. 39). Heterotopien nehmen Facetten der sie umgebenden Gesellschaft auf, schließen daran an, modifizieren sie und haben darüber hinaus ihre eigenen Regeln und Wirklichkeitsfacetten. Foucault nennt als Beispiele für Heterotopien psychiatrische Kliniken, Gefängnisse, Bordelle, Bibliotheken, Gärten, Friedhöfe, Jahrmärkte. Orte wie diese nehmen einen bestimmten Raum in einer Gesellschaft ein und stehen zugleich außerhalb der Gesellschaft. Sie bilden das Andere zur Gesellschaft, die »Andere(n) Räume« (Foucault 1992, S. 39), wie Foucault sagt; Heterotopien sind Räume, in denen gesellschaftliche Normen nur teilweise umgesetzt sind und sich neue Normen bilden. Das Konzept der Heterotopien erlaubt keine dualistische Sichtweise; es beschreibt vielmehr Orte, die durch ein Nebeneinander und Ineinander, durch Übergänge und Relationen gekennzeichnet sind.

Die virtuellen Räume der digitalen Welt lassen sich in das Spektrum der Heterotopien einordnen, denn auch sie sind eine Art Gegenplatzierungen, die bestimmte Facetten der physikalisch-gesellschaftlichen Welt teilweise reproduzieren und teilweise in Frage stellen. Anhand der von Foucault genannten Grundsätze, nach denen Heterotopien funktionieren, möchten wir die These im Hinblick auf digital gestützte Räume im Folgenden erläutern. Die Reihenfolge der hier dargestellten Grundsätze weicht von der Foucault'schen Reihenfolge ab.

Heterotopien vermögen, so lautet der *erste Grundsatz*, an einem Ort mehrere Räume zusammenzufügen (Foucault 1992, S. 42). Im orientalischen

Garten, den Foucault ebenfalls als Heterotopie betrachtet, zeigt sich nach Foucault dieser Grundsatz anhand der vier Teile, aus denen der Garten besteht und aus dem »heiligen Raum« (ebd., S. 42) in der Mitte. Die vier Teile des Gartens repräsentierten die vier Erdteile und der Raum in der Mitte den Nabel der Welt (Foucault 1992, S. 42), der die Erdteile zusammenhält.

Der virtuelle Raum umfasst nicht nur vier, sondern eine unübersehbar große Zahl an Räumen wie Kommunikations-, Informations-, Spiel-, Konsumräume, die sich jeweils in weitere Räume aufgliedern. Helga Nowotny prognostiziert, dass die digitalen Medien Räume ins Unendliche vervielfältigen (Nowotny 1994, S. 26). Diese Räume sind geographisch nicht fixiert, sie sind im Unterschied zum Garten immateriell, aber sie werden als verschiedene Räume erlebt, wie das Beispiel einer 19-jährigen Netzakteurin zeigt. In einer Visualisierung, die wir in dem erwähnten Forschungsprojekt »Subjektkonstruktionen und digitale Kultur« als Erhebungsmethode verwenden, macht sie ihre Präsenz auf verschiedenen Online-Plattformen sichtbar. Das einzelne Puzzle symbolisiert jeweils eine Plattform, auf der eine Persönlichkeitsfacette der Netzakteurin erscheint; zusammengefügt ergeben die Puzzleteile ein Ganzes, so wie die Teile des orientalischen Gartens ein Ganzes, ein Weltganzes ergeben.

Abb. 1:   Das Ich der Netzakteurin, das sich über verschiedene virtuelle Räume verteilt

Quelle: eigene Darstellung

Zweiter Grundsatz: Heterotopien sind dynamisch. Das Schiff ist für Foucault die Heterotopie schlechthin (Foucault 1992, S. 46). Es steht für Bewegung und Veränderung. In Zivilisationen ohne Schiff versiegen nach Foucault die Träume, eine Bemerkung, die auf den hohen Wert verweist, den Foucault der Veränderung beimisst. Digitale Räume sind beweglich, weil sie interaktiv produziert werden. Kommunikative Beiträge im Netz sind stets Produkte der NetzakteurInnen; sie können verändert, ergänzt und wieder gelöscht werden. Auch online präsentierte Identitäten müssen nicht von Dauer sein; ich kann in verschiedene Identitätskostüme schlüpfen und verschiedene Handlungsmöglichkeiten ausprobieren, was einmal mehr Impulse zur Veränderung setzt.

Foucault unterscheidet zwischen temporären, flüchtigen Heterotopien wie Jahrmärkten und Heterotopien, die den Willen repräsentieren, an einem Ort »alle Zeiten, alle Epochen, alle Formen einzuschließen« (Foucault 1992, S. 43) wie Museen und Bibliotheken. Virtuelle Räume beherbergen das Flüchtige und das Bleibende zugleich. Digitale Selbstprofile können einerseits verändert werden, aber wenn das nicht erfolgt, dann bleiben sie; die bereits zitierte 19-jährige Netzakteurin befürchtet, sie bleiben für immer. Sie sagt: »Das kann ich eigentlich nie wieder rückgängig machen«. Sie beneidet die Generation ihrer Eltern, die den virtuellen Raum noch nicht zur Selbstdarstellung genutzt hat und deswegen »keine so festgeschriebene Vergangenheit hat«.

Ein *dritter Grundsatz* besagt, dass Heterotopien ein System von Öffnungen und Schließungen voraussetzen (Foucault 1992, S. 44). Man wird entweder zum Eintritt in den heterotopischen Ort gezwungen wie im Fall des Gefängnisses, oder man braucht eine Erlaubnis, muss sich etwa einem Reinigungsritus unterziehen wie im islamischen Hamam (Foucault 1992, S. 44). Auch bezogen auf diesen Grundsatz der Öffnungen und Schließungen weisen virtuelle Räume Parallelen auf. Der Zwang zum Eintritt in die virtuelle Welt zeigt sich für viele Individuen und Organisationen der Gegenwart implizit; wer sich dem impliziten Signal entzieht, ist viel weniger sichtbar, erfährt weniger Resonanz, ist von Informationen abgeschnitten, partizipiert nicht an bestimmten Diskursen, die online geführt werden. Dieser implizite Zwang schließt nicht aus, dass man sich bestimmten Zugangsritualen unterwerfen muss. Einen Zugang zum Netz erhält nur, wer dafür bezahlt. Darüber hinaus braucht man, um zu passieren, ein Passwort; die Teilhabe an einer Community verlangt, sich als Mitglied zu registrieren und den ethischen Code zu akzeptieren, den sich die Community gegeben hat.

Das System der Öffnungen und Schließungen isoliert Heterotopien, macht sie zum anderen Ort der Gesellschaft und bleibt dieser sowohl durch sich reproduzierende als auch durch kontrastierende Regeln verbunden.

Heterotopien erreichen gemäß einem *vierten Grundsatz* ihr volles Funktionieren, wenn die Menschen in diesen Heterotopien mit ihrer herkömmlichen Zeit – und mit herkömmlichen Orientierungen und Zielen – brechen (Foucault 1992, S. 43). Insofern ist nach Foucault der Friedhof ein »eminent heterotopischer Ort« (Foucault 1992, S. 43), denn er bricht mit dem Leben. Einen Bruch ganz anderer Art haben wir in der erwähnten Studie in arabischen Netzwerken beobachtet, in denen die autokratischen politischen Systeme in diesen Ländern kritisiert und mit Visionen konfrontiert wurden,

die in eine andere Zukunft weisen. »We use new media«, erklärt eine Netzakteurin aus Bahrain, »in order to fight against oppression – oppression
against ourselves, oppression against minorities«. Den Bruch mit dem Herkömmlichen intensivieren die arabischen NetzakteurInnen durch die Entwicklung von Visionen, also durch eine Verkehrung des Status quo, indem
sie Werte wie Meinungs- und Redefreiheit, Partizipation, Gleichheit der
Geschlechter, Rechte für Minderheiten ins Spiel bringen. Die existierenden
gesellschaftlichen Verhältnisse werden nicht nur reflektiert, sondern abge-
lehnt und durch Neues ersetzt. Die digitalen Heterotopien zeigen sich im
Sinne von Foucault als Reservoir für Fantasie und Reflexion, aus dem kritisches Handeln entspringt.

Heterotopien verknüpfen die Realität als vorhandene und die Virtualität
als eine der Möglichkeit nach vorhandene Realität. Heterotopien sind Orte,
an denen kontrolliert und diszipliniert wird; die sich aber auch der Lust und
dem Widerstand verschrieben haben können. In der physikalischen Welt, die
Foucault vor Augen hatte, hatten Heterotopien in der Regel zumindest auf
den ersten Blick den einen oder anderen Charakter, denkt man z. B. an Gefängnisse oder Gärten. Die digitale Welt dagegen ist janusköpfig. Sie eröffnet
bislang ungeahnte Überwachungs- und Kontrollmöglichkeiten, die das Subjekt disziplinieren sollen; selbst dort, wo das Subjekt meint, frei zu agieren,
unterwirft es sich häufig z. B. den gängigen Schönheitsstandards bei der Erstellung digitaler Selbstprofile. Andererseits treffen die NetzakteurInnen auf
Orte, die Spielräume enthalten, enthalten müssen, weil sie auf die Partizipation der NetzakteurInnen angewiesen sind. Diese sind es, die zu einem
wesentlichen Teil den virtuellen Raum mit Inhalt befüllen und dadurch erst
zu einem heterotopischen Ort machen. Das öffnet den Weg in den Widerspruch und in das Neue. In den digitalen Heterotopien des Cyberspace finden
sich sowohl Versuche, die gegebene gesellschaftliche Realität zu retten, z. B.
in dem impliziten Zwang, sich an gängigen Schönheitsstandards zu orientieren, als auch Versuche, diese zu negieren wie im Fall der arabischen NetzakteurInnen, die die politischen Machtverhältnisse sowie einschnürende kulturelle Traditionen online in Frage stellen. Es geht aber bei diesen Versuchen
niemals um die Realität an sich wie bei Baudrillard, sondern nur um einen
bestimmten Typus von Realität, der gerettet, verändert oder negiert werden
soll. Das Konzept der Heterotopien durchkreuzt das dualistische Denken; es
verweist stattdessen auf mixed realities. Heterotopien sind niemals ein Double; sie bilden eine eigene Realität, eine Realität der Unruhe (Chlada 2006).

1.4   Pädagogische Herausforderungen

Wer sich in die digitalen Heterotopien begibt, überschreitet eine Grenze;
er/sie begibt sich in das Andere, das sich nicht grundsätzlich von der Realität
jenseits der Grenze unterscheidet und doch eigenwillig ist. Darin steckt die
pädagogische Herausforderung. So wie der Wanderer in einer freien Land-

schaft andere Erfahrungen macht und anders gefordert ist als der Mensch, der sich in einem Großstadtleben bewegt, sind in den digitalen Räumen spezifische Kompetenzen gefordert, die auf die Herausforderungen dieser Räume abgestimmt sind. Sie präsentieren sich dem Subjekt in Form von Fragen, die lauten:

- Wie erlebe ich die Präsenz des Anderen, der nicht hier ist, obwohl es so scheint? (Fleischmann/Strauss 2001, S. 20)
- Wie erlebe ich meine Präsenz, die hier ist und auch dort?
- Wie bewerkstellige ich den Wechsel von der Offline- in die Online-Realität sowie zwischen den verschiedenen Räumen online?
- Wie nutze ich die Dynamik digitaler Heterotopien?
- Wie finde ich einen Zugang in die virtuellen Räume und wie komme ich wieder heraus?
- Wie erschließe ich mir die digitalen Heterotopien als Widerlager?

2   Bedingungen von Bildung im virtuellen Raum

Das Internet zeichnet sich durch ganz besondere Strukturen aus, durch eine spezifische Medialität, wie vorangehend am Beispiel seiner Räumlichkeit aufgezeigt. Seine Medialität wird als »Virtualität« bezeichnet, welche nur im Unterschied zur Nicht-Virtualität als solche zu bestimmen ist. Medienpädagogisch gesehen stellt sich die Frage, inwiefern dieser Unterschied bildungsrelevant ist. Ausgehend von drei Aspekten von Bildung, der Bildung als einem Prozess, der Qualität von Bildung und Bildung als Status – im Sinne eines zu einem festgelegten Zeitpunkt bestimmbaren und wünschenswerten Wissens- und Kompetenzerwerbs – wurden Perspektiven für die weitere Diskussion im Symposium aufgeworfen.

2.1   Bildung als Prozess

Bildung ist ein prozessbezogener Begriff, der Übergänge von einem Geisteszustand zu einem anderen beschreibt. Bildungsprozesse bedeuten »eine Transformation der grundlegenden Kategorien, in bzw. mit denen Subjekte sich zur Welt und zu sich selbst verhalten« (Kokemohr/Koller 1996, S. 91). Diese Transformation ist ein »emergenter Prozeß (…), bei dem die neuen Kategorien des Welt- und Selbstbezugs aus den alten nicht deduzierbar sind« (ebd.). Bildungsprozesse zeichnen sich damit durch eine ganz besondere Qualität aus. Der mediengetragene Bildungsprozess ist durch die besonderen strukturellen Bedingungen des virtuellen Raums überformt. Wie wir uns ausdrücken, was wir verstehen, ist mitgeprägt durch das Medium, das wir verwenden, und bedingt zugleich mit, welches Medium wir wie einsetzen. »Das, was gesagt, erwartet und verstanden werden kann, ist gleichermaßen Bedingung und Ergebnis des Mediums« (Tan 2011, S. 434).

So unterscheiden sich die Bedingungen des Handelns in der Online-Kommunikation von jenen der *Offline-Welt*. Im Internet kann man Rollen spielen, Identitäten entwerfen, und damit Erfahrungen von sich selbst herstellen, wie sie sonst nur in einem anonymen Raum oder maskiert möglich sind. Untersuchungen z. B. zur Problematik der Identitätsfindung bei Migranten und Migrantinnen (vgl. Hugger 2009) und auch die vorangehenden Beispiele zeigen, dass Online-Communities für Identitätsbildungsprozesse genutzt werden. Doch ist damit noch nicht die Frage beantwortet, worin sich diese Prozesse von anderen unterscheiden, wie beide Räume aufeinander bezogen werden: Welche Rolle oder Identität wird hier geschaffen und wird überhaupt eine Identität geschaffen, die spezifisch für diese virtuelle Gemeinschaft ist? Was kann die Online-Community geben, was man sonst nicht finden kann? Wird hier ein Raum der Diskrepanzen und Divergenzen erzeugt, der im Sinne einer Kontrastierung Selbstvergewisserung ermöglicht? Hier kann weiterhelfen, was weiter oben in Bezug auf das Internet eines heterotopischen Raumes gesagt wurde. Erst wenn Medialität und Bildung miteinander verknüpft werden, eröffnet sich die Besonderheit der Identitätsarbeit in virtuellen Welten.

Allerdings stehen wir hier erst am Anfang. Durch die technischen Gegebenheiten werden die Auseinandersetzungsprozesse mit der mediengetragenen Welt durch ihre je spezifische (technisch bedingte) Medialität mitbedingt. Dass dabei die medialen Bedingtheiten konstitutiv für Bildung wirken, ist aus den Untersuchungen zur Performativität der Medien bekannt.

Ein Beispiel sind mediale Hybridformate, deren besondere Gestaltungsform der Grenzvermischung verschiedener Wirklichkeitsbereiche performative Bildungsprozesse hervorrufen können (Pietraß 2012). So ist zu beobachten, dass realitätsnahe Gewaltdarstellungen bei den Zuschauern Wirkungen hervorrufen, die die Zuschauer mit körperlichen Reaktionen gleichsetzen. Offenbar sind ihre emotionalen Reaktionen auf das filmische Geschehen so stark, dass sie wie körperliche Empfindungen beschrieben werden, obwohl den Zuschauern die Fiktionalität des Geschehens die ganze Zeit bewusst ist (näher vgl. Pietraß 2007). Es werden dabei Prozesse in Gang gesetzt, welche aufgrund ihres Charakters einer Grenzerfahrung mit Bildungsprozessen vergleichbar sind (vgl. Thompson 2009).

Ähnlich performativ kann Powerpoint auf der Ebene der Wissensvermittlung wirken (vgl. Pietraß 2012), als ein weiteres Beispiel. Es stellt die Verbindlichkeit des Wissens, genau das, was ein Vortrag sichern soll, in Frage, und macht die Herstellung von Wissen als einen Prozess sichtbar, der nicht mehr auf einer Referenz zwischen Fakten und deren wissenschaftlichem Nachweis beruht. Wissen wird als kommuniziertes sichtbar, seine Gültigkeit zu einer Frage des Vertrauens in den Vortragenden, nicht des Vertrauens in eine Institution, wie die Wissenschaft sie repräsentiert.

2.2 Die besondere Qualität von Bildungsprozessen

Bildungsprozesse sind durch eine besondere Qualität ausgezeichnet, welche sie von anderen Lernprozessen unterscheidet. Allerdings ist die Kenntnis hinsichtlich dessen, wodurch sich Bildung als Bildung auszeichnet, noch wenig weit fortgeschritten. Es besteht ein Konsens hinsichtlich dessen, dass Bildung durch Reflexivität gekennzeichnet ist, die Frage allerdings ist, woran lässt sich Reflexivität bestimmen?

Auf der Suche nach dieser Besonderheit findet man Hinweise in der Lerntheorie. Ein Beispiel ist der Ansatz Gregory Batesons, der niedrigere von höheren Lernformen unterscheidet (vgl. Bateson 1981). Winfried Marotzki sieht die Anschlussmöglichkeit der Bildungstheorie in den höheren Lernformen Batesons (vgl. Marotzki 1988). Eine ähnliche argumentative Richtung kann man auch im anglo-amerikanischen Raum beobachten, wo von *higher order learning* die Rede ist, das sich durch mehr Reflexivität auszeichnet und damit Bezüge zum Bildungsbegriff herstellen lässt (Bass/Eynon 1998).

Insofern gibt die Lerntheorie Ansatzpunkte, zugleich aber ist zu beachten, dass Lernen ein Vollzug ist, Bildung aber wird nicht nur als Vollzug oder Prozess verstanden, sondern auch als eine erlernte Art und Weise, wie man an etwas herangeht, woraus sich dann weitere Bildungsprozesse ergeben können. Diese Deutungsweise als erworbener Status von Reflexivität im Umgang mit Welt wird in der Lerntheorie als Lernen, wie man lernt, umschrieben (vgl. Schneider/Hasselhorn 2008). Inwiefern der Bildungsbegriff hier geeigneter ist, wäre zu überprüfen. Es bleibt in jedem Fall die Frage bestehen, unter welchen Umständen sich Umgangsformen mit Realität und Virtualität als Bildung beschreiben lassen.

Für die Untersuchung von Prozessen der Medienbildung sind damit zwei Aufgaben zu erfüllen. So geht es in der Theorie darum, Bildung operationalisierbar zu machen, und die empirische Bildungsforschung hat zu überlegen, »mit welchem methodischen Instrumentarium derart operationalisierte hermeneutische Kompetenzen und reflexive Momente adäquat erfasst, vielleicht ‚gemessen' werden könnten« (Poenitzsch 2008, S. 58).

Bei der Untersuchung der Medienbildung sind Momente der Reflexivität nicht nur aufzufinden, sondern vielmehr ist die Frage die, inwiefern Medien diese Reflexivität unterstützen. Die empirischen Untersuchungen medialer *Anker* für Bildungsprozesse, die auf eine medienspezifische Weise z. B. im Film konstituiert werden, geben die Arbeiten von Winfried Marotzki und Benjamin Jörissen wieder (vgl. 2009).

2.3   Bildung als Status: Medienkompetenz und -bildung

Der dritte Aspekt von Bildung, Bildung als ein erreichter Zustand, soll unter der Perspektive der Begriffe Medienkompetenz und -bildung betrachtet werden. Beide fungieren auch als Zielbegriffe der Medienerziehung und machen das theoretisch-systematisch fassbar, was es zu erreichen gilt in der Hinführung zu einer verantwortlichen, bedürfnisgerechten und autonomen Mediennutzung.

Ein prominenter Platz, an dem der kompetente Umgang mit Virtualität behandelt wird, ist der Bericht des Bundesministeriums für Bildung und Forschung (2010) »Kompetenzen in der digital geprägten Kultur«. Das Verhältnis von Realität und Virtualität wird verstanden als »Überbrückung von Zeit und Raum, welche zu virtuellen Gemeinschaften, neuen Aktions- und Erlebnisräumen sowie einer Zunahme synchroner und asynchroner Kommunikations- und Kollaborationsformen führen«. Es wird ein »Medialitätsbewusstsein« gefordert, das zu erwerben mit Unterstützung der Bildungsinstitutionen geleistet werden müsse.

So sehr dieser Argumentation zu folgen ist, so unklar ist noch, was genau Medialitätsbewusstsein umfasst. Generell sollte es darum gehen, Kriterien eines non-funktionalen Begriffs von einem kompetenten/gebildeten Umgang mit Medien zu finden, der nicht allein in Bezug auf die Technik zu begründen ist, sondern in einem Menschenbild, dessen Horizont die Kompetenz- resp. Bildungstheorie vorgibt. Dies würde bedeuten, Formen des Umgangs mit den Grenzbereichen von Realität und Virtualität daraufhin zu prüfen, inwiefern sich hier jenseits einer allein auf Technik bezogenen Mediennutzung Formen einer, für das Individuum und die Gesellschaft zuträglichen und entwicklungsfähigen Umgangsweise mit Medien abzeichnen.

So wird zum Beispiel der heterotopische Raum des Internet als solcher nur in Abgrenzung von anderen, nicht-heterotopischen Räumen sichtbar. Relationen zwischen beiden herstellen zu können, beiden in ihrer Besonderheit zu begegnen, weist hin auf die hier zur Diskussion stehende informelle Bildung im virtuellen Raum. Ein Beispiel dazu ist die Fähigkeit, Verbundenheit (vgl. Schachtner 2010) in virtuellen Gemeinschaften herstellen zu können. Dabei geht es darum, eine Art Verpflichtung im Umgang mit den anderen und den eigenen Handlungsfolgen herzustellen, die die Probleme einer anonymen, digitalen Gesellschaft transzendiert.

3   Resümee

Die digitalen Medien bringen eine Komplexitätssteigerung in zweifacher Hinsicht mit sich. Sie erweitern zum einen die Erfahrungsräume der Subjekte

in bislang ungekanntem Ausmaß; Helga Nowotny spricht von einer unendli-
chen Vervielfältigung (Nowotny 1994, S. 26). Sie konstituieren zum anderen
Räume, die weder ein Double noch einen Gegensatz zur physikalischen Realität darstellen, sondern durch Überlagerungen, Übergänge, durch ein In- und
Übereinander gekennzeichnet sind. Die digital gestützten virtuellen Räume
nehmen Elemente der sie umgebenden sog. realen Gesellschaft auf und bilden zugleich ihre eigenen Strukturen und Regeln aus. Mit dem von Michel
Foucault formulierten Konzept der Heterotopie und den daraus abgeleiteten
Grundsätzen wurde versucht, die Spezifik der virtuellen Räume zu erfassen,
ohne den Anspruch auf Vollständigkeit zu erheben. Als besondere Elemente
der digitalen Heterotopien wurden die Aufgliederung des virtuellen Raums in
unübersehbar viele Räume mit unterschiedlicher thematischer Bestimmung,
die fortwährende Überlagerung von flüchtigem und »ewigem« Wissen, das
System impliziter und expliziter Öffnungen und Schließungen, die gesteigerten Möglichkeiten zum Bruch mit bisherigen Identitäten, Orientierungen,
Traditionen, politischen Systemen diskutiert. Die digitalen Heterotopien
wurden als Experimentier-, Illusions-, Reflexionsräume, aber auch als Kon-
troll- und Disziplinierungsräume identifiziert.

Gerade die digitalen Medien haben das Bewusstsein für die Existenz
»Anderer Räume« (Foucault 1992) geschärft, die es von jeher auch jenseits
der virtuellen Welt gegeben hat in Gestalt von psychiatrischen Kliniken,
Bordellen, Gefängnissen. Doch im Unterschied zu den traditionellen Heterotopien, in denen sich nur bestimmte Gruppen einer Gesellschaft aufhielten,
sind die digitalen Heterotopien prinzipiell allen zugänglich, was von großen
Teilen der Bevölkerung genutzt wird. Insofern gewinnt das potenzielle Bewusstsein von der Andersheit digitaler Heterotopien eine Reichweite, wie wir
sie bisher nicht gekannt haben.

Aussagen von NetzakteurInnen, die im Rahmen der Studie »Subjektkonstruktionen und digitale Kultur« interviewt wurden, verweisen auf das Wissen um die Differenz, die den Subjekten zur Handlungsherausforderung wird.
Die von den Subjekten empfundene Differenz zwischen den Räumen der
Online- und Offline-Sphäre ist der Ansatzpunkt für Bildung. Wenn Bildungsprozesse die Reflexion der Art und Weise fördern sollen, wie man an
etwas herangeht, wie im Vorangegangenen beschrieben, dann eröffnet sich
mit den digitalen Heterotopien ein neues Bildungsfeld. So wie sich nach
Nowotny der »flâneur im geschäftigen Treiben des verwirrenden Groß-
stadtlebens gegen Ende des 19. Jahrhunderts andere Geh- und Sehgewohn-
heiten zulegen musste« (Nowotny 1994, S. 22), so müssen auch die digitalen
FlaneurInnen Fähigkeiten für den Gebrauch und die Gestaltung digitaler
Heterotopien entwickeln, die ihnen ein kreatives und zufriedenstellendes
Leben in einer digital geprägten Kultur ermöglichen. Das stellt Ansprüche an
die Medienkompetenz der Subjekte, die sich, wie angesprochen, nicht in
technisch-medialen Kompetenzen erschöpfen darf, sondern bezogen auf die

hier erfolgte Analyse virtueller Räume in Fähigkeiten zeigen sollte, kreativ mit mixed realities umzugehen. Die Subjekte müssen sich in digitalen Heterotopien vielfältig bewähren: als reflektierte KonsumentIn, als kreative MitgestalterIn, als Mitglied unterschiedlicher Communities, als Grenz-, Risiko- und ChancenmanagerIn. Wolfgang Welsch hat im Hinblick auf eine plurale Gesellschaft Kompetenzen genannt, die in ein Konzept der Medienkompetenz im Umgang mit digitalen Heterotopien übernommen werden könnten, nämlich Differenzierungs-, Pluralitäts- und Übergangskompetenz (Welsch 1991, S. 357). Ambiguitätstoleranz, d. h. die Fähigkeit, Widersprüche auszuhalten, ja vielleicht sogar produktiv nutzen zu können, ist in digitalen Heterotopien ebenso unverzichtbar.

Schon aufgrund der Überlagerungen von Verschiedenem sind digitale Heterotopien höchst dynamische Realitäten, die flexible Medienkompetenzen erfordern. Das verweist auf die Notwendigkeit eines Bildungsverständnisses, das nicht statisch ist, sondern Bildung als Prozess versteht. Medienbildung muss – so lässt sich in Anlehnung an Henry Jenkins formulieren – vor allem furchtlos sein, weil es nötig ist, etablierte Konzepte, die unter anderen gesellschaftlich-medialen Bedingungen zustande gekommen sind, zu verabschieden und die neuen medialen Entwicklungen mit neuen Augen zu sehen.

Literatur

Bass, R./Eynon, B. (1998): Teaching Culture, Learning Culture, and New Media Technologies: An Introduction and Framework In: Works And Days, Jg. 16, Heft 1/2. http://www.worksanddays.net/1998/File02.Intro_File02.Intro.pdf.

Bateson, G. (1981): Ökologie des Geistes. Anthropologische, psychologische, biologische und epistemologische Perspektiven. Frankfurt a. M.

Baudrillard, J. (1978): Agonie des Realen. Berlin.

Bundesministerium für Bildung und Forschung (BMBF) (2010): Kompetenzen in der digital geprägten Kultur. Medienbildung für die Persönlichkeitsentwicklung, für die gesellschaftliche Teilhabe und für die Entwicklung von Ausbildungs- und Erwerbsfähigkeit. Bonn u. Berlin.

Chlada, M. (2006): In Heterotopia, Postmoderne Träume von Abenteuer und Freibeuterei: Über die Möglichkeiten und Grenzen der so genannten anderen Orte nach Michel Foucault & Co. http://jungle-world.com/artikel/2006/02/16708.html, [26. 2. 2012].

Fleischmann, M./Strauss, W. (2001): Awareness! Zur Metapher der Navigation im Zeitalter digitaler Interaktivität. In: Medien praktisch, Heft 3, S. 18-21.

Foucault, M. (1992): Andere Räume. In: Barck, K. u. a. (Hrsg.): Aisthesis, Wahrnehmung heute oder Perspektiven einer anderen Ästhetik. Leipzig.

Hugger, K.-U. (2009): Suche nach sozialer Anerkennung und Vergewisserung von Zugehörigkeit: Junge Migranten und die Verarbeitung von Hybrididentität im Internet. In: Hugger, U./Kissau, K. (Hrsg.): Internet und Migration. Wiesbaden, S. 53-71.

Kokemohr, R./Koller, H.-C. (1996): Die rhetorische Artikulation von Bildungsprozessen. In: Krüger, H.-H./Marotzki, W. (Hrsg.): Handbuch Erziehungswissenschaftliche Biographieforschung. Opladen, S. 90-102.

Marotzki, W. (1988): Zum Verhältnis von Lernprozeß und Subjekthypothese. In: Zeitschrift für Pädagogik, Jg. 34 (1988), Heft 3, S. 331-346.

Marotzki, W./Jörissen, B. (2009): Medienbildung – eine Einführung. Theorie – Methoden – Analysen. Stuttgart.

Münker, St. (1997): Was heißt eigentlich: »virtuelle Realität?« Ein philosophischer Kommentar zum neuesten Versuch der Verdoppelung der Welt. In: Münker, St./Roesler, A. (Hrsg.): Mythos Internet, S. 108-130.

Nowotny, H. (1994): Das Sichtbare und das Unsichtbare: Die Zeitdimension in den Medien. In: Sandbothe, M./Zimmerli, W. Ch. (Hrsg.): Zeit-Medien-Wahrnehmung. Darmstadt, S. 14-28.

Pietraß, M. (2007): Der Zuschauer als Voyeur oder als Opfer? Die Rezeption realitätsnaher Gewalt im Film. In: Zeitschrift für Pädagogik, Heft 5, S. 668-685.

Pietraß, M. (2012): Die Powerpoint-Präsentation als Aufführung: Ein didaktisches Medium unter Perspektive der Performativität. In: Vierteljahresschrift für wissenschaftliche Pädagogik, Jg. 87 (2012), Heft 4, S. 696-711.

Poenitsch, A. (2008): Bildung heute. In: Vierteljahresschrift für wissenschaftliche Pädagogik, Jg. 84 (2008), Heft 1, S. 51-64.

Schachtner, Ch. (2010): Kommunikation und Subjektivierung. Verbundenheit als anthropologische Größe und die Absage an das »starke« Subjekt. In: Pietraß, M./Funiok, R. (Hrsg.): Mensch und Medien. Philosophische und sozialwissenschaftliche Perspektiven. Opladen, S. 115-137.

Schachtner, Ch. (2012): Virtualität und Realität, Über die neuen Lebensorte in einer digitalen Kultur. Vortrag am 7. 10. 2012 in der Kontaktspeicherbühne Bremen.

Schneider, W./Hasselhorn, M. (2008): Handbuch der Pädagogischen Psychologie. Göttingen.

Tan, W.-H. (2011): Neue Medien (er-)spielen. In: Meyer, T./Tan, W.-H./Schwalbe, Ch./Appelt, R. (Hrsg.): Medien & Bildung. Institutionelle Kontexte und kultureller Wandel. Wiesbaden, S. 432-434.

Thomae, D. (1994): Zeit, Erzählung, Neue Medien, Philosophische Aspekte eines Streits der Medien um das Leben. In: Sandbothe, M./Zimmerli, W. Ch. (Hrsg.): Zeit – Medien – Wahrnehmung. Darmstadt, S. 89-110.

Thompson, Ch. (2009): Bildung und die Grenzen der Erfahrung: Randgänge der Bildungsphilosophie. Paderborn.

Welsch, W. (1991): Subjektsein heute. Überlegungen zur Transformation des Subjekts. In: Deutsche Zeitschrift für Philosophie, Heft 4, S. 347-365.

Jugend zwischen Familie und Schule

Grenzgänge der Bildung zwischen Unterstützung und Blockierung der Individuation

Rolf-Torsten Kramer & Susann Busse

Die Schule ist nicht nur für den bereichsspezifisch variierenden Wissens- und Kompetenzerwerb, sondern auch für die Entwicklung des Schülers bzw. der Schülerin als ganzer Person verantwortlich und damit zuständig für die Freisetzung von lebenspraktischer Autonomie und die Stärkung der Persönlichkeit. Gleichzeitig vollziehen sich Entwicklungs- und Autonomiebildungsprozesse immer schon im Kontext der Familie und die Ontogenese im Zusammenhang mit Dynamiken und Prozessen der familialen primären Sozialisation. Das Verhältnis von Familie und Schule kann dabei durchaus spannungsreich sein. Ob Entwicklungs- und Bildungsprozesse aber deshalb zu Grenzgängen werden (müssen), ist fraglich und v. a. eine empirisch zu klärende Frage. Komplexer wird der Sachverhalt noch, wenn man berücksichtigt, dass Spannungen und differente Sozialisationsfelder gerade auch zum Antrieb von Entwicklung und damit zu Auslösern von Bildung und Verselbstständigung werden können.

Der folgende Beitrag widmet sich diesem Themenfeld und geht auf der Grundlage einer qualitativen Studie[1] der Frage nach, ob und unter welchen Bedingungen schulische Bildungsgänge in Relation zu familiären Rahmungen zu Grenzgängen werden können. Dabei werden zunächst knapp theoretische Perspektiven auf das Zusammenspiel von Schule und Familie vorgestellt und in ihrer Bedeutung für unsere Forschung bilanziert (1). Im Anschluss stellen wir das methodische Design der qualitativen Studie vor (2), um dann das Zusammenspiel von Schule und Familie an einem exemplarischen Fall genauer zu diskutieren (3). Wir bündeln dann Ergebnisse dieser Studie (4) und fragen nach den möglichen Konsequenzen für eine gelingende pädagogische Praxis (5).

---

1   Das Forschungsvorhaben »Pädagogische Generationsbeziehungen in Familie und Schule« wurde unter der Leitung von Werner Helsper und Rolf-Torsten Kramer von der DFG von Ende 2001 bis Mitte 2007 gefördert. Neben Susann Busse war Merle Hummrich als wissenschaftliche Mitarbeiterin in diesem Projekt tätig.

1   Theoretische Perspektiven zum Verhältnis von Schule und Familie

Das Verhältnis von Schule und Familie wurde in verschiedenen theoretischen Ansätzen zumeist als spannungsreich bestimmt (vgl. Kramer/Helsper 2000; Busse/Helsper 2004, 2007; Helsper/Kramer/Hummrich/Busse 2009). In *historischer Perspektive* wird dagegen die Durchsetzung von Schule als Erfolgsmodell der institutionalisierten Bildung und Erziehung an eine Übereinstimmung mit Familie gebunden. Ohne diese »Komplizenschaft« von Familie und Schule wäre die Durchsetzung der Schulpflicht gar nicht denkbar. Die Abgabe und Übertragung der Erziehungs- und (Aus-) Bildungsfunktion beinhaltete die Delegation der Aufgabe, asketische Leistungsansprüche gegenüber dem Kind nunmehr schulisch (also durch den Lehrer) durchzusetzen, womit sich der familiäre Bezug auf das Kind mehr der Seite der emotionalisierten Bindung widmen konnte (vgl. Winterhager-Schmid 2001a, 2001b). Dieses »Bündnis« zwischen Familie und Schule ist im Zuge fortschreitender Modernisierungsprozesse erodiert und brüchig geworden, insofern Familie einerseits angesichts der wachsenden Bedeutung schulischer Abschlüsse und Titel nicht auf die Durchsetzung von Bildungshaltungen und Leistungsorientierungen verzichten konnte und andererseits auch Schule und die Beziehungen zwischen Lehrern und Schülern Informalisierungsschüben und Machtangleichungen ausgesetzt waren (vgl. z. B. Hornstein 1999). Das führte teilweise zum Verzicht auf Erziehung, was auch als Verweigerung der für pädagogische Beziehungen konstitutiven Generationsdifferenz interpretiert worden ist (vgl. Winterhager-Schmid 2000; auch schon Hornstein 1983).

Auch in der *Systemtheorie* Luhmanns wird das Verhältnis von Schule und Familie durch eine sich historisch vollziehende Ausdifferenzierung des Erziehungssystems bestimmt. Schule und Familie bilden dabei jeweils eigene sozialisatorische Teilsysteme, die jedoch beide auf das Kind bezogen sind, unterschiedliche Leistungen erbringen und dabei auf verschiedene Ressourcen zurückgreifen können (vgl. Luhmann/Schorr 1988; Luhmann 1995; 2002). Während die Familie für unauswechselbare einzigartige Beziehungen steht und am Code »Liebe« ausgerichtet ist (vgl. Luhmann 1982), finden wir in der Schule austauschbare Schüler und den Selektionscode »besser-schlechter« (Luhmann/Schorr 1988). Auch wenn diese Bestimmung inzwischen in Bezug auf den Code der Schule überarbeitet und im Vorschlag von Kade (1997) als »vermittelbar/nicht vermittelbar« konkretisiert wurde, geht es in dieser Perspektive doch v. a. um eine Differenz und reziproke Ergänzung von Schule und Familie, wobei der Schule eine höhere Interpenetrationsmächtigkeit zugewiesen und die Funktionalisierung der Familie für die Schule herausgestellt wird (vgl. Tyrell 1985, 1987).

Im *Strukturfunktionalismus* werden Familie und Schule als konträre Sozialisationsräume entworfen. Während die Familie als partikularistische, affektive Vergemeinschaftung erscheint, in der es zur Übernahme partikularistischer Haltungen kommt, sorgt die Schule mit ihrem Dezentrierungspotenzial für eine Erweiterung dieser Haltungen. Die damit verbundene Einübung in universalistische Haltungen und Kooperationsbeziehungen ist in dieser Perspektive die entscheidende sozialisatorische Leistung der Schule (vgl. Parsons 1971, 1987). Mit der Übernahme der Schülerrolle fällt dabei nicht nur die Befähigung zum Rollenhandeln überhaupt zusammen, sondern auch die Einsicht, dass Status nach erbrachter Leistung zugewiesen wird.

In der *Sozialökologie* menschlicher Entwicklung von Urie Bronfenbrenner (1981) wird ebenfalls die besondere Bedeutung des Zusammenspiels von Familie und Schule auf die Entwicklungsprozesse der Kinder hervorgehoben. Neben der Unterscheidung von Mikro- und Makrosystem wurden für derartige Interdependenzzusammenhänge das Exosystem als ein nicht in direkter Verbindung stehendes System sowie vor allem das Mesosystem als Zwischenbereich der Wechselwirkungen zweier verbundener Teilsysteme konzeptionell ausdifferenziert.

In weiteren theoretischen Perspektiven, die hier keinesfalls vollständig genannt und diskutiert werden können, werden die bereits genannten Bestimmungen verstärkt. In *psychoanalytischer Sicht* ist die Schule die Instanz der Herauslösung des Kindes aus der familialen Bindung und der Einbindung in den erweiterten Horizont der Kultur. Während dabei einerseits auf den Bruch und die prinzipielle Bedrohung der Identitätsbildung hingewiesen wird (vgl. z. B. Wellendorf 1973), wird andererseits das in der Fremdheit lagernde Individuations- und Dezentrierungspotenzial betont (vgl. z. B. Erdheim 1982). In der ungleichheitssensiblen *Kulturtheorie* von Pierre Bourdieu wird das Zusammenspiel von Schule und Familie in der These der kulturellen Passung gefasst, mit der Entsprechungen des primären in der Familie erworbenen Habitus zum sekundären Habitus des Bildungssystems und deren Stellenwert für Bildungserfolg bei Privilegierungen bzw. für Anfälligkeiten Angehöriger unterprivilegierter Schichten für symbolische Gewalt analysiert werden (vgl. Bourdieu/Passeron 1971, 1973).

Schließlich ist es ein besonderes Verdienst der *Strukturtheorie*, die basale Differenz der sozialen Beziehungen in der Familie und in der Schule geschärft zu haben. So unterscheidet Ulrich Oevermann (1996, 2001) zum einen diffuse Sozialbeziehungen, die thematisch unbegrenzt, körperbezogen, affektiv und unkündbar sind und die prototypisch der Familie zugerechnet werden. Gerade die Nicht-Substituierbarkeit diffuser Sozialbeziehungen kennzeichnet die sozialisatorische Dynamik der Familie (vgl. Oevermann 2001). Spezifische Sozialbeziehungen sind zum anderen demgegenüber thematisch begrenzt, affektiv neutral, nicht körperbezogen und kündbar bzw. austauschbar. Weil daraus für Kinder mit Eintritt in die Schule eine besondere Herausforderung entsteht, indem sie nunmehr mit einem bisher fremden Prototypen sozialer Beziehungen vertraut werden müssen – was sich etwa in der anfänglichen Familialisierung und Privatisierung aller Personenbezüge durch die Grundschülerinnen und -schüler zeigt –, resultiert daraus eine Verantwortung für den Lehrer bzw. die Lehrerin und die Aufgabe der professionellen Beziehungsgestaltung in einem pädagogischen Arbeitsbündnis.

Bilanziert man die skizzierten theoretischen Positionen, dann zeigt sich v. a. die grundlegende Differenz von Schule und Familie. Dieses Differenztheorem gilt es auch dann stark zu machen, wenn es um Überlegungen der konzeptionellen Verbindung und der institutionellen Kooperation geht. Solche Verbindungen sind nur mit der prinzipiellen Akzeptanz der Differenz und Verschiedenheit überhaupt realistisch. Alle unreflektierten Bezugnahmen erscheinen dagegen vor dem Hintergrund der jeweiligen Eigenlogik der ausdifferenzierten Teilsysteme als Übergriffe und Kolonialisierungsversuche, die häufig genau das Gegenteil ihrer Absichten produzieren. Dabei sensibilisieren kultur- und ungleichheitstheoretische Perspektiven dafür, dass das Verhältnis von Familie und Schule nicht nur eines des Vorher und Nachher im Sinne primärer und sekundärer Sozialisationsprozesse ist, sondern zugleich eine Frage der kulturellen Nähe bzw. des Abstandes, der zwischen dem familiären und dem schulischen Handlungsfeld besteht. Bezugnahmen und Anknüpfungen an Schule sind dann erschwert oder gar verhindert, wenn der kulturelle Abstand (z. B. bei Kindern unterprivilegierter Schichten) besonders groß ist (vgl. dazu auch Grundmann u. a. 2007; Silkenbeumer/Wernet 2012).

Wir übernehmen mit der Differenzperspektive außerdem den Individuationsbegriff, der synonym zum Bildungsbegriff die Subjektwerdung als Entfaltung und Freisetzung von lebenspraktischer Autonomie und Individualität bezeichnet. In seiner strukturtheoretischen Fassung bezieht sich der Begriff auf Prozesse der Individuierung, der Herausbildung des Selbst und der Verselbständigung, die grundlegend zwischen Transformation und Reproduktion angesiedelt sind. Grundlagen der Individuation (z. B. sprachlich, kognitiv, emotional und motivational) werden durch die primäre Sozialisation in der Familie gelegt. Mit dem Eintritt in die Schule tritt zu diesen Grundlagen dann die Anforderung universalistischer Leistungserbringung und konkurrierender Leistungsbewertung hinzu.

Mit der Sozialökologie übernehmen wir zudem die Interdependenzthese und das Konzept der Mesoebene, da die Einflüsse von Schule auf den Individuationsprozess nicht für sich, sondern erst in ihrem Zusammenspiel mit den familialen Sozialisationsprozessen angemessen interpretiert werden können. Dieses Zusammenspiel kann zwischen Antagonismus und Harmonie aufgespannt sein, wobei die Schullaufbahn – um die Metapher des Beitragstitels aufzugreifen – dann zu einem Grenzgang werden kann, wenn der (kulturelle) Abstand zwischen Familie und Schule besonders groß ausfällt oder das Fundament der Individuation aufgrund familialer Krisendynamiken nur sehr brüchig gelegt ist.

2 Das Design einer qualitativ-rekonstruktiven Studie

Entsprechend der zuvor skizzierten theoretischen Bestimmungen, die wir für unsere Studie aufgreifen, sind für die Frage nach der Förderung oder Blockierung von Individuationsprozessen zunächst die Familiendynamik und die familiale Sozialisation zentral. Welche Beziehungsstruktur liegt in der Familie vor? Und an welchen Idealen der Subjektwerdung wird sich dabei orientiert? Schon hier können wir eventuell auf Risiken der Individuation stoßen. Entscheidend ist aber für unsere Studie das konkrete Zusammenspiel zwischen familialen und schulischen Sozialisationsprozessen – also die Mesoebene im Sinne Bronfenbrenners bzw. das jeweilige Passungsverhältnis zwischen Schule und Familie. Damit erweitert sich der Blick um die Frage, wie das Kind bzw. der Jugendliche mit seinen Haltungen, Bewältigungs- und Bearbeitungsformen an den schulischen Raum anschließen kann. Werden also familial eröffnete Individuationsprozesse in der Schule gefördert und unterstützt oder wird die bereits erreichte lebenspraktische Autonomie und fallspezifische Individualität schulisch gebremst bzw. blockiert?

Die hier skizzierte heuristische Gegenstandsbestimmung (Abb. 1) war für unsere qualitativ-rekonstruktive Studie zum Zusammenspiel von Schule und Familie im Sinne eines sensibilisierenden Konzeptes für die Materialerhebungen und Interpretationen leitend (vgl. dazu Helsper u. a. 2009, S. 63f.). Auf der Grundlage eines kleinen, aber kontrastreichen Fallsamples haben wir für 3 Schulen jeweils 4 Jugendliche einer 10. Klasse ausgewählt, deren Unterricht aufgezeichnet, Interviews mit ihnen, ihren Lehrern, ihren Eltern geführt und mit der Schulleitung sowie je eine Familienszene (in der Regel ein Abendessen) aufgenommen wurde (vgl. ebd., S. 68ff.). Eine Fallkonstellation zentrierte sich immer um eine Jugendliche bzw. einen Jugendlichen (vgl. nochmals die Abb. 1).

Die Interpretation der aufgezeichneten Interaktionsszenen (Unterricht, Abendessen) sowie der Interviews (Schüler, Lehrer, Eltern, Schulleitung) erfolgte mit der Objektiven Hermeneutik (vgl. ebd., S. 77ff.; Oevermann/Allert/Konau/Krambeck 1979; Oevermann 1981, 1986, 2000, 2008; Wernet 2000a). Für diese Interpretationsmethode ist die Differenz von latenten Sinnstrukturen und subjektiv repräsentierbarem Sinn zentral. Die latente – durch Individuation einer Lebenspraxis jedweder Aggregierung sich objektiv herstellende – Fallstruktur wird durch eine strikte und ausführliche Sinnausdeutung geborgen, die Schritt für Schritt und mit der Haltung einer künstlichen Naivität erfolgt. Auf diese Weise werden für ein aufgezeichnetes Protokoll potenziell gültige Deutungen produziert, über weitere hinzugenommene Textpassagen verifiziert und schließlich in eine sich bisher bewährende Gesamtdeutung (Strukturhypothese) überführt. Mit diesen Strukturhypothesen können auch solche objektiven Bedeutungsstrukturen herausgearbeitet werden, die den jeweils Beteiligten selbst gar nicht so präsent gewesen sind und die sie auf Aufforderung meist nicht zu nennen in der Lage wären.

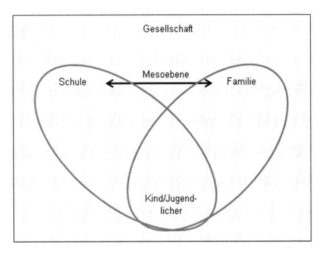

Abb. 1:   Heuristische Annahmen zum Forschungsgegenstand der Passungsverhält-
nisse zwischen familialen und schulischen Individuationsbeziehungen
und -idealen
Quelle: eigene Darstellung

In unserer Studie haben wir jedes einbezogene Material jeweils für sich objektiv-hermeneutisch interpretiert. Erst wenn für einen ausgewählten Jugendlichen bzw. eine ausgewählte Jugendliche die Familienszene und die Unterrichtsszene rekonstruiert vorlagen, haben wir zur Bestimmung der Mesoebene – also des konkreten Passungsverhältnisses – eine Zusammenführung der Einzelrekonstruktionen für einen Fall durchgeführt. Und erst nachdem wir diese Bestimmungen für unsere ausgewählten Fälle abgeschlossen hatten, haben wir eine Fallkontrastierung (und Typenbildung) zunächst jeweils für eine Schule und schließlich über das Gesamtsample (also 3 Schulen) hinweg durchgeführt (vgl. Abb. 11 in Helsper u. a. 2009, S. 82).

3 Individuation zwischen fehlender familialer Unterstützung und reproduktiver Schulkultur – die Fallstudie Nina

Aus unserem Fallspektrum stellen wir nun einen Fall etwas detaillierter vor. Die Ergebnisse lassen sich an dieser Stelle natürlich nur verdichtet darstellen. Nina ist Schülerin einer 10. Klasse an einer Sekundarschule – also einer teil-integrierten Schulform, die in Sachsen-Anhalt Haupt- und Realschulbil-dungsgänge zusammenfasst. Die Sekundarschule liegt in einer struktur-schwachen ländlichen Region im Umland einer Großstadt. Infrastrukturell ist diese Region durch Landwirtschaft und einen stark im Rückbau befindlichen Bergbau geprägt. Während daraus auf der einen Seite Umstrukturierungen für diese Region resultieren, die auch mit wachsender Arbeits- und Perspektivlo-sigkeit verbunden sind, gibt es auf der anderen Seite prosperierende Ortsteile, die durch Eigenheimbau und Zuzug besser situierter Großstädter geprägt sind. Der Ort unterliegt damit – wie die gesamte Region – größeren Umstel-lungen und Transformationen. Das zeigt sich auch in der Schließung bzw. Zusammenlegung dreier Sekundarschulen zu einer. In Bezug auf die Schule haben wir nun die Begrüßungsveranstaltung der neuen 5. Klassen aufge-zeichnet und die Ansprache der Schulleiterin analysiert.

> ‚vieles' (betont) wird neu sein für euch liebe schülerinnen und schüler im kommenden schuljahr (türknarren), für sie auch liebe eltern aber es wird sich in grenzen halten das schulische umfeld für die ((Bezeichnung für die Orts-ansässigen)) wie gesagt das ändert sich ‚nicht' (betont). (vgl. SR, S. 2, Z. 19-25)

In dieser Rede wird eine Haltung artikuliert, die mit der Thematisierung des Schulwechsels von der Grund- in die Sekundarschule nicht das Neue in sei-ner Ermöglichungsstruktur (also die Krise und ihr Transformationspotenzial) betont, sondern das Altbekannte herausstellt. Das Neue erscheint als etwas, das begrenzt werden muss. Damit steht die Schule der Transformationsmög-lichkeit und dem Neuen, das sich hier ankündigt, mit einer Abwehrhaltung gegenüber. Auch schulische Leistungen treten in den Hintergrund. Dies wur-de auch an anderen Stellen der Schulleiterrede deutlich, in denen es v. a. um den Erhalt der Gemeinde geht. Insgesamt erscheint die Schule als eine In-stanz der Begrenzung transformatorischer Potenziale. Individuationsverläufe, die ein Verlassen der Gemeinde beinhalten, werden damit erschwert und blockiert, da sie in Bezug auf die Erhaltung der Gemeinde eine Bedrohung darstellen. Insofern erfahren herausragende schulische Leistungen oder trans-formative Orientierungen von Schülerinnen und Schüler keine Anerkennung oder Unterstützung im Feld der Schule. Betont wird dagegen das formal Organisatorische der Schule und die Anpassung und Integration in die Ge-meinde.

Dass an dieser Schule die schulischen Leistungen zugunsten der reproduktiven Gemeindeorientierung und des formal Organisatorischen in den
Hintergrund geraten, davon zeugt auch der repräsentierte pädagogische
Grundsatz der Schulleiterin zur Begrüßung der neuen 5. Klassen an der Sekundarschule:

> Wir haben nur einen wichtigen grundsatz , und den behalte ich auch na zu
> neununneunzigkommaneun prozent bei sag ich mal , ,alle' (betont) fahrschü-
> ler aus einer richtung , ich sache mal richtung bahnhof richtung ((dorf)) ,
> werden in einer klasse zusammen=ge genommen , ja das hat schulorganisato-
> risch zu tun weil die klassen haben immer eine erste stunde weil später kein
> bus fährt , und die hamm nie eher schluss als zur fünften stunde weil kein
> bus fährt=höchstens is mal nen lehrer krank=aber da werden se beoffsichtigt
> ja , das ist unser grundsatz (.)

Der hier präsentierte Grundsatz zeigt sich als Platzhalter für den pädagogischen Entwurf und der grundlegenden Bestimmung des gemeinsamen Sinns
dieser Schule. Er bezieht sich dabei nicht auf pädagogische Leitlinien oder
Prinzipien, sondern ist eine organisatorische Abstimmung von Unterrichts-
stunden mit dem Busfahrplan. Auch im Fortgang dieser Rede bleibt die Konturierung des Pädagogischen an dieser Schule auffällig inhaltsleer.

Nina ist nun eine gute Schülerin dieser Schule. Sie befindet sich im oberen Leistungsfeld der Klasse und bringt sich durch ihre Mitarbeit aktiv in den
Unterricht ein. Gemeinsam mit ihren Eltern und ihrer Schwester lebt sie in
einem renovierungsbedürftigen Haus zur Miete, das sich in der ehemaligen
Zechensiedlung am Rande des Ortes befindet. Ihre Eltern haben in den
1990er Jahren beide als Facharbeiter in der hiesigen Landwirtschaft gearbeitet und sind, nachdem sie verschiedene ABM-Stellen hatten, zum Zeitpunkt
der Erhebung arbeitslos. Das familiale Einkommen ist dadurch sehr gering
und es kommt vor, dass sich die Eltern das Taschengeld von ihren Kindern –
das diese von den Großeltern bekommen haben – borgen müssen, um den
Lebensunterhalt zu finanzieren. In dieser Familie haben wir folgende Interaktion, die während des gemeinsamen Abendbrotes entstanden ist, rekonstruiert:

Caroline:	(fernsehgeräusche) na faky (.) ((unverst., 2 sek.))
Mutter:	mhm
Fernseher:	,also professor raben geel' (fernsehgeräusche) ((..))
Vater:	,faky' (mit vollem mund)
Nina:	eh ene seite kann ich schon es is nur noch drei seiten die ich lernen muss
Caroline:	(lacht kurz)
Vater:	,drei seiten bis morgen früh' (fragend)

Fernseher:	‚das is schon ne zicke'
Nina:	‚das schaff ich nachher schon noch' (leise) das hab ich schon so nen bisschen intus weest
Mutter:	naja denke dran
Nina:	mhm (..) faky ‚die isst tomate das frisst du nich' (betont langsam gesprochen) globs mir doch
Caroline:	aber das frisst die gern (.) mhm
Mutter:	feinschmecker (.)
Caroline:	mhm (fernseher)

Die hier zitierte Szene zeigt den Umgang im familialen Kontext mit schulbezogenen Anerkennungswünschen der Kinder. Nina, die stets um gute schulische Leistungen bemüht ist, gelingt es hier nicht, die Anerkennung ihrer Eltern für schulische Leistungen und ihre schulische Leistungsorientierung zu gewinnen. Die minimalen Bezugnahmen der Eltern auf Ninas Thematisierung ihrer schulischen Erfolge stehen dabei nicht nur für ein reduziertes Interesse bzw. für eine Distanz zum Schulerfolg ihrer Tochter, sondern auch für eine gewisse Hilflosigkeit im Umgang mit schulischer Bildung. Nina bewegt sich gleichsam mit ihrer Leistungsorientierung tendenziell aus der Familie heraus.

Dass intensive Gespräche über den Schulalltag der beiden Töchter nicht zur Routine der Familie gehören, zeigt sich auch im Staccato der familialen Kommunikation und wird außerdem durch die Möglichkeit der Ablenkung unterstrichen, die mit dem laufendem Fernseher und der Bezugnahme auf Faky (der Katze der Familie) gegeben ist. Selbst für Nina zukunftsrelevante Themen wie der Schulerfolg werden vor diesem Hintergrund zur Nebensache. Insgesamt zeigt sich hier in dieser Interaktion der Familie, dass diese über nur wenige Ressourcen im Umgang mit Schule und zur Unterstützung der schulischen Leistungen ihrer Kinder verfügt. Stattdessen stehen der Fernseher und das Haustier für die permanente Möglichkeit des Ausstieges aus der familialen Kommunikation. Statt der Anerkennung für das bereits Gelernte oder Unterstützung bei der noch erforderlichen Aneignung bleibt Nina in der Bewältigung schulischer Anforderungen auf sich gestellt. Dieses Ergebnis deckt sich mit den Aussagen im Elterninterview, das mit der Mutter durchgeführt wurde:

> Frau Müller: »Na bei uns ist das eine ‚offene beziehung' (betont) also. ich sache ma , bei uns wird nüscht verheimlicht also **mhm** es sind alle offen und ehrlich ((wies)) in der schule jetzt auch wenns ma n problem gibt und dann das mer zu hause ‚privat' (betont) diskutiert« (vgl. Elterninterview, S. 2)

Nachdem Frau Müller zur Beziehung ihrer Tochter befragt wird, beginnt sie diese als »offene beziehung« zu beschreiben, die eine Gleichberechtigung andeutet, die aufgrund der Generationsdifferenz, der elterlichen Fürsorge-

und Aufsichtspflicht gegenüber ihren Kindern, faktisch nicht gegeben ist. Die tugendhafte Offenheit und Ehrlichkeit aller wird von ihr als Voraussetzung für Gespräche gekennzeichnet, die in dem geschützten Familienraum bei Problemen stattfinden. Des Weiteren wird mit der Beschreibung des Ideal-bilds der Familie deutlich, dass Frau Müller ein Wissen über das sozial er-wünschte Handeln hat und sie diese Begrifflichkeiten (z. B. »offene bezie-hung«, »diskutieren«) aufgreift, ohne sie dabei inhaltlich füllen zu können. Das heißt, Frau Müller formuliert hier quasi hülsenhaft hohe Ansprüche in Bezug auf ihre Familie. Die geringen sozialen und kulturellen Ressourcen führen jedoch dazu, dass sie diese Ansprüche material nicht einlösen kann.

An den wenigen Stellen im Interview, an denen Ninas Mutter die Schule thematisiert, wurde stattdessen deutlich, dass die Eltern dem »neuen« Schul-system oftmals orientierungs- bzw. hilflos gegenüberstehen:

> Frau Müller: »Es wird ja immer schlümm- saach mer schwieriger in der schule ja ja der ((stoff))plan wird schwieriger der umgang wird schwieriger , es=es es verändert sich ja alles es is ja nich mehr so wie bei uns früher« (vgl. Elterninterview, S. 13)

Die guten schulischen Leistungen ihrer Töchter – »ich hab das glück jetz bei mein kindern das se sehr gut sin« (vgl. Elterninterview, S. 27) – erscheinen für die Mutter als glückliche Fügung, als ein Segen, sich nicht weiter mit dem Thema Schule auseinandersetzen zu müssen. Aufgrund dieser Schicksalser-gebenheit und der sich daraus ergebenen Negation der eigenen Einflussmög-lichkeiten auf die Bildung ihrer Kinder bekommt die Schule für Nina einen besonderen Stellenwert. Die Lehrerinnen und Lehrer könnten deshalb, z. B. in Form von signifikanten Anderen, zu jenen Bildungs- bzw. Transformati-onsanwälten werden, die Nina aufgrund der elterlichen Bildungsdistanz und des familialen Ausfalls von Unterstützung und Förderung ihrer individuellen Bildungsprozesse dringend benötigt. Betrachten wir dafür eine schulische Interaktion zwischen Nina und ihrer Mathematiklehrerin:

Nina:	und da kommt 46 euro raus und dann
Frau Barthel:	richtich
Nina:	durch den prozentwert nee prozentsatz ausrechnen nämlich hunderd durch g mal netto rechnen und das sind dann hundert durch 270 euro mal 46 euro das sind 17 prozent
Frau Barthel:	netto is das was er kriegt das sind die 224 euro und die 46 euro das sind die abzüge also du musst ‚rech-nen' (fragend) ‚hundert mal' (fragend)
Nina:	46 euro
Frau Barthel:	mal 46 durch

Nina:	270 euro
Frau Barthel:	270 euro dann kommst du auf einen prozentsatz von 17 prozent oder wie kann man auch rechnen .. es ham ja nich alle diesen weg genommen , ähm anja

In der rekonstruierten schulischen Interaktion wird deutlich, dass die Potenziale für einen Kompetenzzuwachs oder Individuationsgewinn für Nina nicht ausgeschöpft werden. Die lehrerdominierte Kanalisierung auf einen richtigen Lösungsweg verhindert die Entfaltung von kreativen Lösungspotenzialen und damit die Freisetzung bzw. Verstärkung der Eigenständigkeit der Schülerinnen und Schüler. Im konkreten Fall hier heißt das, Nina erfährt zwar von der Lehrerin eine Bestätigung, aber keine Anerkennung ihres eigenständigen Lösungsweges bzw. ihre individuellen Lösungskompetenz. Der Unterricht verbleibt – trotz der Verunklarung innerhalb der Aufgabenstellung durch die Lehrerin – in seiner Sachbezogenheit und Rollenförmigkeit, so dass zwar ein Arbeitsbündnis mit der gesamten Klasse auf der Grundlage der universalistischen Gleichbehandlung möglich ist, jedoch das dyadische Arbeitsbündnis mit Nina tendenziell scheitert (vgl. Helsper/Hummrich 2008, 2009; Helsper u. a. 2009, S. 287ff. und 353f.).

Insgesamt lässt sich anhand dieser Szene eine reproduktive Bildungsorientierung der Lehrerin herausarbeiten, die zur schulkulturell dominanten Bildungsorientierung in einem guten Passungsverhältnis steht. Auch wenn sich der »Reproduktionsauftrag« der Lehrerin an die Schülerinnen und Schüler nicht – im Unterschied zum schulischen – auf die Integration und Statussicherung der Gemeinde bezieht, sondern auf die Übernahme standardisierter mathematischer Lösungsformeln, so ist doch eine strukturelle Homologie dieser reproduktiven Bildungsorientierung zu jenem Bildungsideal der Anpassung und Integration der Schule ersichtlich. Auch hier werden eigenständige Leistungen von Schülerinnen und Schülern zugunsten der Adaption etablierter Formeln zurückgedrängt. Kreative Lösungsvorschläge (Transformationen bzw. das Neue) werden somit zu Außenseiterperspektiven, die nicht anerkannt sind. Das heißt, auch wenn wir in dieser Interaktion eine Lehrerhaltung rekonstruieren konnten, die sich von dem schulischen »Integrationsentwurf« durch ihre Leistungsorientierung absetzt, enthält diese letztlich doch genauso wenig transformatorisches Potenzial.

Abschließend wird in dieser Fallstudie deutlich, dass die elterliche Haltung gegenüber der Schule eher einem schuldistanzierten Milieu zuzuordnen ist. Trotz der hohen Lern- bzw. Bildungsbereitschaft von Nina ist damit die *fatale Dopplung von Reproduktionsorientierung und Transformationsblockierung in Familie und in der Schule* das zentrale Rekonstruktionsergebnis. Nina, die aufgrund der schwach ausgeprägten Bildungsorientierungen ihrer Eltern besonders auf Lehrerinnen und Lehrer angewiesen wäre, die ihr Orientierung und Unterstützung in Bezug auf ihre Bildungskarriere geben, trifft auf diese in der Sekundarschule gerade nicht. Dies führt dazu, dass Nina trotz ihrer sehr guten schulischen Leistungen das von den Eltern und der Schule präferierte Bezugsmilieu reproduziert und ihr Individuationspotenzial nicht ausschöpft. Ihre individuellen Bildungsorientierungen sind kongruent zu dem schulkulturellen Entwurf explizit auf den Abschluss der zehnten Klasse ausgerichtet, der es ihr ermöglichen soll, eine Lehrstelle zu bekommen und den zukünftigen Lebensunterhalt zu bestreiten. Die Möglichkeit, das Gymnasium zu besuchen, stellt sich für Nina nicht als Ergebnis ihres Schulerfolges oder als Möglichkeit, die eigene Bildungskarriere zu gestalten, sondern wird für sie quasi zur »Notlösung«, wenn es mit einer Lehrstelle nicht klappen sollte. Eine Auseinandersetzung mit der biografischen Bedeutsamkeit ihres Schulerfolges findet damit nicht statt.

Das familiale und schulische Ausfallen der Bildungsanwaltschaft, das Einfordern von Anpassungsleistung und die Orientierung an Statuserhalt blockieren Ninas Individuationsmöglichkeiten. Damit steht der Fall, trotz seiner Transformationspotenziale, für eine Blockierung von jugendlichen Individuations- und Bildungsprozessen. Dennoch wird ihre Reproduktionsbereitschaft durch die realen Strukturbedingungen der ländlichen Gemeinde irritiert. Da es zu wenige Lehrstellen in dieser Region gibt und sie aufgrund dieser Tatsache ihre Zukunftspläne ändern muss, erweist sich die Einpassung in eine reproduktive Bildungshaltung als besonders fatal. Letztlich wird Nina damit die unhinterfragte Reproduktion der schulischen und familialen Bildungsorientierungen erschwert und ihre angepassten Bildungsorientierungen geraten unter Transformationsdruck.

Damit steht dieser Fall zwar nicht für einen Grenzgang, da Nina eine grundlegende Anerkennung in ihrer Familie erfährt, aber er zeigt deutlich, wie homogene, reproduktionsorientierte Anforderungsstrukturen in Familie und Schule die Individuationsproblematik Jugendlicher trotz vorhandener Transformationspotenziale verschärfen und wie damit die eigenständige Perspektivübernahme auf Welt-, Sach- und Selbstbezüge erschwert wird.

4   Typische Konstellationen im Zusammenspiel von Schule und Familie

Nachdem wir nun eine Fallstudie etwas ausführlicher vorgestellt haben, sollen nun die »doppelte Reproduktionsorientierung« der ländlichen Sekundarschule noch einmal zusammengefasst und die Ergebnisse der Studie kurz gebündelt werden.

- Es handelt sich um eine Sekundarschule ohne konturiertes pädagogisches Selbstverständnis. Es ist die Schule des Ortes, die für die Reproduktion der Ortsgemeinschaft zuständig ist und damit gegen Transformation und Bildungsaufstieg ausgerichtet sein muss.

- Der Individuationsentwurf der Schule bzw. das Bildungsideal ist das eines passiv-rezipierenden, konform-angepassten Schülers.
- Nina steht damit als Eckfall für jene Konstellation, bei der gerade auch durch Schule Transformationspotenziale ermöglicht, aber durch die dominante Reproduktionshaltung in der Familie und in der Schule blockiert werden.
- Nicht nur bei Nina, sondern auch bei den anderen 3 Fällen dieser Schule, konnten wir eine starke Homologie der Familien zur schulischen Reproduktionshaltung herausarbeiten, womit sich hier eine problematische Verdopplung der schulischen und der lebensweltlichen Anpassungshaltung ergibt (vgl. Helsper u. a. 2009, S. 148ff.; Busse 2010).

Wir sehen also, dass die vorgestellte Sekundarschule in besonderer Weise Verselbständigungs- und Individualisierungsprozesse ihrer Schülerinnen und Schüler erschwert und blockiert, was zusätzlich problematisch wird, wenn auch die familialen und lebensweltlichen Bildungshaltungen auf Reproduktion und Anpassung ausgerichtet sind. Damit soll jedoch nicht behauptet werden, dass diese Individuationsblockierung für alle (Sekundar-)Schulen gleichermaßen zutrifft. Im Gegenteil macht diese Haltung gerade die Fallspezifik dieser Schulkultur der Sekundarschule aus. Welche Konstellationen lassen sich nun unter Einbezug der zwei weiteren Schulen finden?

Die Abbildung 2 verdeutlicht das Spektrum der 3 einbezogenen Schulen. Die ländliche Sekundarschule finden wir hier als Schule B im unteren linken Quadranten der Abbildung. Durch die fehlende pädagogische Sinngebung, die starke Bindung an den Ort und die ausgeprägte Anpassungshaltung als Idealentwurf eines Bildungsprozesses wird hier sowohl Autonomieentfaltung als auch jede transformatorische Bildungsorientierung abgewehrt und blockiert. In dieser Deutlichkeit finden wir diese Individuationsblockierung in den beiden anderen Schulen jedoch nicht.

Schule A bezeichnet ein städtisches altsprachlich ausgerichtetes Gymnasium, das Bildungsprozesse zwar anvisiert, aber durch eine starke Traditionsorientierung (die Schule besteht seit über 300 Jahren) den Schülerinnen und Schülern die Anpassung und Unterordnung unter die schulische Ordnung und konventionelle Hierarchien abverlangt. Diese Schule steht deshalb im oberen linken Quadranten, der durch eine Mischung aus Individuations- und Reproduktionsorientierung gekennzeichnet ist. Die stärkste Individuations- und Transformationsorientierung weist in unserem Sample Schule C auf. Als reformorientierte Gesamtschule verfolgt diese Schule gleichzeitig hohe Bildungsorientierungen und die Freisetzung und Stärkung der lebenspraktischen Autonomie ihrer Schülerinnen und Schüler.

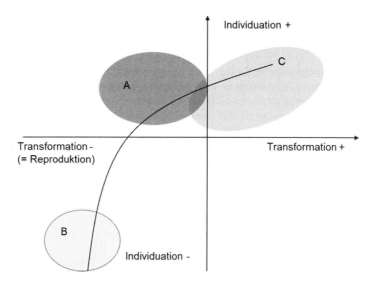

Abb. 2:   Individuations- und Transformationsorientierung der 3 Schulen
Quelle: eigene Darstellung

Damit wird im Vergleich der 3 Schulen besonders deutlich, dass die vorliegende dominante Haltung von Individuations- und Transformationsabwehr – wie in der Sekundarschule – in Bezug auf kindlich-jugendliche Bildungs- und Verselbständigungsprozesse eine besonders schwierige und in diesem Fall pädagogisch zu verantwortende Ausgangslage darstellt.

5 Konsequenzen für eine gelingende pädagogische Praxis

Es versteht sich von selbst, dass pädagogische Praxis Autonomie, Verselbständigung und individuelle Fähigkeitsentfaltung nicht zu verhindern, sondern möglichst zu befördern trachtet. Gelingende pädagogische Praxis muss sich deshalb danach einschätzen lassen, inwieweit ihr die Ermöglichung und Stärkung von lebenspraktischer Autonomie und Individualität gelingt. Fähigkeits-, Kompetenz- bzw. Wissenserwerb sind natürlich wichtige Aufgaben von Schule und Unterricht. Ohne lebenspraktische Autonomie und Individualität verlieren sie jedoch an Wert, weil das Projekt der Schule nicht der »Wissenscontainer«, sondern die entwickelte Persönlichkeit ist. Was lässt sich nun aus der vorgestellten Fallstudie und den übergreifenden Befunden für eine gelingende pädagogische Praxis ableiten? Die folgenden Stichpunkte sollen dazu erste orientierende Antworten sein:

1. Zunächst gilt es festzuhalten, dass die Grundlagen der Individuation nicht in der Schule, sondern in der Familie im Sinne intergenerativer Transmissivität gelegt werden. Dieser Tatbestand markiert durchaus eine Grenze dessen, was durch institutionalisierte Bildung möglich ist. Er entlässt jedoch nicht aus der pädagogischen Verantwortung, sondern verdeutlicht, dass pädagogisches Handeln in der Schule an die primären familialen Grundlagen anzuknüpfen und die Arbeitsbeziehung im Sinne eines pädagogischen Arbeitsbündnisses nicht nur dyadisch zum einzelnen Schüler, sondern immer auch zu dessen Familie und den Eltern herzustellen hat (vgl. Helsper/Hummrich 2008, 2009; Oevermann 1996; Helsper u. a. 2009, S. 353ff.).

2. Die besondere Bedeutung kommt der Schule gerade aufgrund ihrer sekundären Stellung im kindlich-jugendlichen Individuationsprozess zu. Blockierte Individuation benötigt Stützung und Kompensation, die von der Schule und ihren Lehrerinnen und Lehrern zu übernehmen ist. Dabei kann diese Kompensation jedoch nicht als Familienersatzbeziehung funktionieren, sondern nur im Sinne eines pädagogischen Arbeitsbündnisses, das sich der Grenzen des professionellen Handelns bewusst bleibt.

3. Die zentrale Bedeutung der Schule liegt neben der Wissensvermittlung v. a. in der Integration der Schülerinnen und Schüler sowie darin, im Rahmen des pädagogischen Arbeitsbündnisses die Individualität des einzelnen anzuerkennen und Transformationsorientierungen zu unterstützen. Dabei ist entscheidend, dass die individuelle Anerkennung der Lehrer sich wertschätzend auf den bisherigen Entwicklungsprozess eines Schülers beziehen kann und muss, auch über den engeren Kanon schulisch definierter Lernziele und Kompetenzen hinaus. Diese Bezugnahme kann jedoch nicht in Form einer emotionalen Anerkennung erfolgen, wie sie in Primärbeziehungen vorliegt und dort auf die Person als Ganzes unabhän-

gig von spezifischen Fähigkeiten gerichtet ist, sondern nur in der Form einer rollenförmig begrenzten Anerkennung der individuellen Fähigkeiten und Leistungen.

4. Die vordringliche Aufgabe der Schule besteht in der Freisetzung und Verstärkung der Transformationsorientierung, die zu Bildungs- und Individuationsprozessen führt.

5. Einzelne Schulen sind dabei als individuierte Fallgebilde zu verstehen, die ihre eigenen Interaktions- und Beziehungsmuster ausbilden und v. a. eigene Individuations- und Bildungsideale ausformen (vgl. Helsper 2008a und b, 2009; Kramer 2011, S. 163ff.). Die jeweils konkrete Schulkultur einer Schule präformiert damit, wie Schülerinnen und Schüler mit ihren primär in der Familie generierten Individuations- und Transformationsprozessen an Schule anschließen können. Damit sind Schulen wiederum nicht ausschließlich als differentielle Lern- und Entwicklungsmilieus (vgl. Baumert/Schümer 2001; Baumert/Stanat/Watermann 2006) für den individuellen Kompetenzerwerb der Schülerinnen und Schüler bedeutsam, sondern grundlegender auch für deren Individuationsprozesse.

6. Grenzgänge für die Individuation eines Schülers bzw. einer Schülerin sind eventuell durch antagonistische Familie-Schule-Passungen angelegt. Sie konstituieren sich aber erst im Fokus der jeweils vorliegenden Individuation, d. h. seines individuellen Verlaufs und der darin eingelagerten konkreten Problematiken sowie deren Bearbeitung. Es geht letztendlich damit um die Frage der Verantwortung von Pädagogik für solche Grenzfälle. Wenn Autonomie und Individualität im Zusammenspiel von Schule und Familie eingeschränkt oder blockiert ist, liegen Grenzgänge vor, auf die Schule möglichst reagieren sollte, indem sie Autonomie ermöglicht, Individualität anerkennt und Transformationen anbahnt bzw. unterstützt. Dies kann jedoch nicht als Familienersatz (nicht als Entgrenzung) geschehen (vgl. Wernet 2000b, 2003), sondern nur in einer reflektierten Bezugnahme auf der Grundlage der Familie-Schule-Differenz und der Rollenförmigkeit des Lehrerhandelns!

Literatur

Baumert, J./Schümer, G. (2001): Schulformen als selektionsbedingte Lernmilieus. In: Deutsches PISA-Konsortium = Baumert, J./Klieme, E./Neubrand, M./Prenzel, M./Schiefele, U./Schneider, W./Stanat, P./Tillmann, K.-J./Weiß, M. (Hrsg.): PISA 2000. Basiskompetenzen von Schülerinnen und Schülern im internationalen Vergleich. Opladen, S. 454-467.

Baumert, J./Stanat, P./Watermann, R. (2006): Schulstruktur und die Entstehung differenzieller Lern- und Entwicklungsmilieus. In: Baumert, J./Stanat, P./Watermann,

R. (Hrsg.): Herkunftsbedingte Disparitäten im Bildungswesen: Differentielle Bildungsprozesse und Probleme der Verteilungsgerechtigkeit. Vertiefende Analysen im Rahmen von PISA 2000. Wiesbaden, S. 95-188.

Bourdieu, P./Passeron, J.-C. (1971): Die Illusion der Chancengleichheit. Untersuchungen zur Soziologie des Bildungswesens am Beispiel Frankreichs. Stuttgart.

Bourdieu, P./Passeron, J.-C. (1973): Grundlagen einer Theorie der symbolischen Gewalt. Frankfurt a. M.

Bronfenbrenner, U. (1981): Die Ökologie der menschlichen Entwicklung. Natürliche und geplante Experimente. Stuttgart.

Busse, S. (2010): Bildungsorientierungen Jugendlicher in Familie und Schule. Die Bedeutung der Sekundarschule als Bildungsort. Wiesbaden.

Busse, S./Helsper, W. (2004): Schule und Familie. In: Helsper, W./Böhme, J. (Hrsg.): Handbuch Schulforschung. Wiesbaden, S. 439-464.

Busse, S./Helsper, W. (2007): Familie und Schule. In: Ecarius, J. (Hrsg.): Handbuch Familie. Wiesbaden, S. 321-341.

Erdheim, M. (1982): Die gesellschaftliche Produktion von Unbewusstheit. Frankfurt a. M.

Grundmann, M./Bittlingmayer, U. H./Dravenau, D./Groh-Samberg, O. (2007[2]): Bildung als Privileg und Fluch – zum Zusammenhang zwischen lebensweltlichen und institutionalisierten Bildungsprozessen. In: Becker, R./Lauterbach, W. (Hrsg.): Bildung als Privileg. Erklärungen und Befunde zu den Ursachen der Bildungsungleichheit. Wiesbaden, S. 43-70.

Helsper, W. (2001): Die sozialpädagogische Schule als Bildungsvision? Eine paradoxe Entparadoxierung. In: Becker, G./Schirp, H. (Hrsg.): Jugendhilfe und Schule. Zwei Handlungsrationalitäten auf dem Weg zu einer? Münster.

Helsper, W. (2008a): Schulkulturen – die Schule als symbolische Sinnordnung. In: Zeitschrift für Pädagogik, Jg. 54, Heft 1, S. 63-80.

Helsper, W. (2008b): Schulkulturen als symbolische Sinnordnungen und ihre Bedeutung für die pädagogische Professionalität. In: Helsper, W/Busse, S./Hummrich, M./Kramer, R.-T. (Hrsg.): Pädagogische Professionalität in Organisationen. Neue Verhältnisbestimmungen am Beispiel der Schule. Wiesbaden, S. 115-145.

Helsper, W. (2009): Schulkultur und Milieu – Schulen als symbolische Ordnungen pädagogischen Sinns. In: Melzer, W./Tippelt, R. (Hrsg.): Kulturen der Bildung. Opladen, S. 155-176.

Helsper, W./Hummrich, M. (2008): Arbeitsbündnis, Schulkultur und Milieu – Reflexionen zu Grundlagen schulischer Bildungsprozesse. In: Breidenstein, G./Schütze, F. (Hrsg.): Paradoxien in der Reform der Schule. Ergebnisse qualitativer Sozialforschung. Wiesbaden, S. 43-72.

Helsper, W./Hummrich, M. (2009): Lehrer-Schüler-Beziehungen. In: Lenz, K./Nestmann, F. (Hrsg.): Handbuch persönliche Beziehungen. Weinheim u. Basel.

Helsper, W./Kramer, R.-T./Hummrich, M./Busse, S. (2009): Jugend zwischen Familie und Schule. Eine Studie zu pädagogischen Generationsbeziehungen. Wiesbaden.

Hornstein, W. (1983): Die Erziehung und das Verhältnis der Generationen heute. In: Zeitschrift für Pädagogik, Jg. 29, 18. Beiheft, S. 59-79.

Hornstein, W. (1999): Generation und Generationsverhältnisse in der radikalisierten Moderne. In: Zeitschrift für Pädagogik, Jg. 45, 39. Beiheft, S. 51-68.

Kade, J. (1997): Vermittelbar/nicht-vermittelbar: Vermitteln: Aneignen. Im Prozeß der Systembildung des Pädagogischen. In: Lenzen, D./Luhmann, N. (Hrsg.): Bildung und Weiterbildung im Erziehungssystem. Lebenslauf und Humanontogenese als Medium und Form. Frankfurt a. M., S. 30-70.

Kramer, R.-T. (2011): Abschied von Bourdieu? Perspektiven ungleichheitsbezogener Bildungsforschung. Wiesbaden.

Kramer, R.-T./Helsper, W. (2000): SchülerInnen zwischen Familie und Schule – systematische Bestimmungen, methodische Überlegungen und biographische Rekonstruktionen. In: Krüger, H.-H./Wenzel, H. (Hrsg.): Schule zwischen Effektivität und sozialer Verantwortung. Opladen, S. 201-235.

Luhmann, N. (1982): Liebe als Passion. Zur Codierung von Intimität. Frankfurt a. M.

Luhmann, N. (1995): Die gesellschaftliche Differenzierung und das Individuum. In: Luhmann, N.: Soziologische Aufklärung 6. Opladen, S. 125-142.

Luhmann, N. (2002): Das Erziehungssystem der Gesellschaft. Frankfurt a. M.

Luhmann, N./Schorr, K. E. (1988): Reflexionsprobleme im Erziehungssystem. Frankfurt a. M.

Oevermann, U. (1981): Fallrekonstruktion und Strukturgeneralisierung als Beitrag der objektiven Hermeneutik zur soziologisch-strukturtheoretischen Analyse. Frankfurt a. M. (Manuskript, 56 S.).

Oevermann, U. (1986): Kontroversen über sinnverstehende Soziologie. Einige wiederkehrende Probleme und Mißverständnisse in der Rezeption der »objektiven Hermeneutik«. In: Aufenanger, S./Lenssen, M. (Hrsg.): Handlung und Sinnstruktur. Bedeutung und Anwendung der objektiven Hermeneutik. München, S. 19-83.

Oevermann, U. (1996): Theoretische Skizze einer revidierten Theorie professionalisierten Handelns. In: Combe, A./Helsper, W. (Hrsg.): Pädagogische Professionalität. Frankfurt a. M., S. 70-182.

Oevermann, U. (2000): Die Methode der Fallrekonstruktion in der Grundlagenforschung sowie der klinischen und pädagogischen Praxis. In: Kraimer, K. (Hrsg.): Die Fallrekonstruktion. Frankfurt a. M., S. 58-156.

Oevermann, U. (2001): Die Soziologie der Generationenbeziehungen und der historischen Generationen aus strukturalistischer Sicht und ihre Bedeutung für die Schulpädagogik. In: Kramer, R.-T./Helsper, W./Busse, S. (Hrsg.): Pädagogische Generationsbeziehungen. Jugendliche im Spannungsfeld von Schule und Familie. Opladen, S. 78-128.

Oevermann, U. (2008): »Krise und Routine« als analytisches Paradigma in den Sozialwissenschaften (Abschiedsvorlsung). http://www.agoh.de/cms/index.php?option=com_remository&Itemid=293&func=fileinfo&id=68 [13.07.2008].

Oevermann, U./Allert, T./Konau, E./Krambeck, J. (1979): Die Methodologie einer »objektiven Hermeneutik« und ihre allgemeine forschungslogische Bedeutung in den Sozialwissenschaften. In: Soeffner, H.-G. (Hrsg.): Interpretative Verfahren in den Sozial- und Textwissenschaften. Stuttgart, S. 352-433.

Parsons, T. (1971): Sozialstruktur und Persönlichkeit. Frankfurt a. M.

Parsons, T. (1987): Die Schulklasse als soziales System. Einige Funktionen in der amerikanischen Gesellschaft. In: Plake, K. (Hrsg.): Klassiker der Erziehungssoziologie. Düsseldorf, S. 102-124.

Silkenbeumer, M./Wernet, A. (2012): Die Mühen des Aufstiegs: Von der Realschule zum Gymnasium. Fallrekonstruktionen zur Formierung des Bildungsselbst. Pädagogische Fallanthologie. Bd. 9. Opladen u. a.

Tyrell, H. (1985): Gesichtspunkte zur institutionellen Trennung von Familie und Schule. In: Melzer, W. (Hrsg.): Eltern, Schüler, Lehrer. Weinheim u. München, S. 81-102.

Tyrell, H. (1987): Die »Anpassung« der Familie an die Schule. In: Oelkers, J./Tenorth, H. E. (Hrsg.): Erziehungswissenschaft und Systemtheorie. Weinheim u. Basel, S. 102-125.

Wellendorf, F. (1973): Schulische Sozialisation und Identität. Weinheim.

Wernet, A. (2000a): Einführung in die Interpretationstechnik der Objektiven Hermeneutik. Qualitative Sozialforschung. Bd. 11. Opladen.

Wernet, A. (2000b): »Wann geben sie uns die Klassenarbeiten wieder?« In: Kraimer, K. (Hrsg.): Die Fallrekonstruktion. Frankfurt a. M., S. 275-300.

Wernet, A. (2003): Pädagogische Permissivität. Schulische Sozialisation und pädagogisches Handeln jenseits der Professionalisierungsfrage. Opladen.

Winterhager-Schmid, L. (2000): »Groß« und »klein« – Zur Bedeutung der Erfahrung mit Generationsdifferenz im Prozeß des Heranwachsens. In: Winterhager-Schmid, L. (Hrsg.): Erfahrung mit Generationendifferenz. Weinheim, S. 15-37.

Winterhager-Schmid, L. (2001a): Der pädagogische Generationenvertrag: Wandlungen in den pädagogischen Generationsbeziehungen in Schule und Familie. In: Kramer, R.-T./Helsper, W./Busse, S. (Hrsg.): Pädagogische Generationsbeziehungen. Jugendliche im Spannungsfeld von Schule und Familie. Opladen, S. 239-255.

Winterhager-Schmid, L. (2001b): Kulturgeschichte der Jugend. Stuttgart.

Innerfamiliale Grenzziehungen

Alte und neue Grenzen der Elternrollen als Herausforderung Sozialer Arbeit

Kim-Patrick Sabla

1 Einführung: Bildung, Elternschaft und Soziale Arbeit

Im Zuge der hohen gesellschaftlichen Aufmerksamkeit für Bildung und Erziehung rückt neben den öffentlichen Institutionen der Förderung und Unterstützung auch die Institution Familie als einer der zentralen Faktoren für ein gelingendes Aufwachsen junger Menschen in den Fokus des öffentlichen Interesses. Während vereinzelt Forderungen nach grundsätzlichen Veränderungen des öffentlichen Bildungssystems und der Bekämpfung von familiären Problemlagen auf der gesellschaftsstrukturellen Ebene formuliert werden, dominiert mit Blick auf einige familiäre Notlagen ein Aktivierungsdiskurs die öffentlichen Debatten, die den Eltern subjektivierend die Verantwortung zuschiebt (vgl. Oelkers 2012). In diesen Debatten geraten neben der Tatsache, dass Familie nicht lediglich eine Art Zulieferin für das formale Bildungssystem, sondern selbst ein Bildungsort ist, mindestens zwei Aspekte aus dem Blick: zum einen die Differenzierung von Elternschaft und Familie und zum anderen eine genauere Betrachtung derjenigen Bedingungen, unter denen diese familialen Bildungs- und Sorgeleistungen durch Mütter und Väter erbracht werden müssen.

Wie wirkmächtig die Grenzziehung zwischen Familie als Garantin für ein erfolgreiches Aufwachsen von Kindern und Jugendlichen einerseits und Familie als Risikofaktor andererseits ist, lässt sich immer wieder dann beobachten, wenn (partei-)politische Debatten darüber geführt werden, welche Familien in den Genuss zusätzlicher wohlfahrtsstaatlicher Unterstützungsleistungen kommen und welche eher einer stärkeren wohlfahrtsstaatlichen Kontrolle unterzogen werden sollten. Hier lassen sich in den entsprechenden Diskursen sowohl Grenzverschiebungen zwischen staatlicher und familialer Verantwortung als auch vielfältige Grenzziehungen innerhalb der Institution Familie selbst nachzeichnen (vgl. Kutscher/Richter 2011). Diese können zwischen den einzelnen Familienmitgliedern – etwa zwischen Müttern und Vätern oder zwischen Eltern und Kindern – verlaufen und lassen die sonst so harmonisch wirkende Einheit Familie als Spannungsfeld individueller Interessenskonflikte aufscheinen. Eine solche bislang eher selten anzutreffende Binnenperspektive auf innerfamiliale Grenzziehungen stellt jedoch nicht nur die Erziehungswissenschaft bei einer care- und geschlechtertheoretisch informierten Analyse der Lebenswirklichkeit von Familien immer wieder vor neue Herausforderungen, sondern auch die Praxen der professionellen Bearbeitung sozialer Probleme durch soziale Dienste (vgl. Beckmann u. a. 2009).

Soziale Arbeit als forschende Disziplin kann allerdings nicht bloß ein sozialwissenschaftliches Interesse an einer möglichst genauen Beschreibung der Realitäten von Familie haben, sondern muss sich hierbei immer wieder auch der Grundlagen und Bezugspunkte ihrer professionellen Praxis vergewissern. Letztere findet – so ließe sich zumindest theoretisch wie empirisch rekonstruieren – »seit ihren Ursprüngen in Auseinandersetzung mit, in Absetzung von oder an Stelle der privat-familialen Lebensgestaltung statt und zielt dabei auf gelingende (familiale) Privatheit hin, wobei sich Gelingen oder Misslingen an der jeweils gültigen, typisierten Normalität bemisst« (Karsten/Otto 1996, S. 10). Dieses gilt insbesondere für diejenigen sozialen Dienste im Kontext von Familie, die auf die Wiederherstellung bzw. Stärkung der familiären Sorgeleistungen (care) zielen, die aufgrund von Konflikten oder Sozialen Problemen nicht ausreichend erbracht werden können. Die jeweils gültige und diskursiv hergestellte Normalität von Familie gilt als Gradmesser für »ausreichende« familiäre Sorgeleistungen und damit für eine gesellschaftliche wie professionelle Grenzziehung zwischen Gelingen und Misslingen der Lebenswelt Familie. Während dieser Bezug der Praxis Sozialer Arbeit auf die Familie nahezu allumfassend und kontinuierlich zu sein scheint, gilt der Referenzpunkt Familie selbst alles andere als stetig. Hier verlaufen die Diskurslinien entlang der Pole von traditionellen Familienformen und modernen, von guter Elternschaft und so genannten »Risikoeltern«, von neuen und traditionellen Vätern, von guten Müttern und so genannten »Rabenmüttern« – ganz zu schweigen von Diskursen über gelingende und misslingende Kindheiten (vgl. Andresen/Diehm 2006). Eines scheint jedoch auf den ersten Blick klar: Nahezu alles wandelt sich und in diesem Wandel entstehen neben neuen Familienformen auch neue Elternrollen. Doch unter welchen Umständen werden sie realisiert und für wen sind sie sanktionslos neu und realisierbar? Welche Rolle spielen dabei Institutionen Sozialer Arbeit, wenn es um die Ermöglichung und Unterstützung von Elternschaft geht? Der Beitrag versucht einen Ausschnitt dieser Binnenperspektive auf Familie und Elternschaft nachzuzeichnen und plädiert in diesem Zusammenhang für eine differenz- und interaktionstheoretische Analyse der Lebenswirklichkeiten von Elternschaft, die als Aushandlungsprozesse nicht beliebig, sondern eingebettet sind in wohlfahrtsstaatliche und arbeitsmarktpolitische Arrangements.

2   Geschlecht, Familie und Wandel: Ambivalenzen

Beate Kortendiek bezeichnet die Institution Familie als einen »Kristallisationspunkt, an dem ambivalente Beziehungen zwischen Traditionalisierungseffekten und Modernisierungsprozessen von Geschlecht deutlich werden« (Kortendiek 2008, S. 447). Zahlreiche sozialwissenschaftliche Publikationen verwenden zur Analyse der Familie der Gegenwart sowie zur Beschreibung der Vater- und Mutterrollen die These vom Wandel (vgl. Böllert/Peter 2012). Je nach theoretischer und empirischer Basis fallen die Antworten darauf, ob die jeweiligen Familienmitglieder mehr als Objekte oder viel mehr als ProduzentInnen von Modernisierungsprozessen in Erscheinung treten, sehr unterschiedlich aus. Häufig genannte Triebkräfte eines solchen Wandels der Elternrollen sind die größere Bildungsbeteiligung und Emanzipation von Frauen, aber auch die de facto gestiegene ökonomische Notwendigkeit der Frauenerwerbsarbeit (vgl. Nave-Herz 2007). In ihrer Analyse der empirischen Forschungsergebnisse der letzten zwei Jahrzehnte beschreibt B. Kortendiek die häufig thematisierte Pluralisierung der Familienformen als Ausdruck von aktiv gestalteten Modernisierungsprozessen und kennzeichnet die unterschiedlichen Gestaltungsweisen des Verhältnisses von Familie und Beruf und der Familienbeziehungen als eine Art »Modernisierungsstrategie von Elternschaft« (Kortendiek 2008, S. 447). Dies ist sicher eine sehr positive Lesart der aktuellen Entwicklungen gerade mit Blick auf die subjektive Ausgestaltung von Elternrollen und der Doppelorientierung auf Familie und Erwerbsarbeit. Neben vielen Belegen für die Modernisierungsthese lassen sich auch kritischere Befunde dafür finden, dass gerade »im Hinblick auf die Ausgestaltung der Elternschaft eine Tradierung überlieferter Mythen, Vorstellungen und Alltagspraxen zu verzeichnen ist« (Friebertshäuser u. a. 2007, S. 179). Beide Befunde lassen sich ohne Zweifel zeitgleich belegen, müssen aber in den jeweiligen schichtspezifischen Kontexten diskutiert werden. Unabhängig davon prägen sie in ihrer je spezifischen Weise die Diskurse, die zur Herstellung und Aufrechterhaltung von Normalitätserwartungen an Familie beitragen. Die beschriebenen Veränderungen im Kontext von Elternschaft – seien es bewusste Modernisierungsstrategien oder strukturelle Zwänge – tragen für die Individuen dazu bei, sich einem diskursiven Spannungsfeld von Modernisierung und (Re-)Traditionalisierung zu bewegen und positionieren zu müssen. So bleibt die These, dass die Diskurse um den gesellschaftlichen Wandel von Familie viel mehr zu veränderten Erwartungshaltungen gegenüber Vätern und Müttern beiträgt, als dass er die Elternrollen tatsächlich verändert, zu diskutieren (vgl. Sabla 2012).

2.1   Elternschaft im Spannungsfeld von Diskurs und Praxis

Generell kann festgestellt werden, dass der Diskurs um den gesellschaftlichen Wandel von Elternschaft zentrale Unterschiede in den Ausgestaltungsmöglichkeiten von Vaterschaft und Mutterschaft verdeckt. Parallel dazu sind Teile der aktuellen Thematisierungen von Elternschaft sehr wohl dazu geeignet, Mutterschaft und Vaterschaft im Zuge von Responsibilisierungstendenzen zueinander in Opposition zu bringen. Im Kontext der Thematisierung von guter Vaterschaft gelten beispielsweise die so genannten »neuen Väter« als ein Leitbild, das sich teilweise erheblich von dem Rollenmodell des Vaters in der bürgerlichen Kleinfamilie unterscheidet, weil hier die Väter nicht mehr nur allein Familienernährer sind, sondern sich in besonderer Weise, spezifisch als Männer in die Erziehung der Kinder einbringen (vgl. Meuser 2012). In der Debatte sieht Rolf Pohl die »Wiedergeburt eines Helden« und stellt ferner fest, dass die Diskussion um die Besonderheit von Vätern »unreflektiert mit einem Ausspielen des als überlegen und einzigartig aufgefassten Vaters gegen die Beschränktheit einer ungenügenden Mutter einhergeht« (Pohl 2006, S. 171). Diese Diskussionen verkennen allerdings die »Beharrlichkeit traditioneller Geschlechterbilder« (Volz 2007, S. 205) und differenzieren nicht in ausreichendem Maß zwischen strukturellen Gegebenheiten und kulturellen Wünschen (Born/Krüger 2002). Die Untersuchungen der letzten Jahre im Bereich der Väterforschung zeigen beispielsweise, dass Männer mit »neuen« Einstellungen und entsprechendem Verhalten zum Thema Vaterschaft sich zwar gesellschaftlicher Wertschätzung in der öffentlichen Meinung erfreuen können, aber auch, dass es in der konkreten Beziehung Ambivalenzen und Vorbehalte gibt, und zwar von beiden Seiten (vgl. Meuser 2012; Volz 2007). Neben sozialisatorisch-biografischen Vorerfahrungen von Männern und Frauen, die sich in bestimmten Familienkonstellationen noch verstärken, üben Strukturvorgaben der Arbeitswelt einen sehr wirkmächtigen Zwang auch auf junge Paarbeziehungen aus, so dass Tendenzen zur Retraditionalisierung von Geschlechterrollen mit dem Beginn der Elternschaft kaum auf das subjektive Belieben der familialen AkteurInnen geschoben werden können (vgl. Popp 2009).

    Rainer Volz (2007) beschreibt drei Aspekte, auf denen das System der Geschlechterverhältnisse beruht und die eng miteinander verzahnt sind. Dazu zählen zum einen die monetären Aspekte der Geschlechter- und Familienverhältnisse (Einkommen, staatliche Transferleistungen), zum anderen die regulativen Aspekte bspw. in Form von Gesetzen im öffentlichen Bereich oder die Arbeitszeitregelungen der Unternehmen. Beide stabilisieren die vorhandenen Konstellationen oftmals selbst dann, wenn sie individuell nicht gewünscht sein mögen. Sehr wirkmächtig sind auch die normativen Aspekte der Geschlechterrollen: Dazu zählen Konzepte und Konstrukte von Männlichkeit/Vaterschaft bzw. Mütterlichkeit/Weiblichkeit im Sinne von expliziten Definitionen und auch alltäglichen Handlungen, wie sie zum Beispiel in

Redewendungen und medialen Bildern ihren Ausdruck finden (vgl. Volz 2007, S. 206). Neue normative Muster und Geschlechterarrangements müssen »nicht nur normativ gewünscht, sondern faktisch geformt durchgesetzt werden – gegen eine bestehende Struktur, die die veränderte Vaterschaft nur soweit hinnimmt, wie sie nicht die Arbeitsmarktverfügbarkeit des Mannes betrifft. Hier die Grenzziehungen zu verschieben, scheint nicht einfach« (Born/Krüger 2002, S. 128).

2.2 Familiale Sorgeleistungen und Elternrollen im Schatten der Erwerbsarbeit

Maria Bitzan beschreibt Care-Arbeit als »Scharnier zwischen Öffentlichkeit und Privatheit (…), das je nach gesellschaftlichem Bedarf flexibel eingestellt wird« (Bitzan 2002, S. 29). Während sich seit geraumer Zeit Grenzverschiebungen im Bereich von Berufs- und Privatleben erkennen lassen, kann mit Blick auf familiale Sorgeleistungen historisch eine Konstante ausgemacht werden: Vergleichsweise ungebrochen ist die Zuordnung unmittelbarer Fürsorge- und Pflegearbeiten zu Frauen und Mütter (vgl. Brückner 2008). Zwar verlieren mit abnehmender Bedeutung des Normalarbeitsverhältnisses am Ende der Industriegesellschaft auch die Muster von Erwerbsbiografien, die sich lange Zeit am männlichen Alleinverdienermodell orientiert haben, an Bedeutung (vgl. Sauer 2008). Damit gehen allerdings nur in geringem Umfang Veränderungen des Geschlechterverhältnisses von Männern und Frauen einher, das in heterosexuellen Paarbeziehungen bezogen auf außerhäusige Erwerbsarbeit und familiale Sorgeleistungen komplementär angelegt war. Gerade die aufgrund von finanziellen Notwendigkeiten gestiegene weibliche Erwerbsarbeit stellt Frauen als Sorgeleistende vor schwierige Herausforderungen, weil sich der Wandel der innerfamilialen Aufgabenverteilung nicht gleichsetzen lässt mit einem vollständigen Wandel der Elternrollen: »Im Zuge der Individualisierung und der zunehmenden Erwerbstätigkeit von Frauen gerät die geschlechtsspezifische Arbeitsteilung in Familien, d. h. die familialen Binnenstrukturen kaum ins Wanken« (Hartwig 2012, S. 263). Daraus ergibt sich für Mütter eine doppelte Belastung, weil zu der vielfältigen familialen Sorgearbeit nun noch die Erwerbsarbeit hinzugekommen ist. Mit dem Begriff der »doppelten Entgrenzung« (Jurczyk/Szymenderski 2012, S. 91) beschreiben Karin Jurczyk und Peggy Szymenderski einen vielfältigen strukturellen Wandel sowohl der Erwerbsarbeit als auch der privaten Lebensverhältnisse, wie er in den letzten fünf Jahrzenten stattgefunden hat. Mit Entgrenzung sind in diesem Zusammenhang in ähnlicher Weise gesellschaftliche Veränderungsprozesse gemeint, die dazu führen, dass vor allem gesellschaftliche Grenzziehungen zwischen Erwerbsarbeit und Privatleben und damit Normen und Leitbilder – etwa die von Vater- und Mutterrollen – brüchig werden, weil mit der Entgrenzung des Erwerbs- und Privatlebens der bisherigen geschlechtsspezifischen Arbeitsteilung die Grundlage entzogen worden ist (vgl. Jurczyk u. a. 2009). Die unvollendete Neugestaltung des Verhältnisses von Arbeit und Leben erschwert die Situation allerdings erheblich: »Da die Entgrenzungen in den verschiedenen Bereichen nicht aufeinander abgestimmt sind und nicht zu einem neuen Gesamtmodell von Arbeit und Leben und zu neuen Geschlechterverhältnissen geführt haben, erfordert die Erosion der bisherigen Arbeitsteilung zwischen Familie und Erwerb von den Beschäftigten ein permanentes Ausbalancieren (…)« (Jurczyk/Szemenderski 2012, S. 91). Die Belastungen, die mit der doppelten Entgrenzung einhergehen, erschweren die Kontextbedingungen der Selbstsorge und Fürsorge sowie der Herstellung von familialer Gemeinsamkeit, was Care-Arbeit zur knappen Ressource werden lässt. Daraus ergeben sich die bereits skizzierten Tendenzen der wahrnehmbaren gesellschaftlichen Re-Familialisierung, d. h. die aus sozialstruktureller Benachteiligung resultierenden klassen- und geschlechtsspezifischen Herausforderungen werden verstärkt an private Netzwerke deligiert, insofern sich insbesondere Familien in prekären Lebenslagen privatwirtschaftlich organisierte Bildungs-, Betreuungs- und Pflegedienste kaum leisten können (vgl. Oelkers 2012).

3   Lob und Tadel: Familien unter gesellschaftlicher und professioneller Beobachtung

Familie als »bildungsbiografischer Möglichkeitsraum« (Büchner 2009, S. 11) erbringt ihren jeweiligen ökonomischen, zeitlichen, sozialen und kulturellen Ressourcen entsprechend grundlegende Bildungsleistungen. Viele der Bildungsprozesse, die über die elementare Schulbildung hinausgehen, beginnen in der Familie. Sie sollen die Teilhabe am kulturellen und sozialen Leben ermöglichen und gelten gleichzeitig als sinnvolle Maßnahme zur Verhinderung oder Bekämpfung sozialer Risiken. Wie eingangs bereits skizziert, werden Bildung und Erziehung in der Familie seitens der Politik oft als problematisch und ergänzungsbedürftig eingeschätzt, insofern nicht alle Familien in gleicher Weise in der Lage sind, herkunftsbedingte und gleichzeitig sozialpolitisch in Kauf genommene Chancenungleichheiten zu verhindern bzw. zu kompensieren. Auf andere Weise schwingt hier aber auch vor dem Hintergrund des Rückzugs wohlfahrtsstaatlicher Leistungen die Sorge mit, dass die gesellschaftlich notwendige private Sorgearbeit nicht ausreichend gesichert ist. In solchen Fällen werden einige Eltern kritisch beäugt, weil sie sich einem direkten responsibilisierenden Zugriff zu entziehen scheinen. Familie gilt auch als jener unprofessionelle Bereich der Erziehung, Sozialisation und Sorge, der nicht oder nicht ohne Weiteres professionell zu beeinflussen ist (vgl. Fuhs 2007; Büchner 2009). Soziale Arbeit mit Familien ist nicht frei von jenen gesellschaftlichen Adressierungen, die ausgehend von Normierungsversuchen von Familie soziale Risiken und den Erfolg der Bearbeitung sozialer Probleme stärker privatisieren möchten (vgl. Beckmann u. a. 2009). Die aktuellen Debatten um die wohlfahrtsstaatliche Neuordnung richten den Blick auf verantwortungsvolle, gute Eltern, deren Leistungen anerkannt werden, und auf die versagenden oder gar »gefährlichen« Eltern, die ihren Kindern kein zukunftssicherndes Aufwachsen ermöglichen. Darin eingelagert sind jeweils unterschiedliche Anteile von Ermächtigung und Disziplinierung, Fremdbestimmung und Selbstbestimmung, die das Verhältnis von (Wohlfahrts-)Staat und Privatheit bestimmen (vgl. Oelkers 2012).

Bislang ist die professionelle Übersetzung solcher Adressierungen in die sozialpädagogische Praxis nur in Ansätzen empirisch untersucht worden. In einer Zusammenschau der aktuellen sozialpädagogischen Auseinandersetzung mit Elternschaft und Familie kann allerdings auf unterschiedlichen Ebenen eine dichotomisierende Perspektive ausgemacht werden, die sowohl Grenzziehungen zwischen unterschiedlichen Familien, aber auch zwischen einzelnen Familienmitgliedern vornehmen. So analysieren Petra Bauer und Christine Wiezorek (2009) im Rahmen ihrer Studie, wie gesetzliche Regelungen und pädagogische Konzeptionen Elternrecht und Kindeswohl dichotomisieren und damit den Blick entweder auf Elterninteressen oder auf die Bedürfnisse der Kinder richten. Es zeigt sich ferner, dass Familienbildern bei der professionellen Wahrnehmung von Familien eine zentrale Orientierungsfunktion zukommt, indem sie zur Folie für die Einordnung und Bewertung der familiären Situation der Adressatinnen und Adressaten wird. Die durchgeführte Studie rekonstruiert, wie mit diesen Normalitätsvorstellungen in Form von Familienbildern normative Entwürfe von Familien in professionelles Handeln einfließen. Es ist daher zu vermuten, dass in ähnlicher Weise normative Vorstellungen von (guten) Müttern und (traditionellen/neuen) Vätern in die professionelle Bewertung von gelingender Elternschaft einfließen (vgl. Sabla 2012). Als gute Eltern gelten dabei offenbar die Eltern, die im Sinne der bürgerlichen Kleinfamilie an entsprechenden Geschlechterrollen festhalten. Das Bild der bürgerlichen Kleinfamilie ist nach wie vor impliziter Bestandteil einer Leitvorstellung für die professionelle Arbeit mit Familien (vgl. Bauer/Wiezorek 2009). Das Abweichen von diesen Leitvorstellungen kann durchaus professionell sanktioniert werden. Unterstützung und öffentliche Anerkennung hingegen finden vor allem diejenigen Familienformen, die im Sinne einer Reproduktion gesellschaftlich benötigten Humankapitals als erfolgreich gelten. Dieser Zuschreibung erfreut sich nach wie vor die so genannte Normalfamilie, die sich durch dauerhafte (Voll-)Erwerbstätigkeit des Mannes und (Teil-)Erwerbstätigkeit der Frau sowie die entsprechende familiale Arbeitsteilung auszeichnet (vgl. Oelkers 2012; Kaufmann 1997). In ihrer Studie zeigt Sabine Toppe (2009) am Beispiel von Kinderarmut, dass die Auswirkungen von (Kinder-)Armut primär als Folge unangepassten elterlichen Verhaltens gedeutet werden und dass die Ursachen der prekären Verhältnisse somit in die alleinige Verantwortung der Erziehenden abgeschoben werden. Verantwortlich gemacht dafür wird vor allem das Versagen der Familienerziehung, wobei diese Zuweisung insbesondere den Müttern gilt, weil die Zuständigkeit für die Erziehung hier hauptsächlich verortet wird. Gleichzeitig wird auf die Funktionalität traditioneller Geschlechterarrangements insistiert, indem beispielsweise alleinerziehende Mütter mit ihren Kindern als unvollständige Familien ohne entsprechenden Familienernährer stigmatisiert werden (vgl. Toppe 2009). Hier gilt ein möglicherweise sogar bewusst gewählter, von der Norm der so genannten vollständigen Familie abweichender Lebensentwurf nicht etwa als Modernisierungsstrategie von Elternschaft, sondern viel mehr als zu überwindende Passage auf dem Weg zur funktionierenden vollständigen Familie.

4   Selbstsorge, Fürsorge und Familie als Herstellungsleistung

Die verschiedenen in diesem Beitrag skizzierten Betrachtungsweisen von Familie lassen sie teilweise als Spielball (wohlfahrts-)staatlicher Interessen erscheinen, die gekennzeichnet sind durch die Aktivierung der einzelnen Familienmitglieder zur Erbringung von umfangreichen familialen Sorgeleistungen. Eine derartig einseitige Betrachtung von Familie würde sowohl den Eigensinn als auch die limitierte Leistungsfähigkeit dieser Institution übersehen. Der mittlerweile vielfach diskutierte sozialkonstruktivistische Ansatz des »doing family« versucht auf differenzierte Weise, diesen Umständen Rechnung zu tragen, indem er die Herstellung von Familie als zusammengehörige Gruppe und die Notwendigkeit ihrer Selbstinszenierung als solche fokussiert. Dadurch wird einerseits der Arbeitscharakter von Familie betont und so deutlich gemacht, dass Familie keine unerschöpfliche, naturgegebene Ressource ist, sondern selbst über ausreichende Ressourcen für ihre Herstellung und die Aufrechterhaltung ihrer Fürsorgebeziehungen verfügen muss (vgl. Schier/Jurczyk 2007). Die mit dem Begriff der »doppelten Entgrenzung« angesprochenen Veränderungen und Folgen für die familiale Alltagsgestaltung lassen erkennen, dass diese derzeit unter erschwerten Bedingungen stattfindet, so dass Väter wie Mütter an die Grenzen ihrer Leistungsfähigkeiten geraten. Es zeigt sich, dass »bei der Herstellung eine Familienalltags mit erschöpften und gestressten Akteuren es zur Aufgabe der ganzen Familie wird, die Belastungen einzelner Familienmitglieder aufzufangen bzw. abzufedern. Gelingt das nicht, dann ist zum einen die Qualität der in den Familien zu leistende Sorgearbeit gefährdet und zum anderen die Herstellung von Familie als privatem Fürsorgezusammenhang« (Jurczyk u. a. 2009, S. 183).

Eine Betrachtung von Familie und Elternschaft im Sinne des »doing family« eröffnet nicht nur den Blick für täglich stattfindende Aushandlungsprozesse innerhalb der Familie, sondern macht sich dafür stark, die Interaktions- und Kommunikationsfähigkeit der Beteiligten im Konfliktfall professionell zu unterstützen und zu ermöglichen. Eine frühzeitige oder einseitige Parteinahme für einen Teil der Familie (Mutter, Vater oder Kinder) würde das Konfliktpotential gegebenenfalls nur erhöhen. Soziale Arbeit muss sich aber davor hüten, die Erschöpfung und die innerfamilialen Konflikte lediglich auf die mangelnde Kommunikationsfähigkeit zurückzuführen. Eine lediglich auf die Ressourcen der individuellen Familienmitglieder fokussierte Analyse der familialen Problemlagen verkennt die Wirkmächtigkeit wohlfahrtsstaatlicher Arrangements, in die die Herstellungsprozesse von Familie eingebettet sind. Auf vielfältige Weise können diese Arrangements sowohl unterstützend als auch sanktionierend sein. Auch wenn in der zitierten Studie von Jurczyk u. a. nicht explizit auf Adressatinnen und Adressaten der Kinder- und Jugendhilfe eingegangen worden ist, lässt sich doch mit Blick auf die Zuschreibung »gefährliche Elternschaft« die Notwendigkeit erkennen, Väter und Mütter nicht vorzeitig als zu wenig engagiert einzuschätzen. Familiale Arbeit wird unter Bedingungen der doppelten Entgrenzung oftmals an den Grenzen der Belastbarkeit erbracht. »Die Eltern sparen dabei weniger an Zeit und Engagement für ihre Kinder als an eigener Regenerationszeit« (Jurczyk/Szymenderski 2012, S. 102).

Wie auch in anderen sozialkonstruktivistischen Kontexten birgt der Ansatz der »Herstellung von Familie« die Gefahr eines Missverständnisses: Die Herstellungsprozesse von Familie, insbesondere die der Familienform finden weder beliebig noch rein intentional statt. Wie alle Konstruktionen unterliegen sie den gesellschaftlichen Rahmenbedingungen, die gewisse Formen fördern, andere hingegen eher verhindern. Hier erweist sich auch aktuell der Kontext Arbeitsmarkt als sehr dominant. Die Diskrepanzen zwischen Familienrealitäten und dem subjektiven Ideal sind für alle Familienmitglieder spürbar. Formen der Elternschaft und Positionen, die öffentlichkeitswirksam von dem hegemonialen Familienbild abweichen, haben oftmals nach wie vor soziale Sanktionen zur Folge und führen zu Paradoxien auf unterschiedlichen Ebenen (vgl. Popp 2009). In diesem Zusammenhang hat eine weitergefasste differenztheoretische Betrachtung der familialen Rollen auch gezeigt, dass eine rein geschlechterdifferenzierende Perspektive auf Mütter und Väter nicht ausreichend ist, weil die Kategorie Geschlecht zur Analyse des Missverhältnisses im Geschlechterverhältnis allein nicht weiterführende Ergebnisse bringt. Weitere Differenzlinien entlang Klasse, Besitz, Sexualität und Gesundheit werden auf unterschiedlichen Ebenen relevant gemacht und überkreuzen sich in Leitbildern und gelebten Praxen (vgl. Winker/Degele 2008).

Ausgangspunkt einer lebensweltlichen Perspektive auf Elternschaft, die eine professionelle Bearbeitung familiärer Belastungssituationen erst ermöglicht, ist eine theoriegeleitete Analyse der subjektiven Beschreibungen und Deutungsmuster der Mütter und Väter sowie ihrer Kinder. In dieser Weise versucht eine sozialpädagogisch fokussierende Familienforschung, die familialen Lebenskonzepte von Müttern und Vätern zu untersuchen und dabei die Entwicklung und Reflexion von Familienkonzepten als zentralen Aspekt von familialen Bildungsprozessen empirisch zu rekonstruieren (vgl. Knuth u. a. 2009). Hierbei geraten die Kinder der Familien als Aushandlungspartner in der derzeitigen Forschung zu oft aus dem Blick. Sie werden als Teil der Familie und als eigenständige Subjekte in familialen Kontexten zu wenig berücksichtigt, auch wenn sie von den sich wandelnden Selbstverständnissen von Elternschaft direkt betroffen sind (vgl. Böllert/Peter 2012; Andresen/Diehm 2006).

Ingesamt stellen die Selbstsorge und Herstellung von familialer Gemeinsamkeit nicht nur stets neue Anforderung an Familie, sondern bieten der Sozialen Arbeit mit Familien ein breites Betätigungsfeld, indem sie bei der Schaffung und Ausgestaltung von Gelegenheiten eines »doing family« unterstützend mitwirken kann.

Offen hingegen bleibt der Beitrag der Sozialen Arbeit als Akteurin und (Re-)Produzentin des Sozialen zum Wandel von Elternrollen. Es bleibt zu fragen, ob sie hier Visionärin oder Begleiterin der Prozesse ist, oder sie dazu beiträgt, alternative Lebensentwürfe direkt oder indirekt zu sanktionieren.

Literatur

Andresen, S./Diehm, I. (Hrsg.) (2006): Kinder, Kindheiten, Konstruktionen. Erziehungwissenschaftliche Perspektiven und sozialpädagogische Verortungen. Wiesbaden.

Bauer, P./Wiezorek, C. (2009): Familienbilder professioneller SozialpädagogInnen. In: Villa, P.-I./Thiessen, B. (Hrsg.) (2009): Mütter – Väter: Diskurse, Medien, Praxen. Münster, S. 173-190.

Bitzan, M. (2002): Sozialpolitische Ver- und Entdeckungen. Geschlechterkonflikte und Soziale Arbeit. In: Widersprüche: Zeitschrift für sozialistische Politik im Bildungs-, Gesundheits- und Sozialbereich, Jg. 22, Heft 84, S. 27-42.

Böllert, K./Peter, C. (Hrsg.) (2012): Mutter + Vater = Eltern? Sozialer Wandel, Elternrollen und Soziale Arbeit. Wiesbaden.

Born, C./Krüger, H. (2002): Vaterschaft und Väter im Kontext sozialen Wandels. Über die Notwendigkeit der Differenzierung zwischen strukturellen Gegebenheiten und kulturellen Wünschen. In: Walter, H. (Hrsg.) (2002): Männer als Väter: sozialwissenschaftliche Theorie und Empire. Gießen, S. 117-144.

Brückner, M. (2008): Fürsorge, Soziale Gerechtigkeit und Eigensinn. In: Schröer, W./Stiehler, S. (Hrsg.) (2008): Lebensalter und Soziale Arbeit: Erwachsenenalter. Baltmannsweiler, S. 80-93.

Büchner, P. (2009): Familien bilden – aber bilden Familien auch »richtig«? In: Beckmann, C. u. a. (Hrsg.): Neue Familialität als Herausforderung der Jugendhilfe.
neue praxis, Sonderheft 9 (2009), S. 119-130.

Friebertshäuser, B. u. a. (2007): Familie: Mütter und Väter. In: Ecarius, J. (Hrsg.)
(2007): Handbuch Familie. Wiesbaden, S. 179-198.

Fuhs, B. (2007): Zur Geschichte der Familie. In: Ecarius, J. (Hrsg.): Handbuch Familie. Wiesbaden, S. 17-35.

Gruber, C. (2001): Familie und Familienpolitik. Aspekte einer an Egalität orientierten
Familienpolitik. In: Gruber, C./Fröschl, E. (Hrsg.) (1990): Gender Aspekte in der
Sozialen Arbeit. Wien, S. 99-114.

Hartwig, L. (2012): Familialisierung der Jugendhilfe betrifft Mädchen. In: Bütow,
B./Munsch, C. (Hrsg.) (2012): Soziale Arbeit und Geschlecht. Münster, S.
261-276.

Jurczyk, K./Szymenderski, P. (2012): Belastung durch Entgrenzung – Warum Care in
Familien zur knappen Ressource wird. In: Lutz, R. (Hrsg.) (2012): Erschöpfte
Familien. Wiesbaden, S. 89-105.

Jurczyk, K. u. a. (2009): Entgrenzte Arbeit – Entgrenzte Familie. Grenzmanagement
im Alltag als neue Herausforderung. Berlin.

Karsten, M.-E./Otto, H.-U. (1996^2): Die sozialpädagogische Ordnung der Familie,
Weinheim.

Kaufmann, F.-X. (1997): Herausforderungen des Sozialstaates. Frankfurt a. M.

Knuth, N. u. a. (2009): Das Familienkonzeptmodell: Perspektiven für eine sozialpä-
dagogisch fokussierte Familienforschung und -diagnostik. In: Beckmann, C. u. a.
(Hrsg.): Neue Familialität als Herausforderung der Jugendhilfe. neue praxis,
Sonderheft 9 (2009), S. 181-194.

Kortendiek, B. (2010): Familie: Mutterschaft und Vaterschaft zwischen Traditionalisierung und Modernisierung. In: Becker, R./Kortendiek, B. (Hrsg.) (2010): Handbuch Frauen- und Geschlechterforschung. Theorie, Methoden, Empirie. Wiesbaden, S. 442-453.

Kutscher, N./Richter, M. (2011): Soziale Arbeit »im Kreise der Familie«: Zur Wirk-
mächtigkeit von De- und Re-Familialisierungspolitiken, Aktivierungspraxen und
Risikokontrolle. In: Kommission Sozialpädagogik (Hrsg.) (2011): Bildung des
Effective Citizen – Sozialpolitik auf dem Weg zu einem neuen Sozialentwurf.
Weinheim u. München, S. 191-202.

Meuser, M. (2012): Vaterschaft im Wandel. Herausforderungen, Optionen, Ambivalenzen. In: Böllert, K./Peter, C. (Hrsg.) (2012): Mutter + Vater = Eltern? Sozialer
Wandel, Elternrollen und Soziale Arbeit. Wiesbaden, S. 63-80.

Nave-Herz, R. (2007): Familie heute. Wandel der Familienformen und Folgen für die
Erziehung. Darmstadt.

Oelkers, N. (2012): Erschöpfte Eltern? Familie als Leistungsträger personenbezogener
Wohlfahrtsproduktion. In: Lutz, R. (Hrsg.) (2012): Erschöpfte Familien. Wiesbaden, S. 155-172.

Pohl, R. (2006): Vater ist der Beste. Über die Wiedergeburt eines Helden im sozial-wissenschaftlichen Familicdiskurs. In: Bcreswill, M. u. a. (IIrsg.) (2006): Vater-schaft im Wandel: multidisziplinäre Analysen und Perspektiven aus geschlech-tertheoretischer Sicht. Weinheim u. München, S. 171-190.

Popp, U. (2009): Das hegemoniale Familienleitbild zwischen anachronistisch-restaura-rativen Tendenzen und gegenwärtigen Familienrealitäten – Über Paradoxien in Medien und Alltagsdiskursen. In: Villa, P.-I./Thiessen, B. (Hrsg.) (2009): Mütter – Väter: Diskurse, Medien, Praxen. Münster, S. 90-106.

Sabla, K.-P. (2012): Vaterschaft und Erziehungshilfen: Väter zwischen sozialen Rol-lenerwartungen und erlebten Erziehungsschwierigkeiten. In: Böllert, K./Peter, C. (Hrsg.) (2012): Mutter + Vater = Eltern? Sozialer Wandel, Elternrollen und Sozi-ale Arbeit. Wiesbaden, S. 225-240

Sauer, B. (2008): Formwandel politischer Institutionen im Kontext neoliberaler Glo-balisierung und die Relevanz der Kategorie Geschlecht. In: Casale, R./Rendtorff, B. (Hrsg.) (2008): Was kommt nach der Genderforschung? Zur Zukunft der femi-nistischen Theoriebildung. Bielefeld, S. 237-254.

Schier, M./Jurczyk, K. (2007): »Familie als Herstellungsleistung« in Zeiten der Ent-grenzung. Aus Politik und Zeitgeschichte. Heft 34 (2007), S. 10-17.

Toppe, S. (2009): Rabenmütter, Supermuttis, abwesende Väter? – Familien(leit)bilder und Geschlechtertypisierungen im Kinderarmutsdiskurs in Deutschland. In: Villa, P.-I./Thiessen, B. (Hrsg.) (2009): Mütter – Väter: Diskurse, Medien, Praxen. Münster, S. 107-127.

Volz, R. (2007): Väter zwischen Wunsch und Wirklichkeit. Zur Beharrlichkeit traditi-oneller Geschlechterbilder. In: Mühling, T./Rost, H. (Hrsg.) (2007): Väter im Blickpunkt. Perspektiven der Familienforschung. Opladen u. Farmington Hills, S. 205-224.

Winker, G./Degele, N. (2009): Intersektionalität. Zur Analyse sozialer Ungleichhei-ten. Bielefeld.

Frühe Kindheit in Mittelschichtfamilien

Margrit Stamm

1 Einleitung

Die frühe Kindheit ist zu einem intensiv beforschten Bereich geworden, der auch die Bildungs- und Sozialpolitik stark beschäftigt. Im Mittelpunkt stehen zwei Schwerpunkte: Der erste konzentriert sich auf die familienergänzende Betreuung und den mit dem Ausbau von Betreuungsplätzen verbundenen Fragen. Der zweite Schwerpunkt fokussiert bildungsbenachteiligte Kinder. Weil viele von ihnen in Familien hineingeboren werden, die ihnen nur unzureichend die notwendigen Grundlagen für einen erfolgreichen Schuleintritt zur Verfügung stellen können, wird verstärkt versucht, sich daraus ergebende herkunftsbedingte Ungleichheiten durch früh einsetzende, hochwertige Förderangebote auszugleichen.

Folgt man Bühler-Niederberger (2011), so ist dieser Fokus Ausdruck einer stark auf Defizite ausgerichteten Sozialisationsforschung, die bildungsnahe Familien bis anhin weitgehend ausgeklammert hat. Im deutschsprachigen Raum sind sie denn auch – bis auf wenige Ausnahmen wie die soziologische Studie von Burzan und Berger (2010), die Untersuchungen von Betz (2008), Hurrelmann und Andresen (2010) oder die kritische Diskussion von Bühler-Niederberger (2011) – bisher kaum untersucht worden. Möglicherweise liegt dies an der vielfältigen Kritik von Schicht- und Klassenkonzepten, die sowohl in Deutschland (vgl. Grundmann u. a. 2006) als auch im anglo-amerikanischen Raum prominent ist (vgl. zusammenfassend Mrowczynski 2009). Gerade in Kontroversen zur Frage, ob und inwiefern das Konzept sozialer Klassen noch relevant sei, wird jedoch immer wieder explizit auf die Mittelschicht Bezug genommen. So unterstreicht Butler (vgl. Butler 1995; Butler/Savage 1995) die Bedeutung der Mittelschicht als determinierende Kraft in Sozialstruktur und sozialem Wandel, während Goldthorpe (1995) sie gar als »Bollwerk traditioneller Ordnung« bezeichnet. Auch hierzulande ist diese gesellschaftliche Mitte als wissenschaftliches und öffentliches Thema in den vergangenen Jahren erneut im Zusammenhang mit der Diskussion neuer Abstiegsrisiken der Mitte aufgeflammt (vgl. Burzan/Berger 2010). In neueren angloamerikanischen Forschungsarbeiten werden solche Fragen auch im Hinblick auf Investitionen von Mittelschichteltern in die Betreuung und Förderung ihrer Vorschulkinder untersucht (vgl. Vincent/Ball 2006; Lareau 2003; Caputo 2007).

Vor diesem Hintergrund konzentriert sich der vorliegende Aufsatz auf Familien mit »umfangreicheren Kapitalien« (Betz 2008, S. 224). Im Mittelpunkt steht die Frage, was die Forschung zur vorschulischen Betreuung und Förderung von Mittelschichtkindern weiß, wie sich die Familien organisieren und welche Rolle dabei Mütter und Väter spielen. Auf der Basis der verfügbaren Befunde wird dabei die These zu beantworten versucht, dass Mittelschichteltern die Betreuung und Förderung ihrer Kinder so arrangieren, dass sie der eigenen Statuserhaltung dient und dass die Mütter dabei, auch wenn sie Vollzeit berufstätig sind, die bedeutsamste Rolle spielen. Aus diesen Erkenntnissen werden abschließend ein paar bildungs- und sozialpolitische Folgerungen abgeleitet.

2 Perspektiven auf die Mittelschicht

Unter dem Sammelbegriff »Mittelschicht« werden in der Soziologie gemäß Butler und Robson (2003) diejenigen Bevölkerungsgruppen bezeichnet, die sich in Bezug auf ihr Einkommen bzw. ihren Besitz weder der vermögenden Oberschicht noch der besitzlosen und einkommensschwachen Unterschicht zuordnen lassen. Sie wird gelegentlich auch in die obere, mittlere und untere Mittelschicht unterteilt.

Die aktuelle angelsächsische Diskussion fokussiert die Frage, ob es in der Mittelschicht Trennlinien gibt, welche in ihr selbst verlaufen oder ob sie ein Set an unterschiedlichen Fraktionen darstellt, die sich durch bestimmte Werte, Lebensstile, politische Vorlieben und soziale Beziehungen unterscheiden und sich auf gewisse Berufsbereiche zurückführen lassen. Folgt man Savage u. a. (1992), Crompton (2001) oder Butler und Robson (2003), so bedeutet dies, dass von der Mittelschicht als sozialer Makrogruppe nur im Plural gesprochen werden kann. Anders jedoch argumentiert Goldthorpe (1995), der von grundlegenden Gemeinsamkeiten im Sinne vergleichbarer kultureller, organisationaler und ökonomischer Ressourcen ausgeht und deshalb von der »Dienstklasse« (S. 319) – wie er die Mittelschicht nennt – im Singular spricht.

Auch Ball (2003) geht mit Bezug auf Goldthorpes (1995) Argumentation davon aus, dass die Mittelschicht kohärenter als allgemein angenommen ist. Alle seine Studien hat er deshalb auf der Basis einer einheitlichen sozialen Makrogruppe konzipiert. Anders wiederum Konzepte sozialer Milieus von Vester u. a. (2001) oder Hradil (2007), die neben der horizontalen eine vertikale Dimension als Differenzierung einführen, innerhalb dieser noch einmal verschiedene Subgruppen entlang ihren kulturellen und sozialen Praktiken unterscheiden und sie zu typischen Unterschicht-, Mittelschicht und Oberschicht-Milieus bündeln. Welche Werthaltungen und Lebenseinstellungen ein

Mensch aufweist, ist also durchaus mitbestimmt von seiner Einkommenshöhe, seinem Bildungsgrad und seiner Berufsstellung. Auf solchen Konzepten basieren verschiedene Studien, so etwa die Untersuchung von Merkle u. a. (2008) oder die Studie Monitor Familienforschung des Bundesministeriums für Familie, Senioren, Frauen und Jugend (2010).

Da sich somit die Forschungslage als theoretisch uneinheitlich präsentiert, wird in diesem Beitrag auf Studien Bezug genommen, die sowohl auf der Annahme einer kohärenten Mittelschicht als auch von Klassenfraktionen im Sinne unterschiedlicher Milieus basieren.

3 Perspektiven auf Kinderbetreuung

In allen westlichen Industrieländern ist seit den 1970er Jahren ein Anstieg der Berufstätigkeit von Müttern zu verzeichnen. Dies trifft ganz besonders für Mittelschichtmütter zu. So ist davon auszugehen, dass aktuell durchschnittlich etwa 30% der verheirateten Mütter von Vorschulkindern berufstätig sind (vgl. Statistik Austria 2008). Im Jahr 1970 waren es durchschnittlich erst etwas mehr als 10% gewesen. Logischerweise geht dieser Anstieg mit einer zunehmenden Anzahl von Kindern einher, die in Krippen, von Tagesfamilien, Verwandten, Nannies oder Au Pairs betreut werden. Auf welcher Basis jedoch Entscheidungen für das eine oder andere Modell getroffen werden, ist weitgehend ausgeblendet, zumindest kaum diskutiert worden.

3.1 Familie oder Staat? Unterschiedliche Verantwortlichkeiten

Parallel zum intensiven Ausbau der familienergänzenden Kinderbetreuung ist in allen deutschsprachigen Staaten eine Diskussion in Gang gekommen, wie viel Mutter denn ein Kind brauche (vgl. Ahnert 2010; Stamm 2011). Während die politische Rechte kritisiert, dass die Familie durch das frühe Eingreifen des Staates in ihrer Hoheit beschnitten und arbeitsmarktpolitischen Imperativen mit neoliberalistischen Ideen unterworfen werde, fordern immer mehr familienpolitische Organisationen, politische Gremien und wissenschaftspolitische Organe – so etwa der Schweizer Wissenschaftsrat (2011) oder das Gutachten der Vereinigung der Bayerischen Wirtschaft (vgl. Blossfeld u. a. 2012), dass nun endlich die Voraussetzungen dafür geschaffen werden sollen, damit die Vereinbarkeit von Beruf und Familie tatsächlich gelingen kann.

In einer international-kulturvergleichenden Perspektive wird jedoch schnell klar, dass solche divergierenden Wertmuster Ausdruck unterschiedlicher Systeme von Familien- und Betreuungspolitik und diese wiederum Ausdruck eines je unterschiedlichen Verständnisses sind, was »gute Kindheit« sein soll. Hierzulande, aber auch in England, den USA oder in Neuseeland, ist das traditionelle männliche Ernährermodell mit weiblicher Teilzeitarbeit weit verbreitet. Es betont die Individualisierung und Verantwortlichkeit der Eltern, welche die Betreuungsoptionen ihrer Kinder selbst verantworten und eine angemessene Wahl treffen. In Staaten wie Norwegen, Finnland oder Schweden hingegen gilt für die Ernährerrolle das unter staatlicher Verantwortung stehende Leitmodell der gemeinsamen und paritätischen Verantwortung der Eltern. Während das erste Modell den Familien selbst, insbesondere den Müttern, die Verantwortung für die Organisation der Kinderbetreuung zuweist und deshalb von Leonard (2001) als *familialisation* bezeichnet wird, steht beim zweiten Modell die Verantwortung des Staates im Mittelpunkt. Deshalb nennt er es das Modell der *institutionalisation*. Insgesamt sind die beiden Modelle Ausdruck unterschiedlicher geschlechterkultureller Leitbilder im Hinblick auf die gesamte Organisation der Familien- und Betreuungsarbeit.

Zwar beginnt sich im deutschsprachigen Raum allmählich ein Perspektivenwechsel derart abzuzeichnen, dass die dominante Idee des Familialisationsmodells zugunsten der Vorstellung des Institutionalisationsmodell zunehmend in den Hintergrund rückt und davon ausgegangen wird, dass Kinder in vielfältigen Betreuungsumwelten gedeihen können, wenn Staat und Arbeitgeber ihren Beitrag dazu leisten. Trotzdem sind diejenigen kulturellen Einstellungs- und Wertmuster nach wie vor weit verbreitet, welche der Mutter die primäre Verantwortung für die Betreuung und Entwicklung der Kinder zuschreiben. So wird familienergänzende Kinderbetreuung nach wie vor so verstanden, dass sie den Frauen erlaubt, in den Arbeitsmarkt einzutreten, während dies für Männer als ganz selbstverständlich erachtet wird (vgl. Mühling u. a. 2006; Bürgisser 2011). Es sind somit die Mütter, welche zur bezahlten Erwerbsarbeit zurückkehren, eine Betreuung suchen und die beiden kontrastierenden Bereiche Familie und Berufsarbeit managen müssen. Hays (1996) spricht dabei von den *cultural contradictions of motherhood*. Vor dem Hintergrund der Fragestellugn dieses Aufsatzes stellt sich die spezifische Frage, wie Mittelschichtfamilien diese Aufgabe lösen.

3.2   Empirische Befunde zu Wahl und Organisation der Vorschulbetreuung durch die Familie

Zur Frage, wie Mittelschichtfamilien die Betreuung ihrer Vorschulkinder organisieren, liegen verschiedene Studien vor. Sie geben Auskunft über Suche und Wahl des Betreuungsarrangements, welche ihrerseits die Gestaltung von Berufs- und Familienarbeit bestimmen sowie über die familieninterne Aufteilung der Verantwortlichkeiten. Nachfolgend werden die Hauptbefunde diskutiert.

Mittelschichteltern zwischen Familienarbeit und Beruf: Überblickt man die Befunde zur Frage, wie Mittelschichteltern mit solchen Herausforderung umgehen, dann zeigen sich ganz unterschiedliche Entscheidungsmuster. So

unterscheiden Merkle u. a. (2008) zwei Familientypen, einen bürgerlichen
Typ und einen postmaterialistischen Typ. Der erste Typ des bürgerlichen
Milieus umfasst Mütter, die höchstens Teilzeit berufstätig sind, ihr Engagement stark auf ihre Vorschulkinder ausrichten und ihr Teileinkommen auch
dazu verwenden, um die Betreuung und Förderung sicherstellen zu können.
Eine derartige Ausrichtung kommt auch im empirischen Befund des Famili-
enreports des Bundesministeriums für Familien, Senioren, Frauen und Jugend
(2010) zum Ausdruck. Demnach haben 80% der Frauen, welche ihre Berufsarbeit teilweise oder ganz aufgegeben haben, ihren Entscheid aufgrund der
langen Arbeitszeiten und der Schwierigkeit, eine adäquate Kinderbetreuung
zu finden, getroffen. Die restlichen 20% haben diesen Schritt allerdings aus
der inneren Überzeugung vollzogen, das Kind selbst betreuen zu wollen.
Diese Frauen sind sich gemäß Kapella und Rille-Pfeiffer (2007) jedoch bewusst, dass sie damit einen hohen Karriere-Status zu Gunsten der Mutterrolle
aufgeben und zwar in einer Gesellschaft, welche familieninterne Betreuungsarbeit insgesamt wenig wertschätzt. Als zweiter Typ umfasst das »postmate-
rialistische Milieu« Mütter, die sich der Traditionalisierung der Geschlechterrollen entgegensetzen. Diese Frauen bezeichnen ihre Laufbahn als »normal«
und ihre Berufsarbeit als befreiend, sowohl im Hinblick auf ihre finanzielle
Unabhängigkeit als auf die Förderung ihres Selbstbewusstseins.

Beiden Typen gemeinsam sind zwei Merkmale. Erstens ist es das starke
Spannungsfeld, in dem sich Mittelschichtmütter bewegen. Es reicht von der
kulturell stark verankerten Norm, dem Mutter-Modell zu entsprechen und das
persönliche Engagement auf die Kinder auszurichten bis zur Fähigkeit, mit
Schuldgefühlen umgehen zu können, wenn das Kind aufgrund der Berufsarbeit in Fremdbetreuung gegeben wird. Das zweite Merkmal äußert sich darin,
dass sich fast alle Mütter nicht dem Beruf, sondern in erster Linie dem Kind
gegenüber verantwortlich fühlen. Obwohl sie gemäß Hakim (2000) oder
Hurrelmann und Andresen (2010) mit dem Druck, der auf ihnen lastet, unterschiedlich umgehen – entweder offensiv, indem sie versuchen, allen Ansprüchen unter beträchtlichen Opfern gerecht zu werden oder indem sie ihn negieren – kommt in einer solchen Priorisierung des Kindes das zum Ausdruck,
was Beck und Beck-Gernsheim (1990) als »Notwendigkeit eines moralisch
angemessenen Kontos von sich selbst als Mutter« (S. 151) bezeichnen.

Verantwortung für Haus- und Betreuungsarbeit: Der aktive Einbezug der
Männer in den Familienalltag hat, insbesondere in der Mittelschicht, deutlich
zugenommen und ist heute Teil dessen geworden, was als »gute Vaterschaft«
bezeichnet wird. So weisen Studien von Bürgisser (2011), Grunow (2007)
oder Volz (2007) einen deutlichen Einstellungswandel in Richtung eines
stärkeren Engagements von Vätern in der Erziehung und Betreuung der Kinder nach. Trotzdem investieren Frauen um einiges mehr ihrer freien Zeit in
die Haushaltsführung als Männer. Folgt man Uttal (2002), Bagnall u. a.
(2003) im anglo-amerikanischen oder Bürgisser (2011), sowie Buchebner-

Ferstl und Rille-Pfeiffer (2008) im deutschsprachigen Raum, so findet nur in wenigen Familien eine zwischen den Geschlechtern ausgeglichene Arbeits- und Verantwortungsverteilung von Berufsarbeit und Kinderbetreuung statt. Dies gilt auch dann, wenn die Partnerin Vollzeit arbeitet. Gemäß den neuesten Daten des Bundesamtes für Statistik (2011) sind es drei Viertel der Mütter, welche neben der Verantwortung für die häusliche Arbeit auch diejenige für die Kinderbetreuung übernehmen und mit allen Kompromissentscheidungen durch den Berufsalltag jonglieren. Sie praktizieren somit das, was Hays (1996) *intensive mothering* nennt. Allerdings hat sich der Anteil an Paarhaushalten mit kleinen Kindern und *gemeinsamer* Verantwortung für die Hausarbeit seit 1997 mehr als verdoppelt. Trotzdem hat sie die Verfügbarkeit der Väter in ihrer Erwerbsarbeit kaum beeinflusst. Auch die beruflichen Zwänge, denen sie unterliegen, werden nach wie vor höher gewichtet als diejenigen von Müttern (vgl. Bürgisser 2011).

Wahl des Betreuungsarrangements: Welche Familien nutzen welche Art von Betreuung? Die Forschung hierzu zeigt übereinstimmend und weltweit, dass neben kulturellen Werten und Normen auch familiäre Merkmale und institutionelle Rahmenbedingungen eine zentrale Rolle spielen und Mittelschichteltern in erster Linie Kinderbetreuungsangebote mit hohem Status aussuchen (vgl. Fuchs-Rechlin 2008). Dabei geht gemäß Schmid u. a. (2011) oder Stern u. a. (2006) die Höhe der Erwerbsarbeit mit einer größeren Wahrscheinlichkeit einher, institutionalisierte Kinderbetreuung (Kitas) zu nutzen, obwohl sie sich – wie Bütler (2007) aufzeigt – kurzfristig aufgrund der Ehepaarbesteuerung und der einkommensabhängigen Kinderbetreuungstarife kaum lohnt. Trotzdem werden die Betreuungsangebote genau ausgesucht und diejenigen gewählt, welche am ehesten in der Lage und willens sind, die besonderen Fähigkeiten des Kindes in den Mittelpunkt zu stellen, seinen Begabungen gerecht zu werden und sein Selbstbewusstsein zu fördern (vgl. Vincent/Ball 2006, 2007).

Welche Ziele verbinden Mittelschichtfamilien mit der Wahl des Betreuungsarrangements? Studien von Merkle u. a. (2008) oder ansatzweise von Lareau (2003) sowie Kapella und Rille-Pfeiffer (2007) zeigen auf, wie sehr Eltern ihr individuell gewähltes Betreuungskonzept in Gesamtüberlegungen zur späteren Schullaufbahn des Kindes einbetten. Gemäß Ball (2003) ist es zudem eher überraschend, mit welcher Offenheit solche Eltern ihre Bildungsaspirationen darlegen, obwohl ihre Kinder noch im Kindergartenalter sind. Sowohl in der 1. World Vision Studie von Hurrelmann und Andresen (2010) als auch in den Untersuchungen von Stamm (2012) äußerten sich durchschnittlich drei Viertel der Mittel- und Oberschichteltern dahingehend, dass sie ein Abitur als Schulabschluss ihres Kindes anstreben würden.

Damit solche Ziele erreicht werden können, müssen Mittelschichteltern aktiv werden und auch häufig Kompromisse suchen. Denn Betreuungsarrangements sind nicht immer stabil, und Kinder verhalten sich auch nicht immer so, wie dies Eltern von ihnen erwarten. Deshalb müssen sie sich häufig zwischen dem, was ist, was das Beste für das Kind wäre und auch was in räumlicher, familiärer und finanzieller Hinsicht möglich ist, entscheiden. Gerade Mütter sind gemäß Lareau (2003) oder dem Monitor Familienforschung (vgl. Bundesministerium für Familien, Senioren, Frauen und Jugend, 2010) häufig bereit, persönliche, zeitliche und finanzielle Bedürfnisse zu Gunsten der Kinder zurückzustellen. Folgt man Kraemer (2010), Crompton (2001) oder Vincent und Ball (2007), dann ist es insbesondere für Mittelschichtmütter von großer Bedeutung, was Familien ähnlichen Milieus tun. Um im Vergleich mithalten zu können, wird deshalb das »eigene Zurücktreten eine Form stellvertretender Belohnung und als eine Investition in die Kinder angesehen (…), zugunsten derer man gern verzichtet« (Bundesministerium für Familien, Senioren, Frauen und Jugend 2010, S. 10).

Mit diesem Sachverhalt und der Wahl des Betreuungsarrangements eng verknüpft ist die Mobilität. Gemeint ist damit die empirisch vielfach belegte Tatsache, dass junge Familien zunehmend aus Wohnvierteln wegziehen, die keinen ausgeglichenen Anteil an Angehörigen des eigenen Milieus haben. Als »white-flight-Phänomen« ist es im amerikanischen Sprachraum seit den 1960er Jahren bekannt (vgl. Pais u. a. 2008). Diese sozialräumlichen Segregationsbewegungen sind für Mittelschichtfamilien sowohl in sozialgeografischen (vgl. Stienen 2007) als auch bildungssoziologischen Studien zwar dokumentiert (vgl. Ball 2003; Moser u. a. 2005), doch werden sie unterschiedlich interpretiert. Kraemer (2010) sieht sie als Folge von Abstiegsängsten, Bühler-Niederberger (2011) eher als Kontinuum der historisch gewachsenen Verpflichtung des Bürgertums, ihren Status über Erziehung zu vererben und deshalb hohe Investitionen in den Nachwuchs zu tätigen. Solche Erziehungsanstrengungen werden heute im riesigen Markt von Angeboten und Experten und in den privaten Förderaktivitäten sichtbar, die Mittelschichtfamilien ihren Kindern angedeihen lassen.

3.3 Familiäre Förderaktivitäten

Mittelschichtfamilien lassen sich durch bestimmte Aktivitäten charakterisieren, die Lareau (2003) als *concerted cultivation* bezeichnet. Sie meint damit die gezielte »Bearbeitung« des Kindes mittels vielfältiger Förderanstrengungen. Obwohl für den deutschsprachigen Raum repräsentative empirische Daten zu solchen Aktivitäten weitgehend fehlen, belegen verschiedene Studien, dass bildungsnahe Eltern im Hinblick auf die Organisation von Förderaktivitäten viel aktiver sind als bildungsferne Familien und dass Ähnliches auch im Hinblick auf ihre Bildungsaspirationen zutrifft (vgl. Moser u. a. 2004). So weist die Untersuchung von Stamm und Edelmann (in Druck) nach, dass insbesondere das Ausbildungsniveau die Elternerwartungen im Hinblick auf schulvorbereitende, sportliche und musische Fähigkeiten besonders beeinflusst. Deshalb ist es kaum erstaunlich, dass 33.5% der vier- und fünfjährigen Kinder teilweise umfassende Fördererfahrungen in privaten Vorschulen und Förderkursen haben und bereits über erste Englisch-, Chinesisch- oder Lese- und Mathematikkenntnisse verfügen. Geldfragen spielen offenbar eine untergeordnete Rolle. So geben Eltern pro Jahr dafür durchschnittlich 2.100 CHF aus. Auch die englische Studie von Vincent und Ball (2006) ermittelte einen Betrag von 2.000 £, den Mittelschichteltern für die Förderung ihres Kindes aufwenden.

Vor allem die Mütter sind offenbar motiviert, solche Fördermaßnahmen zu verantworten und den damit verbundenen Aufwand zu leisten. Folgt man den Untersuchungen von Merkle u. a. (2008), Vincent und Ball (2006) oder Gillies (2005) dann sind es vor allem Mütter – ob berufstätig oder nicht – welche die Förderstunden arrangieren und den Nachwuchs regelmäßig in die Ballett- oder Musikstunde fahren. Gemäß Caputo (2007) wird dieses *intensive mothering* von zwei wesentlichen Begleiterscheinungen geprägt: erstens, von einem strukturierten Alltag mit genau geplanten Betreuungsarrangements und infolgedessen wenig freier Zeit für nicht kontrolliertes Spiel jenseits des elterlichen Einflusses; zweitens, von ausschließlich auf das gleiche Milieu beschränkten Kontakten. Weil Kinder von ihren Eltern handverlesen verabredet werden und ihre Begabungen gezielt in Förderstunden entwickeln sollen, können sie nicht mehr lernen, mit Kindern klarzukommen, die nicht ihrem Herkunftsmilieu entsprechen.

Solche Verhaltensweisen kennzeichnen Kraemer (2010), Lengfeld und Hirschle (2009) oder Knötig (2010) als Ausdruck von Abstiegsängsten der Mittelschicht, um das eigene Kind vor einem möglichen Scheitern zu schützen und den intergenerationalen Statuserhalt zu sichern. Damit stellt sich die Frage, was genau denn das Spezifische an einem Mittelschichtkind ist und welche Konsequenzen sich daraus ableiten lassen.

4 Fazit: Wie ein Mittelschichtkind produziert wird

Zunächst ist festzuhalten, dass die behütete und voraussetzungsreiche Kindheit, wie sie in diesem Beitrag zum Ausdruck kommt, für einen Großteil der hierzulande aufwachsenden Kinder längst zur Norm geworden ist. Jenseits einer schichtspezifischen Betrachtung versuchen nahezu alle Eltern, die Bedürfnisse ihres Kindes in den Mittelpunkt zu stellen und ihm das Beste mit auf den Weg zu geben. Für Familien in der Mitte der Gesellschaft ist jedoch die empirisch bedeutsame Tatsache spezifisch, dass sie an ihren Nachwuchs besonders hohe Erwartungen stellen, von seinen Begabungen und Talenten überzeugt sind und deshalb viel Zeit, Geld und ein rationalisiertes Familienleben in seine angemessene Betreuung und Förderung investieren. Eindrücklich manifestieren sich solche Bemühungen auch in den deutlich angestiegenen Früheinschulungen. Laut Bildungsbericht (vgl. Autorengruppe Bildungs-berichterstattung 2010) hat sich ihr Anteil von knapp 3% im Jahr 2001 auf 9% im Jahr 2009 erhöht.

Solche kollektiv zu beobachtenden Phänomene sind mit einem weiteren Gesichtspunkt zu verbinden: mit der Frage, worauf solche Bemühungen ei-gentlich Bezug nehmen. Folgt man Simmel (1992), dann sind es die »sozi-alen Nachbarn« in ähnlicher Statuslage, welche als Vergleichsmaßstab für die eigenen Aufstiegsambitionen und Abstiegsängste dienen. Die »umfangrei-cheren Kapitalien« (Betz 2008) erlauben den Eltern, mittels Frühförderung und zusätzlicher Angebote ihren Kindern dasjenige notwendige soziale und kulturelle Kapital zu verschaffen, das für das Erreichen späterer Vorteile zentral ist. Dazu gehören auch »Abschottungspraktiken« (Kraemer, 2010, S. 206) wie die bewusste Wahl des Wohnquartiers oder des Kindergartens.

Im Hinblick auf die in diesem Aufsatz verfolgte These – wonach Mittel-schichteltern die Betreuung und Förderung ihrer Vorschulkinder so arrangie-ren, dass sie der eigenen Statuserhaltung dienen und dass die Mütter dabei die bedeutsamste Rolle spielen – lassen sich vor diesem Hintergrund zwei Er-kenntnisse formulieren:

1. *Vorschulbetreuung und -förderung als Schlüsselbereiche sozialer Repro-duktion:* Wenn sich, wie in diesem Aufsatz aufgezeigt, Mittelschichtel-tern mit der sorgfältigen Ausgestaltung der ersten Lebensjahre ihren Kindern bereits früh schon Vorteile für das spätere Leben verschaffen können, dann müssen die aktuellen bildungs- und sozialpolitischen Über-legungen zu Schulerfolg und sozialer Herkunft revidiert werden. Zwar ist es richtig, dass Bildungschancen in hohem Masse von der sozialen Her-kunft der Kinder abhängen und dabei auch Barrieren im Bildungswesen selbst – wie etwa die Lehrerempfehlungen für die weiterführenden Schu-len, welche Kinder aus bildungsnahen Familien begünstigen (vgl. Doll-mann 2011) – eine Rolle spielen. Doch sind es auch die gezielten An-strengungen der Mittelschicht, die Förderung ihrer Kinder bereits zu ei-nem frühen Zeitpunkt selbst in die Hand zu nehmen, um damit der eige-nen Verunsicherung zu begegnen, welche als plausible Erklärungen für ihre bessere Schulfähigkeit und ihren höheren Schulerfolg herangezogen werden sollten.

2. *Die starke Rolle der Mütter und die »feinen« Unterschiede:* Die isolierte Diskussion über Kinderbetreuung und Frühförderung ist insgesamt zu simplizistisch, wenn sie sich ausschließlich auf »bildungsnahe« und »bil-dungsferne« Familien konzentriert und andere, nicht mit ihr verwobene familiäre Aspekte wie Berufstätigkeit und Geschlechterbeziehungen, insbesondere die starke Rolle der Mütter, nicht einbezieht. So bleibt un-berücksichtigt, dass das, was die Kinder sind und was ihre Individualitä-ten ausmacht – also wie ihre Tage strukturiert sind, wer sie betreut, wel-chen Aktivitäten sie nachgehen, mit welchem Spielzeug sie ausgestattet

sind, mit wem sie in Kontakt treten und mit wem nicht oder was sie in solchen Zusammenhängen lernen – durch differenzierte elterliche Praktiken geformt wird. Es gibt somit »feine Unterschiede« insofern, als sich in Mittelschichtfamilien andere Sinn- und Werthorizonte entwickeln als in sozial tieferen. Die Trennlinie dürfte am ehesten über die bewusst ausgewählten privaten Betreuungs- und Fördermaßnahmen im Sinne der *concerted cultivation* (vgl. Lareau 2003), die Entmischungs- und Vermeidungslogik (vgl. Knötig 2010) durch die Wahl des Wohnorts und über das Verständnis von Mutterschaft verlaufen (vgl. Hays 1996).

Welche Konsequenzen lassen sich aus diesen Erkenntnissen für die Bildungs- und Sozialpolitik ableiten? Zunächst sollte überhaupt zur Kenntnis genommen werden, dass die privaten Verhältnisse von Mittelschichtkindern im Sinne von Betreuung, Förderung und familiärer Unterstützung bereits früh in der Kindheit häufig nicht nur anregender sind als diejenigen von Kindern unterer Schichten, sondern auch genau geplant, maßgeschnitten und zielorientiert. Deshalb kann das traditionelle Erklärungsmuster – welches in einem stärkeren staatlichen Engagement für die Förderung und Unterstützung benachteiligter Kinder und ihrer Familien ein Mittel sieht, herkunftsbedingte Unterschiede bereits im Vorschulalter auszugleichen – nur als die eine Seite der Medaille verstanden werden. Ihre andere Seite ist die, dass sich Mittelschichtfamilien mittels geeigneter Betreuungsangebote und gezielter Privatförderung weitere Vorteile verschaffen können, die sich bei Schuleintritt als Kompetenzvorsprünge bemerkbar machen.

Damit kommt hier der Matthäus-Effekt zum Tragen, benannt nach der neutestamentlichen Parabel bei Matthäus XXV, wo es im Vers 29 heißt: »Denn, wer hat, dem wird gegeben, und er wird im Überfluss haben, wer aber nicht hat, dem wird noch weggenommen, was er hat.« Auf der Basis des hier beschriebenen Phänomens verweist dieses Prinzip darauf, dass das initiale Privileg von Mittelschichtkindern, eine ihnen angemessene frühe Betreuung und Förderung zu erhalten, sie zu kumulativen Gewinnen führt. Denn solche Kinder profitieren dank ihrer besseren Lernausgangslagen von familienexternen Lernangeboten und Lerngelegenheiten stärker als Kinder aus tieferen Sozialschichten. Folgt man zudem Heid (2012), so wird gerade bei solchen Kindern immer der Vergleichsmaßstab der mitprivilegierten Kinder angewendet, weshalb das, was sie an Kompetenzen und Ressourcen mitbringen, als weniger wertvoll erachtet wird. Dies führt notwendigerweise zu Schereneffekten, d. h. zu einer Spreizung der individuellen Leistungsunterschiede.

Gemäß Ball (2003), Kraemer (2010) oder Bühler-Niederberger (2011) dürfte sich zukünftig der Matthäuseffekt noch verstärken, ist doch anzunehmen, dass Mittelschichteltern aus Sorge um den Statuserhalt – und möglicherweise gerade auch als Reaktion auf chancenfördernde Ausgleichsbestrebungen des Staates – ihre Anstrengungen weiter verstärken. Sie werden das Betreuungs- und Förderangebot noch genauer studieren, das Beste aussuchen oder zumindest das Schlechteste vermeiden wollen. Deshalb stellt sich die Frage, ob dieses problematische Phänomen überhaupt reduziert werden kann. Niederberger-Bühler (2009) plädiert vor diesem Hintergrund für die Stärkung der Kindheit als eigenständige Lebensphase, die »autonome Räume jenseits von elterlichen Kultivierungsanstrengungen« zulasse (o. S.) und für die Suche nach Modellen, die dem *intensive mothering* entgegenstünden. Dies dürfte freilich ein schwieriges Unterfangen sein, weil es gerade bei den Müttern selbst ansetzen müsste.

Was bleibt? Bilanzierend lässt sich festhalten, dass die hier skizzierten Entwicklungen in der frühen Kindheit eine Reihe von neuen – und vielleicht auch ungeplanten – Herausforderungen für unsere Gesellschaft, ihre Bildungs- und Sozialpolitik, mitbringt. Diese Herausforderungen liegen darin, dass benachteiligte Kinder von frühen Fördermaßnahmen zwar besonders profitieren können, Kinder aus gut situierten Familien jedoch mit weit größeren Vorteilschancen ausgestattet werden. Im Hinblick auf die bessere Schulvorbereitung aller Kinder ist die frühe Bildungsförderung wahrscheinlich effektiv, aber ebenso im Hinblick auf die Verteilung von neuen Privilegien. Deshalb ist der Euphorie, mit welcher der Ausbau der Frühförderung zum Ausgleich der Startchancen für alle Kinder teilweise gefordert wird, mit mehr Skepsis als bis anhin entgegen zu treten. Zu fragen wäre eher, wie die Startbedingungen von Kindern gefördert werden können, dass sie zumindest weniger ungleich sind. Denn das Problem bleibt: dass die Vorschulkindheit mit dem aktuellen Betreuungs- und Fördersystem als Sortiermechanismus funktioniert, der Kinder nach Klasse und Kultur trennt und deshalb als zentrale Größe der sozialen Reproduktion verstanden werden muss.

Literatur

Ahnert, L. (2010): Wieviel Mutter braucht das Kind? Heidelberg.

Autorengruppe Bildungsberichterstattung (2010): Bildung in Deutschland. Ein indikatorengestützter Bericht mit einer Analyse zu Perspektiven des Bildungswesens im demografischen Wandel. Bielefeld.

Bagnall, G./Longhurst, B./Savage, M. (2003): Children, belonging and social capital: The PTA and middle class narratives of social involvement in the North-West of England. In: Sociological Research Online, Jg. 8, Heft 4, http://www.socreson line.org.uk/8/4/bagnall.html [12. 10. 2012].

Ball, S. J. (2003): Class strategies and the education market: the middle class and social advantage. London.

Beck, U./Beck-Gernsheim, E. (1990): Das ganz normale Chaos der Liebe. Frankfurt a. M.

Betz, T. (2008): Ungleiche Kindheiten. Theoretische und empirische Analysen zur Sozialberichterstattung über Kinder. Weinheim.

Blossfeld, P./Bos, W./Daniel, H.-D./Hannover, B./Lenzen, D./Prenzel, M./Rossbach, H.-G./Tippelt, R./Wössmann, L. (2012): Professionalisierung in der Frühpädagogik. Qualifikationsniveau- und -bedingungen des Personals in Kindertagesstätten. Gutachten. Münster.

Buchebner-Ferstl, S./Rille-Pfeiffer, C. (2008): Hausarbeit in Partnerschaften. Studie »The glass partitioning wall« zur innerfamilialen Arbeitsteilung – Ergebnisse für Österreich. Wien.

Bühler-Niederberger, D. (2011): Lebensphase Kindheit. Theoretische Ansätze, Akteure und Handlungsräume. Weinheim.

Bundesamt für Statistik (2011): Gleichstellung von Frau und Mann – Daten, Indikatoren: Hauptverantwortung für Hausarbeiten. Neuenburg.

Bundesministerium für Familien, Senioren, Frauen und Jugend (2010): Eltern wollen Chancen für ihre Kinder. Monitor Familienforschung, Bericht Nr. 23. Berlin.

Bürgisser, M. (2011): Vereinbarkeit von Familie und Beruf – auch für Männer. https://www.familienhandbuch.de/familie-und-beruf/vereinbarkeit-von-familie-und-beruf/auch-fur-vater-vereinbarkeit-von-beruf-und-familie [16. 10. 2012].

Burzan, N./Berger, P. (Hrsg.) (2010): Dynamiken (in) der gesellschaftlichen Mitte. Wiesbaden.

Butler, T./Robson, G. (2003): Negotiating their way in: the middle classes, gentrification and their deployment of capital in a globalizing metropolis. In: Urban Studies, Jg. 40, Heft 9, S. 1791-1809.

Butler, T. (1995): The debate over the middle-classes. In: Butler, T./Savage, M. (Hrsg.) (1995): Social change and the middle-classes, London, S. 26-35.

Bütler, M. (2007): Arbeiten lohnt sich nicht – ein zweites Kind noch weniger. Zum Einfluss einkommensabhängiger Tarife in der Kinderbetreuung. In: Perspektiven der Wirtschaftspolitik, Jg. 8, Heft 1, S. 1-19.

Caputo, V. (2007): She's from a good family: performing childhood and motherhood in a Canadian private school setting. In: Childhood, Jg. 14, Heft5 2, S. 173-192.

Crompton, R. (2001): The gendered restructuring of the middle classes: Employment and caring. In: Social Politics, Jg. 8, Heft 3, S. 266-291.

Dollmann, J. (2011): Verbindliche und unverbindliche Grundschulempfehlungen und soziale Ungleichheiten am ersten Bildungsübergang. In: Kölner Zeitschrift für Soziologie und Sozialpsychologie, Jg. 63, Heft 4, S. 595-621.

Fuchs-Rechlin, K. (2008): Kindertagesbetreuung im Spiegel des Sozioökonomischen Panels. In: Forschungsverbund Deutsches Jugendinstitut/Universität Dortmund (Hrsg.): Zahlenspiegel 2007. München.

Gillies, V./Edwards, R. (2005): Secondary analysis in exploring family and social change. Addressing the issue of context. http://www.qualitative-research.net /index.php/fqs/article/view/500/1076. [16. 10. 2012].

Goldthorpe, J. (1995): The service class revisited. In: Butler, T./Savage, M. (Hrsg.) (1995): Social change and the middle-classes, S. 313-329. London.

Grundmann, M./Dravenau, D./Bittlingmayer, U./Edelstein, W. (Hrsg.) (2006): Handlungsbefähigung und Milieu. Zur Analyse milieuspezifischer Alltagspraktiken und ihrer Ungleichheitsrelevanz. Münster.

Grunow, D. (2007): Wandel der Geschlechterrollen und Väterhandeln im Alltag. In: Mühling, T./Rost, H. (Hrsg.) (2007): Väter im Blickpunkt. Perspektiven der Familienforschung. Opladen, S. 49-76.

Hakim, C. (2000): Work-lifestile-choices in the 21st century. Oxford.

Hays, S. (1996): The cultural contradictions of motherhood. New Haven.

Heid, H. (2012): Der Beitrag des Leistungsprinzips zur Rechtfertigung sozialer Ungerechtigkeit. In: Vierteljahresschrift für Heilpädagogik und ihre Nachbargebiete, Jg. 81, Heft 1, S. 22-34.

Hradil, S. (2007): Angst und Chancen. Zur Lage der gesellschaftlichen Mitte aus soziologischer Sicht. In: Herbert-Quandt-Stiftung (Hrsg.) (2007): Zwischen Erosion und Erneuerung. Die gesellschaftliche Mitte in Deutschland. Ein Lagebericht. Frankfurt a. M., S. 189-202.

Hurrelmann, K./Andresen, S. (2010): Kinder in Deutschland. 2. World Vision Kinderstudie. Frankfurt a. M.

Kappella, O./Rille-Pfeiffer, C. (2007): Vater, Mutter, Kind – und Job?! In: Familienhandbuch. http://www.familienhandbuch.de/cmain/f_Aktuelles/a_Familie_Beruf /s_2759.html [16. 10. 2012].

Knötig, N. (2010): Bildung im Spannungsfeld von Individualisierung und sozialer Distinktion. In: Burzan, N./Berger, P. (Hrsg.) (2010): Dynamiken (in) der gesellschaftlichen Mitte. Wiesbaden, S. 331-354.

Kraemer, K. (2010): Abstiegsängste in Wohlstandlagen. In: Burzan, N./Berger, P. (Hrsg.) (2010): Dynamiken (in) der gesellschaftlichen Mitte. Wiesbaden, S. 201-229.

Lareau, A. (2003): Unequal childhoods. Berkeley.

Lengfeld, H./Hirschle, J. (2009): Die Angst der Mittelschicht vor dem sozialen Abstieg. Eine Längsschnittanalyse 1984-2007. In: Zeitschrift für Soziologie, Jg. 38, Heft 5, S. 379-399.

Leonard, M. (2001): Old wine in new bottles? Women working inside and outside the household. In: Women's Studies International Forum, Jg. 24, Heft 1, S. 67-78.

Merkle, T./Wippermann, C./Henry-Huthmacher, C./Borchard, M. (2008): Eltern unter Druck: Selbstverständnisse, Befindlichkeiten und Bedürfnisse von Eltern in verschiedenen Lebenswelten. Stuttgart.

Moser, U./Stamm, M./Hollenweger, J. (2005): Für die Schule bereit? Lesen, Wortschatz, Mathematik und soziale Kompetenzen beim Schuleintritt. Aarau.

Mrowczynski, R. (2009): Im Netz der Hierarchien. Russlands sozialistische und postsozialistische Mittelschichten. Wiesbaden.

Mühling, T./Rost, H./Rupp, M./Schulz, F. (2006): Kontinuität trotz Wandel. Die Bedeutung traditioneller Familienleitbilder für die Berufsverläufe von Müttern und Vätern. Weinheim u. München.

Pais, J. F./South, S. J./Crowder, K. (2008): White flight revisited: A multiethnic per-spective on neighborhood out-migration. In: Population Research and Policy Re-view, Jg. 28, Heft 3, S. 321-346.

Savage, M./Barlow, J./Dickens, L./Fielding, A. (1992): Property, bureaucracy and culture. Middle class formation in contemporary Britain. London.

Schmid, T./Kriesi, I./Buchmann, M. (2011): Wer nutzt familienergänzende Kinderbe-treuung? Die Betreuungssituation 6-jähriger Kinder in der Schweiz. In: Swiss Journal of Sociology, Jg. 37, Heft 1, S. 9-32.

Schweizer Wissenschafts- und Technologierat (2011): Empfehlungen des SWTR zur Förderung von Bildung, Forschung und Innovation. Bern.

Simmel, G. (1992): Der Streit. In: Simmel, G. (Hrsg.) (1992): Soziologie. Untersu-chungen über die Formen der Vergesellschaftung. Berlin, S. 186-255.

Stamm, M. (in Peer Review). Massgeschneiderte Frühförderung.

Stamm, M. (2011): Wieviel Mutter braucht ein Kind? Theoretische Befunde und empirische Fakten zur Frage der Nützlichkeit oder Schädlichkeit von früher fa-milienexterner Betreuung. In: Diskurs Kindheits- und Jugendforschung, 7. Jg., Heft 1, S. 17-30.

Stamm, M./Edelmann, D. (in Druck): Vorschulkinder im Treibhaus? Eine empirische Studie über elterliche Erwartungen an die frühe Bildung und Erziehung ihrer Kinder. In: Schweizerische Zeitschrift für Bildungswissenschaften.

Statistik Austria (2008): Familien- und Haushaltsstatistik 2007. Erwerbsbeteiligung der 15- bis 64-jährigen Frauen mit Kindern nach Alter des jüngsten Kindes – Jah-resdurchschnitt 2007. http://www.statistik.at/dynamic/wcmsprod/idcplg?IdcServ ice=GET_NATIVE_FILE&dID=67907&dDocName=031091 [16. 10. 2012].

Stern, S, Banfi, S./Tassarini, S. (2006): Krippen und Tagesfamilien in der Schweiz. Aktuelle und zukünftige Nachfragepotenziale. Bern.

Stienen, A. (2007): Sozialräumliche Stadtentwicklung in Bern. Eine Interpretation der Sozialraumanalysen am Beispiel ausgewählter Quartiere. Stadt Bern.

Uttal, I. (2002): Making care work: Employed mothers in the new childcare market. New Brunswik.

Vester, M./von Oertzen, P./Hermann, T./Müller, D. (2001): Soziale Milieus im gesell-schaftlichen Wandel. Zwischen Individualisierung und Ausgrenzung. Frankfurt a. M.

Vincent, C./Ball, S. J. (2006): Childcare, choice and class practices. Middle class parents and their children. London.

Vincent, C./Ball, S. (2007): Education, Class fractions and the Local Rules of Spatial Relations. In: Urban Studies, Jg. 44, Heft 7, S. 1175-1189.

Volz, R. (2007): Väter zwischen Wunsch und Wirklichkeit. In: Mühling, T./Rost, H. (Hrsg.) (2007): Väter im Blickpunkt. Perspektiven der Familienforschung. Opla-den, S. 205-224.

Autorinnen und Autoren

Baader, Meike Sophia, Prof. Dr., Hochschullehrerin für Allgemeine Erziehungswissenschaft an der Universität Hildesheim. Forschungsschwerpunkte: Kindheit, Jugend und Familie in der Moderne, 1968 und die Pädagogik, Erziehung, Bildung und soziale Bewegungen, Internationale Reformpädagogik, Religion und Erziehung in der Moderne, Genderforschung, Discourses on Motherhood, Gender, Diversity und Hochschule als Bildungsorganisation.

Benner, Dietrich, Prof. em. Dr. Dr. h. c. mult., Emeritus an der Humboldt-Universität zu Berlin, Professor für Erziehungswissenschaft an der UKSW Warschau, Honorarprofessor an der ECNU Shanghai. Forschungsschwerpunkte: Allgemeine Pädagogik, Theoriegeschichte der Pädagogik, Theoriegeschichte der Reformpädagogik, Bildungstheorie und Bildungsforschung mit besonderer Berücksichtigung der religiösen Bildung und der moralischen Bildung als Aufgaben des öffentlichen Bildungssystems.

Bilstein, Johannes, Prof. Dr., Hochschullehrer für Pädagogik an der Kunstakademie Düsseldorf. Forschungsschwerpunkte: Ästhetische Bildung, Pädagogische Anthropologie, imaginationsgeschichtliche Hintergründe von Erziehungsdiskursen, pädagogische Ideen- und Mentalitätsgeschichte.

Bohne, Sabine, Dr. phil., Mitarbeiterin am Institut für Erziehungswissenschaften der Universität Osnabrück, Leiterin der Geschäftsstelle des 23. Kongresses der DGfE, Koordinatorin des Netzwerks Gender Studies an der Universität Vechta. Forschungs- und Arbeitsschwerpunkte: Gewalt im Geschlechterverhältnis, gesundheitliche und generationsübergreifende Folgen, Menschenrechte, Auswirkungen »miterlebter« häuslicher Gewalt für Kinder, Misshandlung, Vernachlässigung von und sexualisierte Gewalt gegen Kinder, Unterstützungs-, Präventions- und Interventionsmöglichkeiten.

Böllert, Karin, Prof. Dr., Hochschullehrerin für Erziehungswissenschaft mit dem Schwerpunkt Sozialpädagogik an der Westfälischen Wilhelms-Universität Münster. Arbeits- und Forschungsschwerpunkte: Theorieentwicklung der Sozialpädagogik im Kontext gesellschaftlicher Modernisierungsprozesse, Soziale Arbeit, Sozialpolitik und Sozialer Wandel, Kinder- und Jugendhilfe, Jugend(hilfe)politik, Disziplin- und Professionspolitik.

Busse, Susann, Dr. phil., wissenschaftliche Mitarbeiterin am Institut für Schulpädagogik und Grundschuldidaktik der Martin-Luther-Universität Halle-Wittenberg. Arbeits- und Forschungsschwerpunkte: qualitative Bildungsforschung, Pädagogische Generationsbeziehungen in Familie und Schule, Migration und Bildung in den neuen Bundesländern.

Gansen, Peter, Jun.-Prof. Dr., Hochschullehrer für Pädagogik an der Kunstakademie Düsseldorf. Arbeits- und Forschungsschwerpunkte: Kindheitsforschung, Pädagogik der Kindheit, Pädagogische Anthropologie, Allgemeine Didaktik, Philosophieren mit Kindern.

Honig, Michael-Sebastian, Prof. Dr., Hochschullehrer for Social Work, Universität Luxemburg. Forschungsdomäne »Early Childhood: Education and Care«. Arbeitsschwerpunkte: Kindheitsforschung, Theorie und Ethnographie pädagogischer Felder, Instituetik der Betreuung, Bildung und Erziehung in früher Kindheit.

Honneth, Axel, Prof. Dr., Hochschullehrer für Sozialphilosophie Institut für Philosophie Goethe-Universität Frankfurt a. M., sowie Professor am Department of Philosophy der Columbia University, New York. Forschungsschwerpunkte: Sozialphilosophie, Moralphilosophie und politische Philosophie, Kritische Theorie, Philosophische Anthropologie, systematische Grundlagen einer Theorie der Anerkennung, Rekonstruktion der Moralität interpersoneller Beziehungen.

Idel, Till-Sebastian, Prof. Dr., Hochschullehrer für Schultheorie und empirische Schulforschung an der Universität Bremen. Forschungsschwerpunkte: Transformation pädagogischer Ordnungen, rekonstruktive Schul- und Unterrichtsforschung, Schultheorie.

Kade, Jochen, Prof. Dr, pensionierter Hochschullehrer für Erziehungswissenschaften an der Goethe-Universität Frankfurt a. M. Forschungsschwerpunkte: erziehungswissenschaftliche Zeitdiagnose, Bildungsbiographien, Umgang mit (Nicht-)Wissen, qualitative Längsschnittforschung.

Keiner, Edwin, Prof. Dr., Hochschullehrer für Allgemeine Erziehungswissenschaft an der Friedrich-Alexander-Universität Erlangen-Nürnberg. Arbeitsschwerpunkte: historische, empirische und vergleichenden Wissenschaftsforschung der Erziehungswissenschaft.

Kramer, Rolf-Torsten, Prof. Dr., Hochschullehrer für Erziehungswissenschaft mit dem Schwerpunkt Schulpädagogik der Sekundarstufe I an der Universität Kassel. Forschungsschwerpunkte: Pädagogische Professionalität und Pädagogisches Arbeitsbündnis, Schulkultur und Schülerbiographie, schulische Selektion und Schulkarriere, Methodologie und Methoden qualitativer Sozialforschung.

Krinninger, Dominik, Dr. phil., Wissenschaftlicher Mitarbeiter am Institut für Erziehungswissenschaft, Fachgebiet Allgemeine Pädagogik der Universität Osnabrück. Arbeits- und Forschungsschwerpunkte: Empirisch gestützte Erziehungs- und Bildungstheorie, Pädagogische Familienforschung, Ästhetische Bildung, Pädagogik und Pragmatismus.

Leutner, Detlev, Prof. Dr. Dr. h.c., Hochschullehrer für Lehr-Lernpsychologie an der Universität Duisburg-Essen. Forschungsschwerpunkte: Empirische Bildungsforschung insbes. Selbstreguliertes Lernen, Lernstrategien und Lernstile, Problemlösekompetenz, Lernen mit Multimedia, Frühe Mathematik, Computer-Based Training, Diagnostik und Evaluation.

Müller, Hans-Rüdiger, Prof. Dr., Hochschullehrer für Allgemeine Pädagogik an der Universität Osnabrück. Arbeits- und Forschungsschwerpunkte: Theorie und Geschichte der Erziehung und Bildung, Pädagogische Anthropologie, Pädagogische Ästhesiologie/Ästhetische Bildung, Generationenverhältnisse/Familienerziehung, Qualitative Erziehungs- und Bildungsforschung.

Oelkers, Jürgen, Prof. Dr. em., Hochschullehrer für Allgemeine Pädagogik an der Universität Zürich bis 2012. Forschungsschwerpunkte: Geschichte der Pädagogik, Reformpädagogik und Pragmatismus, öffentliche Bildung und Demokratie.

Pietraß, Manuela, Prof. Dr. phil., Hochschullehrerin für Erziehungswissenschaft mit Schwerpunkt Medienbildung an der Universität der Bundeswehr München. Forschungsschwerpunkte: Medienrezeption und qualitative Medienbildungsforschung, Theorie der Medienbildung, Medienwirklichkeiten, Didaktik medialer Gestaltungsformen.

Reh, Sabine, Prof. Dr. phil., Hochschullehrerin für Historische Bildungsforschung an der Humboldt-Universität zu Berlin, Leiterin der Bibliothek für Bildungsgeschichtliche Forschung des DIPF, Berlin. Forschungsschwerpunkte: Historische Bildungsforschung, insbesondere Kultur- und Sozialgeschichte pädagogischer Institutionen, Professionen und Diskurse, Ethnographie pädagogischer Praktiken und Ordnungen, Theorie und Methodologie historischer und rekonstruktiv-hermeneutischer Bildungsforschung.

Reinmann, Gabi, Prof. Dr., Hochschullehrerin für Lehren und Lernen mit Medien an der Universität der Bundeswehr München. Forschungsschwerpunkte: Hochschuldidaktik, Lehren und Lernen mit Medien.

Sabla, Kim-Patrick, Prof. Dr., Hochschullehrer für Soziale Arbeit mit dem Schwerpunkt Gender an der Universität Vechta. Forschungsschwerpunkte: Geschlecht und Geschlechterverhältnisse in der Sozialen Arbeit, sozialpädagogische Familienforschung, Theorieentwicklung und Professionalisierung Sozialer Arbeit.

Schachtner, Christina, Prof. Dr., Hochschullehrerin für Medienwissenschaft an der Alpen-Adria-Universität Klagenfurt, Leiterin des FWF- und VW-Forschungsprojekts »Kommunikative Öffentlichkeiten im Cyberspace«. Forschungsschwerpunkte: Subjektkonstruktionen und digitale Kultur, Transkulturalität im Cyberspace, Soziale Bewegungen im Netz, digitale Spiel-Räume.

Schavan, Annette, Dr., von 2005 bis Februar 2013 Bundesministerin für Bildung und Forschung, zuvor von 1995 bis 2005 Ministerin für Kultus, Jugend und Sport in Baden-Württemberg.

Stamm, Margrit, Prof. Dr. em., Hochschullehrerin für Erziehungswissenschaften der Universität Fribourg bis 2012, Leiterin des Swiss Institute for Educational Issues in Bern. Forschungsschwerpunkte: Frühkindliche Bildungsforschung, Bildungslaufbahnen vom Vorschulalter bis zum späten Erwachsenenalter, Begabungsforschung, abweichendes Verhalten im Jugendalter.

Thole, Werner, Prof. Dr., Dipl. Pädagoge und Dipl. Sozialpädagoge, Hochschullehrer für Erziehungswissenschaft, Schwerpunkt Soziale Arbeit und außerschulische Bildung an der Universität Kassel, Vorstand der DGfE. Arbeitsschwerpunkte: Theorie, Profession und Empirie der Sozialpädagogik, Theorie und Praxis der Kinder- und Jugendhilfe, insbesondere der Pädagogik der Kindheit und der außerschulischen Kinder- und Jugendarbeit, Kinder- und Jugendforschung.

Weber, Susanne, Prof. Dr., Hochschullehrerin für Wirtschaftspädagogik an der Ludwig-Maximilians-Universität München. Forschungsschwerpunkte: Modellierung und Messung beruflicher Kompetenzen auf nationaler wie internationaler Ebene (Mitwirkung an dem Projekt »Berufsbildungs-PISA«), Interkulturelles Lernen, Entrepreneurship Education, Workplace Learning.

Wehling, Peter, PD Dr. phil, wissenschaftlicher Mitarbeiter am Lehrstuhl für Soziologe der Universität Augsburg. Arbeitsschwerpunkte: Soziologie des Wissens und Nichtwissens, Wissenschafts- und Technikforschung, Gesellschaftstheorie, Medizin- und Gesundheitssoziologie, Umweltsoziologie.

Wimmer, Michael, Prof. Dr. phil., Hochschullehrer für Systematische Erziehungswissenschaft an der Universität Hamburg. Arbeitsschwerpunkte: Erziehungs- und Bildungsphilosophie im Kontext gesellschaftlicher Transformationsprozesse, Differenzphilosophie und Erziehungswissenschaft, Psychoanalyse, Medientheorie und Kulturwissenschaft, Ethik, Politik und Pädagogik.